Alberta Mariotti
Maria Concetta Sclafani
Amelia Stancanelli

con prove **INVALSI**
e **OCSE-PISA**

facciamo TESTO! plus

STRUMENTI / GENERI / AUTORI / PERCORSI

*Strategie di scrittura
e prime espressioni
della letteratura italiana*

Casa editrice
G. D'Anna
Messina-Firenze

Copyright © 2011 Loescher editore
G. D'Anna Casa editrice - via Mannelli, 3/5 - 50136 Firenze
tel. 055.93.36.600 - fax 055.93.36.650 - e-mail scrivo@danna.it - internet www.danna.it

Proprietà letteraria riservata

Prima edizione	gennaio 2011
Ristampe	7 6 2016 2017
Progetto grafico, copertina	Davide Cucini
Videoimpaginazione	Marco Catarzi
Coordinamento redazionale	Patrizia Coinu, Marta Bianchetti
Redazione	Marco Catarzi
Ricerca iconografica	Beatrice Bosso
Materiali multimediali collegati	Larione Multistudio
Sviluppo	Vieri Pestelli
Storyboard	Laura Coscia
Segreteria di redazione	Beatrice Bosso
Coordinamento delle fasi di stampa e confezione	Cristina Bonciani
Stampa e legatura	Stamperia Artistica Nazionale S.p.A. - Trofarello (TO)

L'antologia è frutto di un progetto comune elaborato dalle autrici, che congiuntamente ne hanno curato l'impostazione e la stesura. Questo volume è stato curato da Amelia Stancanelli, ad eccezione della sezione *La letteratura delle origini*, che è stata curata da Maria Concetta Sclafani.

Referenze Fotografiche
Archivio D'Anna: pp. 19; 20; 23; 25;28; 56; 81; 83; 124; 127; 134; 135; 139; 144; 149; 155; 163 (in basso); 168; 172; 173; 176;177; 178; 179; 182; 191 (in basso); 192; 198; 199; 200l – **iStockphoto:** Andrew Rich, 2007 p. 2; Michael Pettigrew, 2007 p. 6; kemie, 2002 p. 13; Christopher Futcher, 2010 p. 62; Christopher Futcher, 2009 p. 64; Joze Pojbic, 2007 p. 69; Matt Jeacock, 2010 p. 73; Marco Neumayr, 2010 p. 105; Tupungato, 2010 p. 191 (in alto) – **Per gentile concessione di Adriano Buldrini:** p. 107 – **Wikimedia Commons:** p. 29; Library of Congress, Prints & Photographs Division, Carl Van Vechten Collection 1937 p. 32; p. 37; p. 101 – **Esther Fabrizi:** p. 52 – **Fabio Mancini:** p. 45 – **Matteo Silli:** p. 163 (in alto).

Avvertenze

Le fotocopie per uso personale del lettore (cioè privato e individuale, con esclusione quindi di strumenti di uso collettivo) possono essere effettuate nei limiti del 15% di ciascun volume dietro pagamento alla SIAE del compenso previsto dall'art. 68, commi 4 e 5, della legge 22 aprile 1941 n. 633.

Le fotocopie effettuate per finalità di carattere professionale, economico o commerciale o comunque per uso diverso da quello personale possono essere effettuate a seguito di specifica autorizzazione rilasciata da CLEARedi, Centro Licenze e Autorizzazioni per le Riproduzioni Editoriali, Corso di Porta Romana 108, 20122 Milano, e-mail autorizzazioni@clearedi.org e sito web www.clearedi.org
In alcune immagini di questo volume sono visibili i nomi di prodotti commerciali e i relativi marchi delle case produttrici. La presenza di tali illustrazioni risponde ovviamente a un'esigenza didattica e non è, in nessun caso, da interpretarsi come una scelta di merito della Casa editrice né, tantomeno, come un invito al consumo di determinati prodotti.

I marchi riportati in forma editoriale sono segni distintivi registrati, anche quando non sono seguiti dal simbolo ®.

Premessa

Il presente volumetto – che fa parte integrante dell'Antologia *Facciamo testo! plus* – è diviso in due parti, entrambe rispondenti a precise richieste dei nuovi programmi: la prima è un vero e proprio laboratorio di scrittura, la seconda esamina le prime espressioni della letteratura italiana. In Appendice sono stati inseriti i testi delle prove INVALSI e OCSE-PISA, che sono state somministrate a partire dall'anno scolastico 2005-2006.

Il **laboratorio di scrittura**, suddiviso in quattro sezioni, è stato pensato come una guida a tutti i lavori che lo studente può trovarsi ad affrontare nella carriere scolastica, e non solo. Infatti, egli vi troverà tutti gli strumenti di cui necessita per rafforzare, affinare e ampliare l'abilità della scrittura a un livello di consapevolezza piú matura di quanto non abbia potuto fare nel primo ciclo di studi.

La prima sezione punta l'accento sui *testi prodotti a partire da un altro testo*: il **riassunto** nelle sue diverse sfaccettature, gli **appunti**, le **mappe concettuali**, la **parafrasi**. Si è ritenuto opportuno fornire anche alcune indicazioni sull'utilizzo delle informazioni ricavate dai siti Internet, affinché l'operazione di «**taglia-e-incolla**», a cui spesso si ricorre passivamente, possa essere condotta in modo corretto e funzionale alle esigenze del nuovo testo da costruire.

Nella seconda sezione vengono illustrate le **tipologie testuali**: qui lo studente troverà indicazioni dettagliate su come **descrivere**, **narrare**, **esporre**, **argomentare**, **prescrivere** e su come impostare il lavoro di scrittura nelle fasi di progettazione, stesura, revisione ed *editing*.

La terza sezione è dedicata alle varie forme di **scrittura professionale** che si richiede di comporre a scuola e per le diverse esigenze di vita: **tema**, **relazione**, **saggio breve**, **articolo** (con uno spazio specifico dedicato alla titolatura), **verbale** e *Curriculum vitae*, nonché per rispondere a esigenze tanto personali quanto professionali, come il **diario**, la **lettera**, l'**e-mail**.

Nella quarta sezione si è voluto dare spazio anche alla scrittura creativa, un modo piú accattivante, ma non meno valido didatticamente, di invogliare lo studente a prendere carta e penna, o computer, e cimentarsi in forme divertenti come gli **haiku**, i **limerick**, tutte le variazioni su tema dettate dalla «grammatica della fantasia», e ancora, il **fumetto**, il **fotoracconto**, la **riscrittura** e messa in scena multimediale di un testo, l'**iper-scrittura**.

Ogni argomento è supportato da testi esemplificativi o da applicazioni ed esercizi che investono i vari settori delle competenze richieste. Inoltre, per ciascun tipo di lavoro lo studente viene sollecitato e guidato a un uso ragionato e consapevole degli **strumenti multimediali**.

La parte dedicata alle **prime espressioni della letteratura italiana**, rispondente alla riorganizzazione dei programmi ministeriali, propone un approccio allo studio delle espressioni letterarie dalle Origini al Duecento in maniera adeguata all'età e alle conoscenze e competenze acquisite dallo studente nel corso del biennio. I testi – esaminati con la stessa metodologia utilizzata nella parte antologica – sono disposti in ordine diacronico e fanno spazio a una contestualizzazione piú ampia, sistematica e ragionata, in modo da preparare un approccio graduale allo studio della letteratura del triennio. Si è mantenuta l'apertura pluridisciplinare inserendo alla fine di ogni capitolo la rubrica *Assonanze*, che permette di istituire collegamenti motivati e significativi con altri ambiti culturali, dall'urbanistica all'architettura, dalla pittura al cinema.

Si è ritenuto utile inserire in Appendice il testo delle prove **INVALSI** e **OCSE-PISA**, cioè delle prove che periodicamente vengono somministrate agli studenti a livello nazionale (le prime) e internazionale (le seconde), e che dal 2010-2011 sono state rese obbligatorie anche per gli alunni della seconda classe del primo biennio.

Confidiamo di avere offerto in tal modo strumenti di lavoro facilmente fruibili, snelli ma completi, che gli studenti potranno utilizzare non solo nel primo biennio, ma anche nel prosieguo del loro percorso di studi.

Le Autrici

Struttura dell'opera

Il volume è suddiviso in due parti, *Strategie di scrittura* e *La letteratura delle origini*. Si chiude con un'appendice dedicata alle prove INVALSI e OCSE-PISA.

Nella sezione *Strategie di scrittura* sono offerti gli strumenti per affrontare le tipologie di composizione testuale necessarie durante la carriera scolastica. Ciascuna tecnica è analizzata nel dettaglio e messa in pratica mediante esercizi guidati.

In aggiunta ai brani presenti nel cartaceo ulteriori brani e approfondimenti sono collocati nel sito della Casa editrice (www.imparosulweb.eu), cui si rimanda attraverso un apposito bollino.

Struttura dell'opera V

La sezione *La letteratura delle origini* è dedicata alle prime espressioni della letteratura italiana.

All'interno della sezione *La letteratura delle origini* sono disseminate schede di approfondimento.

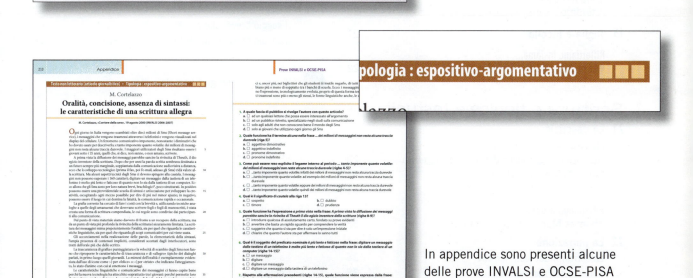

In appendice sono presenti alcune delle prove INVALSI e OCSE-PISA sottoposte agli alunni negli anni precedenti al 2010. In ogni prova viene indicato il livello di difficoltà.

Indice

Laboratorio di scrittura

1 Dalla lettura alla scrittura 2

1.1 Testi prodotti a partire da un altro testo: il riassunto 2
Il riassunto secondo la divisione in sequenze 4
Selezione di informazioni, sintesi brevissima e sommario 5

Riflettiamo insieme...
Italo Calvino • L'anello magico 5

... ora tocca a te
Italo Calvino • Una fine crudele 10

Il riassunto come interpretazione del testo
Testi: Francesco Alberoni, *Il bravo maestro non invidia l'allievo di talento, lo aiuta*; Renzo Cianfanelli, *La rabbia dei ghetti spaventa l'Inghilterra*; Piero Angela, Lorenzo Pinna, *Problemi e prospettive nel mondo dell'energia*

1.2 Gli appunti 13
1.3 Le mappe concettuali 14
Come si fa una mappa concettuale e come si legge 14
1.4 La parafrasi 16
Come si fa la parafrasi 17

Riflettiamo insieme...
Anonimo • Novellino 17
Francesco Petrarca • Erano i capei d'oro 18
Omero • Invocazione alla Musa 19

... ora tocca a te
Anonimo • Come pagare il giusto prezzo 20

1.5 Taglia-e-incolla 21

Riflettiamo insieme...
Wikipedia, l'enciclopedia libera • Inquinamento 22

2 Scrittura e tipologie testuali 25

2.1 La descrizione 26
Modalità delle descrizioni 26
Descrizione oggettiva e descrizione soggettiva 29
Descrizione e punto di vista 31
Scrivere per descrivere 31

Riflettiamo insieme...
Thomas Mann • Cane e padrone 32

2.2 La narrazione 35
La scrittura dei testi narrativi 36
Scrivere per narrare 38

Riflettiamo insieme...
Italo Calvino • Il visconte dimezzato 39

2.4 L'esposizione 42

Scrivere per esporre 44

Riflettiamo insieme...
Françoise Dolto • L'adolescenza: il «dramma del gambero» 44

2.4 L'argomentazione 48
Scrivere per argomentare 50

Riflettiamo insieme...
Konrad Lorenz • Gatto falso? Cane bugiardo! 51

Testi: Francesco Alberoni, *Chi non conosce la storia è schiavo delle mode*

2.5 Il testo regolativo 55
Scrivere per prescrivere 55

2.6 Le fasi della scrittura 57
La progettazione 57
La stesura 58
La revisione 59
L'editing 59

2.7 Scrittura professionale e scrittura creativa 60

3 La scrittura professionale 62

3.1 Il tema: che cos'è; come si fa 62
3.2 La relazione 65
Scopi e natura della relazione 65
La relazione: come si fa 66
3.3 Il saggio breve 67
Il saggio breve: che cos'è 67
Il saggio breve: come si fa 68

Il saggio breve: gli errori da evitare

3.4 L'articolo: che cos'è; come si fa 70
Tipologia e destinatari 70
Comporre un articolo giornalistico 71

Riflettiamo insieme...
Piero Ottone • Lo stile del buon giornalista 72

3.5 I titoli 76
Scopo e caratteristiche esteriori dei titoli 76
Tipologia e stile dei titoli 77
La «sintassi del titolo» nei giornali 78
Come si fa un titolo 79

3.6 Vecchie e nuove forme di scrittura 81
Il diario 81
Lettera, e-mail, SMS 82

Indice VII

Riflettiamo insieme...	
Alice Sturiale • *Eccomi!*	83
Scuola di Barbiana • *Lettera ai ragazzi di Piàdena*	85
A.D.D.A. (Associazione Difesa dei Diritti degli Animali) • *Lettera al Sindaco*	89
Scuola 725 • *Lettera al Sindaco*	90
3.7 Il verbale: che cos'è; come si fa	91
3.8 Scrivere per scopi pratici: i moduli, le domande formali, il C.V.	93

4 La scrittura creativa 96

4.1 Le forme della scrittura creativa	97
Tra imitazione e creatività	97
La grammatica della fantasia	100
Riflettiamo insieme...	
Raymond Queneau • *Esercizi di stile*	101
4.2 Il poeta che c'è in noi	103
Alla maniera dei giapponesi	104
Non solo per bambini	105
Riflettiamo insieme...	
Virginia Boldrini • *Il gioco del nonsense*	106
4.3 Scrittura a supporto di altre forme espressive	107

Il fumetto	107
Come realizzare un fumetto	109
Disegni, fotoracconto	109
Pubblicità e altro	110
Riflettiamo insieme...	
Silver • *Una bella serata*	111
Gianni Rodari • *La filastrocca di Pinocchio*	116
4.4 Ri-scrivere	117

 La messa in scena multimediale di un testo
Le fasi dell'attività

Riflettiamo insieme...	
Carlo Cassola • *Il taglialegna e il carbonaio nella notte stellata*	118
4.5 Iper-scrivere	122

 Le fasi dell'attività
Testi: Maxence Fermine, *Neve*; Kobayashi Issa, *Hayku*; Mario Rigoni Stern, *Sentieri sotto la neve*; Ansa, *Nello spazio profondo immortalata la «mano di dio»*; Umberto Saba, *Il poeta*

La letteratura delle origini

Che cos'è la letteratura? 124

1 Il Medioevo 125

1.1 Incontrare il Medioevo	125
1.2 Il termine e i limiti cronologici	126
1.3 Alto e Basso Medioevo	127
1.4 La nascita delle lingue volgari	129
Andiamo oltre	
Dal latino all'italiano	130
1.5 I primi documenti del volgare in Italia	131
1.6 Gli intellettuali e la trasmissione del sapere	132
Assonanze	
I mosaici di Ravenna	133

2 Alle origini della letteratura europea 136

2.1 La letteratura in lingua d'oïl e in lingua d'oc	136
2.2 L'epica feudale: le «chansons de geste»	136
Il termine	136
La materia	136
Le origini	137
Gli aspetti formali	137

2.3 La «Chanson de Roland»	138
Turoldo • *La morte di Orlando a Roncisvalle*	140
Andiamo oltre	
Due oggetti che vengono da un passato lontano: l'Olifante e la spada Durendal	145
2.4 I romanzi cortesi	146
Il termine	146
Contesto	146
Autori	146
Personaggi	147
Temi e aspetti formali	147
Evoluzione: dai romanzi cortesi al poema cavalleresco	147
2.5 Chrétien de Troyes	148
Chrétien de Troyes • *La carretta della vergogna*	150
Andiamo oltre	
Il cavaliere: dalla realtà alla letteratura	154
2.6 La lirica provenzale	156
Il contesto	156
Gli autori	156
I temi e le tecniche espressive	156
Guglielmo d'Aquitania • *Per la dolcezza della nuova stagione*	157

Andiamo oltre
Il giullare — 159
Bertran de Born • Molto mi piace la lieta stagione di primavera — 159

Assonanze
Il castello: un'invenzione del Medioevo — 162

La nascita della letteratura italiana — 165

3 La poesia religiosa — 166

3.1 San Francesco d'Assisi — 166
San Francesco d'Assisi • Cantico delle creature — 167

Andiamo oltre
Dalla lauda alla sacra rappresentazione — 170

3.2 Jacopone da Todi — 170
Jacopone da Todi • Donna de paradiso — 171

Assonanze
Le Storie di San Francesco nella basilica superiore di Assisi — 175

4 La scuola poetica siciliana — 179

4.1 La monarchia sveva in Sicilia — 179

4.2 Tempi e luoghi della poesia siciliana — 180

4.3 La nuova figura del poeta-notaio — 180

4.4 Lingua e temi — 181

4.5 Jacopo da Lentini — 182
Jacopo da Lentini • Meravigliosamente — 183
Jacopo da Lentini • Amor è un desio che ven da core — 186

4.6 Cielo d'Alcamo — 187
Cielo d'Alcamo • Rosa fresca aulentissima — 187

Assonanze
I castelli della corona — 191

5 I poeti siculo-toscani — 194

Andiamo oltre
Guelfi e ghibellini — 194

5.1 Bonagiunta Orbicciani — 195
Bonagiunta Orbicciani • A me adovene com'a lo zitello — 195

5.2 Guittone d'Arezzo — 196

Andiamo oltre
La battaglia di Montaperti — 197

Assonanze
Il palazzo pubblico — 198

Appendice

1 Prove INVALSI — 202

1.1 Prove per la prima classe — 203
Enzo Cei • Il regalo — 203
Francesco Sabatini • Le parole e le cose — 205
Curzio Malaparte • Il cane Febo — 207
Michele Cortelazzo • Oralità, concisione, assenza di sintassi: le caratteristiche di una scrittura allegorica — 210

1.2 Prove di uscita dal biennio — 212
Umberto Saba • Un colpo di pistola — 214

Italo Calvino • Esattezza — 216
Umberto Eco • Ecco l'angolo retto — 218
Eugenio Montale • Nel giardino — 221
Beppe Fenoglio • Il gorgo — 223

2 Prove OCSE-PISA — 225

Lago Ciad — 225
Le armi della polizia scientifica — 226
Stare comodi nelle scarpe sportive — 228
Il dono — 229

Laboratorio di scrittura

1 Dalla lettura alla scrittura

L'abilità della scrittura è certamente la piú complessa e anche quella che ha piú stretti legami con tutte le altre, in particolare con la lettura. Gran parte del lavoro che si svolge a scuola è infatti un continuo passaggio dalla lettura alla scrittura, dato che la prima costituisce il punto di partenza, ma anche il punto di arrivo della seconda. Da un lato i testi sono un terreno da esplorare per appropriarsi delle tecniche e degli strumenti utili a scrivere, dall'altro ciò che si scrive è destinato a essere letto, sia dallo stesso autore, sia, piú spesso, da altri. Non dimentichiamo inoltre che anche ascoltare e parlare sono abilità connesse alla scrittura: per esempio, il verbale e gli appunti sono la registrazione scritta di ciò che altri hanno detto e che l'estensore del testo ha dovuto attentamente ascoltare.

In questo volumetto ci muoveremo dapprima sul confine in cui le connessioni tra lettura e scrittura sono piú evidenti, per poi entrare pienamente nell'universo della scrittura e cercare di appropriarci delle piú svariate tipologie, da quelle di piú stretta utilità a quelle cui potremo rivolgerci per svago intellettuale o puro divertimento.

1.1 Testi prodotti a partire da un altro testo: il riassunto

Pensiamo a quanto spesso capiti nella vita di tutti i giorni di dover rispondere a domande quali: «Di che cosa parlava quel film?», «Cosa hai visto in televisione?», «Di che cosa avete discusso stamattina?», «Mi racconti la trama di quel romanzo?», e via dicendo. Ci si chiede, in questi casi, di esporre i contenuti di un testo – verbale o non verbale – per condividerlo con altri, e dunque, riassumerlo.

Fare un riassunto significa:

✓ sintetizzare per riferire in breve gli elementi essenziali di un testo, scritto o orale;
✓ produrre un nuovo testo a partire da un testo già dato.

Dalla lettura alla scrittura

Per fare un buon riassunto occorre, in primo luogo, partire da una **lettura** attenta e accurata del testo, allo scopo di:

✓ comprendere il contenuto del testo da riassumere;
✓ riconoscere nel testo i contenuti fondamentali e le connessioni logiche che li tengono uniti;
✓ riconoscere le informazioni che si possono tralasciare senza perdere il significato globale del testo.

Il secondo momento, altrettanto importante, è il passaggio alla **scrittura**, nella quale gli elementi individuati vanno esposti in un discorso sintetico, coerente ed esauriente.
Fare un riassunto è considerato il piú delle volte un lavoro semplice, ma poco creativo e anche abbastanza noioso. Viceversa, si tratta di un'operazione solo apparentemente facile; e se è vero che può considerarsi poco creativa in quanto deve ripercorrere un testo già esistente, è pur vero che si tratta di una riscrittura, che è anche interpretazione e rielaborazione. Insomma, chi fa un riassunto non inventa niente, ma comunque rielabora in modo personale ciò che altri hanno scritto, badando a non tradirne lo spirito.

Esercizi

1. Una delle operazioni da fare per riassumere consiste nell'eliminare le informazioni che si possono tralasciare senza perdere il significato globale del testo.
Per spiegare meglio questo concetto vi proponiamo questo esercizio: nelle seguenti coppie di frasi c'è una parte, scritta in corsivo, identica. In una delle due frasi, però, essa può essere tolta senza che il significato venga sostanzialmente modificato, mentre nell'altra risulta indispensabile. Spiega in quale delle due si può togliere, in quale no, e perché.

1a. La casa *era isolata e aveva due ingressi*, fu perciò facile al delinquente scappare.
1b. La casa *era isolata e aveva due ingressi*, mi piacque subito e decisi di comprarla.

2a. Le tende erano *di fibra sintetica* e offrirono facile esca al fuoco.
2b. Le tende erano *di fibra sintetica* a fiorellini di mille colori vivaci, molto belle.

3a. La bambina, *che portava un vestito rosso*, passeggiava insieme alla mamma.
3b. La bambina, *che portava un vestito rosso*, fu aggredita da un toro infuriato.

4a. Il gatto *nero* miagolava disperatamente.
4b. Di fronte al gatto *nero* che gli attraversò la strada Gianni fece gli scongiuri.

5a. L'uomo, *che aveva una barba nera ispida e incolta*, sembrava un orco delle favole, e il bambino ne ebbe paura.
5b. L'uomo, *che aveva una barba nera ispida e incolta*, entrò nel bar e ordinò un caffè.

6a. Laura *indossava un vestito giallo*, aveva una borsa di pelle e si avviò alla biglietteria.
6b. Laura *indossava un vestito giallo* per farsi riconoscere come d'accordo.

7a. Ho messo dei sandali *con i tacchi molto alti*, e adesso ho tutte le caviglie indolenzite.
7b. Per andare alla festa ho messo dei sandali *con i tacchi molto alti*, un vestito blu e una bella giacca bianca.

8a. Il bambino entrò, *la stanza era in penombra* e non riusciva a distinguere le persone che stavano sedute.
8b. C'era un grande silenzio, *la stanza era in penombra* e il gatto dormiva.

9a. *I contadini bruciavano le stoppie nei campi lungo l'autostrada*; il fumo ha causato una serie di tamponamenti.
9b. *I contadini bruciavano le stoppie nei campi lungo l'autostrada*, il cielo era sereno e il sole stava tramontando.

10a. Non trovo piú il libro *che mi hai prestato*, ma stai certo che te lo ricomprerò.
10b. Il libro *che mi hai prestato* è molto interessante, racconta una fantastica avventura.

Il riassunto secondo la divisione in sequenze

Come sappiamo, ci sono diversi tipi di testo: narrativo, espositivo, descrittivo, regolativo, argomentativo (vedi pagine 25-57); allo stesso modo ci sono diversi tipi di riassunto piú o meno adatti ai diversi testi e ai diversi scopi. Il risultato da raggiungere è sempre lo stesso, cioè riscrivere il testo sintetizzandolo, ma le strade da percorrere per giungervi possono essere differenti, a seconda del tipo di testo su cui si lavora.

Tuttavia, c'è un'operazione che si può adattare a tutti i testi, ed è sufficiente, in un primo momento, impararla bene per soddisfare tutte le esigenze che potrai trovarti a fronteggiare: riassumeremo usando come riferimento e punto di partenza la **divisione in sequenze**. Questo tipo di riassunto si configura come un'**operazione di rimontaggio e sintesi.**
È un lavoro che si svolge in piú fasi, ognuna delle quali richiede una certa attenzione.

✓ La prima, ovviamente, è la fase della **lettura,** nella quale occorre comprendere bene il testo, mediante una prima lettura globale e, quindi, una seconda lettura piú lenta e puntuale, allo scopo di:
  • individuare nel testo di partenza le informazioni principali;
  • sottolinearle con la matita o evidenziarle nel modo in cui siamo abituati.
✓ Successivamente, **si «smonta»** il testo da riassumere in questo modo:
  • si individuano le sequenze e si assegna a ogni sequenza un titolo esplicativo che ne sintetizzi il contenuto;
  • in base ai titoli assegnati, si mette insieme una «scaletta» delle informazioni essenziali.
✓ Infine, si procede al **rimontaggio** a partire dalla nostra divisione in sequenze:
  • si ampliano i titoli delle sequenze, se necessario anche con qualche altra informazione tratta dal testo;
  • si passa alla stesura vera e propria del riassunto, collegando logicamente e integrando, se necessario, i vari punti dello schema precedentemente ottenuto.

Nel momento finale della stesura, e quindi della riscrittura del testo, oltre a sintetizzare con la procedura che abbiamo appena descritto, bisogna scegliere le parole per produrre un nuovo testo chiaro e semplice. Ecco alcune possibilità:

✓ **eliminare** tutti i **termini** e le **espressioni** che **non** sono **indispensabili** per la comprensione e lo sviluppo logico del discorso;
✓ **chiarire** (mediante sinonimi, espressioni chiarificatrici, ecc.) quei **termini** che non si possono eliminare ma che risultano poco familiari;
✓ **generalizzare,** ovvero riunire un insieme di informazioni simili in un'unica informazione che le comprenda tutte; per esempio, la frase *tra i due volarono calci e pugni, si insultarono e si scambiarono le peggiori minacce* può diventare *litigarono ferocemente*;
✓ **nominalizzare,** cioè sintetizzare un'intera frase in un sostantivo, solitamente un nome generale che ne contenga e riassuma il significato; per esempio, il termine *arte* al posto di *pittura, scultura e architettura*;
✓ **passare,** quando è possibile, **dal discorso diretto al discorso indiretto.**

Talvolta può rendersi necessario, oltre che eliminare e ridurre vari elementi del testo, **aggiungere** piccole annotazioni necessarie per la comprensione. Per esempio, se riassumiamo un testo letterario, si può iniziare osservando chi è il narratore e come si pone (*I fatti sono narrati in prima persona da... che racconta...*, ecc.), sottolineando qualche intonazione ironica, o scherzosa, o drammatica, ecc. Infatti lo **scopo del riassumere non è semplicemente ridurre, ma anche chiarire il contenuto e agevolare la comprensione.**

Dalla lettura alla scrittura

Selezione di informazioni, sintesi brevissima e sommario

Può a volte capitare di dover sintetizzare un testo non nel suo insieme, ma solo per trarne un certo numero di informazioni. Ciò accade soprattutto quando utilizziamo un testo per una ricerca o una relazione, e comunque ogni volta che ci serve solo una parte di ciò che stiamo leggendo. In questi casi occorre **selezionare** le notizie che interessano, tralasciando le altre. La nostra sintesi, allora, sarà orientata non solo a eliminare tutto quanto non ci sembra indispensabile alla comprensione globale, ma a scegliere e mettere in luce esclusivamente quelle informazioni che hanno a che fare con la nostra ricerca o comunque con lo scopo del nostro lavoro.

Proseguendo con questo «gioco», si può andare riducendo un testo sempre di piú, a seconda degli scopi per cui facciamo l'operazione. Si può giungere alla **sintesi brevissima** che racchiude in poche righe il contenuto di intere pagine (è quanto capita di leggere, per esempio, sul risvolto di copertina di un libro per una informazione veloce sul contenuto). Con il **sommario** – che, per esempio, si fa sui giornali per dare completezza a un titolo – si riduce il tutto a una, due frasi al massimo. È chiaro che le riduzioni vanno operate senza perdere mai di vista il tema centrale e lo scopo per cui le selezioni e le sintesi si sono rese necessarie.

Riflettiamo insieme...

Italo Calvino

Fiabe Italiane raccolte e trascritte da I. Calvino,
Mondadori, Milano, 1983, vol. I

L'anello magico

Partiamo da un testo narrativo molto semplice, una fiaba scelta tra quelle che lo scrittore Italo Calvino (1923-1985) pubblicò nel 1956, dopo due anni di intenso lavoro, avendole riprese dalla tradizione popolare degli ultimi cento anni e trascritte dai vari dialetti. Lavoriamo qui sulla prima metà; la seconda parte sarà proposta piú avanti.

Un giovane povero disse alla sua mamma: – Mamma, io vado per il mondo; qui al paese tutti mi considerano meno d'una castagna secca, e non combinerò mai niente. Voglio andar fuori a far fortuna e allora anche per te, mamma, verranno giorni piú felici.

Cosí disse, e andò via. Arrivò in una città e mentre passeggiava per le strade, vide una vecchietta che saliva per un vicolo in pendio e ansimava sotto il peso di due grossi secchi pieni d'acqua che portava a bilancia appesi a un bastone[1]. S'avvicinò e le disse: – Datemi da portare l'acqua, non ce la fate mica con quel peso. – Prese i secchi, l'accompagnò alla sua casetta, salí le scale e posò i secchi in cucina. Era una cucina piena di gatti e di cani che si affollavano intorno alla vecchietta, facendole le feste e le fusa.

– Cosa posso darti per ricompensa? – chiese la vecchietta.

– Roba da niente, – disse lui. – L'ho fatto solo per farvi piacere.

– Aspetta, – disse la vecchietta; uscí e tornò con un anello. Era un anellino da quattro soldi; glielo infilò al dito e gli disse: – Sappi che questo è un anello prezioso; ogni volta che lo giri e gli comandi quello che vuoi, quello che vuoi avverrà. Guarda solo di non perderlo, che

---

1. due grossi secchi ... appesi a un bastone: si tratta di un modo per trasportare due pesi insieme: sulle spalle viene appoggiato di traverso un bastone, a ognuna delle estremità del bastone viene appeso un ca- rico, in questo caso uno dei due secchi pieni d'acqua. In tal modo i due pesi, se sono uguali, stanno in equilibrio come i due piatti delle antiche bilance.

sarebbe la tua rovina. E per esser piú sicura che non lo perdi, ti do anche uno dei miei cani e uno dei miei gatti che ti seguano dappertutto. Sono bestie in gamba e se non oggi domani ti saranno utili.

Il giovane le fece tanti ringraziamenti e se ne andò, ma a tutte le cose che aveva detto la vecchia non ci badò né poco né tanto, perché non credeva nemmeno a una parola. «Discorsi da vecchia», si disse, e non pensò neanche a dare un giro all'anello, tanto per provare. Uscí dalla città e il cane e il gatto gli trotterellavano vicino; lui amava molto le bestie ed era contento d'averle con sé: giocava con loro e li faceva correre e saltare. Cosí correndo e saltando entrò in una foresta. Si fece notte e dovette trovare riposo sotto un albero; il cane e il gatto gli si coricarono vicino. Ma non riusciva a dormire perché gli era venuta una gran fame. Allora si ricordò dell'anello che aveva al dito. «A provare non si rischia niente», pensò; girò l'anello e disse: – Comando da mangiare e da bere!

Non aveva ancora finito di dirlo che gli fu davanti una tavola imbandita con ogni specie di cibi e di bevande e con tre sedie. Si sedette lui e s'annodò un tovagliolo al collo; sulle altre sedie fece sedere il cane e il gatto, annodò un tovagliolo al collo anche a loro[2], e si misero a mangiare tutti e tre con molto gusto. Adesso all'anellino ci credeva.

Finito di mangiare si sdraiò per terra e si mise a pensare a quante belle cose poteva fare, ormai. Non aveva che l'imbarazzo della scelta: un po' pensava che avrebbe desiderato mucchi d'oro e d'argento, un po' preferiva carrozze e cavalli, un po' terre e castelli, e cosí un desiderio cacciava via l'altro. «Qui ci divento matto, – si disse alla fine, quando non ne poté piú di fantasticare, – tante volte ho sentito dire che la gente perde la testa quando fa fortuna, ma io la mia testa voglio conservarmela. Quindi, per oggi basta; domani ci penserò». Si coricò su un fianco e si addormentò profondamente. Il cane si accucciò ai suoi piedi, il gatto alla sua testa, e lo vegliarono.

Quando si destò, il sole brillava già attraverso le cime verdi degli alberi, tirava un po' di vento, gli uccellini cantavano e a lui era passata ogni stanchezza. Pensò di comandare un cavallo all'anello, ma la foresta era cosí bella che preferí andare a piedi; pensò di comandare una colazione, ma c'erano delle fragole cosí buone sotto i cespugli che si contentò di quelle; pensò di comandare da bere, ma c'era una fonte cosí limpida che preferí bere nel cavo della mano. E cosí per prati e campi arrivò fino a un gran palazzo; alla finestra era affacciata una bellissima ragazza che a vedere quel giovane che se ne veniva allegro a mani in tasca seguito da un cane e da un gatto, gli fece un bel sorriso. Lui alzò gli occhi, e se l'anello l'aveva conservato, il cuore l'aveva bell'e perduto. «Ora sí che è il caso di usare l'anello», si disse. Lo girò e fece: – Comando che di fronte a quel palazzo sorga un altro palazzo ancora piú bello, con tutto quel che ci vuole.

E in un batter d'occhio il palazzo era già lí, piú grande e piú bello dell'altro, e dentro ci stava già lui come ci avesse sempre abitato, e il cane era nella sua cuccia, e il gatto si leccava le zampine vicino al fuoco. Il giovane andò alla finestra, l'aperse[3] ed era proprio dirimpetto alla finestra della bellissima ragazza. Si sorrisero, sospirarono; e il giovane capí che era venuto il momento d'andare a chiedere la sua mano. Lei era contenta, i genitori pure, e dopo pochi giorni avvennero le nozze.

2. **annodò un tovagliolo al collo anche a loro**: fino a questo punto il cane e il gatto erano visti né piú né meno come animali domestici; da quando il giovane crede al potere dell'anello magico, comincia a credere che anche le due bestie siano «speciali», e dunque le vediamo «umanizzate», sedute a tavola con il tovagliolo al collo insieme al padroncino.

3. **aperse**: «aprí», forma secondaria e poco usata del passato remoto del verbo *aprire*.

Dalla lettura alla scrittura

7

Guida all'analisi

Per visualizzare meglio il lavoro richiesto in questo paragrafo, disponiamo il testo su una tabella a due colonne, in cui poniamo a confronto, per ognuna delle sequenze, il testo con una nostra proposta di riassunto.

Prima sequenza: un giovane povero decide di andare a cercare fortuna.

Un giovane povero disse alla sua mamma: – Mamma, io vado per il mondo; qui al paese tutti mi considerano meno d'una castagna secca, e non combinerò mai niente. Voglio andar fuori a far fortuna e allora anche per te, mamma, verranno giorni piú felici.	Un giovane povero, visto che al suo paese non era nessuno, dice alla madre che ha deciso di andarsene via per cercare fortuna e far stare meglio anche lei.

Seconda sequenza: arrivato in una città, aiuta una vecchietta a trasportare due pesanti secchi.

Cosí disse, e andò via. Arrivò in una città e mentre passeggiava per le strade, vide una vecchietta che saliva per un vicolo in pendio e ansimava sotto il peso di due grossi secchi pieni d'acqua che portava a bilancia appesi a un bastone. S'avvicinò e le disse: – Datemi da portare l'acqua, non ce la fate mica con quel peso. – Prese i secchi, l'accompagnò alla sua casetta, salí le scale e posò i secchi in cucina. Era una cucina piena di gatti e di cani che si affollavano intorno alla vecchietta, facendole le feste e le fusa.	Cosí si allontana da casa, e, arrivato in una città, vede una vecchietta curva a trasportare due pesanti secchi colmi d'acqua. Il giovane generosamente le prende il pesante carico e l'accompagna alla sua casetta, dove le vengono a fare festa tutti i cani e i gatti che vivevano con lei.

Terza sequenza: la vecchietta per ricompensarlo gli dona un anellino dai poteri magici e lo fa accompagnare da un cane e da un gatto.

– Cosa posso darti per ricompensa? – chiese la vecchietta. – Roba da niente, – disse lui. – L'ho fatto solo per farvi piacere. – Aspetta, – disse la vecchietta; uscí e tornò con un anello. Era un anellino da quattro soldi; glielo infilò al dito e gli disse: – Sappi che questo è un anello prezioso; ogni volta che lo giri e gli comandi quello che vuoi, quello che vuoi avverrà. Guarda solo di non perderlo, che sarebbe la tua rovina. E per esser piú sicura che non lo perdi, ti do anche uno dei miei cani e uno dei miei gatti che ti seguano dappertutto. Sono bestie in gamba e se non oggi domani ti saranno utili.	La vecchietta vuole ricompensare il giovane, anche se questi dice di aver fatto solo una cortesia. Tuttavia la vecchietta gli dona un anellino dicendogli che ha il magico potere di accontentare ogni suo desiderio, e raccomandandogli di non perderlo. Per essere piú sicura lo fa accompagnare da un cane e un gatto.

Quarta sequenza: il giovane non crede alle parole della vecchietta, e se ne va, contento, con i due animali.

Il giovane le fece tanti ringraziamenti e se ne andò, ma a tutte le cose che aveva detto la vecchia non ci badò né poco né tanto, perché non credeva nemmeno a una parola. «Discorsi da vecchia», si disse, e non pensò neanche a dare un giro all'anello, tanto per provare. Uscí dalla città e il cane e il gatto gli trotterellavano vicino; lui amava molto le bestie ed era contento d'averle con sé: giocava con loro e li faceva correre e saltare.	Il giovane non crede alle cose che gli ha detto la vecchia e se ne va, uscendo dalla città, contento di avere con sé il cane e il gatto.

Quinta sequenza: uscito dalla città, entra in una foresta e camminando gli viene fame, sicché decide di provare la magia dell'anello.

Cosí correndo e saltando entrò in una foresta. Si fece notte e dovette trovare riposo sotto un albero; il cane e il gatto gli si coricarono vicino. Ma non riusciva a dormire perché gli era venuta una gran fame. Allora si ricordò dell'anello che aveva al dito. «A provare non si rischia niente», pensò; girò l'anello e disse: – Comando da mangiare e da bere!

A un certo punto il giovane è preso dalla fame, e pensando che tanto non ci avrebbe rimesso nulla, decide di provare se la magia dell'anello esiste veramente.

Sesta sequenza: l'anello compie la magia e i tre si trovano davanti una tavola imbandita.

Non aveva ancora finito di dirlo che gli fu davanti una tavola imbandita con ogni specie di cibi e di bevande e con tre sedie. Si sedette lui e s'annodò un tovagliolo al collo; sulle altre sedie fece sedere il cane e il gatto, annodò un tovagliolo al collo anche a loro, e si misero a mangiare tutti e tre con molto gusto.

L'anello compie davvero la magia e i tre si trovano davanti una tavola imbandita con ogni ben di Dio. Come tre amici, giovane e animali si siedono a tavola e mangiano di gusto.

Settima sequenza: il giovane pensa a tutte le cose che può ottenere, ma in lui prevale la saggezza e cerca di affrontare ogni cosa con calma.

Adesso all'anellino ci credeva.
Finito di mangiare si sdraiò per terra e si mise a pensare a quante belle cose poteva fare, ormai. Non aveva che l'imbarazzo della scelta: un po' pensava che avrebbe desiderato mucchi d'oro e d'argento, un po' preferiva carrozze e cavalli, un po' terre e castelli, e cosí un desiderio cacciava via l'altro. «Qui ci divento matto, – si disse alla fine, quando non ne poté piú di fantasticare, – tante volte ho sentito dire che la gente perde la testa quando fa fortuna, ma io la mia testa voglio conservarmela. Quindi, per oggi basta; domani ci penserò». Si coricò su un fianco e si addormentò profondamente. Il cane si accucciò ai suoi piedi, il gatto alla sua testa, e lo vegliarono.

A questo punto il giovane crede alla magia dell'anello, e comincia a fantasticare sulle mille cose che potrebbe avere con questo straordinario potere: oro, terre, ricchezze...

Ma poiché è un ragazzo di buon senso, sta ben attento a non montarsi la testa come tanti che, avendo fatto cattivo uso della fortuna avuta, si sono rovinati. Cosí si mette a dormire, vegliato dai due animali.

Ottava sequenza: l'indomani, resistendo alla tentazione di usare la magia per cose non necessarie, prosegue fino ad arrivare a un gran palazzo alla cui finestra era affacciata una bella ragazza che gli sorride.

Quando si destò, il sole brillava già attraverso le cime verdi degli alberi, tirava un po' di vento, gli uccellini cantavano e a lui era passata ogni stanchezza. Pensò di comandare un cavallo all'anello, ma la foresta era cosí bella che preferí andare a piedi; pensò di comandare una colazione, ma c'erano delle fragole cosí buone sotto i cespugli che si contentò di quelle; pensò di comandare da bere, ma c'era una fonte cosí limpida che preferí bere nel cavo della mano. E cosí per prati e campi arrivò fino a un gran palazzo; alla finestra era affacciata una bellissima ragazza che a vedere quel giovane che se ne veniva allegro a mani in tasca seguito da un cane e da un gatto, gli fece un bel sorriso.

L'indomani riprende il suo cammino. Preferisce non chiedere nulla all'anello: a tutto quello che potrebbe avere (un cavallo, da mangiare e da bere) preferisce ciò che gli offre la natura: la bellezza della foresta, fragole profumate e acqua di fonte.

Camminando arriva a un grande palazzo, e vede una bella ragazza affacciata.

Dalla lettura alla scrittura

Nona sequenza: il giovane si innamora della ragazza e comanda all'anello di far sorgere un palazzo di fronte al suo.

Lui alzò gli occhi, e se l'anello l'aveva conservato, il cuore l'aveva bell'e perduto. «Ora sí che è il caso di usare l'anello», si disse. Lo girò e fece: – Comando che di fronte a quel palazzo sorga un altro palazzo ancora piú bello, con tutto quel che ci vuole.

Colpito dal suo sorriso, capisce che è questo il momento di ricorrere all'anello, e gli comanda di far sorgere di fronte a quello un altro palazzo piú grande e piú bello, e completo di tutto.

Decima sequenza: la magia si compie e il giovane chiede di sposare la ragazza, cosa che avviene dopo pochi giorni.

E in un batter d'occhio il palazzo era già lí, piú grande e piú bello dell'altro, e dentro ci stava già lui come ci avesse sempre abitato, e il cane era nella sua cuccia, e il gatto si leccava le zampine vicino al fuoco. Il giovane andò alla finestra, l'aperse ed era proprio dirimpetto alla finestra della bellissima ragazza. Si sorrisero, sospirarono; e il giovane capí che era venuto il momento d'andare a chiedere la sua mano. Lei era contenta, i genitori pure, e dopo pochi giorni avvennero le nozze.

Cosí avviene, e si ritrova già dentro il palazzo con i suoi animali. Affacciandosi, rivede la bella ragazza, di cui si è evidentemente innamorato, e decide di chiederla in sposa.

Ed entro pochi giorni si celebrano le nozze.

Abbiamo ridotto il testo da 853 a 410 parole, seguendo le indicazioni fornite nel paragrafo ed eliminando i dialoghi. Immaginiamo adesso invece di dover fare una **selezione** delle informazioni che ci servono *per capire l'indole e il carattere del giovane*. Ecco quale testo ne potrebbe venir fuori.

Le qualità di un giovane povero

Il protagonista è anzitutto un giovane buono e generoso: decide di andare a cercare fortuna non solo per sé, ma anche per far vivere meglio la sua mamma. Incontrata una vecchietta che fatica per dover trasportare due pesanti secchi colmi d'acqua, glieli prende e l'aiuta subito accompagnandola fin dentro casa. Quando la vecchia vuole ricompensarlo, dice subito di non volere nulla perché ha agito solo per farle piacere.

Ama gli animali (anche questo è un segno di generosità), e li rende partecipi di tutti i benefici (cibo, comodità) che riceve grazie all'anello.

Dimostra modestia e semplicità di abitudini: quando entra in possesso dell'anello e dei due animali magici non prova nemmeno a verificare i loro poteri, e lo fa solo per necessità quando si trova ad avere fame. È anche dotato di equilibrio e buon senso: pur avendo in mano uno strumento cosí straordinario sta ben attento a non montarsi la testa come tanti che, avendo fatto cattivo uso della fortuna avuta, si sono rovinati. Preferisce non chiedere nulla all'anello: a tutto quello che potrebbe avere (un cavallo, da mangiare e da bere) preferisce ciò che gli offre la natura (la bellezza della foresta, fragole profumate e acqua di fonte). Solo l'amore lo induce a cedere alla tentazione dimenticando i saggi propositi.

Abbiamo dimezzato ancora il numero delle parole, giungendo a 212 (218 se contiamo anche il titolo). Naturalmente questo è un riassunto molto stringato, una sintesi che ci è stata suggerita da un particolare obiettivo, e tuttavia è un lavoro che spesso ci capita di fare per i motivi piú svariati.

Se vogliamo fare la **sintesi brevissima** possiamo arrivare a 78 parole.

La fiaba racconta la straordinaria avventura di un giovane poverissimo il quale, in premio di un suo atto di generosità, riceve da una vecchietta un anello magico e un cane e un gatto. Dapprima incredulo, sperimenta poi la reale magia dell'anello, ma non si lascia tentare da troppi desideri e prosegue la sua strada. Solo per amore di una bella ragazza chiede all'anello di diventare il padrone di un sontuoso palazzo, e riuscirà cosí ad averla in moglie.

10   Laboratorio di scrittura

Ed eccone infine il **sommario**, che immagineremo come sottotitolo della fiaba.

> L'anello magico
> La generosità sempre premiata. Come un giovane povero diventò ricco castellano

Esercizi

1. Ripercorri con attenzione da una parte il testo e dall'altra il riassunto che ti abbiamo proposto, e, con la guida dell'insegnante, cerca di individuare tutte le operazioni che abbiamo compiuto tra quelle elencate nel paragrafo, raggruppale per analogia e discutetene in classe.

2. Fai tu, sulla base delle sequenze, un riassunto del testo.

3. Scegliete in classe un obiettivo di indagine e, sulla base di questo, fai un riassunto selezionando le informazioni come nel secondo esempio.

4. Fai una sintesi brevissima del testo in non piú di 100 parole.

... ora tocca a te

Italo Calvino

Fiabe Italiane raccolte e trascritte da I. Calvino,
Mondadori, Milano, 1983 , vol. I

Una fine crudele

Ecco adesso l'inaspettata conclusione della fiaba.

La prima notte che stettero insieme, dopo i baci, gli abbracci e le carezze, lei saltò su a dire: – Ma di', come mai il tuo palazzo è venuto fuori tutt'a un tratto come un fungo?
Lui era incerto se dirglielo o non dirglielo; poi pensò: «È mia moglie e con la moglie non è il caso di avere segreti». E le raccontò la storia dell'anello. Poi tutti contenti s'addormentarono. Ma mentre lui dormiva, la sposa piano piano gli tolse l'anello dal dito. Poi s'alzò, chiamò tutti i servitori, e: – Presto, uscite da questo palazzo e torniamo a casa dai miei genitori! – Quando fu tornata a casa girò l'anello e disse: – Comando che il palazzo del mio sposo sia messo sulla cima piú alta e piú scoscesa[1] di quella montagna là! – Il palazzo scomparve come non fosse mai esistito. Lei guardò la montagna, ed era andato a finire in bilico lassú sulla cima.
Il giovane si svegliò al mattino, non trovò la sposa al suo fianco, andò ad aprire la finestra e vide il vuoto. Guardò meglio e vide profondi burroni in fondo in fondo, e intorno, montagne con la neve. Fece per toccare l'anello, e non c'era; chiamò i servitori, ma nessuno rispose. Accorsero invece il cane e il gatto che erano rimasti lí, perché lui alla sposa aveva detto dell'anello e non dei due animali. Dapprincipio non capiva niente, poi a poco a poco com-

1. *scoscesa*: ripida.

Dalla lettura alla scrittura

prese che sua moglie era stata un'infame traditrice, e com'era andata tutta quella storia; ma non era una gran consolazione. Andò a vedere se poteva scendere dalla montagna, ma le porte e le finestre davano tutte a picco sui burroni. I viveri nel palazzo bastavano solo per pochi giorni, e gli venne il terribile pensiero che avrebbe dovuto morire di fame.

Quando il cane e il gatto videro il loro padrone cosí triste, gli si avvicinarono, e il cane disse: – Non disperarti ancora, padrone: io e il gatto una via per scendere tra le rocce riusciremo pur a trovarla, e una volta giú ritroveremo l'anello.

– Mie care bestiole, – disse il giovane, – voi siete la mia unica speranza, altrimenti preferisco buttarmi giú per le rocce piuttosto che morir di fame.

Il cane e il gatto andarono, si arrampicarono, saltarono per balze e per picchi, e riuscirono a calar giú dalla montagna. Nella pianura c'era da attraversare un fiume; allora il cane prese il gatto sulla schiena[2] e nuotò dall'altra parte. Arrivarono al palazzo della sposa traditrice che era già notte; tutti dormivano d'un sonno profondo. Entrarono pian pianino dalla gattaiola[3] del portone; e il gatto disse al cane: – Ora tu resta qui a fare il palo[4]; io vado su a vedere cosa si può fare.

Andò su quatto quatto per le scale fin davanti alla stanza dove dormiva la traditrice, ma la porta era chiusa e non poteva entrare. Mentre rifletteva a quel che avrebbe potuto fare, passò un topo. Il gatto lo acchiappò. Era un topone grande e grosso, che cominciò a supplicare il gatto di lasciarlo in vita. – Lo farò, – disse il gatto, – ma tu devi rodere questa porta in modo che io possa entrarci.

Il topo cominciò subito a rosicchiare; rosicchia, rosicchia, gli si consumarono i denti ma il buco era ancora cosí piccolo che non solo il gatto ma nemmeno lui topo ci poteva passare. Allora il gatto disse: – Hai dei piccoli?

– E come no? Ne ho sette o otto, uno piú vispo dell'altro.

– Va' a prenderne uno in fretta, – disse il gatto, – e se non torni ti raggiungerò dove sei e ti mangerò.

Il topo corse via e tornò dopo poco con un topolino. – Senti, piccolo, – disse il gatto, – se sei furbo salvi la vita a tuo padre. Entra nella stanza di questa donna, sali sul letto, e sfilale l'anello che porta al dito.

Il topolino corse dentro, ma dopo poco era già di ritorno, tutto mortificato. – Non ha anelli al dito, – disse.

Il gatto non si perse d'animo. – Vuol dire che lo avrà in bocca, – disse; – entra di nuovo, sbattile la coda sul naso, lei starnuterà e starnutando aprirà la bocca, l'anello salterà fuori, tu prendilo svelto e portalo subito qui.

Tutto avvenne proprio come il gatto aveva detto; dopo poco il topolino arrivò con l'anello. Il gatto prese l'anello e a grandi salti corse giú per la scala.

– Hai l'anello? – chiese il cane.

– Certo che ce l'ho, – disse il gatto. Saltarono fuori dal portone e corsero via; ma in cuor suo, il cane si rodeva dalla gelosia, perché era stato il gatto a riprendere l'anello.

Arrivarono al fiume. Il cane disse: – Se mi dai l'anello, ti porto dall'altra parte. – Ma il gatto non voleva e si misero a bisticciare. Mentre bisticciavano il gatto si lasciò sfuggire l'anello. L'anello cascò in acqua; in acqua c'era un pesce che l'inghiottí. Il cane subito afferrò il pe-

---

2. **il cane prese il gatto sulla schiena**: i due animali, come si vede, sono amici e collaborano tra loro per la riuscita dell'impresa, finché non interverrà la gelosia.

3. **gattaiola**: piccola apertura praticata nella parte inferiore di una porta per farvi passare un gatto. Da qui il verbo *sgattaiolare*, uscire con de-

strezza e furtivamente, come fa il gatto.

4. **fare il palo**: fare la sentinella; l'espressione viene usata per lo piú a proposito dei ladri quando, nel compiere un furto, uno di essi rimane all'esterno per controllare e avvisare se arriva qualcuno.

Laboratorio di scrittura

sce tra i denti e cosí l'anello l'ebbe lui. Portò il gatto all'altra riva, ma non fecero la pace, e continuando a bisticciare giunsero dal padrone.
– L'avete l'anello? – chiese lui tutto ansioso. Il cane sputò il pesce, il pesce sputò l'anello, ma il gatto disse: – Non è vero che ve lo porta lui, sono io che ho preso l'anello e il cane me l'ha rubato.
E il cane: – Ma se io non pigliavo il pesce, l'anello era perduto.
Allora il giovane si mise a carezzarli tutti e due e disse: – Miei cari, non bisticciate tanto, mi siete cari e preziosi tutti e due. – E per mezz'ora con una mano accarezzò il cane e con l'altra il gatto, finché i due animali non tornarono amici come prima.
Andò con loro nel palazzo; girò l'anello sul dito e disse: – Comando che il mio palazzo stia laggiú dove è quello della mia sposa traditrice, e che la mia sposa traditrice e tutto il suo palazzo vengano quassú dove io sono ora. – E i due palazzi volarono per l'aria e cambiarono di posto: il suo giú nel bel mezzo della pianura e quello di lei su quella cima aguzza con lei dentro che gridava come un'aquila.
Il giovane fece venire anche sua madre e le diede la vecchiaia felice che le aveva promesso. Il cane e il gatto restarono con lui, sempre con qualche litigio tra loro, ma in complesso stettero in pace. E l'anello? L'anello lo usò, qualche volta, ma non troppo, perché pensava con ragione: «Non è bene che l'uomo abbia troppo facilmente tutto quello che può desiderare». Sua moglie, quando scalarono la montagna la trovarono morta di fame, secca come un chiodo. Fu una fine crudele, ma non ne meritava una migliore.

Esercizi

1. Dividi il testo in sequenze e fanne il riassunto, preferibilmente prendendo a modello lo schema che abbiamo usato nella parte che fa da testo guida.
2. Elenca tutte le operazioni che hai fatto per riassumere e confrontale con quelle dei tuoi compagni, facendo, con l'aiuto dell'insegnante, le osservazioni e le correzioni del caso.
3. Scegliete in classe un obiettivo di indagine (potrebbe essere la personalità della moglie, oppure il comportamento del cane e del gatto, o ancora ci si può soffermare nuovamente sul protagonista) e sulla base di questo fai un riassunto, selezionando le informazioni come nei nostri esempi.
4. Fai una sintesi brevissima del testo in non piú di 100 parole.
5. Fai un sottotitolo di non piú di due frasi.

Il riassunto come interpretazione del testo

Riflettiamo insieme...: Francesco Alberoni, *Il bravo maestro non invidia l'allievo di talento, lo aiuta*

Riflettiamo insieme...: Renzo Cianfanelli, *La rabbia dei ghetti spaventa l'Inghilterra*

... e ora tocca a te: Piero Angela – Lorenzo Pinna, *Problemi e prospettive nel mondo dell'energia*

Dalla lettura alla scrittura

1.2 Gli appunti

«Prendete appunti» è una delle raccomandazioni piú frequenti dei professori, che però altrettanto frequentemente si lamentano perché gli studenti non lo sanno fare. E non per caso. Prendere appunti infatti è un'abilità abbastanza complessa, anzi, è una somma di due abilità: ascoltare e scrivere, se gli appunti sono presi da un testo orale, o leggere e scrivere, se ricavati da un testo scritto.

Prendere appunti **da un testo orale** (per esempio durante una conferenza, una lezione, ecc.) significa:

- ✓ sapere **ascoltare attentamente** quello che viene detto ed essere in grado di comprenderlo pienamente;
- ✓ essere in grado di **selezionare**, tra tutte quelle che si ascoltano, le informazioni piú importanti;
- ✓ avere una buona **capacità di sintesi**;
- ✓ **scrivere solo l'essenziale**, servendosi magari di **segni grafici** per evidenziare le proprie impressioni (punti esclamativi, disegnini, cerchi, ecc.);
- ✓ **trascrivere in un secondo tempo in modo ordinato** affinché gli appunti presi possano davvero servire a qualcosa.

Prendere appunti **da un testo scritto** (mentre si legge un libro, si consulta un'enciclopedia, si studia, ecc.) comporta:

- ✓ **leggerlo molto attentamente** e capirlo pienamente;
- ✓ **dividerlo in sequenze**;
- ✓ **selezionare** le informazioni piú importanti;
- ✓ avere una buona **capacità di sintesi**;
- ✓ **evidenziare l'essenziale**, individuando possibilmente le **parole chiave**, cioè quei termini che contengono i temi fondamentali, servendosi magari di **segni grafici** (punti esclamativi, disegnini, cerchi, ecc.), nel testo o a margine di questo, per fermare subito le proprie impressioni;
- ✓ **trascrivere in un secondo tempo in modo ordinato** affinché gli appunti presi possano davvero servire a qualcosa.

Come vedi, un'attività da non prendersi alla leggera, alla quale si deve sicuramente dedicare impegno e attenzione in modo da acquisire ancora una volta una vera e propria competenza che potrà essere molto utile non soltanto sui banchi di scuola.

1.3 Le mappe concettuali

La **mappa concettuale** costituisce un efficace mezzo di organizzazione logica, e a essa si può ricorrere per gli scopi piú svariati:

✓ per **preparare** un intervento scritto o orale, anticipare la scaletta di un tema, fissare i punti chiave di una ricerca che dobbiamo fare, si prendono le mosse da un'idea che abbiamo in mente, da uno spunto che ci è stato offerto con una consegna, e dunque siamo liberi di inserire tutti gli elementi che vogliamo;

✓ per **sintetizzare** quanto abbiamo letto, per esempio in un testo o in un percorso tematico, o i dati emersi da una ricerca, le informazioni tratte da fonti svariate, e simili: in questo caso abbiamo dei riferimenti ben precisi, ed è dunque a questi che dobbiamo attenerci.

In ogni caso, il modo di procedere è il medesimo. La mappa concettuale infatti è uno **schema grafico**, composto di *linee* (continue, spezzate, circolari), *riquadri* di varie forme, *frecce* per rappresentare le connessioni tra gli elementi. Le linee possono indicare un rapporto di contiguità, vicinanza, parentela, se sono orizzontali; di dipendenza se sono verticali. Per sottolineare meglio la derivazione di un elemento da un altro ci sono le frecce, che possono essere bidirezionali se il rapporto è biunivoco, vale a dire di interdipendenza di ciascun elemento rispetto a un altro. I riquadri solitamente contengono delle scritte: i concetti, le parole-chiave, i nuclei fondanti, gli elementi su cui puntare l'attenzione. Tutti questi «ingredienti» possono essere disposti in vario modo. A seconda della loro disposizione, avremo una struttura:

✓ **ad albero**, se si pongono i vari segmenti grafici in verticale, e si leggono dall'alto verso il basso;

✓ **a rete**, se la disposizione è circolare, ramificata intorno a uno o piú elementi centrali.

La scelta tra le due strutture non è casuale, ma dipende dai nuclei concettuali che vogliamo evidenziare e dal tipo di rapporti che intercorrono tra di loro. Normalmente una struttura *ad albero* può aiutarci meglio a rappresentare la gerarchizzazione dei concetti, cioè un percorso in cui tra i diversi elementi devono essere messi in evidenza rapporti gerarchici, di dipendenza di uno dall'altro. Una struttura *a rete* può essere piú congeniale invece per visualizzare rapporti di interconnessione tra temi che consideriamo di pari importanza, collegati da similitudini, analogie, ecc. Ma è difficile generalizzare; è la logica che di volta in volta deve guidarci a scegliere la forma e la disposizione piú rispondenti allo scopo che vogliamo raggiungere. Ha importanza anche l'idea della gestione dello spazio disponibile di fronte alla quantità di elementi che vogliamo visualizzare (una pagina di quaderno o di album non è la stessa cosa rispetto a un riquadro, un pannello, o un cartellone).

Come si fa una mappa concettuale e come si legge

Soffermiamoci adesso sul modo di costruire le mappe concettuali, per giungere piú agevolmente al possesso di questa competenza. È necessario passare attraverso due fasi: una **preparatoria** e una di **esecuzione**.

Fase preparatoria

In questa fase occorre:

✓ selezionare e fissare i *temi* che vogliamo mettere in evidenza;

✓ avere idee chiare sullo *scopo* per il quale stiamo costruendo la mappa. Per questo se ci è stato già assegnato un *titolo* dovremo anzitutto partire da quello; se invece lavoriamo

autonomamente o abbiamo solo generiche indicazioni, sarà bene che noi stessi diamo un titolo alla mappa, in modo da individuare subito la problematica da sviluppare;
- ✓ *organizzare i temi* secondo l'importanza che assumono in rapporto allo scopo;
- ✓ avere chiare le *connessioni tra gli elementi* della mappa e scegliere di conseguenza la *struttura* che ci sembra piú efficace.

Fase esecutiva

A questo punto possiamo procedere alla stesura vera e propria della mappa concettuale di sintesi, nel modo seguente.

- ✓ Se vogliamo sviluppare una struttura *ad albero*:
  - in cima al foglio in posizione centrale scriveremo (meglio se in stampatello, a caratteri grandi o a colori) il tema da sviluppare, racchiudendolo in un riquadro;
  - dal riquadro faremo partire verso il basso linee verticali o frecce, da collegare con i riquadri sottostanti nei quali disporremo su un unico livello i temi, procedendo con logica, in base all'omogeneità dei contenuti;
  - dai riquadri del primo livello faremo partire altre linee verticali o frecce verso un secondo livello di riquadri, e cosí via finché avremo esaurito tutti i contenuti che vogliamo visualizzare.

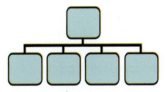

- ✓ Se vogliamo sviluppare una struttura *a rete*:
  - al centro del foglio, in un riquadro della forma che ci sembrerà piú congeniale, scriveremo (meglio se in stampatello, a caratteri grandi o a colori) il tema da sviluppare;
  - dal centro faremo partire a raggiera delle linee che portano alle idee principali direttamente collegate al tema e racchiuse a loro volta in riquadri;
  - dai riquadri possono partire ancora altre linee verso altri riquadri in corrispondenza di altri contenuti collegati.

Facciamo adesso il percorso inverso, supponendo di avere già davanti una mappa concettuale, non importa se fatta da noi o da altri. Dobbiamo allora passare dalla mappa all'esposizione orale e/o alla scrittura, per prepararci sia al colloquio con l'insegnante e al dibattito in classe, sia a vari tipi di esercitazioni scritte. Partiremo dall'elemento centrale, spiegando in che cosa consiste e perché è stato posto al centro dell'attenzione. Ordinatamente passeremo poi in esame tutti i temi inseriti negli altri riquadri, in ordine di importanza se la mappa è *ad albero*, e dunque spiegando quanti e quali rapporti di dipendenza ci sono tra quei temi, e perché; se la mappa è *a rete* sceglieremo con ordine di procedere dal centro verso sinistra o destra, oppure andremo in senso orario o antiorario, come insomma ci suggerisce la logica del percorso sintetizzato davanti a noi. È buona pratica non fidarci della nostra capacità di improvvisazione, specie se siamo alle prime armi, e simulare un'esposizione ad alta voce almeno una volta. Se dobbiamo passare alla scrittura la mappa si configura come una preziosa «scaletta».

16 | Laboratorio di scrittura

Esercizi

1. Riproduciamo un breve passo tratto dal saggio di Gherardo Colombo, *Sulle regole* (Feltrinelli, Milano, 2009), nel quale abbiamo già evidenziato alcuni punti e parole chiave.

> Sebbene ci sia chi pensa il contrario, delle regole non si può fare a meno perché non si può stare insieme senza applicarne, magari inconsapevolmente.
>
> La regola è l'altra faccia della convivenza, sono due lati della stessa medaglia. Lo si può verificare empiricamente: non possiamo incontrarci se non applichiamo regole comuni sulla misurazione del tempo; non possiamo comunicare se non applichiamo regole condivise di linguaggio; spesso, se non sempre, i contatti tra le persone hanno regole specifiche (per fare qualche esempio, stare a tavola, assistere a una conferenza, frequentare la scuola sono tutte attività che hanno le proprie regole).
>
> Allo stesso modo si può constatare che qualsiasi tipo di associazione, comunità o consorteria – un ordine religioso, una bocciofila, un cineclub, la mafia... – si basa su regole.
>
> Regola, legge, legalità sono le parole più usate quando ci si trova di fronte a fatti, drammi e contraddizioni relativi ai rapporti umani. Sono termini neutri, il cui significato può variare indefinitamente in base al contenuto che esprimono.

Su di esso potrai fare diversi esercizi:
- «appuntare» a margine i punti evidenziati stabilendo le connessioni tra loro;
- evidenziare sul testo con frecce i collegamenti (per esempio tra *regole*, *convivenza*, *contatti*, ecc.);
- fare una sintesi scritta ricavandola dagli appunti;
- fare una mappa ad albero per rendere visivamente i concetti;
- spiegare alcune cose che il testo non dice (per esempio perché quei termini sono *neutri*).

2. Fai un lavoro analogo a quello dell'esercizio precedente su paragrafi dei tuoi testi di studio, scelti insieme ai vari insegnanti, meglio se di diverse materie.

1.4 — La parafrasi

Una delle principali caratteristiche del linguaggio verbale, che lo rende superiore a tutti gli altri linguaggi, è quella di poter **spiegare se stesso**, grazie a quella **funzione della lingua** che si chiama **metalinguistica**. Sapersi servire di questa potenzialità è un'ottima arma per conseguire una comprensione piena e completa di ogni tipo di testo. Può capitare infatti, e non solo nelle letture scolastiche, di imbattersi in un testo che non riusciamo a capire per la presenza di periodi lunghi e complessi, di parole poco usuali o collocate in maniera insolita. La difficoltà di comprensione, prima ancora che nei contenuti, in questo caso risiede anzitutto nella **forma**. Di fronte a testi abbastanza chiari e composti nell'ordine naturale della nostra lingua spesso sono sufficienti le note a piè di pagina per spiegare singole espressioni o termini. Ma se si tratta di un intero testo composto in una lingua arcaica, o letterario, o poetico, o tecnico, sarà necessario procedere a una operazione preliminare di *decodificazione*, cioè di chiarimento, che ci consenta di passare da un «codice» per noi poco chiaro a uno che ci riesca familiare e di approccio immediato (il linguaggio standard quotidiano e i termini per noi più abituali). Questa operazione è la **parafrasi**: il termine deriva dal verbo greco *parafràzein*, che significa «dire con altre parole», e si configura un po' come una vera e propria traduzione, e cioè, ribadiamo, un passaggio da un codice – che in questo caso si pone allo stesso livello di una lingua straniera – a un altro a noi comprensibile.

Dalla lettura alla scrittura

Come si fa la parafrasi

Per fare la parafrasi occorre svolgere – tutte o in parte, a seconda delle necessità – le operazioni seguenti:

✓ **ripristinare l'ordine sintattico del discorso**, che specie nei testi letterari può risultare alterato, ponendo ordinatamente in successione soggetto, predicato, complementi, proposizioni coordinate e/o subordinate, disponendo dunque le parole nel modo piú discorsivo possibile;

✓ **sostituire le parole difficili**, arcaiche o tecniche con altre di uso piú comune, usando sinonimi, dove è possibile, o perifrasi;

✓ **integrare il testo ed eventualmente esplicitare le inferenze** (vale a dire, ciò che il testo non dice ma lascia intendere), aggiungendo tutte le informazioni necessarie a una migliore comprensione, che ricaveremo dal testo stesso, o dalle nostre conoscenze (storiche, linguistiche, ecc.);

✓ **semplificare la sintassi**, modificando la punteggiatura, spezzando i periodi troppo lunghi, passando dalla subordinazione alla coordinazione;

✓ **chiarire il significato** di figure retoriche, immagini ardite, accostamenti inusuali di nomi con aggettivi, e via dicendo, frequenti in particolare nei testi letterari.

Osserviamo che la parafrasi è un lavoro preliminare, che **non si sostituisce né al lavoro di analisi testuale**, **né al riassunto**, ma li precede, in modo da rendere piú accessibili gli interventi successivi, con i quali si andrà a lavorare a livello piú propriamente testuale, o per approfondire strutture, contenuti, caratteristiche, stile, e via dicendo, o per sintetizzare e dunque ridurre all'essenziale.

Riflettiamo insieme...

Proponiamo tre brani molto brevi per esemplificare i tre ambiti in cui si opera con la parafrasi: il primo è un antico testo letterario in prosa, tratto dal *Novellino*, una raccolta di cento novelle dovuta a un anonimo compilatore, probabilmente fiorentino, composta tra il 1281 e il 1300, e narra di un giudice (detto «lo Schiavo di Bari» probabilmente per le sue origini servili) e di una sua sentenza saggia e arguta. Il secondo è una strofa del sonetto *Erano i capei d'oro* di Francesco Petrarca (1304-1374), in cui il poeta rievoca l'immagine della donna amata in mezzo allo splendore della natura e della giovinezza. Il terzo infine è un brano di epica, i primi cinque versi del poema omerico *Odissea* (nella traduzione italiana di Rosa Calzecchi Onesti) con la tradizionale invocazione alla Musa ispiratrice e la sintesi di tutte le vicende dell'eroe greco.

Anonimo • Novellino

IX. Qui divisa d'una bella sentenza che diede lo Schiavo di Bari d'uno borgese e d'uno pellegrino

Uno borgese di Bari andò in romeaggio e lasciò trecento bisanti a un suo amico con queste condizioni e patti:

«Io andrò sí come a Dio piacerà; e s'io non rivenisse, dara'li per l'anima mia; e s'io rivengo a certo termine, quello che tu vorrai mi renderai, e li altri ti terrai».

Andò il pellegrino in suo romeaggio; rivenne al termine ordinato e radomandò i bisanti suoi. L'amico rispuose:

«Conta il patto».

Lo romeo lo contò a punto.

«Ben dicesti» disse l'amico. «Te' 'diece bisanti ti voglio rendere; i dugentonovanta mi tengo».

Laboratorio di scrittura

Il pellegrino cominciò ad adirarsi dicendo:

«Che fede è questa? Tu mi tolli il mio falsamente».

E l'amico rispondea soavemente:

«Io non ti fo torto; e, s'io lo ti fo, siànne dinanzi alla Signoria».

Richiamo ne fue; lo Schiavo di Bari ne fu giudice. Udío le parti; formò la quistione onde nacque questa sentenzia, e disse cosí a colui che ritenne i bisanti:

«Rendi 'dugentonovanta bisanti al pellegrino, e 'l pellegrino ne dea a te 'dieci che tu li hai renduti, però che 'l patto fu tale: "ciò che tu vorrai mi renderai". Onde i dugentonovanta bisanti ne vuoli, rendili; e i diece, che tu non volei, prendi».

Parafrasi

IX. Qui si racconta di un saggio parere che lo Schiavo di Bari diede a un borghese e a un pellegrino

Un borghese di Bari andò in pellegrinaggio e lasciò trecento monete d'oro a un suo amico stabilendo queste condizioni:

«Io andrò come piacerà a Dio; e se non dovessi tornare li verserai in suffragio della mia anima; se invece tornerò nel tempo stabilito, mi restituirai quello che vorrai, e terrai il resto per te».

Il pellegrino andò per il suo pellegrinaggio; ritornò entro il termine previsto e richiese i suoi soldi.

L'amico rispose:

«Riferisci il patto che avevamo stabilito».

Il pellegrino lo raccontò esattamente.

E l'amico disse: «Hai detto bene. Tieni dunque dieci bisanti che ti voglio rendere; tengo per me gli altri duecentonovanta».

Il pellegrino cominciò ad adirarsi dicendo:

«Che fiducia è questa? Tu mi derubi del mio con l'inganno».

E l'amico rispondeva soavemente:

«Io non ti faccio un torto; e se ritieni che te lo faccio, andiamo davanti ai giudici della Signoria».

Furono dunque chiamati in giudizio, e il giudice fu lo Schiavo di Bari. Questi ascoltò le parti; emise il giudizio con questa sentenza, e disse cosí a colui che aveva trattenuto per sé i bisanti:

«Restituisci duecentonovanta bisanti al pellegrino, e il pellegrino ne dia a te i dieci che tu gli hai reso, perché il patto stabiliva: "ciò che tu vorrai mi renderai". Perciò i duecentonovanta bisanti che tu vuoi, rendili; e prendi per te i dieci, che non volevi».

Francesco Petrarca • Erano i capei d'oro

Erano i capei d'oro a l'aura sparsi
che 'n mille dolci nodi gli avolgea
e 'l vago lume oltra misura ardea
di quei begli occhi, ch'or ne son sí scarsi

Parafrasi

I capelli biondi come l'oro erano sparsi al venticello primaverile che li avvolgeva in mille bei riccioli, e ardeva in modo straordinario l'affascinante luce di quegli occhi che oggi sono offuscati dal passare degli anni.

Dalla lettura alla scrittura

Omero • Invocazione alla Musa

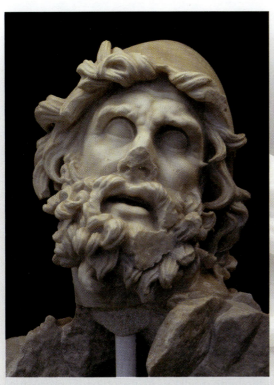

Testa di Ulisse, 4-26 d.C., Sperlonga (Latina), Museo Archeologico.

L'uomo ricco d'astuzie raccontami, o Musa, che a lungo
errò dopo ch'ebbe distrutto la rocca sacra di Troia;
di molti uomini le città vide e conobbe la mente,
molti dolori patí in cuore sul mare,
lottando per la vita e pel ritorno dei suoi.

Parafrasi

O Musa, ispirami nel mio racconto sull'uomo (Odisseo) ricco di astuzie, che viaggiò a lungo dopo che ebbe distrutto la sacra fortezza di Troia; egli vide le città di molti uomini e conobbe i loro pensieri, dovette sopportare nel cuore la sofferenza di molti dolori nel suo viaggio sul mare, lottando per salvare la propria vita e per garantire il ritorno dei suoi compagni.

Esercizi

1. Per ciascuno dei brani parafrasati, metti in evidenza quali operazioni sono state fatte tra quelle elencate nel paragrafo, e confrontati in classe con i compagni e l'insegnante.
2. Abbiamo detto che la parafrasi non sostituisce altre operazioni come l'analisi o il riassunto. Ti sarai accorto infatti che ci siamo limitati a trascrivere il testo sostituendo e aggiungendo solo quel tanto che era strettamente necessario per chiarirlo. Se volessimo avere il senso completo di ciascun brano dovremmo calarci realmente nel contesto in cui è stato scritto, commentare la posizione dell'autore e i suoi scopi, aggiungere insomma qualche altra spiegazione. Per il testo poetico, poi, un'idea completa possiamo averla solo dopo esserci chiariti tutte le ambiguità che esso comporta grazie all'analisi testuale. Su indicazione dell'insegnante, quindi, in base alle competenze che avete acquisito, completa con qualcuna di queste operazioni il lavoro su uno o piú dei testi in esame.

Laboratorio di scrittura

... ora tocca a te

Anonimo

Come pagare il giusto prezzo

Anonimo, Il Novellino, a cura di G. Favati, Bozzi, Genova, 1970

Per familiarizzare meglio con la parafrasi prendiamo un altro breve testo dal *Novellino*, nel quale ancora una volta c'è un giudice saggio che è chiamato a decidere su una contesa, e la risolve con intelligenza e arguzia, tanto da essere ascoltato e seguito dal Sultano in persona.

VIII. Qui si determina una nova quistione e sentenzia che fu data in Alexandria

Stemma dell'Arte dei Mercanti, miniatura, Perugia, Collegio della Mercanzia.

Un giorno di lunedí un cuoco saracino (lo quale avea nome Fabrat) stando alla cucina sua[1], un povero saracino venne alla cucina con uno pane in mano. Danaio non avea da comperare da costui: tenne il pane sopra il vasello[2], e ricevea il fummo che n'uscia e, innebriato il pane dell'olore che n'uscia, del mangiare, e quelli lo mordea, e cosí il consumò di mangiare, ricevendo il fumo e mordendolo. Questo Fabrat non vendeo bene quella mattina; et a noia prese questo povero saracino e dissegli:

«Pagami di ciò che tu hai preso del mio».

Il povero dicea:

«Io non ho preso del tuo mangiare altro che fummo».

«Di ciò c'hai preso mi paga» dicea Fabrat.

Tanto fu la contesa che, per la nova quistione e rozza, non mai piú avenuta[3], n'andaro le novelle al Soldano[4]. Il Soldano per molta novissima cosa raunò 'savi e mandò per costoro. Formò la questione. I savi saracini cominciaro a sottigliare[5], e chi riputava il fummo non del cuoco, dicendo molte ragioni:

«Il fummo non si può ritenere, e torna ad alimento, e non ha sustanzia né propietade che sia utile: non dee pagare».

Altri diceano:

«Lo fummo era ancora congiunto col mangiare, ed era in costui signoria, et uscia e generavasi della sua propietade; e l'uomo sta per vendere, di suo mistiere; e chi ne prende è usanza che paghi. Se la sustanza è sottile, et ha poco, poco paghi».

Molte sentenzie v'ebbe. Finalmente un savio mandò consiglio e disse:

«Poi che quelli sta per vendere, di suo mistiere, et altri per comperare, tu, giusto signore, fa' che 'l facci giustamente pagare la sua derrata secondo la sua valuta. S'ê·lla[6] sua cucina (ch'e' vende dando l'utile propietade di quella) suole prendere utile moneta, et ora c'ha venduto fummo (ch'è la parte sottile ch'esce della cucina), fae, signore, sonare una moneta, e giudica che 'l pagamento s'intenda fatto del suono ch'esce di quella».

E cosí giudicò il Soldano che fosse osservato.

---

1. **un cuoco saracino ... cucina sua**: mentre un cuoco arabo era nella sua cucina. Il termine *saracino* (saraceno) nel Medioevo indicava genericamente i musulmani e le genti della costa settentrionale dell'Africa.
2. **sopra il vasello**: dovrebbe trattarsi di un recipiente tenuto in caldo, perché il cibo che vi è dentro sprigiona fumo e odore.
3. **non mai piú avenuta**: mai successa prima.
4. **Soldano**: Sultano, che esercitava il potere nel mondo musulmano e tra i Turchi in particolare. È un personaggio spesso presente nelle novelle ambientate nell'oriente mediterraneo.
5. **sottigliare**: discutere di sottigliezze, in modo pedante.
6. **S'ê·lla**: «se ei dalla», cioè se egli (il cuoco) dalla sua cucina (dal cibo cucinato...) è solito ricavare denaro...

Dalla lettura alla scrittura

21

Esercizi

1. Abbiamo inserito le note soltanto nei casi in cui ci è parso strettamente necessario. Per il resto lasciamo che ti affidi al tuo intuito e alla tua «competenza» di lettore. Infatti raramente troverai questi termini nel vocabolario; sarà invece abbastanza facile e divertente «indovinarli» in base alla somiglianza con le parole di oggi e soprattutto ragionando sul contesto in cui si inseriscono.

Fai dunque la parafrasi del raccontino, procedendo in due momenti:

- nel primo **riscrivi** il testo parola per parola sistemando solo l'ordine naturale del testo, inserendo i sinonimi e i termini di spiegazione;

- in un secondo tempo **trascrivilo** in modo un po' piú libero, facendone venir fuori un raccontino scorrevole e divertente.

1.5 Taglia-e-incolla

Diciamo la verità: chi non ha mai fatto *taglia-e-incolla* con materiale scaricato da internet scagli la prima pietra! E d'altronde, chi rende disponibile sul web il frutto delle proprie ricerche, informazioni, lavori, riflessioni e quant'altro, perché lo farebbe se non per condividerlo con gli altri utenti e dunque in qualche modo metterlo a loro disposizione? Ciò non significa, ovviamente, licenza di copiare indiscriminatamente qualunque cosa ovunque e da chiunque, anche se migliaia di studenti si scambiano SOS per temi svolti, riassunti, analisi testuali, e chi piú ne ha piú ne metta. Purtroppo per chi li fa, questo genere di «plagi» è molto facilmente riconoscibile (spesso, tra l'altro, chi dà aiuto ricorre a sua volta a scopiazzature piú o meno intelligenti, pur di farsi bello e mettersi in mostra), e piuttosto che salvare situazioni scolastiche precarie potrebbe definitivamente comprometterle.

Saper «copiare» è un'arte, e nemmeno tanto facile. Cerchiamo dunque di cambiare un'abitudine meccanica – inutile e anzi dannosa – in un esercizio di riscrittura che impegni la nostra abilità e le nostre competenze.

Quando ricorriamo a un testo scritto da altri – il che, ripetiamo, può essere legittimo come ricerca di informazioni e documentazione già disponibili, e dunque con risparmio di tempo e fatica – è necessario:

- ✓ **verificare la fonte**: non tutto ciò che circola sul web è attendibile e sicuro; se il sito da cui attingiamo è piú o meno ufficiale (di enti, istituzioni, associazioni culturali, università, e simili) possiamo avere un buon livello di sicurezza; viceversa è meglio ricercare la stessa notizia o un documento analogo su due o tre siti diversi per confrontare gli esiti. In ogni caso una buona garanzia si ha quando il pezzo a cui attingiamo è firmato dall'autore;

- ✓ **capire con quali scopi e per quali obiettivi è stato scritto quel documento**: è evidente che il sito di un personaggio è congegnato in modo da promuoverne l'immagine, e dunque eviterà tutte le informazioni negative o ne darà una certa interpretazione. Allo stesso modo, per esempio, sul sito di un sindacato, di un partito politico, di un gruppo religioso, troveremo le informazioni dal punto di vista di quell'emittente. Difficilmente, in ogni caso, troveremo dei testi totalmente ed effettivamente *neutri*;

- ✓ **avere ben chiaro con quali scopi e per quali obiettivi vogliamo attingere al documento**: quasi sicuramente saranno diversi da quelli per cui il documento è stato scritto, e dunque dobbiamo chiederci se, in quale misura e con quali operazioni il testo in questione può esserci utile ed essere adattato alle nostre necessità;

- ✓ **essere in grado di riscrivere e personalizzare quanto si è trovato**: a partire dal testo disponibile, opereremo con quelle manipolazioni, interpretazioni, rifacimenti, sintesi,

Laboratorio di scrittura

aggiunte che renderanno irriconoscibile il testo di partenza, il quale a questo punto ci sarà servito da canovaccio per un lavoro – legittimo e non... truffaldino – che alla fine potrà essere a buon diritto considerato un nostro *elaborato*! In più, avremo messo in campo delle vere e proprie abilità che, se correttamente esercitate, ci porteranno a possedere una nuova competenza.

Riflettiamo insieme...

Wikipedia, l'enciclopedia libera

Sito www.wikipedia.org, visitato il 30 settembre 2010

Inquinamento

Attingiamo a uno dei siti web sicuramente più visitati nel mondo, quello di *Wikipedia*, che si autodefinisce «l'enciclopedia libera» in quanto chiunque può collaborare e aggiungere o modificare le voci. Si tratta quindi di una fonte che va verificata di volta in volta con tutti i riscontri possibili. Riportiamo della voce «inquinamento» solo la piccola parte che contiene le prime informazioni di carattere generale, che comunque è sufficiente a farci costruire un esempio pratico di quanto abbiamo appena detto. Si tenga presente che i termini sottolineati, che sul web sono anche di colore diverso, costituiscono parole «calde», vale a dire che cliccando su di esse si aprono i link che portano a precisazioni, spiegazioni, ampliamenti, ecc. Dunque una lettura integrale dovrebbe tener conto, se necessario, anche di questo.

L'inquinamento è un'alterazione dell'ambiente, di origine antropica[1] o naturale, che produce disagi o danni permanenti per la vita di una zona e che non è in equilibrio con i cicli naturali esistenti.

Non esiste una sostanza di per sé inquinante, ma è l'uso di qualsiasi sostanza o un evento che possono essere inquinanti: è inquinamento tutto ciò che è nocivo per la vita o altera in maniera significativa le caratteristiche fisico-chimiche dell'acqua, del suolo o dell'aria, tale da cambiare la struttura e l'abbondanza delle associazioni dei viventi o dei flussi di energia e soprattutto ciò che non viene compensato da una reazione naturale o antropica adeguata che ne annulli gli effetti negativi totali.

Benché possano esistere cause naturali che possono provocare alterazioni ambientali sfavorevoli alla vita, il termine «inquinamento» si riferisce in genere alle attività antropiche. Generalmente si parla di inquinamento quando l'alterazione ambientale compromette l'ecosistema[2] danneggiando una o più forme di vita. Allo stesso modo si considerano atti di inquinamento quelli commessi dall'uomo ma non quelli naturali (emissioni gassose naturali, quali quelle connesse a vulcanismo/ceneri vulcaniche; aumento della salinità). Esistono molti tipi di inquinamento, suddivisi a seconda della forma di inquinamento:

✓ *Inquinamento atmosferico*, inquinamento dell'aria
✓ *Inquinamento idrico*
✓ *Inquinamento del suolo*
✓ *Inquinamento fotochimico*
✓ *Inquinamento acustico*
✓ *Elettrosmog* elettromagnetico

---

1. **antropica**: dovuta all'uomo.
2. **ecosistema**: si definisce con questo termine un insieme di esseri viventi e dell'ambiente in cui vivono, legati gli uni all'altro da un complesso di relazioni e scambi di energia e materia, e quindi interdipendenti.

Dalla lettura alla scrittura

- *Inquinamento luminoso*
- *Inquinamento termico*
- *Inquinamento genetico*
- *Inquinamento radioattivo* nucleare

Si può suddividere anche in base alla causa:

- *Inquinamento naturale*
- *Inquinamento domestico*
- *Inquinamento architettonico*
- *Inquinamento urbano*
- *Inquinamento agricolo*
- *Inquinamento industriale*
- *Inquinamento biologico*

Quando si parla di sostanze inquinanti solitamente ci si riferisce a prodotti della lavorazione industriale (o dell'agricoltura industriale), ma è bene ricordare che anche sostanze apparentemente innocue possono compromettere seriamente un ecosistema: per esempio latte o sale versati in uno stagno. Inoltre, gli inquinanti possono essere sostanze presenti in natura e non frutto dell'azione umana. Infine ciò che è velenoso per una specie può essere vitale per un'altra: le prime forme di vita immisero nell'atmosfera grandi quantità di ossigeno come prodotto di scarto per esse velenoso.

Una forte presa di coscienza sui problemi causati dall'inquinamento industriale (ed in particolare dai cancerogeni) è avvenuta nel mondo occidentale a partire dagli anni settanta. Già negli anni precedenti, tuttavia, si erano manifestati i pericoli per la salute legati allo sviluppo industriale.

Guida all'analisi

Immaginiamo di dover inserire le notizie sull'inquinamento in una relazione sulle minacce che l'attività umana costituisce per l'ambiente, sui rischi che minacciano la flora e la fauna perché costituiscono l'altra faccia del progresso. Proviamo allora a manipolare il testo per l'uso che ci serve. Uno dei possibili esiti potrebbe essere il seguente.

A partire dagli anni Settanta del Novecento nel mondo occidentale si è constatato che lo sviluppo dell'industria poteva comportare pericoli per la salute dell'uomo; in particolare la scoperta di sostanze cancerogene portò ben presto a una forte presa di coscienza sui problemi causati dall'inquinamento industriale.

L'**inquinamento** è un danno provocato all'ambiente (e quindi agli esseri che lo abitano) dalle attività umane, che causano uno squilibrio tra i cicli naturali esistenti. Alterazioni ambientali sfavorevoli alla vita possono essere provocate anche da cause naturali, ma il termine «inquinamento» si riferisce in genere alle attività che si possono far risalire all'uomo. Inquinante è tutto ciò che è dannoso per la vita degli esseri viventi, e anche ciò che provoca significative alterazioni alle caratteristiche fisico-chimiche dell'acqua, dell'aria e del terreno, senza che si possa produrre una reazione naturale o umana tale da annullarne gli effetti negativi.

Non si può dire che una sostanza sia di per sé inquinante, ma è l'uso che se ne fa che può renderla tale. Di solito quando si parla di sostanze inquinanti ci si riferisce a prodotti dell'industria o anche dell'agricoltura (per esempio i concimi chimici, i pesticidi, ecc.), ma è bene ricordare che anche sostanze apparentemente innocue possono mettere in serio pericolo un ecosistema, come avverrebbe, per esempio, versando in uno stagno latte o sale. Inoltre, le sostanze inquinanti possono essere anche presenti in natura e non solo frutto dell'azione umana. Infine, ciò che risulta velenoso per una specie può essere vitale per un'altra: pensiamo che le prime forme di vita immisero nell'atmosfera grandi quantità di ossigeno, che esse emettevano come prodotto di scarto, velenoso per la loro esistenza, mentre è vitale per le nostre specie, umane, animali e vegetali.

Esistono molti tipi di inquinamento, suddivisi a seconda della forma (inquinamento atmosferico, idrico, del suolo, acustico, luminoso, radioattivo, ecc.) o anche in base alla causa (inquinamento naturale, domestico, urbano, agricolo, industriale, ecc.).

Come abbiamo operato?
- Innanzitutto abbiamo messo al primo posto una notizia che nel testo viene data per ultima, e che invece ci è parsa utile a introdurre l'argomento;
- abbiamo raggruppato alcune informazioni ripetute e le abbiamo sintetizzate;
- abbiamo spiegato con parole piú semplici alcune espressioni che ci sembravano troppo tecniche;
- abbiamo aggiunto qualche chiarimento e qualche esempio;
- abbiamo abbreviato e raggruppato le elencazioni.

Come si vede, un lavoro a mezzo tra la parafrasi, il riassunto e l'interpretazione, grazie al quale si può dire che il testo sia diventato «nostro», cosí da poterlo inserire nel lavoro come piú e meglio ci sarà utile.

Esercizi

1. Individua nel testo riscritto le operazioni che sono state compiute sull'originale, e di cui abbiamo parlato nella guida qui sopra, e segnalale con colori diversi a seconda della diversa tipologia di lavoro compiuto.

2. Fai una riscrittura del testo con le tue parole, seguendo lo stesso ordine e gli stessi criteri usati da noi, e confronta l'esito con quello dei tuoi compagni.

3. Effettua liberamente delle ricerche su internet visitando i tuoi siti preferiti, scegli dei brani e riscrivili secondo quanto detto in questo paragrafo.

2 Scrittura e tipologie testuali

L'abilità della scrittura è la piú complessa, anche perché ha piú stretti legami con le altre abilità, in particolare con la lettura.

Anche il lavoro che si svolge a scuola prevede, per gran parte, una stretta relazione tra lettura e scrittura: da un lato, i testi scritti sono un terreno da esplorare per appropriarsi delle tecniche e degli strumenti utili a scrivere; dall'altro, ciò che si scrive è destinato a essere letto.

Inoltre, anche ascoltare e parlare sono abilità connesse alla scrittura: per esempio, il verbale e gli appunti sono la registrazione scritta di ciò che altri hanno detto e che l'estensore del testo ha dovuto attentamente ascoltare.

Non è la stessa cosa scrivere un racconto o un articolo di cronaca, un saggio o una lettera, un comunicato stampa o un SMS, una poesia o una recensione; e neppure descrivere e raccontare, per esempio, richiedono gli stessi procedimenti. Perciò possiamo dire che non esiste *la scrittura*, bensí esistono *le scritture*. Ciò significa anzitutto che, quando si scrive, si fanno scelte linguistiche e si usano tecniche differenti a seconda delle **finalità** per cui si scrive e delle **tipologie** del testo adatte a queste finalità. Il testo che componiamo, inoltre, può assumere le piú diverse **forme**, a seconda del contesto, degli scopi e delle circostanze in cui ci viene richiesto.

La scrittura, come si vede, è viva e dinamica, paragonabile a un materiale plastico che si può modellare a piacimento, soprattutto oggi che i sistemi di videoscrittura permettono di modificare continuamente ciò che si scrive, tagliando, incollando, cancellando, aggiungendo, tornando indietro senza nessuna fatica. Grazie al computer, il testo è diventato un oggetto su cui si può lavorare anche in tempi diversi, alla ricerca di un risultato il piú possibile aderente agli scopi prefissati e all'idea che si ha in mente.

Adesso cominciamo a prendere confidenza con le *tipologie* di scrittura che corrispondono ai fondamentali **scopi della comunicazione: descrivere**, **narrare**, **esporre**, **argomentare**, **prescrivere**. Esporremo le coordinate essenziali per conoscerle, e cioè sapere come sono fatte e a quali «regole» risponde ciascuna di esse.

2.1 La descrizione

Descrivere significa far «vedere» **per mezzo delle parole** una determinata realtà, che può essere un luogo, una persona, un animale, un oggetto, un monumento, un paesaggio, una situazione, un carattere, uno stato d'animo, ecc., in modo che chi legge o ascolta possa farsene un'immagine nella propria mente.

Le descrizioni solitamente fanno parte di un **testo piú ampio** di tipologia narrativa o espositiva, mentre piú raramente si incontra un testo incentrato unicamente su una descrizione.

Una **scrittura descrittiva** si riconosce facilmente per alcune precise caratteristiche, da rispettare anche nella fase della composizione:

✓ predomina la dimensione **spaziale** rispetto a quella temporale, che viene presentata seguendo un **ordine logico**;

✓ sono fondamentali gli **indicatori spaziali**, cioè le espressioni che servono a collocare nello spazio gli elementi della descrizione, in particolare locuzioni avverbiali come *vicino*, *sopra*, *sotto*, *accanto*, *in basso*, *al di sopra*, *a destra*, *al di là*, ecc.;

✓ prevalgono i **tempi verbali** del **presente** e dell'**imperfetto**: il presente se la descrizione è collocata nel presente, l'imperfetto se è collocata nel passato;

✓ il **lessico** è preciso, vario, ricco di aggettivi e paragoni che rendono piú viva ed efficace la descrizione;

✓ la **sintassi** è tendenzialmente semplice e lineare.

Modalità delle descrizioni

Privilegiare la dimensione spaziale rispetto a quella temporale significa che il discorso non si sviluppa nel tempo: durante la descrizione in pratica *non accade nulla di nuovo* (infatti si parla di **pausa descrittiva**), il racconto non va avanti, ma il lettore viene invitato a soffermarsi sulle caratteristiche di ciò di cui si sta parlando (oggetto, animale, persona, luogo, sensazione, ecc.).

Le modalità con cui procede una descrizione sono quattro: *spaziale*, *logica*, *comparativa*, *sensoriale*.

La modalità spaziale. Quando viene descritto un luogo o un paesaggio i dati della descrizione vengono organizzati procedendo dall'alto verso il basso o dal basso verso l'alto, dal vicino al lontano o dal lontano al vicino, dall'esterno all'interno o viceversa, da destra a sinistra o da sinistra a destra e cosí via. Diremo in questo caso che nel comporre la descrizione è stata seguita una *modalità spaziale*, come avviene in questo passo:

Mi trovo sotto una tenda innalzata su una collina coperta da pini, da dove si vede perfettamente il nemico giú in pianura. La tela della tenda – nei colori del principe, bordata d'oro e di rosso – schiocca al vanto, eccitante come una fanfara. [...] Attraverso l'apertura della tenda sento le voci degli ufficiali intenti a preparare l'attacco di domani e, piú lontano, il canto fiero e melodioso dei soldati. Riesco a intravedere, giú in pianura, la tenda bianca e nera del Toro, e intorno vi si affaccendano uomini tanto piccoli da sembrare assolutamente inoffensivi. Piú lontano, a sinistra, scorgo cavalieri senza armatura, nudi fino alla cintola, che abbeverano i cavalli nel fiume.

P. Lagerkvist, *Il nano*, trad. di C. Giannini, Iperborea, Milano, 1991

Scrittura e tipologie testuali

La **modalità logica**. Nel descrivere una persona, un oggetto, un luogo, una situazione, un animale, si può procedere o dal *generale* al *particolare* o dal *particolare* al *generale*. Nel primo caso si comincia col dare un'immagine complessiva e poi ci si sofferma sulle singole parti; nel secondo si analizzano prima i particolari, suscitando in tal modo la curiosità del destinatario, e solo alla fine si presenta l'oggetto della descrizione, creando talvolta un effetto sorpresa. Questa tecnica, che è la modalità di base con cui si procede in ogni descrizione, si dice *modalità logica*. Vediamo degli esempi.

Harry, Ron e Hermione si incamminarono lungo il corridoio alla ricerca di uno scompartimento vuoto, ma erano tutti occupati tranne l'ultimo, in fondo al treno.
Dentro c'era un solo passeggero, *un uomo profondamente addormentato, seduto vicino al finestrino.*
[...]
Lo sconosciuto *indossava un completo da mago molto consunto*, rammendato in più punti. *Aveva l'aria stanca e malata.* Benché fosse piuttosto giovane, *i suoi capelli castano chiaro erano striati di grigio.*

J. K. Rowling, Harry Potter e il prigioniero di Azkaban, trad. di B. Masini, Salani, Milano, 2000

La descrizione, come si può facilmente rilevare, procede dal generale al particolare, appuntando l'attenzione solo su alcuni particolari fisici e dell'abbigliamento che conferiscono al personaggio un'aria un po' stanca e trasandata.

Ha un enorme corpaccione cilindrico, zampe corte e storte da bassotto, testone da carnevale in forma di scarpa. È l'ippopotamo.

A. Moravia, Le ninfe del Camerun, «Corriere della sera», 19 marzo 1972

Qui l'autore ha seguito la tecnica opposta: dapprima vediamo le singole caratteristiche dell'animale (il corpaccione cilindrico, le zampe corte e storte, il testone) e solo alla fine apprendiamo che si tratta di un ippopotamo.

Ci possono essere infine dei casi in cui l'autore si sofferma esclusivamente sui particolari lasciando al destinatario il compito di riunirli in un'unica immagine. Eccone un esempio:

Dentro è tutto facce e braccia e piedi davanti a un bancone e ai tavolini come in fondo a un acquario melmoso male illuminato, luci gialle basse e ombra densa, musica pulsata ribattuta su frequenze sorde tra rumori di bicchieri. Voci gorgogliate, avviticchiate e spiralate, allungate come bave sonore, squittite, trapanate scoppiate, spruzzate, saltellate. Risa, nomi, parole che si inseguono e fanno a gara. Gonne corte, gambe, sederi, bocche che ridono, denti che prendono luce, bianchi degli occhi che prendono luce, spalle stivali scarponi scarpe a piattaforma tacchi di dieci centimetri, mani che si allungano, toccano, strusciano, gruppi che si allargano che si restringono. Bicchieri che si vuotano che si riempiono, bocche che bevono che aspirano che soffiano fumo che assumono pose, occhi che guardano con insistenza che guardano con finta indifferenza, sguardi-muro sguardi-calamita sguardi-vischio, sguardi-melassa sguardi-veleno, gambe che si muovono sulla musica sorda degli altoparlanti molli di umidità e calore, oscillazioni laterali, piedi che salgono che battono sul legno rozzo del pavimento, odore di sudore odore di fumo profumo sintetico mescolato, tessuti sintetici attriti sintetici mentre sgusciamo oltre.

A. De Carlo, Uto, Bompiani, Milano, 1995

Qui l'autore descrive un ristorante americano pieno di gente, di luci, di rumori, di odori. Né all'inizio né alla fine indica con precisione l'oggetto della descrizione, né ce ne dà un'immagine complessiva; si sofferma piuttosto su innumerevoli particolari che raggruppa per tipologia (voci, singole parti del corpo e dell'abbigliamento, rumori, odori), lasciandoli però volutamente staccati gli uni dagli altri. Chi legge si sente come bombardato da tante sensazioni che gli consentono di ricostruire nella sua mente l'impressione e la visione complessiva dell'ambiente.

La **modalità comparativa**. *La scelta delle parole, cioè del lessico, è fatta in funzione dello scopo principale della descrizione*, per far percepire attraverso la lettura ciò che non è possibile avere sotto gli occhi. Vengono usati, dunque, tutti i termini che possono rendere l'idea in modo efficace, accompagnati da aggettivi, spesso da paragoni con una realtà familiare e vicina a ciò che viene rappresentato; oppure vengono creati, mediante similitudini e metafore, rapporti inconsueti e sorprendenti. Questa tecnica descrittiva è detta *modalità comparativa*. Vediamone qualche esempio.

C'era qualcosa nel vento. Se girava il volto su una spalla l'aria del mattino gli scivolava silenziosa sulla fronte, appena riscaldata da un sole liquido e *giallo come il tuorlo di un uovo vecchio*.

Sotto di loro, un po' nascosta dai ciuffi d'erba ingiallita che crescevano sull'orlo della rupe, c'era la spiaggia, *una piccola lunetta bianca incassata nel monte dal mare, un'unghia che la notte, con la marea, si copriva d'acqua nera*.

C. Lucarelli, *L'isola dell'angelo caduto*, Mondadori, Milano, 2000

La **modalità sensoriale**. È la tecnica descrittiva utilizzata per fare in modo che il destinatario possa percepire l'oggetto della descrizione direttamente e in tutti i suoi aspetti: consiste nel registrare le diverse sensazioni che l'oggetto descritto può suscitare. Solitamente, viene privilegiato il senso della vista: in questo caso emergono i termini che trasmettono immagini relative a spazialità, estensione, distanza, luce, colori, contrasti tra luce e ombra, fra colori degli oggetti e sfondo, ecc. Quanto ai suoni, essi possono essere descritti sotto il profilo dell'intensità, della tonalità e della provenienza e occupano spesso un posto di rilievo nelle descrizioni. Meno frequenti sono i riferimenti a odori, sensazioni tattili e del gusto che, però, quando sono utilizzati, rendono la descrizione più vivida ed efficace. Osserviamo le descrizioni che seguono nelle quali gli autori hanno utilizzato ampiamente il criterio sensoriale. La prima, tratta da un romanzo di Salgari, coglie gli effetti visivi, auditivi e tattili prodotti da una tempesta che si va minacciosamente addensando; nella seconda, in cui viene tracciato il ritratto di un modesto professore di liceo, le sensazioni privilegiate sono quella visiva e quella olfattiva.

Théodore Géricault, *Il diluvio*, 1815, Parigi, Museo del Louvre.

La notte era frattanto calata: una notte oscurissima che nulla prometteva di buono. La nube nera aveva invaso il cielo, coprendo rapidamente gli astri; e verso il sud balenava.

Scrittura e tipologie testuali

Una calma pesante regnava sulla pianura e sulle foreste. L'aria era soffocante al punto da rendere difficile la respirazione e cosí satura di elettricità che tutti gli uomini del «kampong» provavano viva irrequietezza e senso di malessere. Anche nei campi dei dayachi tutto era oscuro e di là non proveniva alcun rumore. [...]
L'uragano intanto si addensava. Qualche soffio d'aria giungeva facendo curvare le cime degli arbusti spinosi con mille fruscii; verso il sud tuonava e lampeggiava. La gran voce della tempesta suonava la carica.

E. Salgari, *Il Re del Mare*, Carroccio Aldebaran, Milano, 1966

Aveva il volto pallido e i capelli, i baffi e la barbetta a punta erano striati di grigio. Guardava il mondo attraverso occhiali a pince-nez che teneva appoggiati sulla punta del naso con l'espressione di un cane randagio in cerca di cibo. Anche se non doveva avere piú di cinquant'anni, a noi pareva che ne avesse ottanta. Lo disprezzavamo perché era buono, gentile e aveva addosso l'odore dei poveri – molto probabilmente il suo appartamentino bicamere non era dotato di bagno – e anche perché in autunno e nei lunghi mesi invernali indossava un abito lustro, verdastro e rappezzato (possedeva un altro vestito che portava in primavera e in estate).

F. Uhlmann, *L'amico ritrovato*, trad. di M. G. Castagnone, Feltrinelli, Milano, 1996

Descrizione oggettiva e descrizione soggettiva

I testi descrittivi, pur presentando tratti comuni, sono spesso differenti l'uno dall'altro. Ciò dipende da due fattori tra loro connessi: lo scopo della descrizione e il contesto nel quale è collocata. Sulla base di questi fattori possiamo distinguere **due tipi di descrizione**: *oggettiva* e *soggettiva*.

La **descrizione oggettiva**. Fa parte solitamente di testi che si propongono lo **scopo di informare** (enciclopedie, manuali scolastici); è caratterizzata da un *linguaggio neutro* e da *termini tecnici* e *scientifici*; la **funzione** linguistica utilizzata è quella **referenziale**. Le descrizioni di questo tipo sono molto *particolareggiate* e *precise* e spesso sono accompagnate da *immagini* che mostrano quanto è stato illustrato a parole. Eccone un esempio tratto da un'enciclopedia:

Philadelphus coronarius
Diffuso allo stato selvatico dall'Italia fino al Caucaso. È un cespuglio a portamento eretto, leggermente rigido e compatto. La corteccia, marrone scuro, ogni 2 anni si distacca spontaneamente dal fusto e dai rami e si avvolge in rotolini. I rami giovani sono o lisci o leggermente pelosi. Le foglie sono ovato-allungate, a punta, lunghe cm. 4-8, a seghettature rade e lisce, tranne che sulle nervature e nella pagina inferiore. Fiorisce profusamente: i fiori, piuttosto piccoli e riuniti in racemi terminali, hanno un diametro di cm. 3-3,50.

Enciclopedia dei fiori e del giardino, a cura di I. Pizzetti, Garzanti, Milano, 1998

Come possiamo notare, sono qui presenti sia le caratteristiche generali del testo descrittivo, sia gli elementi che sono propri della descrizione oggettiva. Infatti il passo fa parte di un testo piú ampio a carattere espositivo, un'enciclopedia botanica; la descrizione, che ha lo scopo di informare, procede dal generale (*il cespuglio*) al particolare (*la corteccia, i rami, le foglie, i fiori*) e dal basso verso l'alto. L'unico tempo verbale adoperato è il presente; i periodi sono costituiti da brevi proposizioni principali tra loro coordinate. Il lessico è ricco di termini tecnici, propri del linguaggio botanico (*cespuglio, corteccia, fusto, seghettature, racemi, pagina, nervature ovato-allungate*); il tono è neutro: non sono stati usati paragoni né aggettivi dai quali possa trasparire un giudizio o una valutazione personale dell'emittente.

La **descrizione soggettiva**. Fa parte di testi che in prevalenza si prefiggono lo scopo di *persuadere, esprimere opinioni e sentimenti*, oppure intendono rappresentare qualcosa di reale o di immaginario in modo vivace per *suscitare impressioni, sensazioni, curiosità*, o hanno *fini letterari*. Essa non contiene, pertanto, tutti i particolari della realtà rappresentata, ma solo quegli aspetti che l'emittente ritiene piú adatti a suscitare un'impressione positiva o negativa. La possiamo trovare all'interno di articoli giornalistici, lettere, diari, testi letterari soprattutto narrativi e poetici.

Ecco un esempio di descrizione soggettiva nella quale viene presentata una ragazzina di campagna, disarmonica nella sua magrezza, ma non priva di un certo fascino:

Poco prima, quando si era sporto sul davanzale per spingere fuori le persiane, il commissario aveva intravisto Martina e l'inglese attraversare il giardino. Si tenevano per mano come fossero stati padre e figlia anche se nessuno, neppure al primo sguardo, avrebbe potuto scambiarli per tali, perché l'inglese sembrava comunque un signore e Martina comunque una servetta. Piú che alta e magra era lunga e ossuta e aveva l'aspetto selvatico e disarmonico di una ragazzina di campagna nell'età dello sviluppo. Il vestito che portava, un grembiule senza maniche, le era diventato corto e tirava sul petto e sui fianchi, stringendo spigoli che non erano ancora forme. La sua pelle aveva l'odore ruvido e forte di un animale da cortile, appena addolcito dal profumo morbido del sapone da bucato con cui si lavava il volto alla mattina. E se i capelli, di un biondo crespo e opaco, non le arrivavano alle spalle, non era per la moda di un taglio alla maschietta, ma perché aveva avuto i pidocchi l'anno prima, e non era bastato il petrolio a mandarli via.

C. Lucarelli, *L'isola dell'angelo caduto*, cit.

La descrizione è introdotta da un motivo frequente nei testi narrativi: un personaggio si accosta a una finestra e da lí osserva la realtà che si intravede dall'apertura. Il narratore procede dal *generale* al *particolare* seguendo un ordine che abbiamo già rilevato nei testi precedenti: prima ci presenta il personaggio nel suo insieme, mettendo in rilievo i tratti fisici che meglio lo caratterizzano (la magrezza, l'aspetto disarmonico e selvatico), poi si sofferma su tre particolari: il vestito corto e stretto, la pelle, i capelli. Tutti e tre questi elementi contribuiscono a rafforzare l'impressione iniziale: ci troviamo di fronte a una ragazzina un po' sgraziata, come spesso accade nell'età dello sviluppo, e selvatica, come dimostrano la pelle dall'odore aspro e i capelli crespi e opachi, ancora troppo corti dopo essere stati completamente rasati a causa dei pidocchi. Da tutta la descrizione trapela il punto di vista del narratore che esprime valutazioni e giudizi, dapprima sui due personaggi, l'inglese e la ragazzina, cosí diversi tra loro, poi su Martina. Sia gli aggettivi disposti a coppie sia i sostantivi hanno la funzione di precisare via via l'immagine e le impressioni da essa suscitate. Per esempio, della servetta si dice che *piú che alta e magra era lunga e ossuta*: notiamo come la seconda coppia di aggettivi corregga in senso peggiorativo le indicazioni contenute nella prima; lo stesso effetto produce l'espressione *stringendo spigoli che non erano ancora forme*. L'autore inoltre conduce la descrizione puntando soprattutto sui diversi tipi di sensazioni che il personaggio descritto suscita: tali sensazioni sono sia visive sia olfattive. In questo modo il destinatario può percepire con tutti i sensi l'immagine descritta.

Scrittura e tipologie testuali

Descrizione e punto di vista

Chi fa una descrizione può adottare il **punto di vista**:

✓ di **osservatore onnisciente**, che può esaminare la realtà rappresentata dall'alto e a tutto campo, mettendone in rilievo tutti gli aspetti; in questo caso troviamo il maggior numero possibile di informazioni, con un taglio solitamente abbastanza oggettivo;

✓ **soggettivo**, cioè chi descrive parla in prima persona, o comunque assume il proprio modo di vedere ciò che sta descrivendo; in questo caso la descrizione non è totale, ma in essa vengono privilegiati particolari aspetti o sensazioni.

Scrivere per descrivere

Dopo aver osservato attentamente il testo descrittivo nelle sue possibili sfaccettature, sintetizziamo in uno schema tutte le operazioni necessarie a scrivere una descrizione.

Per scrivere una descrizione occorre:

- scegliere la persona, l'oggetto, la situazione da rappresentare e lo scopo della descrizione

- decidere se si vuole scrivere una descrizione oggettiva o soggettiva

- stabilire il punto di vista da adottare (punto di vista di un osservatore onnisciente, punto di vista soggettivo)

- delineare una semplice cornice che motivi e introduca la descrizione (un paesaggio osservato da una finestra, un personaggio che si guarda allo specchio o che si guarda intorno, ecc.)

- osservare attentamente la realtà da rappresentare o, se si tratta di qualcosa di immaginario, definirne esattamente nella propria mente le caratteristiche

- elencare in una scaletta gli aspetti che si vogliono mettere in risalto

- scegliere la modalità da seguire nella stesura della descrizione (dal generale al particolare o viceversa, sensoriale, spaziale, comparativa)

- elencare alla rinfusa un certo numero di aggettivi, sostantivi, paragoni adatti alla realtà da rappresentare e all'impressione che si vuole suscitare (ammirazione, repulsione, simpatia, pietà, coinvolgimento emotivo, partecipazione, disprezzo, ecc.)

- compilare una scheda preparatoria nella quale riportare tutti gli elementi della descrizione sopra elencati

- scrivere il testo selezionando i termini piú efficaci ed evitando parole generiche e paragoni scontati (in questa fase sarà di grande aiuto l'uso del dizionario)

- usare come tempi verbali il presente o l'imperfetto

- variare le espressioni che ricorrono piú frequentemente in un testo descrittivo: per esempio, invece dei verbi *avere* o *essere*, per indicare le caratteristiche fisiche di una persona o di un animale, si può ricorrere a verbi come *presenta*, *porta*, *è ricoperto*, *indossa*, *spunta*, ecc.; il verbo *trovarsi* può essere sostituito da *affacciarsi*, *stendersi*, *levarsi*, *ergersi*, *inerpicarsi*, ecc.

Laboratorio di scrittura

Riflettiamo insieme...

Thomas Mann

Th. Mann, *Cane e padrone e altri racconti*,
trad. di C. Bovero, Einaudi, Torino, 1953

Cane e padrone

Un bel testo descrittivo è questo racconto di Thomas Mann (scrittore tedesco nato a Lubecca nel 1875 e morto a Zurigo nel 1955), in cui l'autore parla del rapporto di intimità e affetto che lo lega al suo cane Bauschan, che ci viene presentato nel suo aspetto fisico, nelle sue abitudini, nel suo modo di essere amico e compagno di avventure e di emozioni.

Carl Van Vechten, Ritratto dello scrittore Thomas Mann, 1937.

Quando la bella stagione fa onore al suo nome e il trillo degli uccelli riesce a svegliarmi presto, perché ho chiuso a tempo la giornata precedente[1], mi piace, prima di colazione, andare a spasso una mezz'ora, senza cappello, nel viale davanti a casa o un po' piú lontano, per respirare qualche boccata d'aria fresca e partecipare alla gioia del limpido mattino, prima che mi riassorba il lavoro. Sui gradini che portano all'ingresso emetto un fischio di due note [...]. Dopo un istante, mentre proseguo verso la porta del giardino, si fa sentire in lontananza un lieve tintinnio, appena percettibile dapprima[2], poi sempre piú vicino e piú chiaro: la placchetta della polizia urta contro un collare metallico[3]. E quando mi volto, vedo Bauschan che sbuca di carriera dall'angolo posteriore della casa e si precipita verso di me, come se volesse buttarmi in terra. Per lo sforzo rialza un po' il labbro inferiore, scoprendo due o tre incisivi[4] che brillano, candidi e lucenti, al sole del mattino.

[...] È un bracco tedesco di pelo corto[5] [...]. Il colore del pelo è bellissimo, a fondo bruno-ruggine con striature nere. Ma vi si mescola anche molto bianco, che predomina decisamente sul petto, sulle zampe, sul ventre, mentre il naso piatto pare verniciato di nero. Sull'ampia sommità del cranio e sui freddi lobi[6] delle orecchie il nero e il bruno formano un bel disegno vellutato; ma il particolare piú gaio della sua figura è il vortice, ciuffo o cresta, formato dai peli bianchi che gli si attorcono sul petto e che sporge in fuori come lo sprone di una vecchia corazza[7].

[...] Che bella, che buona bestia è Bauschan, mentre si stringe al mio ginocchio e mi guarda con devoto raccoglimento! E proprio l'occhio è bello, dolce e intelligente, anche se, forse, sporge un poco vitreo. L'iride è bruno-ruggine, del colore del pelo; ma si riduce a uno stretto anello, tanto è dilatata la splendente pupilla nera: d'altronde il suo colore trapassa e si

---

1. ho chiuso ... precedente: se è andato a letto presto la sera prima, avendo concluso in tempo tutte le sue incombenze, Thomas Mann si sveglia di buon'ora, al canto degli uccellini, se la «bella» stagione è davvero tale (*fa onore al suo nome*) e dunque il tempo è bello.
2. appena percettibile dapprima: che in un primo momento si sente appena.
3. la placchetta ... metallico: il tintinnio, il rumore che fa la medaglietta, su cui sono incisi gli elementi di riconoscimento, urtando contro il collare, avverte il padrone già in lontananza, poi via via piú da vicino, che Bauschan ha risposto al suo richiamo.
4. incisivi: i denti anteriori, aguzzi e taglienti.

5. un bracco tedesco di pelo corto: il bracco è un cane da caccia (da ferma e da riporto), con pelo raso e fitto, e le orecchie pendenti. Insegue la selvaggina senza abbandonarla un momento, dal che è derivato il verbo *braccare*.
6. lobi: parte inferiore.
7. come lo sprone di una vecchia corazza: le corazze dei guerrieri antichi erano a forma leggermente convessa per proteggere il petto, e potevano avere uno sprone nel mezzo, una parte appuntita e sporgente per tener lontano il nemico. Il ciuffo di peli sul petto di Bauschan richiama appunto quello sprone.

Scrittura e tipologie testuali

perde[8] nel bianco dell'occhio. L'espressione della testa, un'espressione franca e intelligente, rivela quel carattere maschio che fisicamente si stampa nella struttura del corpo[9]. [...]
Ci avvolge un rumore che par quello del mare: la mia casa è quasi sulla riva del fiume, che scorre rapido e spumeggiante giú per terrazze piane; dal fiume la separano soltanto il viale di pioppi, una striscia erbosa cinta da una cancellata e piantata a giovani aceri, e una strada piú alta, fiancheggiata da grandi tremule[10], giganti che si atteggiano bizzarramente a salici, e al principio di giugno fanno nevicare su tutta la contrada la bianca lanugine dei semi. A monte, verso la città, alcuni pionieri[11] si esercitano a costruire un ponte di zattere. Echeggiano fino a noi il calpestio degli stivaloni sulle assi e le grida del capo-squadra. Ma dall'altra riva giungono i rumori dell'industria, perché a valle, a qualche distanza dalla casa, c'è una fabbrica di locomotive che aumenta la sua attività secondo lo spirito dei tempi e le cui alte finestre a ogni ora della notte rosseggiano nel buio. [...] Quando esco sarebbero, secondo l'ora legale, le sette e mezzo, quindi in realtà sono le sei e mezzo. Con le braccia dietro la schiena, nella tenera luce del sole, percorro il viale striato dalle lunghe ombre dei pioppi; non vedo il fiume, ma lo sento scorrere, ampio e regolare; gli alberi bisbigliano dolcemente e l'aria è tutta pigolii acuti e gorgheggi e cinguettii e trilli singhiozzanti d'uccelli canori; sotto il molle azzurro del cielo, con un rombo che aumenta e decresce a poco a poco, un aeroplano – rigido uccello meccanico – percorre da oriente la sua libera strada, oltre la campagna e il fiume; intanto Bauschan allieta i miei sguardi saltando agile ed elegante la bassa cancellata che chiude la striscia erbosa alla mia sinistra – su e giú, su e giú. In realtà salta, perché sa di farmi piacere: l'ho incitato spesso chiamandolo, battendo sulla cancellata e lodandolo quando mi aveva accontentato; e anche ora, quasi dopo ogni salto, vien da me a farsi dire che è un saltatore elegante e ardito; poi mi balza in faccia e col muso umido sporca il braccio con cui tento di schermirmi[12]. [...]
Passeggio un po' per i viali, mentre Bauschan, pronto a scattar via, inebriato dallo spazio piano, galoppa in lungo e in largo per i prati o, con un latrato in cui si confondono collera e piacere, insegue un uccellino che, terrorizzato o provocatore[13], continua a svolazzargli davanti al muso. Ma quando mi siedo su una panchina, accorre e si accomoda ai miei piedi. Poiché nella sua vita è legge[14] correre soltanto quando anch'io sono in moto, riposare non appena io mi fermo. Non se ne vede la necessità, ma Bauschan vi si attiene rigorosamente[15]. È una cosa strana, buffa e familiare sentirlo sul mio piede, che impregna del suo calore febbrile[16]; e m'invade una simpatia gioiosa, come sempre quando lo vedo e sono con lui. Ha un modo contadinesco di sedersi, con le spalle divaricate e le zampe disugualmente ripiegate in dentro. In questa posizione la sua figura appare piú piccola e piú goffa di quel che in realtà non sia; e il vortice bianco sul petto[17] sporge buffamente in fuori. Ma la testa

---

8. **trapassa e si perde**: il colore splendente della pupilla si confonde con il brillare del bianco dell'occhio (che per questo poco prima ha definito *vitreo*).

9. **quel carattere ... corpo**: il carattere del cane è descritto con attributi non diversi da quelli che potremmo usare per gli uomini, e dunque in tutto il suo atteggiamento il padrone coglie una grande virilità (*prodezza e maschia virtú*) che traspare dallo sguardo intelligente come dall'intera struttura del corpo.

10. **tremule**: è il nome che in botanica si dà a una specie di pioppi, alberi dalle foglie leggere, che dunque oscillano facilmente al vento. Questi descritti da Thomas Mann hanno lunghi rami spioventi verso il basso che li fanno somigliare a salici piangenti), e quando i fiori maturano dai semi fuoriescono fiocchi di lanugine bianca che si spargono all'intorno come neve.

11. **pionieri**: soldati del corpo del Genio, che hanno il compito della costruzione di opere pubbliche.

12. **schermirmi**: proteggermi (farmi schermo) dalle moine di Bauschan.

13. **terrorizzato o provocatore**: l'uccellino che svolazza davanti al muso del cane forse è impaurito, o forse lo provoca senza aver capito il pericolo che potrebbe correre.

14. **nella sua vita è legge ...**: il cane ha per regola di seguire il padrone, e dunque si muove o si ferma a seconda di quello che fa lui, anche senza che ce ne sia un reale motivo.

15. **vi si attiene rigorosamente**: l'animale rispetta in pieno la legge di natura, anche se non se ne capisce il perché.

16. **sul mio piede, che impregna del suo calore febbrile**: il cane ha una temperatura corporea molto alta rispetto a quella umana (e dunque *febbrile*, come se avesse la febbre), perciò scalda i piedi del padrone su cui si appoggia.

17. **il vortice bianco sul petto**: vedi nota 7.

Laboratorio di scrittura

poggia sulla nuca con tanta dignità ed esprime una cosí profonda attenzione che compensa ogni difetto del portamento[18]... Tutto tace, perché noi due siamo silenziosi. Il mormorio del fiume ci giunge smorzato. Acquistano valore ed eccitano i sensi i piccoli movimenti misteriosi, all'intorno: il rapido fruscío di una lucertola, un trillo d'uccello, lo scavar di una talpa, sotterra. Le orecchie di Bauschan si rizzano, per quanto lo consentono i muscoli di un paio d'orecchie pendenti. Inclina la testa per aguzzar l'udito. E le ali del naso[19] umido e nero vibrano di continuo, mentre fiuta avidamente.

---

18. che compensa ogni difetto del portamento: dopo aver descritto alcuni atteggiamenti non molto eleganti del suo cane, Mann sottolinea comunque che il portamento e l'espressione della testa lo fanno apparire nobile e dignitoso, tanto che piú avanti lo paragonerà alla mitica Sfinge, animale favoloso degli antichi Egizi, con corpo leonino e testa umana.
19. le ali del naso: le due fosse nasali.

Guida all'analisi

Nel racconto di Thomas Mann le sequenze narrative sono molto limitate e le descrizioni vi sono prevalenti, per cui possiamo considerarlo un puro testo descrittivo. Siamo in presenza di un testo letterario nel quale lo scrittore – narratore interno – ci presenta Bauschan, il suo cane, e i sentimenti di affetto e amicizia che lo legano a lui e dei quali l'animale mostra di ricambiarlo. Tutto il brano si può dividere in due macrosequenze, al cui interno vanno individuate varie sequenze.

- La **prima macrosequenza** contiene la presentazione del contesto in cui si inserisce il racconto: l'abitudine dell'autore, nelle belle giornate, di andare di buon mattino a passeggio con il suo cane Bauschan. Nelle varie sequenze vengono descritti:
  ✓ l'accorrere di Bauschan dalla cuccia al richiamo del padrone;
  ✓ l'aspetto fisico dell'animale.
- Nella **seconda macrosequenza** assistiamo alla passeggiata. Anche in questo caso le descrizioni si susseguono in piú sequenze, e l'autore ci fa «vedere»:
  ✓ i luoghi in cui si svolge la passeggiata;
  ✓ il comportamento del cane;
  ✓ le sensazioni dei due in quei momenti.

L'autore è legato da grande affetto al suo cane, e nel descriverlo ne mette in evidenza tutte le caratteristiche positive: la lucentezza e il colore del pelo, la struttura vigorosa del corpo, la bontà, la dolcezza dell'occhio, l'intelligenza dello sguardo. Una spia ancora piú significativa del sentimento del narratore è il vedere come egli sia attento a interpretare ogni piú piccolo gesto dell'animale, a dargli un preciso significato, a coglierne le sfumature, giungendo perfino a «leggergli nel pensiero» e a sottolineare tratti e atteggiamenti «umani» nel suo comportamento. Infine, anche nella scelta del lessico prevalgono tutti quei termini che fanno trasparire sensazioni, emozioni e sentimenti, compresa la frequenza di aggettivi qualificativi e di espressioni modali.

Le descrizioni sono analitiche e procedono dal generale al particolare: infatti prima incontriamo Bauschan e poi ne conosciamo i tratti fisici e del carattere; vediamo avventurarsi i due lungo il fiume e poi assistiamo allo svelarsi del paesaggio; si svolge un'azione (l'incontro, la passeggiata, la sosta, la lettura) e poi ne scopriamo i particolari in successione. Nella descrizione dei luoghi a questa tecnica s'intreccia anche quella *spaziale*: l'osservazione si snoda dal viale al fiume, da questo agli alberi.

Esercizi

1. Isola, in ciascuna delle due macrosequenze, le singole sequenze di cui ti abbiamo dato una sommaria indicazione, e fa' per ognuna di esse una sintesi scritta di un paio di righe. Concluso questo lavoro, leggendo in successione le varie sequenze avrai ricavato un sintetico e ordinato riassunto del brano.

2. Specifica se si tratta di una descrizione oggettiva o soggettiva, e motiva il perché delle tua risposta.

3. Riscrivi il brano seguendo fedelmente la modalità logica dell'autore, ma mettendoti dal punto di vista di un narratore onnisciente.

4. Parla adesso liberamente del cane Bauschan, facendone una descrizione personale, secondo l'idea che te ne sei fatta dalla lettura del testo.

Scrittura e tipologie testuali

5. Parla dei sentimenti che legano Thomas Mann al suo cane, in non piú di 15 righe.

6. Compila una scheda di sintesi del testo, in cui annoterai:

Oggetto (che cosa viene narrato e che cosa descritto)
Scopo (quali impressioni l'Autore vuole suscitare)
Punto di vista
Aspetti da mettere in risalto
Modalità
Tempi verbali prevalenti

7. Dopo avere distinto, isolandole:
- le descrizioni di luoghi;
- le descrizioni dell'animale;
- le descrizioni delle sensazioni che prova l'Autore e che attribuisce anche al suo cane;

lavora sul lessico, elencando per ciascuna descrizione:
- i verbi che ricorrono con maggiore frequenza;
- i sostantivi riferiti a: Mondo naturale – Mondo animale – Mondo umano;
- gli aggettivi;
- eventuali paragoni e metafore;
- gli indicatori spaziali.

8. Descrivi un animale domestico tuo, o che hai comunque occasione di vedere spesso, raccontando anche episodi significativi che lo riguardano.

9. Esercitati componendo descrizioni brevi (15-20 righe) di persone, cose, sensazioni, mutando modalità, tecniche e punto di vista secondo tutto quello che è stato esposto in questi paragrafi sulla descrizione. Per comodità, eccotene un riepilogo:

Modalità	Tipologia	Narratore e punto di vista
• spaziale • logica • comparativa • sensoriale	• oggettiva • soggettiva	• interno • onnisciente

2.2 La narrazione

Narrare, o, come piú comunemente si dice, raccontare, significa ripercorrere e fissare con la scrittura un fatto, un episodio, un avvenimento, una storia reale o di fantasia nel suo svolgimento. È lo scopo comunicativo piú frequente, e infatti il **testo narrativo** è quello a cui ricorriamo piú spesso. Anche per questa tipologia possiamo isolare le caratteristiche proprie:

✓ racconta dei fatti, legati tra loro da **rapporti di causalità**, che si succedono nel tempo e si svolgono in uno spazio, reale o immaginario;

✓ privilegia la dimensione **temporale** rispetto a quella spaziale;

✓ ne sono protagonisti dei **personaggi** che possono essere reali o immaginari e possono appartenere sia al mondo umano sia a quello animale o vegetale o addirittura inanimato e fantastico;

- la **voce narrante** può essere esterna al testo o coincidere con un personaggio;
- l'**ordine della narrazione** è segnalato dai **tempi verbali**: imperfetto e passato remoto per indicare i fatti su cui si incentra la narrazione; i trapassati per indicare i fatti anteriori; il condizionale per indicare gli eventi posti nel futuro; il presente, il passato prossimo e il futuro sono usati nei dialoghi dei personaggi;
- sono presenti vari **indicatori temporali**, cioè le espressioni che servono a collocare gli eventi nel tempo, e sono usati in coerenza con i tempi verbali.

La scrittura dei testi narrativi

Nell'antologia (volume primo) si prende in esame il testo narrativo a proposito degli strumenti necessari per accostarsi alla lettura dei testi letterari. Qui ci soffermiamo invece sui profili da osservare nel momento della *composizione* di un testo narrativo.

L'**ordine**. Abbiamo detto che la narrazione deve seguire un *ordine logico* e *temporale*; questo ordine può essere *naturale* o *artificiale*:

- l'**ordine naturale** comporta che nel raccontare possiamo seguire la successione cronologica degli avvenimenti, cioè cominciare dall'evento che ha messo in moto la vicenda, e proseguire raccontando lo svolgimento dei fatti per approdare infine alla conclusione;
- l'**ordine artificiale** ricorre quando, per dare maggiore risalto a certi momenti della vicenda raccontata, oppure per tener desta l'attenzione e suscitare la curiosità, viene modificata la successione naturale degli eventi; per esempio, si può cominciare partendo dalla fine e tornando indietro, oppure iniziare dal momento culminante e spostarsi prima all'indietro, poi in avanti. Una tecnica di questo genere si sfrutta solitamente nella composizione dell'articolo di cronaca, di cui diamo un esempio.

La banda del buco sulla nave

Il furgone blindato della Securpol era tranquillamente posteggiato nel garage del traghetto «Clodia» della Tirrenia, che lunedí alle 20 era salpato da Palermo alla volta di Napoli. All'interno oggetti d'oro e d'argento che tornavano a casa dopo che «Maxima», la rassegna di oreficeria, aveva chiuso i battenti in mattinata alla Fiera del Mediterraneo. La notte era trascorsa tranquilla a bordo. Mare calmo, cielo sereno, il solito andirivieni dei passeggeri insonni, il ronzio dei motori.

Ma l'indomani mattina alle 7 nel porto sotto il Vesuvio la sorpresa. Quando gli agenti sono risaliti sul furgone per riprendere la marcia verso il Nord hanno trovato un capiente buco sul tetto dell'abitacolo e il mezzo saccheggiato dei preziosi oggetti. È scattato immediatamente l'allarme ma dei rapinatori nemmeno l'ombra. Evidentemente avevano trasbordato il malloppo su un'altra auto, certamente una delle prime che è sbarcata. Ovviamente nessuno ha visto e sentito niente. Ancora non si conosce l'esatto ammontare del bottino. La polizia portuale e la scientifica hanno fatto tutti i rilievi possibili per rinvenire tracce utili all'identificazione della gang di rapinatori, che in passato ha messo a segno colpi simili. Un anno e mezzo fa, infatti, un'analoga rapina era stata consumata a bordo di un'altra nave della Tirrenia. Anche in quell'occasione il tetto del furgone, adibito al trasporto dei gioielli, era stato bucato con l'ausilio di acido e fiamma ossidrica e i banditi si erano volatilizzati con un bottino del valore di un miliardo trafugato a una ditta orafa vicentina.

G. Gullo, «La Repubblica», Palermo, 14 marzo 2001

Scrittura e tipologie testuali

Vediamo che il giornalista, dopo aver delineato la situazione iniziale (il furgone blindato posteggiato nel garage del traghetto), è tornato indietro per dare l'informazione riguardante un evento precedente (la mostra di gioielli tenutasi nella città), quindi è arrivato direttamente alla scoperta del furto e solo in un secondo momento ha ipotizzato ciò che poteva essere accaduto durante la notte, cioè il modo in cui avevano agito i rapinatori.

I **tempi verbali**. I tempi verbali utilizzati piú frequentemente sono l'imperfetto e il passato remoto, che sono i *tempi della narrazione*, non solo perché collocano i fatti nel passato (quando si narra solitamente si racconta sempre qualcosa che è già accaduto), ma anche perché presuppongono un atteggiamento di distacco da parte del narratore nei confronti dell'oggetto della narrazione.

Il momento in cui si svolgono le azioni fondamentali della narrazione tecnicamente si definisce **punto zero**: l'imperfetto viene adoperato per indicare azioni durative o situazioni, modi di essere che fanno da sfondo alle azioni principali; il passato remoto è utilizzato per indicare le azioni di primo piano, che costituiscono la struttura portante della storia. Per indicare azioni anteriori al punto zero si adoperano il trapassato prossimo o, piú raramente, il trapassato remoto. Per indicare azioni future, cioè posteriori al punto zero si usa il condizionale passato. Ecco un esempio.

Galinzia era un'amica di Alcmena. Dato che Alcmena era in procinto di mettere al mondo il piccolo Eracle, figlio di Zeus, re dell'Olimpo, le Moire e Ilizia, le divinità del parto, si rifiutavano di sgravarla per ordine di Era, la sposa di Zeus, che era gelosa di lei. Con le gambe e le mani incrociate, per nove giorni e nove notti stettero sulla soglia della casa, impedendo la nascita con i loro incantesimi. Galinzia ebbe pietà della sua amica e temette che impazzisse dal dolore. Ideò allora il seguente stratagemma: accorse verso le dee, annunciando loro che, per ordine di Zeus, Alcmena aveva partorito un maschio, loro malgrado. Spaventate e indignate, credendo che i loro privilegi fossero derisi, le dee si alzarono e abbandonarono in tal modo la posizione che «legava» Alcmena. Quest'ultima mise immediatamente al mondo il figlio. Ma le divinità si vendicarono e trasformarono Galinzia in una donnola. E, dato che la sua bocca aveva proferito la menzogna che le aveva ingannate, la condannarono a partorire attraverso la bocca. Tuttavia Ecate ebbe pietà della povera bestia e ne fece la sua serva e il suo animale sacro. Eracle, una volta adulto, si ricordò di colei che gli aveva permesso di nascere e le innalzò un santuario presso la propria casa. I Tebani, fedeli al ricordo di Galinzia, le portavano offerte durante la festa di Eracle.

Ilizia, dea greca protettrice dei parti, assiste alla nascita di Atena che sorge, armata, dalla testa di Zeus. Anfora a figure rosse attribuita al gruppo E, Parigi, Museo del Louvre.

P. Grimal, *Enciclopedia dei miti*, Garzanti, Milano, 1995

Per quanto riguarda i tempi, presente, passato prossimo e futuro, sono usati nei dialoghi dei personaggi che parlano di eventi appartenenti al loro presente. Tuttavia, è possibile che un testo narrativo sia costruito al presente, quando si vuole dare maggiore vivacità alla narrazione e suscitare nel lettore l'impressione che i fatti si stiano svolgendo quasi sotto i suoi occhi.

Il passato prossimo è usato quando gli avvenimenti raccontati, solitamente accaduti in un passato relativamente recente, pur essendosi già conclusi sono avvertiti da chi scrive come appartenenti ancora alla sfera del presente di cui sono considerati il presupposto. Questo tempo verbale ricorre frequentemente negli articoli di cronaca in cui si raccontano fatti che si presume siano accaduti in un tempo di poco anteriore a quello nel quale si trova l'emittente e il cui effetto dura ancora nel presente.

Il **punto di vista**. Possiamo impostare il nostro racconto rimanendo all'esterno dei fatti, e ponendoci dunque come un *narratore onnisciente*, che può raccontare tutto perché conosce esattamente ciò che è successo. Ma possiamo anche raccontare in prima persona (o immaginare un personaggio che racconta in prima persona). In questo caso il tono sarà più soggettivo e la narrazione potrà contenere considerazioni personali o espressioni che rivelano il punto di vista dell'emittente. Proviamo a immaginare come si trasformerebbe la cronaca del furto di gioielli se venisse raccontata da uno dei rapinatori.

> Dopo la chiusura della rassegna di oreficeria, abbiamo seguito il furgone della Securpol e abbiamo aspettato che si imbarcasse sul traghetto. Anche noi siamo saliti sullo stesso traghetto con la nostra auto che abbiamo posteggiato in modo che l'indomani mattina fosse tra le prime a sbarcare. Quando è calata la notte, siamo scesi silenziosamente nel garage e, armati di acido e di fiamma ossidrica, abbiamo aperto un foro nel tetto del furgone. Uno di noi, naturalmente il più magro e agile, si è poi calato attraverso l'apertura e ha passato agli altri il prezioso bottino. Fortunatamente nessuno ha sentito nulla, perché il rumore dei motori copriva il sibilo della fiamma ossidrica. L'indomani mattina, alle prime luci dell'alba, siamo saliti sulla macchina e siamo immediatamente sbarcati nel porto di Napoli, da dove ci siamo rapidamente allontanati in direzione Nord.

Vediamo che questo testo differisce dall'originale non solo per la presenza di alcuni avverbi a funzione emotiva (*naturalmente, fortunatamente*), ma anche per i fatti narrati: il nostro ipotetico ladro, infatti, ha raccontato con maggiore ricchezza di particolari le fasi del furto a cui ha direttamente partecipato, ma non ha potuto offrirci alcuna informazione sugli avvenimenti dei quali non è stato testimone. Ciò significa che il mutamento del punto di vista influisce anche sulla quantità e qualità dei fatti narrati.

Scrivere per narrare

Come vedremo occupandoci più in dettaglio delle forme della scrittura, esistono diversi tipi di testo narrativo (cronaca, diario, racconto); tutti però presentano alcuni caratteri comuni, in base ai quali è possibile organizzare uno schema di lavoro.

Per scrivere un testo narrativo procederemo nel modo seguente:

a. indicheremo sinteticamente in una scaletta:
- fatti (Che cosa è accaduto?)
- modalità di svolgimento (Come?)
- personaggi (Chi?)
- luoghi (Dove?)
- tempi (Quando?)
- motivazioni (Perché?)

b. stabiliremo se condurre la narrazione secondo l'ordine naturale degli avvenimenti o secondo un ordine srtificiale

Scrittura e tipologie testuali

c. stabiliremo il punto di vista da adottare (punto di vista di un osservatore onnisciente, punto di vista soggettivo)

d. faremo attenzione all'uso dei tempi verbali appropriati

e. passeremo alla stesura del testo, badando che siano ben equilibrati tutti gli elementi in scaletta

---

Riflettiamo insieme...

Italo Calvino

I. Calvino, *Il visconte dimezzato*,
Einaudi, Torino, 1952

Il visconte dimezzato

Quello che segue è il secondo capitolo del romanzo breve (un centinaio di pagine in tutto) di Italo Calvino (1923-1985) *Il visconte dimezzato*, che, insieme al *Barone Rampante* e al *Cavaliere inesistente*, compone la trilogia *I nostri antenati*, libri dalla cadenza di fiabe o invenzioni fantastiche, ricche di fantasia, fatte di una serie di trovate incredibili, che però alla riflessione si rivelano dense di significativi messaggi per l'uomo del Novecento e sicuramente anche per quello di oggi.

La battaglia cominciò puntualmente alle dieci del mattino. Dall'alto della sella, il luogotenente[1] Medardo contemplava l'ampiezza dello schieramento cristiano, pronto per l'attacco, e protendeva il viso al vento di Boemia, che sollevava odor di pula[2] come da un'aia polverosa.

– No, non si volti, indietro, signore, – esclamò Curzio che, col grado di sergente, era al suo fianco. E, per giustificare la frase perentoria[3], aggiunse, piano: – Dicono porti male, prima del combattimento.

In realtà, non voleva che il visconte si scorasse[4], avvedendosi che l'esercito cristiano consisteva quasi soltanto in quella fila schierata, e che le forze di rincalzo[5] erano appena qualche squadra di fanti male in gamba.

Ma mio zio guardava lontano, alla nuvola che s'avvicinava all'orizzonte, e pensava: «Ecco, quella nuvola è i turchi, i veri turchi, e questi al mio fianco che sputano tabacco sono i veterani della cristianità, e questa tromba che ora suona è l'attacco, il primo attacco della mia vita, e questo boato e scuotimento, il bolide che s'insacca in terra guardato con pigra noia dai veterani e dai cavalli è una palla di cannone, la prima palla nemica che io incontro. Così non venga il giorno in cui dovrò dire: "E questa è l'ultima"».

A spada sguainata, si trovò a galoppare per la piana, gli occhi allo stendardo imperiale che spariva e riappariva tra il fumo, mentre le cannonate amiche ruotavano nel cielo sopra il suo capo, e le nemiche già aprivano brecce nella fronte cristiana e improvvisi ombrelli di terriccio. Pensava: «Vedrò i turchi! Vedrò i turchi!». Nulla piace agli uomini quanto avere dei nemici e poi vedere se sono proprio come ci s'immagina.

---

1. luogotenente: il visconte Medardo di Terralba si è appena arruolato, con una qualifica adeguata al suo rango nobiliare.
2. pula: residuo della trebbiatura del grano o altri cereali. L'aia è lo spiazzo dove appunto si effettua la trebbiatura.

3. perentoria: in tono di comando.
4. si scorasse: si scoraggiasse.
5. forze di rincalzo: le truppe che dovevano dare aiuto e rinforzare le file.

Li vide, i turchi. Ne arrivavano due proprio di lí. Coi cavalli intabarrati[6], il piccolo scudo tondo, di cuoio, la veste a righe nere e zafferano. E il turbante, la faccia color ocra[7] e i baffi come uno che a Terralba era chiamato «Miché il turco». Uno dei due turchi morí e l'altro uccise un altro. Ma ne stavano arrivando chissà quanti e c'era il combattimento all'arma bianca[8]. Visti due turchi era come averli visti tutti. Erano militari pure loro, e tutte quelle robe erano dotazione dell'esercito. Le facce erano cotte e cocciute come i contadini. Medardo, per quel che era vederli, ormai li aveva visti; poteva tornarsene da noi a Terralba in tempo per il passo delle quaglie[9]. Invece aveva fatto la ferma per la guerra. Cosí correva, scansando i colpi delle scimitarre, finché non trovò un turco basso, a piedi, e l'ammazzò. Visto come si faceva, andò a cercarne uno alto a cavallo, e fece male. Perché erano i piccoli, i dannosi. Andavano fin sotto i cavalli, con quelle scimitarre, e li squartavano.

Il cavallo di Medardo si fermò a gambe larghe. – Che fai? – disse il visconte. Curzio sopraggiunge indicando in basso: – Guardi un po' lí. – Aveva tutte le coratelle[10] digià in terra. Il povero animale guardò in su, al padrone, poi abbassò il capo come volesse brucare gli intestini, ma era solo uno sfoggio d'eroismo: svenne e poi morí. Medardo di Terralba era appiedato.

– Prenda il mio cavallo, tenente, – disse Curzio, ma non riuscí a fermarlo perché cadde di sella, ferito da una freccia turca, e il cavallo corse via.

– Curzio! – gridò il visconte e s'accostò allo scudiero che gemeva in terra.

– Non pensi a me, signore, – fece lo scudiero. – Speriamo solo che all'ospedale ci sia ancora della grappa. Ne tocca una scodella a ogni ferito.

Mio zio Medardo si gettò nella mischia. Le sorti della battaglia erano incerte. In quella confusione, pareva che a vincere fossero i cristiani. Di certo, avevano rotto lo schieramento turco e aggirato certe posizioni. Mio zio, con altri valorosi, s'era spinto fin sotto le batterie nemiche, e i turchi le spostavano, per tenere i cristiani sotto il fuoco. Due artiglieri[11] turchi facevano girare un cannone a ruote. Lenti com'erano, barbuti, intabarrati fino ai piedi, sembravano due astronomi[12]. Mio zio disse: – Adesso arrivo lí e li aggiusto io. – Entusiasta e inesperto, non sapeva che ai cannoni ci s'avvicina solo di fianco o dalla parte della culatta[13]. Lui saltò di fronte alla bocca da fuoco, a spada sguainata, e pensava di fare paura a quei due astronomi. Invece gli spararono una cannonata in pieno petto. Medardo di Terralba saltò in aria.

Alla sera, scesa la tregua, due carri andavano raccogliendo i corpi dei cristiani per il campo di battaglia. Uno era per i feriti e l'altro per i morti. La prima scelta si faceva lí sul campo. – Questo lo prendo io, quello lo prendi tu. – Dove sembrava ci fosse ancora qualcosa da salvare, lo mettevano sul carro dei feriti; dove erano solo pezzi e brani andava sul carro dei morti, per aver sepoltura benedetta; quello che non era piú neanche un cadavere era lasciato in pasto alle cicogne. In quei giorni, viste le perdite crescenti, s'era data la disposizione che nei feriti era meglio abbondare[14]. Cosí i resti di Medardo furono considerati un ferito e messi su quel carro.

---

6. **intabarrati**: coperti da mantelli (il tabarro è un antichissimo mantello da uomo a ruota in panno pesante).

7. **color ocra**: rossiccia, scura.

8. **all'arma bianca**: spada, sciabola, pugnale, ecc., qualunque arma usata dall'uomo con il solo ausilio della propria forza.

9. **in tempo per il passo delle quaglie**: poteva tornare agli svaghi consueti, come la caccia alle quaglie (che sono uccelli migratori, e dunque vengono cacciate nei particolari periodi del loro passaggio).

10. **le coratelle**: detto in tono scherzoso, gli intestini (è un termine da ricettario di cucina).

11. **artiglieri**: addetti all'artiglieria, alle armi da fuoco.

12. **due astronomi**: gli astronomi erano considerati un po' maghi, e si possono quindi immaginare vestiti allo stesso modo, avvolti in abiti lunghi e larghi come mantelli (si veda anche la nota n. 6).

13. **culatta**: è voce di ampio significato; qui indica la parte posteriore del cannone.

14. **nei feriti era meglio abbondare**: era meglio inserire più soldati tra quelli feriti.

Scrittura e tipologie testuali

La seconda scelta si faceva all'ospedale. Dopo le battaglie l'ospedale da campo offriva una vista ancor piú atroce delle battaglie stesse. In terra c'era la lunga fila delle barelle con dentro quegli sventurati, e tutt'intorno imperversavano i dottori, strappandosi di mano pinze, seghe, aghi, arti amputati e gomitoli di spago. Morto per morto, a ogni cadavere facevan di tutto per farlo tornar vivo. Sega qui, cuci là, tampona falle, rovesciavano le vene come guanti, e le rimettevano a suo posto, con dentro piú spago che sangue, ma rattoppate e chiuse. Quando un paziente moriva, tutto quello che aveva di buono serviva a racconciare le membra di un altro[15], e cosí via. La cosa che imbrogliava di piú erano gli intestini: una volta srotolati non si sapeva piú come rimetterli.

Tirato via il lenzuolo, il corpo del visconte apparve orrendamente mutilato. Gli mancava un braccio e una gamba, non solo, ma tutto quel che c'era di torace e d'addome tra quel braccio e quella gamba era stato portato via, polverizzato da quella cannonata presa in pieno. Del capo restavano un occhio, un orecchio, una guancia, mezzo naso, mezza bocca, mezzo mento e mezza fronte: dell'altra metà del capo c'era piú solo una pappetta. A farla breve, se n'era salvato solo metà, la parte destra, che peraltro era perfettamente conservata, senza neanche una scalfittura, escluso quell'enorme squarcio che l'aveva separata dalla parte sinistra andata in bricioli.

I medici: tutti contenti. – Uh, che bel caso! – Se non moriva nel frattempo, potevano provare anche a salvarlo. E gli si misero d'attorno, mentre i poveri soldati con una freccia in un braccio morivano di setticemia[16]. Cucirono, applicarono, impastarono: chi lo sa cosa fecero. Fatto sta che l'indomani mio zio aperse[17] l'unico occhio, la mezza bocca, dilatò la narice e respirò. La forte fibra dei Terralba aveva resistito. Adesso era vivo e dimezzato.

15. **Quando ... di un altro**: qui Calvino parla in senso ironico; non poteva immaginare che pochi anni dopo, grazie ai progressi della chirurgia, realmente si sarebbero potuti usare gli organi per i trapianti!
16. **mentre ... setticemia**: poiché il caso di Medardo appariva molto

interessante, i medici si dedicarono tutti a lui, trascurando i feriti lievi che cosí potevano morire di infezione.
17. **aperse**: forma arcaica per *aprí*.

Guida all'analisi

L'inizio dell'avventura del visconte Medardo che abbiamo letto in questo capitolo è abbastanza truculento, ma è narrato con leggerezza e ironia, e il tono ci fa capire che ci troviamo in una fiaba in cui il sorriso dell'autore ci accompagnerà per tutto lo sviluppo della storia. È un sorriso amaro, perché dietro la vicenda del mezzo-visconte c'è una riflessione sull'uomo contemporaneo, anch'egli dimezzato, «alienato», diviso in due dalla società consumistica che gli impone ritmi stressanti e ripetitivi tanto nel lavoro che nel tempo libero, e quasi impossibilitato a essere veramente se stesso. Nella surreale storia di Calvino le due metà di Medardo (anche l'altra metà infatti si era salvata, per l'opera quasi miracolosa di due eremiti), l'una perfida, l'altra buona fin troppo, ed entrambe quindi ugualmente eccessive e insopportabili, finiscono con l'essere ricucite insieme, e tornano a essere *un uomo intero, né cattivo né buono, un miscuglio di cattiveria e bontà*. La mediocrità sarebbe dunque la vera misura dell'uomo d'oggi, e di sempre? Ma torniamo al nostro brano. La narrazione si svolge

nell'ordine naturale del tempo, dalle dieci del mattino, orario in cui inizia la battaglia, in avanti. Il narratore è interno, il nipote del visconte, un bambino che entrerà anche come personaggio della storia. Ci troviamo in Boemia, durante una delle tante guerre tra Cristiani e Turchi, ma né il tempo né i luoghi sono precisati piú di tanto. Il giovane visconte è emozionato all'idea di trovarsi per la prima volta di fronte al nemico e ce la mette tutta per dimostrare il suo valore. Rimane purtroppo senza cavallo e poi anche senza scudiero, si getta direttamente nella mischia, uccide un nemico e poi si lancia davanti a un cannone, con un gesto che gli sarà fatale. La cannonata lo taglia a metà, ma i medici con un miracolo di bravura lo fanno sopravvivere. Naturalmente ogni metà (questa, la destra, è quella cattiva; di quella buona sapremo solo al settimo capitolo) vivrà per cosí dire «di profilo», coperta per il resto da un ampio mantello.

Come abbiamo detto, il tono della narrazione è leggero e ironico. Cogliamone le sfumature: la battaglia inizia *puntualmente*, come se si trattasse di una normale faccenda fissata per un certo orario; Curzio, lo scudiero, cerca di nascondere al visconte la realtà: in effetti l'esercito cristiano è composto di pochi uomini male in arnese; i nemici sono descritti in modo folcloristico; perfino la visione dei cadaveri e la raccolta dei feriti sono trattati con ironia (c'è la *prima* e la *seconda scelta*, come se si fosse al mercato...); all'ospedale i medici *imperversavano,* *strappandosi di mano pinze, seghe, aghi, arti amputati e gomitoli di spago*, in una poco professionale confusione; l'operazione di Medardo è un'impresa da primato, affrontata con allegria e a discapito di altri poveretti feriti meno gravemente... Il risultato è una narrazione dall'andamento lieve e divertente, malgrado l'argomento terribile di cui tratta.

Esercizi

1. Dividi il testo in sequenze e, sulla base di queste, fanne il riassunto. Dove trovi il discorso diretto passa a quello indiretto.

2. Individua nel testo le parti descrittive e fanne un elenco: chi/che cosa viene descritto, e come?

3. Individua nel testo le tecniche della narrazione secondo quanto abbiamo detto a partire da pagina 35, e appuntale in uno schema ordinato.

4. Osserva e segnala in brevi appunti quali tempi verbali vengono usati nelle parti narrative e quali in quelle descrittive.

5. Sulla base dei lavori svolti agli esercizi precedenti, compila una scheda di sintesi del testo, in cui annoterai:

Oggetto della narrazione
Oggetto delle descrizioni
Scopo che l'Autore si prefigge
Punto di vista e narratore
Ordine temporale
Aspetti da mettere in risalto
Tempi verbali prevalenti

6. Adesso tocca a te comporre una narrazione, per mettere in pratica tutto quanto hai osservato e imparato. Inventa una breve storia che si svolga nell'arco di una giornata e raccontala in non piú di 20 righe. Prima di metterti a scrivere scegli come impostare il testo, sulla base di una scaletta come quella fornita per l'esercizio precedente.

2.3 L'esposizione

Naturalmente chi scrive non si limita a raccontare o a descrivere, anche se queste due intenzioni comunicative sono tra le piú frequenti. A scuola, in particolare – ma non solo – abbiamo spesso l'esigenza di dover riferire – oralmente o per iscritto – un'esperienza, un esperimento di laboratorio, le idee di un autore, ecc. In pratica questi sono gli oggetti delle relazioni, dei verbali, dei saggi, tutti testi che frequentemente ci troviamo a dover leggere e/o scrivere. Anche ripetere la lezione all'interrogazione/colloquio altro non è che «esporre» il risultato del proprio lavoro di studio e approfondimento.

Scrittura e tipologie testuali

Siamo di fronte al **testo espositivo**, il quale serve appunto per «esporre», come dice il suo nome, una tematica, un problema; spiegare come stanno le cose, come le abbiamo recepite, come avviene un fenomeno, come si presenta una situazione. Questo tipo di testo è quello predominante nei libri scolastici, che servono proprio a farci capire i contenuti delle materie. Vediamo quali sono dunque le sue caratteristiche:

✓ il testo espositivo **spiega** e illustra tematiche di varia natura, allo **scopo di informare** il lettore in modo chiaro, preciso, ordinato;

✓ l'**organizzazione dei contenuti** si sviluppa, solitamente, in modo lineare o può anche basarsi sulla contrapposizione;

✓ la **sintassi**, semplice e piana, privilegia la coordinazione rispetto alla subordinazione;

✓ il tono è neutro e oggettivo: infatti la **funzione** dominante è quella **referenziale**;

✓ sul piano **lessicale** è frequente il ricorso a termini tecnici, specifici dell'ambito trattato, che si affiancano ad altri di uso piú comune; i termini tecnici sono di solito accompagnati dalla spiegazione e possono anche essere evidenziati con accorgimenti grafici (neretto, corsivo, virgolette);

✓ l'esposizione può essere corredata di **immagini**, **grafici**, **tabelle**, **formule**, o anche brevi **passi narrativi** che chiariscono ed esemplificano il contenuto; possono essere frequenti le **definizioni** e di conseguenza anche le **descrizioni** vi possono trovare un certo spazio;

✓ l'uso dei **tempi verbali**, in conseguenza di tutte le caratteristiche esposte, è quanto mai vario, a seconda delle esigenze del testo.

Osserviamo queste caratteristiche in un esempio.

Il valore umano e sociale della fisica

A parte le applicazioni, che hanno mutato profondamente le condizioni della nostra vita, la Fisica ha un altro scopo: soddisfare il bisogno di conoscenza che caratterizza l'umanità.
Socialmente le conquiste fisiche hanno dato una nuova dimensione alla vita umana: la bussola, per esempio, rese possibili i grandi viaggi di esplorazione; la macchina ha liberato, in parte, l'umanità dal lavoro materiale; come conseguenza, il benessere, prima privilegio di pochi, ha potuto essere esteso a masse sempre piú ampie di popolazione.
Il fatto che ognuno può essere informato attraverso i giornali, la radio e la televisione di quanto avviene nel mondo ha un enorme valore sociale.
Ma l'evoluzione della tecnologia ha anche condotto a problemi negativi gravissimi, alcuni dei quali sono attualmente divenuti pressanti in modo particolare; sino al punto che, se non sono risolti convenientemente e in brevissimo tempo, la stessa sopravvivenza delle generazioni future è messa in forse.

M. Michetti, M. Salvini, *Atomi e forze*, Canova, Treviso, 1987

Come si può facilmente rilevare, i contenuti sono organizzati in una concatenazione lineare, ma ci sono passi in cui le varie affermazioni sono contrapposte. I periodi sono costituiti da proposizioni principali tra loro coordinate, introdotte talvolta da una *frase organizzatrice* (*Socialmente le conquiste fisiche hanno dato una nuova dimensione alla vita umana: la bussola, per esempio, rese possibili i grandi viaggi; la macchina...*). Infine gli *a capo*, collocati in modo da evidenziare la successione degli argomenti, facilitano la comprensione e l'assimilazione del contenuto.

Laboratorio di scrittura

Scrivere per esporre

Anche per il testo espositivo vedremo piú in dettaglio diverse forme di scrittura (vari tipi di relazione, verbale, saggio breve); tuttavia cominciamo a prendere confidenza con alcune sue caratteristiche di fondo.

In base a ciò su cui ci siamo appena soffermati, nel comporre un testo espositivo bisogna fare attenzione affinché:

✓ il testo sia **chiaro** e **ordinato**, abbia una sua organizzazione logica scandita nella successione delle sequenze (i libri scolastici e i saggi sono divisi in paragrafi, appunto per segnare meglio la successione degli argomenti e delle idee);

✓ il linguaggio sia **semplice** e **preciso**; chi legge deve subito avere chiaro il procedimento che seguiamo; se esponiamo tematiche complesse, possiamo corredarle di mappe concettuali, grafici, schemi, che aiutino a capire;

✓ il tono del discorso sia **neutro**, perché si sta parlando di una realtà oggettiva.

L'uso dei tempi verbali può essere il piú vario. Solitamente prevalgono il presente o il passato prossimo; tuttavia nello spiegare o nel fare esempi possiamo ricorrere, come abbiamo visto, a descrizioni o a narrazioni, e quindi ci regoleremo di conseguenza.

Riflettiamo insieme...

Françoise Dolto

F. Dolto, *I problemi degli adolescenti*, trad. di C. Rognoni, Longanesi, Milano, 1991

L'adolescenza: il «dramma del gambero»

Françoise Dolto (1908-1988), pediatra e psicanalista francese, ha dedicato la sua vita professionale agli adolescenti, dei quali perciò era una profonda conoscitrice. In questo passo da un suo saggio l'autrice coglie sinteticamente tutte le possibili sfumature di sentimenti che fanno dell'adolescenza l'età piú bella e la piú brutta insieme, la piú esaltante e la piú disperata, un periodo di lotta e di abbandono, di insicurezza e di contrasti. Conclude con il lanciare un messaggio in positivo, un'esortazione alla fiducia, non solo per i ragazzi, ma anche per i genitori.

L'adolescenza è la fase di passaggio che divide l'infanzia dall'età adulta e ha come momento centrale la pubertà[1]. A dire il vero, i suoi confini sono piuttosto vaghi. Senza dubbio, ciò cui assomiglia maggiormente è la nascita. Al momento del parto, ci separano da nostra madre tagliando il cordone ombelicale, ma spesso si dimentica che tra madre e figlio esisteva un legame straordinario: la placenta. La placenta ci forniva tutto ciò che era necessario per sopravvivere e filtrava molte delle sostanze dannose presenti nel sangue materno. Senza la placenta prima della nascita non era possibile alcuna forma di vita ma, una volta nati, per poter vivere è assolutamente indispensabile abbandonarla.

L'adolescenza è come una seconda nascita che si realizzerà in tappe progressive. È necessario abbandonare a poco a poco la protezione familiare proprio come un tempo si è abbandonata la placenta. Lasciare l'infanzia, cancellare il bambino che è in noi, è una mutazione[2].

---

1. **pubertà**: il periodo caratterizzato dalla maturazione dei caratteri sessuali.

2. **è una mutazione**: implica un profondo cambiamento, che porta a essere del tutto diversi da prima.

Scrittura e tipologie testuali

Talvolta si ha l'impressione di morire. È una mutazione veloce, in alcuni casi troppo veloce. La natura lavora secondo ritmi propri. Bisogna sopravvivere e non sempre si è preparati. Si sa che cosa muore, ma ancora non si vede verso che cosa si sta procedendo. Qualcosa si è incrinato[3], ma non si sa bene né come né perché. Nulla è piú come prima, ma si tratta di uno stato davvero indefinibile.

Per esempio, per i maschi il mutamento del tono della voce è un fatto doloroso. È duro portare il lutto della propria voce, quella che da anni ci accompagnava. C'è insicurezza nell'aria, ci sono il desiderio di venirne fuori e la mancanza di fiducia in se stessi. Si ha contemporaneamente bisogno di essere controllati e bisogno di libertà, e non è facile trovare il giusto equilibrio tra queste due esigenze. Per i genitori, cosí come per i figli, la misura ideale varia secondo i giorni e le circostanze.

Si vorrebbe dimostrare di essere capaci di avventurarsi nella società. La legge prevede che i genitori siano responsabili dei figli fino al raggiungimento della maggiore età, e tutti avvertono questo bisogno di protezione. Ma ognuno deve essere responsabile di se stesso. Si tratta, in effetti, di una corresponsabilità[4].

Considerata l'incredibile evoluzione che si produce in noi, avremmo bisogno di avvertire l'interesse dell'ambiente familiare, ma quando questo interesse si manifesta può trattener-

---

3. **si è incrinato**: si è rotto.
4. **corresponsabilità**: responsabilità condivisa, dall'una e dall'altra parte.

ci nell'infanzia o, al contrario, spingerci troppo in fretta a diventare adulti. In entrambi i casi ci si sente «bloccati» da questa attenzione, mentre si sarebbe voluto un aiuto.

Si vorrebbe parlare da adulti, ma non se ne hanno ancora i mezzi. Si vorrebbe prendere la parola ed essere ascoltati con attenzione. Quando però ci è permesso parlare, troppo spesso serve a farci giudicare ma non a farci capire. Ci si fa strada con le parole e ci si ritrova in trappola.

Si intuisce che è essenziale abbandonare un giorno i genitori. E allora è necessario cominciare con l'interrompere un certo tipo di rapporti con loro. Ci si vuole avviare verso una vita diversa. Ma che genere di vita? Non sempre si desidera avere quella dei propri genitori. Guardandoli vivere, si crede talvolta di vedere il proprio futuro e questo spaventa.

Ci si sente scivolare impotenti lungo una china. Si perdono le difese, i mezzi di comunicazione abituali, senza aver potuto inventarne di nuovi.

Quando i gamberi cambiano il guscio, per prima cosa perdono quello vecchio restando senza difesa durante il tempo necessario per fabbricarne uno nuovo.

Ed è proprio in questo periodo che sono esposti a un grave pericolo. Per gli adolescenti è un po' la stessa cosa. E fabbricarsi un nuovo guscio costa tante lacrime e tante fatiche che è un po' come se lo si «trasudasse»[5]. Nei paraggi di un gambero indifeso c'è sempre un congro[6] in agguato, pronto a divorarlo. L'adolescenza è il dramma del gambero. Il nostro congro è tutto quanto ci minaccia, dentro e fuori di noi, e a cui spesso non pensiamo.

Il congro è forse il bambino che siamo stati, che non vuole uscire di scena e che ha paura di perdere la protezione dei genitori. Ci trattiene nell'infanzia e impedisce di nascere all'adulto che saremo. Il congro in noi è anche quel bambino collerico che crede che si diventi adulti litigando con gli adulti. Il congro, ancora, è forse nascosto in quegli adulti pericolosi, perfino profittatori, che girano attorno agli adolescenti perché intuiscono che sono vulnerabili[7]. I genitori sono consapevoli dell'esistenza di persone del genere e che il pericolo incombe su di noi. Spesso hanno ragione quando ci invitano a essere prudenti, anche se è difficile accettare tale consiglio.

L'adolescenza è anche un movimento ricco di forza, di promesse e di vita: uno sbocciare. Questa forza è molto importante, è l'energia stessa di questa trasformazione. Come germogli che spuntano dalla terra, si ha bisogno di uscire. Forse per questo la parola uscire è cosí importante. Uscire è abbandonare il vecchio bozzolo ormai divenuto soffocante, è anche avere un legame d'amore. È un termine chiave che traduce bene il grande movimento che ci coinvolge.

In gruppo ci si sente bene, si hanno gli stessi riferimenti, un linguaggio codificato[8] che permette di non utilizzare quello degli adulti. Si vorrebbe molto che non ci fosse piú il tu o il lei, ma soltanto un tu di fratellanza che si vorrebbe usare sempre e che non è il tu degli adulti, che a volte è soltanto condiscendenza.

Nessun adolescente è senza problemi, senza sofferenza; forse è il periodo piú ricco di dolore della vita, ma anche quello delle gioie piú intense. Il guaio è che si desidera fuggire tutto ciò che si presenta difficile. Fuggire fuori da sé gettandosi in avventure dubbie o pericolose, trascinati da persone che conoscono la fragilità degli adolescenti. Fuggire dentro di sé, chiudersi dentro un guscio fasullo[9].

L'adolescenza è sempre difficile, ma, se i genitori e i figli hanno fiducia nella vita, tutto va sempre a posto.

---

5. come se lo si «trasudasse»: come se questo nuovo guscio fosse emesso, al pari del sudore, dal nostro stesso corpo.

6. congro: crostaceo vagamente simile al granchio, che si nutre di gamberi.

7. vulnerabili: fragili, e dunque facili da colpire.

8. un linguaggio codificato: nel gruppo tutti usano lo stesso linguaggio, come un codice noto solo a loro.

9. chiudersi dentro un guscio fasullo: chiudersi in se stessi, creandosi una falsa protezione.

Scrittura e tipologie testuali

Guida all'analisi

Siamo in presenza di un testo espositivo, che dunque si preoccupa di spiegare e non di porre problemi. L'autrice parte dalla definizione dell'adolescenza, fase di passaggio tra infanzia ed età adulta, e si mette subito dal punto di vista degli stessi adolescenti, osservando che essa è come una *seconda nascita, che si realizza a tappe progressive*:

- si abbandona la protezione familiare;
- si cancella il bambino che è in noi, ma non si vede verso dove si sta andando;
- nulla è piú come prima (per esempio, nei maschi muta la voce);
- prevale l'insicurezza derivante dalla mancanza di riconoscimento di sé.

Nei rapporti con i genitori e gli adulti in genere si sente il bisogno di avvertire l'interesse su di sé, ma spesso ci si sente bloccati da questa attenzione; si vuole parlare ed essere ascoltati, ma spesso ci si sente soltanto giudicati; si desidera magari una vita diversa da quella dei genitori, ma non si intravede quale.

Per vivacizzare e rendere efficace l'esposizione, viene fatto un paragone tra l'*adolescenza* e il *«dramma del gambero»*:

- si perdono le difese e i mezzi di comunicazione abituali, senza riuscire a trovarne di nuovi;
- ci si sente come i gamberi quando cambiano il guscio: perdono quello vecchio e rimangono senza protezione finché non ne costruiscono uno nuovo,

esposti al rischio di essere divorati dal loro nemico naturale, il congro.

Per l'adolescente nel congro sono raffigurate le minacce che vengono sia dall'*interno del suo essere* (la stessa parte infantile, che impedisce di crescere, e la parte collerica, che lo spinge a essere in conflitto con gli adulti) che dal *mondo esterno* (quegli adulti pronti ad approfittare della sua fragilità).

L'autrice non esprime giudizi; espone il frutto delle sue lunghe frequentazioni con gli adolescenti. Non può fare a meno quindi di rilevarne aspetti positivi e negativi.

In positivo l'adolescenza è vista come un momento ricco di forza, di promesse e di vita, che si esprimono da un lato con il bisogno di «uscire» (dal bozzolo, dalla famiglia), e dall'altro con il bisogno di stare in gruppo, con altri giovani che hanno gli stessi riferimenti e lo stesso linguaggio, diverso da quello degli adulti.

Al contempo essa è un periodo ricco di sofferenza oltre che di gioia. Cosí prevale il desiderio di fuggire:

- *fuori di sé* (gettandosi in avventure pericolose);
- *dentro di sé* (chiudendosi nel proprio guscio).

La conclusione non manca di lanciare un messaggio in positivo, un'esortazione alla fiducia, non solo per i ragazzi, ma anche per i genitori: è un periodo difficile per entrambe le parti, è vero, ma con la fiducia reciproca può essere superato e ogni cosa pian piano andrà a posto.

Esercizi

1. Dividi il testo in sequenze – anche con l'aiuto della *Guida all'analisi* – e sulla base di queste fanne il riassunto.
2. Sulla base dello schema essenziale che abbiamo fornito per il testo espositivo, chiarisci:
   - qual è la tematica spiegata e illustrata dal testo;
   - come sono organizzati i contenuti;
   - come sono strutturati i periodi;
   - se si incontrano termini tecnici, e quali;
   - da quale esempio è rafforzata l'esposizione.
3. Costruisci tu un testo espositivo sull'adolescenza, ricorrendo naturalmente anche a esperienze personali, ma mantenendo comunque un tono oggettivo e parlandone in generale, come un fenomeno di cui appunto puoi avere diretta conoscenza. Puoi corredare l'esposizione con qualche breve esempio.

2.4 L'argomentazione

Si ricorre all'argomentazione tutte le volte che si vuole prendere posizione su un problema, su una questione di interesse generale o personale. Non si tratta soltanto, semplicisticamente, di «dire come la pensiamo» o di esporre un parere alla buona, ma occorre **dimostrare** ciò che si vuol sostenere organizzando coerentemente e logicamente tutti gli elementi di cui disponiamo.

Il **testo argomentativo** è un testo in cui l'emittente propone una propria tesi su un tema, che può anche essere controverso, e cerca di dimostrarne la validità con *argomenti* ed *esempi*, per assicurarsi il consenso del destinatario. Noi ci imbattiamo molto spesso in questo tipo di testi, poiché essi comprendono gli articoli giornalistici d'opinione su argomenti politici, di costume, morali, economici, ecc.; le recensioni di libri o di film, spettacoli, ecc.; i saggi critici di storia, filosofia, letteratura, sociologia, ecc.; le dimostrazioni scientifiche, le arringhe degli avvocati, e comunque qualsiasi testo scritto o orale che venga prodotto nel corso della vita quotidiana per convincere uno o piú interlocutori a fare o non fare una certa cosa o per dimostrare la validità della propria opinione. Anche a noi, peraltro, capiterà spesso di dover *argomentare*, vale a dire, prendere una posizione, fare una dimostrazione, sostenere un'idea o un'opinione, e avere bisogno di seguire gli adeguati ragionamenti per farlo. Ricordiamoci che nel testo argomentativo sono fondamentali tre elementi:

✓ lo **scopo**, che può essere di:
  - presentare una teoria, un'idea, un'opinione;
  - convincere gli interlocutori, dimostrando vera la propria teoria;
  - confutare, cioè dimostrare false, teorie e opinioni altrui;
  - confrontarsi con altre opinioni;
✓ gli **argomenti**, che sono le dimostrazioni a vantaggio della propria tesi e/o contro le tesi altrui;
✓ gli **esempi**, che sono i fatti, le persone, le circostanze citati per avvalorare gli argomenti.

Con queste premesse, possiamo darci dei punti di riferimento precisi, poiché, se i testi argomentativi non seguono un unico modello, tuttavia la loro struttura presenta sempre alcuni indispensabili elementi:

✓ la **tesi**, cioè l'esposizione del problema da cui si prendono le mosse, ed eventualmente delle motivazioni che lo hanno prodotto, e dell'idea che si intende dimostrare;
✓ la **confutazione** delle tesi o opinioni opposte alla nostra (che si dicono **antitesi**), cosa che si farà sia presentando le proprie motivazioni che ricorrendo, se necessario, anche a esempi;
✓ la **dimostrazione** della tesi, attraverso argomenti ed esempi;
✓ la **conclusione**, con la ripresa della tesi che viene presentata in modo chiaro, sintetico e definitivo.

Un'ultima indispensabile notazione: molto spesso l'argomentazione è preceduta dall'esposizione (per esempio, la parte di presentazione del problema può essere anche abbastanza ampia), e ne può costituire la premessa. Questi due testi sono allora complementari l'uno all'altro, e compongono un unico testo, che chiameremo **testo espositivo-argomentativo**.

Vediamo adesso un piccolo esempio di testo argomentativo, un passo tratto da un saggio dello psichiatra Paolo Crepet.

Scrittura e tipologie testuali

Elementi dello schema	Testo
Presentazione e origine del problema	I bambini possono essere razzisti? Trent'anni fa questa domanda sarebbe sembrata retorica: il nostro paese si era confrontato con il problema della convivenza tra le razze in modo del tutto occasionale e limitato. Oggi per i bambini l'incontro con un coetaneo di colore avviene in tutte le scuole o in qualsiasi giardinetto. Occuparci delle loro reazioni è importante perché sappiamo che ciò determinerà la futura coesistenza nella nostra comunità. [...]
Presentazione dell'antitesi e sua confutazione in tre punti	Il grande scrittore marocchino Tahar Ben Jelloun risponde con chiarezza. Sostiene che razzisti si diventa e non si nasce, che tutto dipende da chi e da come si educa; infatti afferma: «La natura spontanea dei bambini non è razzista. Un bambino non nasce razzista. E se i suoi genitori o i suoi familiari non gli hanno messo in testa idee razziste, non c'è ragione perché lo diventi».

1. La posizione di Ben Jelloun è idealista. Non esiste una natura spontanea di un bambino che non sia prodotta dall'influenza e dall'adattamento all'ambiente relazionale in cui vive.
2. Fin dal momento in cui apre gli occhi il mondo esterno ne condiziona certezze e paure. La certezza è ciò che vede intorno a sé, la paura è che tutto ciò possa scomparire.
3. È ben difficile che un bambino nasca e cresca in una realtà perfettamente multietnica. Prima che una questione culturale, vi è dunque un problema di identità che un bimbo focalizza in quella dei propri genitori e del nucleo sociale in cui si forma: vuole e desidera ciò che i grandi desiderano, teme ciò che essi temono.

Tesi dell'autore	La «natura spontanea» di un bambino dunque **non è né razzista né antirazzista: non formula giudizi né esprime emozioni**. Per lui la diversità – di pelle, di comportamento, di modo di essere – non assume mai un valore etico e morale, e perché questo accada occorre insegnarglielo. [...] Non è certo preservando una natura spontanea che cresceremo una generazione meno impaurita dalla diversità. E se gli adulti comunicano attraverso la paura del diverso, come non prevedere che anche i bambini diventeranno ragazzi spaventati dall'altro?

Argomenti ed esempi a sostegno della tesi

1. I bambini non apprendono solo da lunghi e faticosi insegnamenti ma anche da battute e gesti apparentemente banali: un insulto ascoltato da papà allo stadio, un moto di stizza di mamma nei confronti di chi chiede di lavare il vetro della macchina ferma a un semaforo.
2. Sono gocce che una dopo l'altra cadono sull'anima di un bambino aumentandone la diffidenza nei confronti di chi non ha il suo colore di pelle o non crede nella sua stessa religione.

Conclusione	Cosí cresce, silenziosamente, un piccolo razzista.

P. Crepet, *Non siamo capaci di ascoltarli – Riflessioni sull'infanzia e sull'adolescenza*, Einaudi, Torino, 2001

La tesi dell'autore è che un bambino non nasce **né razzista né antirazzista**, in quanto incapace di formulare giudizi. Si contrappone dunque a quella di Ben Jelloun, per cui un bambino sarebbe spontaneamente antirazzista. Crepet contesta che il bambino abbia una natura di per sé multietnica, perché egli è comunque condizionato dal mondo che lo circonda, e la nostra realtà non è ancora tanto molteplice che gli si possa mostrare ad esempio. Questa posizione, che l'identità di un bambino si forma a contatto sia con gli insegnamenti che con gli esempi di chi gli sta intorno, viene ampiamente utilizzata dallo scrittore tanto per confutare l'antitesi che per sostenere la sua tesi.

Scrivere per argomentare

La costruzione di un testo argomentativo è, come si può ben capire, alquanto complessa, e richiede pertanto una attenta *progettazione*. Perché il testo sia ben costruito occorre seguire le procedure e gli accorgimenti seguenti.

✓ Bisogna **avere una precisa opinione sulla questione**. Per prendere posizione su una qualsiasi questione, occorre conoscerla bene, avere un quadro chiaro di come si presenta il problema, ed eventualmente di come e perché è sorto, e avere idee altrettanto chiare sulla posizione che intendiamo prendere e quindi sulla tesi che vogliamo sostenere. Prima di parlare, per esempio in un dibattito, in una riunione, in un'assemblea, o prima di mettere per iscritto ciò che pensiamo, dobbiamo perciò sentire l'esigenza di documentarci, per non rischiare di affidarci solo al buon senso o, peggio, a luoghi comuni.

✓ Occorre **utilizzare argomenti solidi e convincenti**. È fondamentale che tutto ciò che si dice sia ben motivato; per questo gli elementi piú importanti sono le *argomentazioni*. La forza di un testo argomentativo sta nelle prove utilizzate per avvalorare la posizione scelta. Il ricorso ad esempi può essere un elemento in piú per sostenere le nostre argomentazioni.

✓ Bisogna **organizzare** le proprie argomentazioni in modo chiaro e corretto, affinché esse risultino efficaci e convincenti.

La **progettazione** ha sempre un ruolo di primaria importanza nella costruzione di un testo, e dunque piú che mai è essenziale quando ci accingiamo a comporre un testo argomentativo. Orientativamente è opportuno munirsi di uno schema da poter seguire all'occorrenza, un'impalcatura generale da utilizzare nel modo che piú fa al caso nostro, ma in cui non dovranno mancare almeno alcuni punti.

1. Presentazione del problema

2. Presentazione dell'antitesi, cioè di una/piú posizione/i contraria/e alla propria, e obiezioni a questa/e posizione/i

3. Presentazione della tesi che si intende sostenere

4. Argomenti e/o esempi a sostegno della tesi

5. Conclusione

Scrittura e tipologie testuali

Riflettiamo insieme...

Konrad Lorenz

K. Lorenz, *L'anello di re Salomone*,
trad. di L. Schwarz,
Mondadori, Milano, 1972

Gatto falso? Cane bugiardo!

Questo brano è tratto da un interessante libro di Konrad Lorenz (1903-1989), fondatore dell'*etologia*, la scienza che studia con metodo scientifico comparato il comportamento degli animali e dell'uomo. Nel testo che segue l'autore si occupa di due proverbiali «nemici», il cane e il gatto, dei quali descrive le abitudini, con il proposito di *dimostrare la falsità dei luoghi comuni* che presentano il gatto come un animale infido e il cane come simbolo di lealtà e sincerità.

Una delle tante idiozie assurte a dignità proverbiale[1], e contro le quali la scienza vanamente si batte, è l'opinione che i gatti siano falsi. È escluso che il gatto si sia procacciato[2] questa fama per il modo circospetto[3] con cui si accosta alla preda, perché anche le tigri e i leoni usano la stessa identica tattica. [...] Non conosco alcun comportamento specifico del gatto per cui lo si potrebbe definire «falso», magari a torto, ma con una qualche plausibilità[4]. Sulla faccia di pochi animali il conoscitore può in ogni momento leggere cosí chiaramente lo stato d'animo come del gatto; si capisce sempre ciò che gli passa per la testa, e sempre si può sapere quel che ci si deve attendere da lui il prossimo istante. Come è inconfondibile la sua espressione di fiduciosa cordialità, quando volge all'osservatore il suo musetto liscio con le orecchie dritte e gli occhi bene aperti, come si traduce immediatamente nella mimica[5] dei muscoli del muso ogni ondata di eccitazione, ogni moto di paura o di ostilità! [...] E come sono espressivi i gesti di minaccia del gatto, come si differenziano radicalmente secondo l'oggetto cui essi si rivolgono, secondo che si tratti di un uomo amico che si è preso un po' troppa confidenza, o di un vero, temuto nemico. Ma sono anche molto diversi se si tratta di una minaccia puramente difensiva, oppure se il gatto, sentendosi superiore all'avversario, gli annuncia la sua intenzione di aggredirlo. E non manca mai di farlo: a parte gli esemplari psicopatici[6], infidi e folli, che tra i gatti di razza molto selezionata non sono piú frequenti che tra i cani di pari condizioni, il gatto non graffia e non morde mai senza prima aver messo seriamente e chiaramente in guardia l'offensore, e anzi di solito, subito prima dell'attacco, si assiste a un improvviso aggravamento dei gesti di minaccia, che già erano andati facendosi sempre piú decisi. È come se il gatto volesse in questo modo notificare un ultimatum: «Se non la smetti immediatamente, sarò costretto mio malgrado a passare alle rappresaglie!».

Di fronte alle minacce di un cane, o in genere di un grosso animale da preda, il gatto notoriamente risponde inarcando la schiena: la gobba, assieme al pelo arruffato del dorso e della coda (che viene tenuta un po' obliqua), lo fanno apparire al nemico piú grosso di quanto non sia in realtà [...]. Le orecchie sono appiattite, gli angoli della bocca tirati indietro, il naso arricciato. Dal petto della bestia sale un lieve brontolio metallico che suona terribilmente minaccioso, e che di tanto in tanto, mentre si fanno piú profonde le increspature del naso, si trasforma in quel caratteristico «soffiare», fatto di sbuffi emessi a fauci spalancate e con i canini bene in evidenza. In sé questa mimica minacciosa ha intenzioni indubbiamen-

---

1. **idiozie assurte a dignità proverbiale**: stupidi luoghi comuni diventati cosí radicati da tramutarsi in proverbio, malgrado che la scienza da tempo cerchi di dimostrare che sono infondati.
2. **procacciato**: procurato.
3. **circospetto**: guardingo, cauto.
4. **ma con una qualche plausibilità**: con un pur minimo fondamento.
5. **mimica**: movimenti espressivi.
6. **psicopatici**: con disturbi di personalità.

te difensive[7], e la si osserva per lo piú quando un gatto si trova di fronte a un grosso cane, inaspettatamente, cioè senza aver avuto la possibilità di fuggire. Se però questo continua ad avvicinarsi nonostante l'avvertimento, il gatto non fugge, e se viene superata una determinata «distanza critica», si avventa sul cane aggredendolo al muso, e cerca di colpirlo con le grinfie e coi denti nei punti piú delicati, possibilmente agli occhi e al naso. Se l'avversario retrocede anche per un solo istante, di solito il gatto approfitta di questa minima pausa per fuggire, e quindi il breve assalto non è che un mezzo per togliersi dai pasticci. [...]

Dunque il gatto non cerca di apparire dapprima cordiale, per poi mettersi improvvisamente a mordere e a graffiare, ma con le sue minacce cerca di sottrarsi alle molestie [...]. È questa dunque la cosiddetta «falsità» del gatto? Con ciò non intendo attribuire al gatto un merito speciale per il fatto che non è capace di fingere: anzi, secondo me, un segno della grande intelligenza del cane è proprio la capacità di simulare! A questo proposito vi racconterò alcune cose che ho osservato.

Il mio vecchio Bully era estremamente sensibile alle brutte figure che faceva. È indubbio che i cani intelligenti si rendono ben conto di quando fanno una figura un po' miserevole e comica nel senso degli uomini: molti si arrabbiano furiosamente o piombano nella piú cupa depressione quando si ride di loro. Bully era già vecchio e la sua vista si era considerevolmente ridotta, cosí che gli accadeva assai spesso di abbaiare per errore contro di me o contro qualche membro della famiglia che rincasava. Per lui questa era evidentemente una grossa vergogna, e anche se io con molto tatto cercavo di non fargli notare il suo errore, egli ne rimaneva terribilmente imbarazzato. Un giorno però, in una situazione del genere, egli tenne un comportamento veramente strano, che io in un primo tempo attribuii al caso, mentre in seguito dovetti riconoscerlo frutto della sua acuta intelligenza: si trattava di una vera e propria simulazione di fatti non reali!

Appena entrai dal cancello, prima ancora che avessi avuto il tempo di chiuderlo, il cane mi si precipitò addosso abbaiando rumorosamente. Poi mi riconobbe, rimase un momento interdetto ed esitante, quindi ricominciò ad abbaiare, mi oltrepassò, uscí in strada e si portò fin sulla porta del vicino, continuando ad abbaiare furiosamente, come se fin da principio non avesse avuto altra «intenzione». All'inizio gli prestai fede, e credetti che quel momento di imbarazzo fosse frutto di un mio errore di osservazione: infatti dietro quella porta c'era effettivamente un cane ostile, contro il quale sarebbe stata giustificata la rumorosa aggressione di Bully. Ma poiché questo comportamento si ripeteva quasi tutti i giorni, mi resi conto che il cane aveva proprio bisogno di una «scusa» per non dare a vedere che aveva abbaiato contro il padrone. [...]

La mia cagna Stasi ricorreva ad altri espedienti per i suoi imbroglietti. È noto che molti cani non solo sopportano male le sofferenze fisiche, ma amano anche molto farsi compatire, e, se sanno di poterci ricavare qualcosa, imparano con sorprendente rapidità il modo per influenzare in un determinato senso una persona compassionevole. Durante un lungo giro in bicicletta che facemmo a Posen, Stasi per l'eccessiva fatica si era provocata una leggera infiammazione a un tendine della zampa anteriore sinistra. Poiché zoppicava molto, per alcuni giorni io dovetti rinunciare alla bicicletta e camminare a piedi con lei, e anche in seguito cercai di ri-

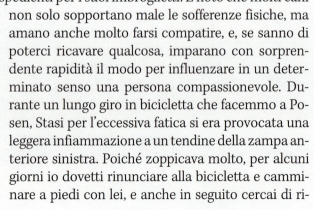

7. questa mimica ... difensive: questi atteggiamenti che sembrano di minaccia sono in realtà di difesa.

Scrittura e tipologie testuali

sparmiarla: quando osservavo che era stanca o che incominciava a zoppicare, pedalavo lentamente. L'astuta bestia se ne rese conto ben presto, e dopo poco tempo incominciò a zoppicare ogni volta che io imboccavo una direzione a lei sgradita: se da casa mia mi recavo all'ospedale dove lavoravo abitualmente, o ancor peggio se andavo all'ambulatorio di un altro ospedale, dove per molte ore avrebbe dovuto far la guardia alla mia bicicletta in un posto che le era antipatico, si metteva a zoppicare in un modo cosí compassionevole che mi buscavo i rimproveri dei passanti. Se invece io andavo al maneggio militare, dove l'attendeva una corsa per campi, il dolore scompariva. Ma l'inganno divenne particolarmente trasparente un sabato pomeriggio in cui io ero libero dal lavoro: la mattina, quando ero in servizio, la povera bestia non riusciva quasi a tener dietro alla mia bicicletta, neppure alla velocità piú ridotta; il pomeriggio, quando percorsi di gran carriera i sedici chilometri che mi separavano dal lago di Ketsch, Stasi non si limitò a correre dietro alla bicicletta, ma mi precedette sulla strada a lei ben nota con un indiavolato galoppo. E il lunedí ricominciò a zoppicare!

Guida all'analisi

Sostanzialmente il testo è diviso in due parti, che parlano dei due animali. Vediamo piú in dettaglio come è costruito, quali elementi delle schema sono presenti, e quali invece mancano.

Fasi dell'argomentazione	Corrispondenza nel testo
Presentazione del problema e sua possibile origine	Gli stupidi luoghi comuni sugli animali, e in particolare sulla falsità del gatto, di per sé inspiegabili: • non può essere per il suo modo guardingo di accostarsi alla preda; • non c'è nessun altro suo atteggiamento che possa giustificarlo.
Confutazione dell'antitesi	Nessun atteggiamento del gatto giustifica l'idea che sia un animale falso.
Presentazione della tesi	1. Il gatto non è un animale falso. 2. Il cane è un abile simulatore.
Argomenti e/o esempi a sostegno della tesi	1. il gatto: ✓ dalla sua faccia fa capire sempre il suo stato d'animo, sia di cordialità che di diffidenza; ✓ non graffia e non morde mai senza prima aver messo chiaramente in guardia l'offensore; ✓ di fronte alle minacce di un altro animale manifesta subito con il suo comportamento le proprie intenzioni, di difesa o di minaccia. 2. Il cane viceversa è capace di fingere: ✓ esempio del vecchio cane Bully; ✓ esempio della cagnetta Stasi.

Come si vede l'autore va direttamente a discutere di ciò che gli sta a cuore, tanto piú che, trattandosi di luoghi comuni, si possono facilmente smontare perché sono stereotipi (idee preconcette), frutto solo di pregiudizi, e, dice Lorenz, dell'idiozia umana! Per parlare del gatto ricorre a descrizioni del suo comportamento, mentre per quanto riguarda il cane ci racconta due divertenti fatterelli che hanno visto protagonisti i suoi stessi animali.

La conclusione è implicita: il punto di vista dell'autore è stato espresso in modo chiaro ed efficace lungo tutto lo sviluppo del testo.

Laboratorio di scrittura

Esercizi

1. Dividi il brano in sequenze e segnala in ciascuna di esse a che tipo di testo (descrizione, narrazione) ricorre l'autore per confutare i luoghi comuni sui due animali.
2. Sulla base della divisione in sequenze fanne il riassunto.
3. Individua ed elenca i segnali degli occhi, delle orecchie e del muso attraverso i quali il gatto manifesta:
   - fiducia e cordialità;
   - paura e ostilità.
4. Secondo l'autore il gatto non è un animale falso perché:
   a. attacca frontalmente i suoi avversari;
   b. difende i suoi piccoli quando qualcuno li minaccia;
   c. manifesta chiaramente i suoi stati d'animo attraverso l'espressione degli occhi e del muso e la posizione delle orecchie;
   d. si mostra cordiale e fiducioso con gli estranei;
   e. non aggredisce mai l'avversario senza averlo prima messo in guardia.

   Segna con una crocetta le risposte giuste.
5. Sulla base dei lavori svolti agli esercizi precedenti, compila una scheda di sintesi del testo, in cui annoterai:

Scopo che l'Autore si prefigge con la sua argomentazione (tesi)
Oggetto dell'osservazione (descrizioni)
Oggetto degli esempi (narrazioni)
Aspetti da mettere in risalto
Tempi verbali prevalenti

6. Nel brano vengono frequentemente applicate agli animali espressioni come *egli ne rimaneva terribilmente imbarazzato* o *egli imparò a mentire con sempre maggior facilità e disinvoltura*, che indicano comportamenti tipicamente umani. Questo ci fa comprendere che l'autore non solo ama gli animali, ma non li considera diversi dagli uomini. Individua nel brano altre espressioni analoghe, che funzionano come segnali di questo atteggiamento di Lorenz nei confronti degli animali.
7. Ti riportiamo alcuni modi di dire centrati sul gatto. Spiegali e poi cerca un esempio appropriato e mettilo per iscritto:
   - furbo come un gatto;
   - falso come un gatto;
   - agile come un gatto;
   - silenzioso come un gatto;
   - libero come un gatto;
   - gatta morta;
   - essere come cane e gatto;
   - cadere in piedi come il gatto.
8. Sei d'accordo con i modi di dire riportati all'esercizio precedente? Adesso scegline almeno uno, e componi un breve testo argomentativo per dimostrare – sull'esempio del testo di Lorenz – se risponde a verità oppure no, secondo la tua esperienza diretta o indiretta.

Riflettiamo insieme: Francesco Alberoni, *Chi non conosce la storia è schiavo delle mode*

Scrittura e tipologie testuali

2.5 Il testo regolativo

Capita spesso, nella vita di tutti i giorni, di dare e ricevere istruzioni, invitare qualcuno a fare qualcosa, «prescrivere», dare e ricevere ordini. Ci troviamo di fronte, in questo caso, ai **testi regolativi** o **prescrittivi**: ricette di ogni genere, manuali per il fai-da-te, il giardinaggio, il *bricolage*, istruzioni per l'uso, ma anche regolamenti, testi tecnici detti *ordinanze* e *circolari*, avvertenze, disposizioni, leggi e decreti. Può sembrare superfluo dedicare anche a questi la nostra attenzione, poiché è più frequente doverli leggere anziché scrivere, e tuttavia è bene sviluppare competenze attive nell'ambito di tutte le tipologie testuali. Pertanto, osserviamo anzitutto anche in questo caso come è fatto un testo regolativo.

✓ Risponde allo **scopo** di dare ordini e prescrizioni, istruzioni e avvertimenti.
✓ Per realizzare questo scopo può servirsi di **modalità** diverse, che influenzano la scelta di **tempi** e **modi verbali**:
  - rivolgersi a un interlocutore ben preciso, alla seconda persona singolare o plurale del modo imperativo (*prendete, fai, fate...*);
  - usare un congiuntivo esortativo in forma impersonale (*si prenda, si faccia...*);
  - usare l'infinito (*prendere, fare...*);
  - usare un presente «atemporale» (talvolta anche il futuro, molto frequentemente si incontra il verbo *dovere*), descrivendo in pratica i comportamenti da tenere. È questo il caso di leggi, codici e circolari (*La precedenza agli incroci spetta a chi viene da destra*).
✓ Il **linguaggio** abbonda di termini tecnici del settore in cui si danno le prescrizioni. La struttura può essere abbastanza semplice e concisa (pensiamo per esempio ai *Dieci Comandamenti* del catechismo cattolico), ma si va anche a testi più complessi, specie nell'ambito dei testi giuridici.

Scrivere per prescrivere

Se dobbiamo cimentarci nella scrittura di un testo regolativo (per esempio, dettare le regole di un gioco, guidare qualcuno lungo un percorso, stendere il regolamento di un gruppo per organizzare un'attività, ecc.), avendo ben chiaro lo scopo che ci prefiggiamo e le persone a cui rivolgerci, sceglieremo, tra le modalità che abbiamo appena elencato, quella che ci sembra più adatta al contesto e al nostro modo di rapportarci con chi deve seguire le prescrizioni.

È chiaro che il testo regolativo può trovarsi inserito in un testo di più ampio respiro e di diversa tipologia, e in ogni caso le prescrizioni propriamente dette possono essere introdotte da chiarimenti, spiegazioni, precisazioni, premesse, come vedremo negli Esercizi.

Esercizi

1. Diamo degli esempi di testi regolativi di vario genere. Per ciascuno di essi, esegui i seguenti lavori:
  - individua il settore in cui si danno istruzioni, e la modalità seguita nell'uso di tempi e modi verbali;
  - specifica se vi sono premesse o frasi di introduzione, e segnalale;
  - danne una spiegazione esauriente (che cosa si prescrive – per chi – come);
  - volgilo in almeno una delle modalità diverse da quella del testo;
  - scrivine uno analogo di tua invenzione.

A) Ricetta di cucina. Si tratta di un testo «storico», che risale al famoso cuoco Pellegrino Artusi nel suo ben noto manuale *La Scienza in cucina e l'Arte di Mangiar bene* (1881).

Non crediate che io abbia la pretensione d'insegnarvi a far le polpette. Questo è un piatto che tutti lo sanno fare cominciando dal ciuco, il quale fu forse il primo a darne il modello al genere umano. Intendo soltanto dirvi come esse si preparino da qualcuno con carne lessa avanzata; se poi le voleste fare piú semplici o di carne cruda, non è necessario tanto condimento. Tritate il lesso colla lunetta e tritate a parte una fetta di prosciutto grasso e magro per unirla al medesimo. Condite con parmigiano, sale, pepe, odore di spezie, uva passolina, pinoli, alcune cucchiaiate di pappa, fatta con una midolla di pane cotta nel brodo o nel latte, legando il composto con un uovo o due a seconda della quantità. Formate tante pallottole del volume di un uovo, schiacciate ai poli come il globo terrestre, panatele e friggetele nell'olio o nel lardo. Poi con un soffritto d'aglio e prezzemolo e l'unto rimasto nella padella passatele in una teglia, ornandole con una salsa d'uova e agro di limone.

B) Regolamento. Questo è il decalogo dell'ASCI, Associazione Scoutistica Cattolica Italiana – Esploratori d'Italia, fondata a Roma nel 1916.

1. Lo Scout considera suo onore il meritare fiducia
2. Lo Scout è leale
3. Lo Scout è sempre pronto a servire il prossimo
4. Lo Scout è amico di tutti e fratello di ogni altro Scout
5. Lo Scout è cortese e cavalleresco
6. Lo Scout vede nella natura l'opera di Dio, ama le piante e gli animali
7. Lo Scout ubbidisce prontamente
8. Lo Scout sorride e canta anche nelle difficoltà
9. Lo Scout è laborioso ed economo
10. Lo Scout è puro di pensieri, parole e azioni

C) Regole del gioco. Ed ecco un gioco molto popolare tra i ragazzi. Potrebbe sembrare un testo descrittivo o espositivo, ma è lo *scopo* che fa la differenza. Infatti è composto non per descrivere una partita né per spiegare come si fa, ma, come dice il contesto in cui è inserita, appunto per dettare delle regole.

Palla prigioniera. L'obiettivo della partita è catturare tutti gli avversari, oppure, se si stabilisce un tempo massimo di gioco, quello di terminare la partita con piú prigionieri dell'avversario. I giocatori sono divisi in due squadre di almeno quattro giocatori ciascuna, e si affrontano su un campo di gioco rettangolare di circa 15x8 metri, diviso in quattro fasce di grandezza diversa, due piú piccole ai confini e due piú grandi al centro; in queste ultime si posizionano alternati i componenti delle due squadre a inizio partita. A turno, uno dei componenti di una squadra dovrà cercare di colpire un avversario o piú, lanciando una palla con le mani, senza superare con i piedi o con le braccia il confine che divide i due campi. Il tiro viene convalidato solo se il pallone non urta né una parete né il terreno prima di colpire un avversario. Quando un avversario viene colpito dal pallone viene «fatto prigioniero», e si deve spostare nella fascia piú piccola, dietro ai giocatori della squadra che ha messo a segno il colpo. Se un prigioniero prende la palla, può cercare di colpire direttamente gli avversari e tornare libero. Se dopo un tiro la palla viene presa al volo da un giocatore della squadra avversaria, sarà colui che ha tirato la palla ad andare nella zona prigionieri.

Scrittura e tipologie testuali

D) Legge. Infine, riproduciamo stralci da un decreto legislativo che tutti dovremmo conoscere, il n. 285 del 30 aprile 1992, in pratica il Codice della strada.

Art. 140

1. Gli utenti della strada devono comportarsi in modo da non costituire pericolo o intralcio per la circolazione ed in modo che sia in ogni caso salvaguardata la sicurezza stradale.
2. I singoli comportamenti, oltre quanto già previsto nei precedenti titoli, sono fissati dalle norme che seguono.

Art. 141

1. È obbligo del conducente regolare la velocità del veicolo in modo che [...] sia evitato ogni pericolo per la sicurezza delle persone e delle cose ed ogni altra causa di disordine per la circolazione.
2. Il conducente deve sempre conservare il controllo del proprio veicolo ed essere in grado di compiere tutte le manovre necessarie in condizione di sicurezza, specialmente l'arresto tempestivo del veicolo entro i limiti del suo campo di visibilità e dinanzi a qualsiasi ostacolo prevedibile.
3. In particolare, il conducente deve regolare la velocità nei tratti di strada a visibilità limitata, nelle curve, in prossimità delle intersezioni e delle scuole o di altri luoghi frequentati da fanciulli indicati dagli appositi segnali, nelle forti discese, nei passaggi stretti o ingombrati, nelle ore notturne, nei casi di insufficiente visibilità per condizioni atmosferiche o per altre cause, nell'attraversamento degli abitati o comunque nei tratti di strada fiancheggiati da edifici.
4. Il conducente deve, altresí, ridurre la velocità e, occorrendo, anche fermarsi quando riesce malagevole l'incrocio con altri veicoli, in prossimità degli attraversamenti pedonali e, in ogni caso, quando i pedoni che si trovino sul percorso tardino a scansarsi o diano segni di incertezza e quando, al suo avvicinarsi, gli animali che si trovino sulla strada diano segni di spavento.
5. Il conducente non deve gareggiare in velocità.
6. Il conducente non deve circolare a velocità talmente ridotta da costituire intralcio o pericolo per il normale flusso della circolazione.

2.6 Le fasi della scrittura

Prima di approfondire le diverse forme di scrittura occorre fare un discorso di carattere generale: teniamo presente che, qualunque sia il genere di scrittura nel quale ci vogliamo cimentare, non ci potremo in nessun caso affidare all'improvvisazione, all'estro del momento, senza aver prima pianificato le operazioni da compiere. Cominciamo, dunque, con il riflettere sui passaggi obbligati da seguire per ottenere una buona produzione scritta.

La costruzione del testo deve passare sempre attraverso quattro fasi: **progettazione**, **stesura**, **revisione**, *editing*.

La progettazione

La **progettazione** è la fase piú importante della costruzione di un testo e dovrebbe essere anche quella alla quale andrebbe dedicato piú tempo. Invece purtroppo troppo spesso gli studenti la «liquidano» in pochi minuti, anzi a volte la tralasciano del tutto, con la conseguenza che il testo è frutto di un lavoro improvvisato e poco meditato. Vediamo quali sono le operazioni da compiere al momento della progettazione:

✓ esaminare attentamente la **consegna** (il compito che ci viene assegnato, con le indicazioni del lavoro da svolgere) e sottolinearne i punti chiave per avere ben chiaro che cosa viene richiesto;

✓ mettere immediatamente a fuoco il **tipo di testo** che bisogna scrivere e richiamarne alla mente le caratteristiche;

✓ gettare sulla carta tutte le **idee** che man mano vengono in mente; in questa fase sarà bene, per esempio, scrivere al centro di un foglio bianco il **tema centrale** e disporre intorno a esso le varie idee, senza preoccuparsi, per il momento, di organizzarle; si creerà cosí una lista disordinata di concetti;

✓ **selezionare**, nell'ambito della lista disordinata, le idee piú direttamente riconducibili al tema centrale e **organizzarle** in una **scaletta**;

✓ calcolare il **tempo** a disposizione e suddividerlo nelle varie fasi della scrittura, per evitare che una fase del lavoro si dilati a scapito delle altre. Per esempio, se il tempo assegnato è di tre ore, si potranno prevedere dai trenta ai quaranta minuti per la progettazione, un'ora e mezza per la stesura e dai cinquanta ai sessanta minuti per la revisione e la trascrizione in bella copia.

Teniamo presente che alcune forme di scrittura (lettera, diario, articolo, relazione) presuppongono un **destinatario** (la persona per la quale idealmente si scrive) che potrà essere un amico, un vasto pubblico, l'insegnante, ecc.; di conseguenza il tono del nostro discorso, la scelta delle parole, il «taglio» da dare al componimento, saranno adeguati a chi lo deve leggere. Con termine tecnico diremo che la scelta del **registro** viene di conseguenza, infatti il modo di esporre potrà essere colloquiale se ci si rivolge a un amico, formale se la persona è invece poco familiare, e via via, serio, scherzoso, ironico, ecc.

La stesura

Esaurita la progettazione, si passerà alla **stesura**, che è il momento della scrittura vera e propria. Una volta costruita l'impalcatura del testo, infatti, bisogna sviluppare i vari punti della «scaletta», rispettando la coerenza e l'equilibrio fra le parti. Se, per esempio, i punti della scaletta sono cinque, non si può dedicare un'intera pagina a sviluppare solo il primo punto, perché in questo modo il testo rischierà di risultare squilibrato e la conclusione sarà quasi sicuramente affrettata. Per quel che riguarda l'aspetto formale, già in questa fase sarà bene tener presenti le fondamentali *regole della leggibilità* dettate da scrittori ed esperti della comunicazione. Si tratta di poche ma essenziali norme che aiutano a scrivere in maniera chiara e comprensibile per tutti. Vediamone insieme alcune, piú adatte al lavoro dello studente:

✓ **frasi brevi e non complesse**: per ogni concetto usiamo un periodo costituito da una, due o al massimo tre brevi proposizioni;

✓ **parole comuni e concrete**: perché si visualizzano e si comprendono piú facilmente;

✓ **parole italiane**: evitiamo frasi straniere, termini scientifici o gergali quando si può utilizzare un equivalente italiano;

✓ **verbi in forma attiva**: piú verbi attivi si usano meno fatica fa il lettore; il passivo a volte costringe a una specie di salto mortale per seguire il filo del discorso;

✓ **espressioni stringate**: evitiamo ripetizioni, doppioni, aggettivi non indispensabili.

Naturalmente durante la prima stesura si baderà piú alla costruzione del discorso che alla precisione del linguaggio. Meglio non scervellarsi alla ricerca del termine piú appropriato, rischiando di perdere il filo, e rinviare le rifiniture al lessico e alla forma al momento della revisione, anche perché una volta che il lavoro sarà completo, sarà piú semplice inserire i termini piú appropriati all'interno del contesto.

Scrittura e tipologie testuali

La revisione

Siamo arrivati al momento della **revisione**; il grosso del lavoro è stato completato, ma questa è comunque una fase importante e delicata, perché bisogna rileggere, correggere, valutare il testo elaborato. Solitamente, infatti, la prima stesura non è mai perfetta, anzi è probabile che quanto abbiamo scritto non ci soddisfi del tutto. Per migliorare la qualità dell'intera composizione e fare in modo che chi legge comprenda pienamente il significato del testo, occorre rivedere con attenzione sia l'organizzazione dei contenuti sia l'espressione. Relativamente al primo aspetto, bisogna controllare che non ci siano né ripetizioni di concetti né salti logici nel discorso e che la progressione dell'informazione proceda in modo regolare. A tale scopo si inseriranno legamenti logici (*in conclusione, per esempio, dunque*, ecc.), altri che esplicitano l'organizzazione del testo (*da una parte... dall'altra, in primo luogo... in secondo luogo... in conclusione*, ecc.), frasi organizzatrici (*Il problema va esaminato sotto due aspetti..., Quella che racconteremo è una storia vera..., L'esperimento prevedeva due fasi...*). È questo anche il momento di definire i *capoversi*, ovvero le porzioni di testo comprese fra un «a capo» e l'altro. Nella stampa e nella scrittura a macchina ogni capoverso può essere segnalato graficamente da uno spazio bianco dovuto alla rientranza della prima riga. In tal modo l'«a capo» viene evidenziato anche se il periodo precedente si conclude a fine rigo. Non esistono regole precise che fissino la lunghezza dei capoversi, la quale può variare da una riga a mezza pagina; di solito ogni capoverso coincide con un blocco tematico (macrosequenza, sequenza), costituito da uno o piú periodi, che ha una sua unità e va pertanto distinto da ciò che precede e da ciò che segue. È buona norma evitare sia testi spezzettati da troppi «a capo» sia blocchi troppo lunghi e compatti che appesantiscono graficamente la pagina.

La revisione a livello dell'espressione deve mirare a rendere i periodi piú fluidi e lineari e il lessico piú appropriato. Si avrà cura, pertanto, di:

✓ **semplificare i periodi lunghi e contorti**, spezzandoli con opportuni segni di punteggiatura ed eliminando incisi fra parentesi o fra due virgole e troppe aggiunte esplicative introdotte da *cioè*;

✓ **collegare** fra loro – viceversa – le **frasi troppo brevi** e **staccate**;

✓ **evitare periodi o proposizioni mancanti del verbo principale**;

✓ utilizzare correttamente le **relazioni fra i tempi verbali**, le **concordanze**, i **pronomi**, la **punteggiatura**;

✓ sostituire i termini generici o troppo ovvii con **parole piú appropriate al contesto**; a questo scopo sarà molto utile il ricorso al dizionario;

✓ **utilizzare**, in sostituzione di termini astratti, **parole concrete** o frasi verbali che risultano piú chiare e incisive;

✓ **correggere gli errori di ortografia**: i piú comuni riguardano solitamente l'uso dell'apostrofo, dell'accento, delle doppie, degli «a capo».

L'editing

Con il termine **editing**, derivante dal verbo inglese *to edit*, che vuol dire «dare alla stampa», si indica la fase nel corso della quale il testo viene sottoposto agli ultimi controlli prima della stampa. L'*editing* del testo scritto è dunque la rifinitura finale, che si compie durante la trascrizione in bella copia e nel corso dell'ultima rilettura. È questo il momento in cui bisogna curare anche l'aspetto esteriore, badando magari ad alleggerire, con qualche «a capo», una pagina troppo fitta, controllando se sono state usate nel modo giusto virgolette, lineette, ecc., e se si è mantenuto il rientro all'inizio di ogni capoverso. L'ultima rilettura servirà a correggere qualche errore ortografico precedentemente sfuggito e a verificare se il testo è chiaro, unitario, coerente e compatto.

Se si usa il computer e un programma di videoscrittura, la fase di *editing* risulterà molto piú agevole: basterà infatti utilizzare alcune delle funzioni presenti in questo tipo di programmi, per esempio il correttore ortografico, per eliminare qualche svista sfuggita durante la revisione o il tasto per l'impostazione grafica, che serve ad allineare il testo entro i margini (con termine tecnico: *giustificare*).

Progettazione, *stesura*, *revisione*, *editing* sono le regole che presiedono alla costruzione di qualsiasi testo scritto. A seconda della forma e della tipologia del testo da costruire si applicheranno poi specifiche modalità di composizione. Di questo appunto parleremo nei paragrafi che seguono.

2.7 Scrittura professionale e scrittura creativa

Come abbiamo accennato a pagina 25 e vedremo piú in dettaglio nelle sezioni che seguono, il testo che componiamo può assumere le forme piú svariate, a seconda delle circostanze, del contesto e dello scopo per cui ci troviamo a comporlo. Preliminarmente diciamo, in modo molto semplice anche se un po' «diretto», che possiamo scrivere per «lavoro» o per svago: le diverse forme di scrittura possono essere raggruppate pertanto in due grandi partizioni, la scrittura **professionale** e la scrittura **creativa**.

La **scrittura professionale** è costituita da quei testi legati al mondo delle professioni, al lavoro scolastico, alla vita pratica, e per la cui composizione occorre seguire delle norme precise e vincolanti che sono dettate:

✓ dalla **tipologia testuale**: scrivere un testo argomentativo – come abbiamo visto – non è la stessa cosa che scrivere un testo descrittivo; per comporre un articolo di cronaca o per costruire un titolo occorre rispettare regole diverse da quelle che presiedono alla stesura di un regolamento;

✓ dal **destinatario** a cui ci si rivolge: per esempio, una lettera formale deve essere scritta in modo diverso dalla lettera a un amico;

✓ da eventuali **limiti di spazio e di tempo**.

Appartengono alla scrittura professionale testi a cui si può ricorrere in varie circostanze della vita:

✓ il **verbale** di una riunione sindacale o di condominio, di un'assemblea di lavoratori, di una riunione politica o di un consiglio di quartiere, ecc.;

✓ la **lettera formale** a Enti o Istituzioni, per fare una richiesta, per contestare una multa, per segnalare un problema, ecc.;

✓ il *Curriculum Vitae*, ormai richiesto per ogni esigenza di lavoro come domande di assunzione, concorsi, bandi di gara;

✓ **articoli** di cronaca e d'opinione, recensione di libri o di film, cioè testi prodotti per giornali, a stampa oppure on-line, sempre piú diffusi sul web;

✓ la **relazione** di un viaggio, un'esperienza, un lavoro svolto, ecc.;

✓ il **saggio breve** per giornali o riviste per far conoscere la nostra opinione su una discussione o un problema, ecc.;

✓ la **scheda di lettura** che si compila a conclusione della lettura di un libro (o della visione di un film); anche questo è un tipo di scrittura che si incontra sempre piú di frequen-

Scrittura e tipologie testuali

te su internet, specie nei *blog* i cui utenti si scambiano idee, opinioni, impressioni su ciò che hanno letto o visto;

✓ il **regolamento** per fissare le norme da rispettare su un luogo di lavoro, nell'esercizio di un'attività, ecc.

Su alcune di queste forme torneremo nelle prossime pagine, appunto per mettervi in grado di accompagnare le vostre letture con le adeguate produzioni scritte.

La **scrittura creativa** lascia piú spazio all'inventiva e alla fantasia e costituisce un'occasione per portare alla luce il proprio mondo interiore, esprimere emozioni, osservare ciò che sta intorno a noi, confessare debolezze, esorcizzare paure.

Non bisogna, però, commettere l'errore di considerarla una forma di scrittura del tutto libera da vincoli; al contrario, anch'essa richiede la padronanza di alcuni «ferri del mestiere». Solo conoscendo determinate regole, infatti, si è in grado di poterle violare, con il risultato di creare effetti anche insoliti e sorprendenti. Anche quando ci si dedica alla scrittura creativa, insomma, occorre mettere dei paletti: fissare una tematica, darsi dei limiti di spazio e di tempo, stabilire luoghi e tempi in cui far agire i personaggi, scegliere la realtà da descrivere e cosí via. All'interno di queste regole, poi, si lavorerà liberamente, seguendo la propria inventiva.

Anche su queste forme di scrittura torneremo piú avanti, con qualche spunto e suggerimento che speriamo risultino utili e al contempo divertenti.

3 La scrittura professionale

Guardiamo adesso piú da vicino le **diverse forme di scrittura professionale** che possiamo essere chiamati a comporre, sia in ambito scolastico, sia per le piú svariate necessità della vita, a partire da quella piú «classica» nella scuola, che ci potrebbe sembrare la meno utile andando avanti con gli anni, ma che, tuttavia, rimane una preziosa palestra per sviluppare adeguate competenze di scrittura.

3.1 Il tema: che cos'è; come si fa

Anche se rimane un fondamentale terreno di prova per l'abilità scritta, da tempo nella scuola, soprattutto da quando è in vigore l'attuale formula per gli esami di Stato, il tema tradizionale va perdendo il suo posto dominante tra le prove scritte, e gli si sono affiancate molte altre modalità di scrittura (saggio breve, articolo, analisi testuale, quesiti, prove strutturate, ecc.) piú adeguate a saggiare competenze diverse.

Il tema rimane tuttavia una tra le piú classiche esercitazioni scolastiche, sicuramente tra le meno amate dagli studenti, e anche la prima esercitazione su cui noi tutti ci siamo misurati nello scrivere fin dalla piú tenera età. Anche se potrebbe sembrare superfluo parlarne *ancora*, è opportuna, anzi, necessaria, una riflessione su di esso, proprio perché non possiamo dare nulla per scontato, e inoltre perché è bene che, con il crescere, si maturi una consapevolezza sempre maggiore delle cose che si fanno e di come si devono fare.

Il termine «tema» ci riporta a un argomento intorno al quale ci viene richiesto di scrivere. Perciò su di esso ci viene data una **consegna** – detta anche *traccia*, ed esplicitata nel *titolo* – che può essere:

✓ **generica**: *La mia stanzetta, Una piacevole esperienza, Le mie letture preferite, L'amicizia*, ecc. In questo caso abbiamo la massima libertà su come organizzare l'argomento, e quindi costruire la scaletta nel modo che preferiamo;

✓ **dettagliata**: *Considerato che... si discute come..., Delineate il problema... evidenziando in particolare..., Riflettete sul perché...*, ecc. In questo caso invece ci vengono posti dei limiti ben precisi, vengono segnati dei binari su cui muoverci e dei «paletti» da rispettare; bisognerà quindi porre attenzione a non andare «fuori tema» dilungandoci su aspetti non richiesti e dunque non in linea con la consegna.

La scrittura professionale

La consegna ci dice anche che **tipo di testo** dovremo comporre: ci può venire richiesto di *descrivere* – e dunque scriveremo un testo descrittivo (vedi alle pagine 26-35) – *raccontare* – e dunque scriveremo un testo narrativo (vedi alle pagine 35-42) – oppure di *esporre, commentare, riflettere, esprimere opinioni,* nel qual caso è necessario impostare un testo argomentativo, o, piú di frequente, espositivo-argomentativo (vedi alle pagine 42-54).

Ricordiamoci che la tipologia indicata è quella *dominante* nel testo, ma naturalmente non è detto che sia l'unica presente. In ogni caso, per esempio, la descrizione e la narrazione entrano spesso – come abbiamo già visto anche dagli esempi della sezione precedente – in ogni altro tipo di testo.

Concluso lo svolgimento percorrendo le fasi di cui abbiamo parlato, avremo – a lavoro compiuto – quello che con termine tecnico è detto *elaborato*, che significa, appunto, *frutto del lavoro svolto.*

Esercizi

1. Iniziamo con una consegna che richiede un testo di tipo **descrittivo**, tanto per orientarci nelle procedure illustrate nel paragrafo.

   Descrivi un mercato o un supermercato, cercando di far entrare il lettore nel mondo di odori, colori e rumori tipico del posto.

   Vediamo che è una consegna abbastanza dettagliata, perché ci richiede delle cose specifiche. Facciamo una prima lista delle idee che ci vengono in testa disordinatamente.

mercatino rionale	supermercato	ipermercato
perché la scelta	dov'è	com'è l'edificio/la struttura
come sono disposte le merci	ci sono venditori simpatici?	che prodotti
rumori folla	musica tv accese	banditori bambini
offerte speciali	profumo di pizza puzza di pesce	panetteria
profumi di frutta verdura	carne	pesce, ecc.
pregi difetti	accogliente	confusionario
sensazioni	giudizio positivo	giudizio negativo

   A questo primo momento ne seguirà un secondo in cui elimineremo quello che non ci serve, selezionando gli elementi: se vogliamo descrivere un supermercato piuttosto che un mercatino rionale spiegheremo perché, e poi selezioneremo gli elementi che si addicono a questo tipo di negozio, e via cosí di conseguenza.

   Continua tu il lavoro, completando la fase di *progettazione* con la scaletta, passando poi alla *stesura* e via via alla *revisione* e all'*editing*.

2. Suggeriamo altre tracce che richiedono un testo **descrittivo**, invitandoti a svolgerne qualcuna. Ricorda che puoi inserire anche brevi parti narrative (fatterelli che completano la descrizione), ma bada a non eccedere per non alterare l'equilibrio dell'elaborato.
   - Descrivi una persona cara (amico/a, fratello, sorella, madre, padre, zio/a, nonno/a, ecc.).
   - Descrivi un tuo professore o una tua professoressa.
   - Descrivi un luogo da te visitato; soffermati sulle sensazioni che la località da te scelta ti ha trasmesso specificando le percezioni sensoriali coinvolte.
   - Descrivi una persona a te cara approfondendo non tanto le sue caratteristiche fisiche ma i lati del suo carattere e della sua personalità.
   - Descrivi un tuo compagno di classe.
   - Descrivi uno stadio, o un'altra struttura pubblica (palazzetto, arena, ecc.) in cui hai assistito a un evento sportivo o musicale.

3. Facciamo lo stesso lavoro con una consegna che richiede un testo di tipo **narrativo**.

Fai il resoconto dell'ultima festa di compleanno cui hai partecipato.

Ecco una possibile lista di idee disordinate:

> vado spesso alle feste/non ci vado   perché   con chi   una festa bella/brutta
> chi c'era   chi mancava e perché   giochi   animatori
> spettacolino   confusione   musica   noia   amici simpatici
> casa privata   locale pubblico   persone antipatiche
> che cosa si è mangiato   fuochi d'artificio   torta   gadget
> regali   sensazioni   giudizio positivo   giudizio negativo

Continua tu il lavoro, procedendo come nell'esercizio n. 1.

4. Ecco qualche altra traccia che richiede un testo **narrativo**, tra cui puoi scegliere quella/e da svolgere. Ricorda che puoi inserire anche brevi parti descrittive, ma bada a mantenere l'equilibrio dell'elaborato.
- Racconta un film che hai visto recentemente e spiega perché ti ha particolarmente colpito, accennando anche agli ambienti e ai personaggi.
- Racconta un libro che hai letto e che ti ha particolarmente colpito, e spiegane il perché.
- Racconta come hai preparato in famiglia la festa del Natale scorso.
- Racconta come hai passato il pomeriggio di ieri.
- Racconta un episodio che riguarda un animale domestico a te caro.

5. Suggeriamo adesso una traccia che richiede un testo **espositivo-argomentativo**, vale a dire con una parte iniziale in cui esporrai, spiegherai, l'argomento su cui ti si chiede di prendere posizione, e una parte – piú corposa – nella quale dovrai dire qual è il tuo parere, e argomentarlo (spiegando il perché con argomentazioni ed eventualmente anche con esempi).

Gli immigrati extracomunitari sono ormai numerosissimi in ogni parte d'Italia (probabilmente ce ne sono anche nella tua classe, o tu sei uno di loro). La loro presenza ha sempre suscitato contrapposizioni e dibattiti. Fai il punto della situazione cercando di illustrare le diverse posizioni sul problema, e chiarisci poi la tua in modo chiaro e ben argomentato.

Anche in questo caso ti suggeriamo qualche idea alla rinfusa, invitandoti poi a fare lo stesso lavoro degli esercizi 1 e 3.

> il mio paese/la mia città   presenza di immigrati
> quartieri ghetto   delinquenza?   lavoro nero?   risorsa umana e culturale?
> lavori tipici   presenza nelle strade e nella case degli italiani   rischi?
> il mondo della politica   le leggi   discriminazioni?   dibattiti
> diritto di cittadinanza?   diritto di voto?   reazioni della gente
> nella mia classe   nella mia esperienza personale, scolastica e non
> amicizie   amori   abitudini comuni   religioni   confronto o scontro?
> la mia posizione in proposito   giudizio sul problema
> motivazione del giudizio (argomentazioni ed esempi)

La scrittura professionale

6. Infine qualche altra traccia che richiede un testo **espositivo-argomentativo**, tra cui scegliere e operare, come negli esercizi 2 e 4.

- Elabora un testo sui problemi dell'energia, parlando di quelle alternative al petrolio e presentando le tesi contrapposte a favore o contro.
- Di fronte al sovraffollamento delle carceri pensa a quale soluzione proporresti (grazia – indulto o amnistia – nuove carceri, o altro ancora) e perché.
- Rifletti sul rapporto tra i ragazzi della tua età e la famiglia, partendo se credi dalla tua esperienza personale, ma cercando di impostare il problema in generale: come lo vedono i giovani e come gli adulti, e in quale posizione ti riconosci e perché.
- Il rapporto tra l'uomo e la natura non è più armonioso ed equilibrato, ma produce sempre più spesso danni all'ambiente (aria, acqua, flora, fauna, e all'uomo stesso). Rifletti sul problema, esponi gli aspetti che conosci e argomenta prendendo posizione su quelli più dibattuti.

3.2 La relazione

Spesso, con gli insegnanti delle più svariate materie, viene richiesto di comporre una relazione: su un dibattito svoltosi in classe, su un esperimento fatto in laboratorio, su un'esperienza di stage, una visita a un'azienda, e via dicendo. Ma anche altre figure professionali possono essere chiamate a stendere una relazione: l'impiegato, sull'andamento del lavoro dell'ufficio; il contabile, a chiarimento dei suoi rendiconti; il professionista, per le necessità del suo lavoro; il conferenziere, per riferire di un problema all'uditorio; il responsabile di un'associazione, sulle attività svolte; il professore, sulla situazione della classe; e via dicendo...

Scopi e natura della relazione

Chi scrive una relazione si propone uno dei seguenti scopi:

✓ trasmettere informazioni su fatti e situazioni o su argomenti di studio;
✓ sintetizzare e rielaborare conoscenze tratte da fonti diverse;
✓ raccogliere, rielaborare e comunicare dati di una ricerca;
✓ spiegare fenomeni;
✓ illustrare procedure;
✓ presentare e commentare indagini, inchieste, risultati di un lavoro.

Prima di vedere in pratica «come si fa», puntualizziamo alcune caratteristiche fondamentali, comuni a ogni tipo di relazione:

✓ si tratta sempre di un testo **espositivo**, a carattere estremamente **oggettivo**. I commenti, le sensazioni, gli stati d'animo e le emozioni non possono trovarvi posto;
✓ la funzione della lingua prevalente è quella **referenziale**;
✓ richiede chiarezza nel **linguaggio** e ordine nell'organizzazione dei **contenuti**.

In corrispondenza di questi scopi, e anche dell'argomento trattato, in pratica è possibile che si debba relazionare:

✓ su *esperienze personali*;
✓ su *esperimenti tecnico-scientifici*;
✓ su *situazioni* e *problemi*.

La relazione: come si fa

Il modo di lavorare è lo stesso, qualunque sia il tipo di relazione richiesta. Se occorre relazionare su *esperienze personali*, il punto di partenza è costituito dalla narrazione di fatti accaduti (a noi o ad altri) e questo rende le cose senza dubbio piú semplici.

Quando ci viene richiesta una relazione su *esperimenti tecnico-scientifici* non si tratta, naturalmente, di mettersi nei panni di uno scienziato che deve dimostrare il risultato delle sue ricerche scientifiche; molto piú semplicemente, si vuole il resoconto di come si è svolto un fenomeno (chimico, fisico, naturale, sociale, ecc.), o un esperimento di laboratorio cui abbiamo assistito. Nei laboratori scolastici, per esempio, si ripete un esperimento – oggi, sempre piú spesso, si ripercorre tramite il computer – per avere chiaro come si svolge un fenomeno, quali forze agiscono, quali dati devono essere verificati, quali grandezze bisogna misurare, ecc.

Se, infine, si deve svolgere una relazione su *situazioni* e *problemi* – cosa che si richiede abbastanza frequentemente nel corso delle riflessioni su materie di studio – si dovrà fornire in modo accurato, sistematico e chiaro, una serie di informazioni su un certo argomento (che può essere di attualità, storia, geografia, culturale in genere, ecc.), ed eventualmente – solo se richiesta dalla consegna – aggiungervi la propria valutazione, dopo avere confrontato i dati raccolti e le eventuali valutazioni altrui.

Anche nello stendere una relazione si scandisce il lavoro nei quattro momenti necessari per ogni scritto. Dato che alla relazione si richiede, come abbiamo piú volte ribadito, estrema chiarezza e precisione, potrebbe presentarsi la necessità, nella **fase preparatoria**, di raccogliere documentazione, dati, fonti audiovisive, ricerche, interviste, ecc. Il materiale necessario dovrà essere:

✓ **selezionato**, si tratterà di leggerlo accuratamente e capirlo bene, prendendo qualche appunto sulle cose che ci sembrano piú importanti in vista del nostro scopo;
✓ **organizzato**, per non perdersi nel mare dei dati raccolti e rischiare di finire in una grande confusione. È molto utile, per questo, fare una **lista ordinata** o, meglio ancora, una **mappa delle idee**, sempre tenendo ben presente l'obiettivo finale da raggiungere.

Sempre in questa fase, è fondamentale – a partire, se l'abbiamo fatta, dalla mappa delle idee – la costruzione della «scaletta», che è il momento in cui i dati e le idee vengono disposti nell'ordine e secondo la gerarchia che avranno nella stesura. Viene deciso lo spazio da dare alle parti e il percorso da seguire tra quelli che la mappa ci suggerisce.

Di qualunque cosa tratti, la relazione dovrà tenere conto:

✓ dell'*obiettivo* (lo scopo che ci si è posti nell'esperimento, nella ricerca, nel dibattito, ecc.);
✓ del *metodo* seguito (dibattito, uso del laboratorio, simulazione al computer, ecc.);
✓ delle *modalità di lavoro* che si sono seguite (lavoro singolo o a gruppi);
✓ dei *risultati raggiunti* rispetto agli obiettivi prefissati.

È evidente l'importanza di procedere in modo chiaro, dividendo eventualmente il testo in **paragrafi**, ciascuno con il proprio **titolo**. Inoltre si dovrà fare ricorso ad alcuni termini tecnici specifici del settore in cui si inserisce l'esperienza, e non sono ammissibili imprecisioni né genericità, e neppure pareri personali e soggettivi.

Non è il caso di raccontare aneddoti o fare digressioni, battute, commenti; tutto materiale che potrà trovare collocazione in testi soggettivi di altro tipo (temi, diario, lettere), ma non in questo, che, ribadiamo, è un testo del tutto oggettivo.

La scrittura professionale

Esercizi

1. Immaginiamo che con la tua classe abbiate fatto un'esperienza di stage presso un'azienda del settore di principale interesse per i tuoi studi. Durante l'esperienza avete tenuto un «Diario di bordo», vale a dire un resoconto quotidiano di ciò che avete fatto, visto, ascoltato, sperimentato. Sicuramente vi saranno stati forniti opuscoli e dépliant illustrativi del luogo visitato. Tutto questo costituisce la **documentazione** da cui partire per impostare la relazione. Pertanto organizza tutto il materiale, rileggendo i tuoi appunti e gli opuscoli, e scrivendo man mano su un foglio, anche disordinatamente, le cose che ti sembrano piú importanti. Ecco una possibile generica prima lista di idee:

> dove siamo stati   con quali motivazioni e per quali scopi   i protagonisti dell'esperienza
>
> il luogo   le attività   i macchinari   i prodotti
>
> l'organizzazione del lavoro   l'ambiente   come si è svolto lo stage   le persone
>
> notazioni importanti   esperienze diverse (laboratori, escursioni)
>
> aspetti positivi e negativi dell'esperienza   gli obiettivi sono stati raggiunti?

Anche per la relazione procederemo eliminando quello che non ci serve e selezionando gli elementi in ordine di importanza.

Continua tu il lavoro, completando la fase di **progettazione** con la scaletta, passando poi alla **stesura** e via via alla **revisione** e all'*editing*. Tieni presente che non si tratta di raccontare semplicemente un'esperienza, ma di **relazionare**, cioè spiegare nel modo piú oggettivo e impersonale possibile come si è svolta l'esperienza tenendo presenti gli scopi didattici per cui è stata organizzata, e quindi sottolineando se e come gli obiettivi sono stati raggiunti. È meglio evitare accenti troppo personali, anche se è possibile certamente usare la prima persona singolare o plurale e ricordare momenti significativi e cose importanti.

2. Ecco qualche altro suggerimento per la stesura di relazioni in ambito scolastico.
   - Un esperimento in laboratorio (di fisica, chimica, scienze, informatica, lingue, ecc.).
   - Un problema dibattuto in classe (razzismo, libertà di informazione, inquinamento, libertà religiosa, sottosviluppo nel Terzo Mondo, consumismo, fecondazione assistita, innovazioni scientifiche e tecnologiche, l'arte e la cultura per i giovani d'oggi, il mondo del lavoro, i mass media e i giovani, l'uso e l'abuso del telefonino, ecc.).
   - Un'esperienza personale (vacanza studio all'estero, un periodo di apprendistato/lavoro, un impiego come animatore di un centro vacanze, ecc.).

Le raccomandazioni sono le stesse fatte per l'esercizio precedente: non si tratta di raccontare, ma di **relazionare**, cioè spiegare nel modo piú oggettivo e impersonale possibile, tenendo presenti gli scopi didattici e sottolineando se e come gli obiettivi sono stati raggiunti, e ancora, cercando di evitare accenti troppo personali.

3.3 Il saggio breve

Dall'istituzione del nuovo esame di Stato, tra le prove scritte d'italiano compare anche la possibilità di svolgere l'argomento proposto sotto forma di «saggio breve». È dunque opportuno conoscere bene questa forma di scrittura fin dai primi anni della scuola superiore, e imparare a comporla con precisione attraverso l'uso degli strumenti piú appropriati.

Il saggio breve: che cos'è

Il saggio breve è un tipo di testo che si denota per le precise caratteristiche a cui bisogna attenersi nella sua composizione, rispettandone le specificità. Osserviamole da vicino.

✓ Il saggio breve è un **testo espositivo** o **espositivo-argomentativo** che prevede l'uso di un **registro formale** e di un **tono oggettivo**. Ciò non toglie che si possa adoperare anche la prima persona per esprimere un'opinione o per valutare una situazione. L'importante è non ricorrere a un linguaggio troppo espressivo: esclamazioni, effusioni sentimentali, toni patetici o retorici sono assolutamente da evitare.

✓ A differenza del tema, che è un'esercitazione esclusivamente scolastica, il saggio breve vuole essere una **simulazione della realtà**. Lo studente, pertanto, nell'elaborare il testo deve tener presente il **tipo di pubblico** a cui intende rivolgersi, indicare la **destinazione** del suo lavoro – una rivista specializzata, una raccolta monografica, ecc. – e assegnare un **titolo** al componimento (si veda per questo alle pagine 76-81).

✓ Poiché la stesura di un saggio breve prevede un lavoro di documentazione, la consegna conterrà, oltre alla **traccia** con l'**indicazione del tema** da trattare, anche un certo numero di **documenti** che forniscono informazioni utili allo svolgimento del lavoro. I documenti possono essere costituiti da brevi testi, da immagini, o da dati statistici, e così via.

✓ Il testo dovrà avere una **lunghezza prefissata**, mediamente non superiore alle quattro colonne di foglio protocollo.

✓ La **trattazione della tematica** dovrà essere chiara, sistematica, completa e potrà essere suddivisa in **paragrafi**, ai quali, se si vuole, si assegnerà un titolo che ne indichi il contenuto.

Il saggio breve: come si fa

Per affrontare la stesura del saggio breve ci sono delle precise operazioni da compiere, in particolare nella **fase preparatoria**.

✓ **Leggere attentamente l'argomento e la consegna**: la prima cosa a cui fare attenzione è distinguere se ci viene richiesta una semplice esposizione delle idee che si ricaveranno dai documenti o anche di prendere una posizione, esprimendo a conclusione il nostro parere. In altri termini, occorre aver chiaro fin dall'inizio se ci viene richiesto un testo espositivo o uno espositivo-argomentativo, per comportarci poi di conseguenza.

✓ **Leggere in modo analitico i documenti e selezionare le informazioni** che si pensa di utilizzare nella stesura del saggio.

✓ **Stabilire la destinazione del lavoro**.

✓ **Preparare una prima lista di idee**, della quale faranno parte, oltre alle notizie ricavate dai documenti, anche altre informazioni sull'argomento in nostro possesso.

✓ **Chiarire a noi stessi quale tesi vogliamo sostenere**, se ci è richiesto un testo argomentativo, e in questo caso scegliere, tra quelli esaminati, quali saranno gli argomenti da dimostrare e quali quelli da controbattere.

✓ **Preparare una scaletta o una mappa** nella quale prenderà forma la struttura del testo con la successione delle idee e la suddivisione in paragrafi.

Una volta steso il testo occorre **assegnare al lavoro un titolo** che ne rispecchi il contenuto e l'impostazione e che dovrà essere efficace, rispondente al testo e non troppo lungo. Nella **fase finale**, poi, oltre a verificare se il prodotto ottenuto rispetta la scaletta, sarà necessario **verificare se l'organizzazione del contenuto e l'eventuale suddivisione in paragrafi sono equilibrate e mettono bene in luce tutti gli aspetti della tematica.**

Il saggio breve: gli errori da evitare

La scrittura professionale

Esercizi

1. Per farti abituare fin d'ora al tipo di prove che ti troverai ad affrontare in un futuro non molto lontano, impostiamo questa esercitazione con la stessa consegna che viene fatta agli esami di Stato (estrapolando per ora solo ciò che riguarda il saggio breve), e utilizziamo una delle tracce date nel 2010, semplificando e abbreviando la documentazione. Abbiamo ridotto anche il numero di documenti forniti, ma poiché l'argomento è spesso trattato in trasmissioni televisive di tipo documentaristico, puoi integrare la documentazione con il richiamo ad alcune di queste trasmissioni, o di letture eventualmente fatte su riviste scientifico-divulgative.

   Sviluppa l'argomento scelto in forma di «saggio breve», utilizzando, in tutto o in parte, e nei modi che ritieni opportuni, i documenti e i dati forniti. Argomenta la tua trattazione anche con opportuni riferimenti alle tue conoscenze ed esperienze di studio.
   Premetti al saggio un titolo coerente e, se vuoi, suddividilo in paragrafi.
   Non superare cinque colonne di metà di foglio protocollo.

   AMBITO TECNICO-SCIENTIFICO – **ARGOMENTO: Siamo soli?** – DOCUMENTI

   A) Gli UFO: visitatori non invitati? In conseguenza delle pressioni dell'opinione pubblica, negli anni passati, furono condotte diverse indagini sugli UFO soprattutto da parte dell'aeronautica americana, per appurare la natura del fenomeno. [...] La percentuale, tra i presunti avvistamenti dei casi per i quali non è stato possibile addivenire a una spiegazione, allo stato attuale delle nostre conoscenze, è molto bassa, esattamente intorno al 1,5-2%. Questa piccola percentuale potrebbe essere attribuita in gran parte a suggestioni o visioni, che certamente esistono. [...] Sono numerose le ipotesi che possono spiegare la natura degli UFO. Si potrebbe, per esempio, pensare che all'origine di un certo numero di avvistamenti vi siano, in realtà, fenomeni geofisici ancora poco conosciuti, oppure velivoli sperimentali segreti, senza tuttavia escludere del tutto la natura extraterrestre. La verità è che noi non possiamo spiegare tutto con la razionalità e le conoscenze.
   P. Battaglia, W. Ferreri, *C'è vita nell'Universo? La scienza e la ricerca di altre civiltà*, Torino, 2008

   B) Se fosse possibile assodare la questione mediante una qualche esperienza, io sarei pronto a scommettere tutti i miei averi che almeno in uno dei pianeti che noi vediamo vi siano degli abitanti.
   I. Kant, *Critica della ragione pura*, Riga, 1787, 1ª ed. 1781

   C) Come si spiega dunque la mancanza di visitatori extraterrestri? È possibile che là, tra le stelle, vi sia una specie progredita che sa che esistiamo, ma ci lascia cuocere nel nostro brodo primitivo. Però è difficile che abbia tanti riguardi verso una forma di vita inferiore: forse che noi ci preoccupiamo di quanti insetti o lombrichi schiacciamo sotto i piedi? Una spiegazione più plausibile è che vi siano scarsissime probabilità che la vita si sviluppi su altri pianeti o che, sviluppatasi, diventi intelligente.
   S. Hawking, *L'universo in un guscio di noce*, Milano, 2010, ed. originale 2001

Cerchi nel grano a Murska Sobota, Slovenia.

Guida alla fase preparatoria

Organizzazione della documentazione. Ipotesi di una lista di idee:

> Documento A: Indagini sull'esistenza degli UFO a seguito di avvistamenti – possibili spiegazioni: suggestioni o visioni/fenomeni geofisici/velivoli sperimentali – conclusione: non tutto si può spiegare razionalmente.
>
> Documento B: Il filosofo tedesco Immanuel Kant, alla fine del XVIII secolo, scrive di essere convinto che almeno uno dei pianeti dell'Universo sia abitato.
>
> Documento C: Il matematico e astrofisico britannico del Novecento Stephen Hawking sostiene che le probabilità che si sia sviluppata una forma di vita intelligente in altre parti dell'Universo siano pochissime.
>
> Documento D: Documentari televisivi visti: tesi sostenute......... (L'interesse che suscitano in me questi documentari...).
>
> Documento E: Film visti: tesi sostenute......... (Il fascino che esercitano su di me i film di fantascienza...).
>
> Documento F: Libri o articoli letti: tesi sostenute......... (Il fascino che esercitano su di me i libri di fantascienza, le indagini di riviste scientifico-divulgative...).
>
> La mia idea in proposito (a chi do ragione e perché...).

Questo stesso meccanismo di lavoro si può applicare ogni volta che si deve comporre un saggio breve. Come vedi, agli esami di Stato si limitano a indicare genericamente l'ambito di studio cui si rivolge il saggio e l'argomento. La consegna dell'insegnante può anche essere piú dettagliata.

In ogni caso occorre tenere presenti tutte le avvertenze che abbiamo dato nel paragrafo, per quanto riguarda sia le procedure da seguire che gli errori da evitare.

3.4 L'articolo: che cos'è; come si fa

Nella produzione scolastica si procede, come già detto, per via di simulazioni, e tuttavia può davvero capitare di cimentarsi concretamente con la composizione di questa forma di scrittura, per il giornale della scuola, o per qualche rivista studentesca, e ancora, per pagine e supplementi di quotidiani che sempre piú spesso dedicano spazi agli studenti, o magari per diffonderlo tramite internet. Oltre a ciò, come abbiamo accennato, l'articolo è una delle modalità previste dalla prova scritta di italiano degli esami di Stato. Ecco dunque una guida pratica alla scrittura dell'articolo «giornalistico»; non importa che sia realmente destinato alla pubblicazione o consista semplicemente in una prova scolastica.

Tipologia e destinatari

La dicitura «articolo di giornale» è quanto mai vaga e generica, per due ordini di ragioni:

✓ perché non esiste un solo «modello» di giornale, ma un'infinità di giornali e riviste diversi per destinatari di ogni genere;

✓ perché esistono piú tipi di articolo:
- l'**articolo di cronaca** ha lo scopo di informare su cose, persone, fatti ed episodi, ed è perciò un **testo narrativo**;
- l'**articolo di opinione** invece ha lo scopo di interpretare e commentare i fatti, e pertanto è un **testo espositivo-argomentativo**.

La scrittura professionale

Dal momento che il giornale – specialmente il quotidiano – contiene in sé un piccolo mondo, e un campionario dei piú diversi tipi di scrittura, quando ci accingiamo a scrivere un articolo è indispensabile anzitutto precisare:

✓ il *tipo di giornale* sul quale si ipotizza la pubblicazione (quotidiano di informazione di carattere nazionale o regionale, rivista specializzata, giornale satirico, settimanale ad alta tiratura, pubblicazioni periodiche di associazioni, giornalino studentesco, ecc.);

✓ il *settore specifico* in cui si immagina di collocare l'articolo (in prima pagina, in pagine di cronaca estera o di cronaca nazionale, dedicate a fatti di politica, di costume, di economia, o nelle sezioni speciali dedicate alla scienza e alla cultura, agli spettacoli, allo sport, alla cronaca cittadina, ecc.);

✓ il *destinatario*, come dire, il lettore ideale, per il proprio articolo.

Queste decisioni sono prioritarie e fondamentali, perché ci guideranno nella scelta della tipologia, del registro, del tono da usare e in qualche modo dello stile, del lessico, e via dicendo.

Comporre un articolo giornalistico

Per la costruzione del testo si seguiranno i criteri e le regole di ogni composizione, nelle sue varie fasi. Alcune «regole» invece sono specifiche e peculiari proprio del testo giornalistico:

✓ l'**aggancio con la realtà**, per cui l'argomento può essere, in sé, non collegato in via diretta e immediata all'attualità, ma la sua trattazione – specie sui quotidiani – si giustifica sulla base di una sua «attualità»; non sarebbe male allora trovare un riferimento (immaginario ma abbastanza realistico) a circostanze vicine nel tempo (una ricorrenza, una scoperta, una mostra e simili) che rendano verosimile e attuale la trattazione giornalistica di quell'argomento;

✓ la **lunghezza** è prestabilita, dovendosi collocare il testo in un preciso «menabò» (il disegno della pagina del giornale); essa si misura in «cartelle» (30 righe x 56 «battute»), anche se oggi con il computer queste regole sono un po' piú elastiche, poiché si può giocare piú liberamente con gli spazi e le dimensioni dei caratteri (*corpi*). In ogni caso ciò costringe a un controllo molto rigoroso del proprio lavoro, a eliminare il superfluo e a valorizzare l'essenziale;

✓ la funzione del **titolo** ha un grande rilievo sia perché serve per destare interesse, attirare, incuriosire, sia per la funzione di orientamento a cui, come vedremo, adempie. È perciò consigliabile creare il titolo alla fine di tutto il lavoro, a meno che, naturalmente, non ci venga già fornito insieme alla consegna;

✓ il «**taglio**» e lo **stile** dipendono, come si è detto, dal tipo di giornale e quindi di pubblico a cui il pezzo è destinato; è tipico degli articoli giornalistici tuttavia, il cosiddetto «doppio racconto», per cui nella frase di apertura (*lead*) si sviluppano le informazioni o le eventuali valutazioni essenziali che sono state fornite nel titolo, e poi si riprende in tutto o in parte l'argomento, riandando magari all'antefatto, sviluppandone maggiormente un aspetto, e via dicendo;

✓ le **scelte linguistiche** dovranno risultare il piú possibile coerenti con il tipo di destinazione e con le caratteristiche della specifica sede giornalistica in cui il testo è collocato (prima pagina, terza, cronaca, inserto, ecc.); si possono usare anche, se l'argomento lo richiede, termini specialistici, badando bene però a darne spiegazione, specie se i lettori possono essere i piú vari. È poi buona norma essere chiari e non abbondare con i periodi lunghi e complessi.

Laboratorio di scrittura

Riflettiamo insieme...

Piero Ottone

P. Ottone, *Il buon giornale – Come si scrive – Come si dirige – Come si legge*, Longanesi, Milano, 1987

Lo stile del buon giornalista

Piero Ottone, giornalista e direttore di giornali (ha diretto fra gli altri anche il «Corriere della Sera»), in uno stile semplice e chiaro, fornisce delle vere e proprie «istruzioni per l'uso», arricchite dall'apporto delle personali esperienze e dei ricordi dell'autore. Vi troviamo consigli e suggerimenti che non valgono solo per chi voglia svolgere la professione di giornalista, ma per chiunque voglia scrivere in modo chiaro e lineare.

In genere, quando si dice che un tale si esprime in stile giornalistico, non si intende fargli un elogio[1]. [...] Ma io credo nel buon giornalismo, e sono convinto che lo stile giornalistico possa diventare bellissimo, purché risponda a determinate regole, e segua determinati modelli.

La prima regola è semplice: lo stile giornalistico esige **frasi brevi e lineari**. Si racconta che un direttore della *Neüe Zürcher Zeitung*[2] abbia detto a un giovane redattore[3], il giorno dell'assunzione: «Quando scriverà un articolo, si ricordi che ogni frase ha un soggetto, un predicato, un complemento oggetto. Punto. Poi di nuovo soggetto, predicato, complemento, e un altro punto. Se una volta sentirà il desiderio di adoperare un aggettivo, venga prima nel mio ufficio a chiedermi il permesso». È una regola splendida. Cerco di tenerla sempre presente, e anche in questo istante, mentre scrivo queste annotazioni, tengo d'occhio i miei periodi, per accertarmi che non si allontanino troppo dallo schema.

Soggetto, predicato, complemento oggetto. Già i complementi indiretti, con le preposizioni e con le locuzioni prepositive, disturbano la semplicità lineare della frase; gli avverbi rischiano di renderla torbida, di appesantirla; le frasi subordinate, infine, danno al periodo un andamento tortuoso, simile a un percorso fatto di strade principali, di strade secondarie, di gallerie e di viadotti. La prosa raccomandata da quel direttore della *Zürcher Zeitung* ha uno **sviluppo orizzontale**, fa pensare alla semplicità di un tempio greco[4]. Una prosa ricca di subordinate somiglia piuttosto al duomo di Milano. Se comunque si deve ricorrere alle subordinate, è importante che siano agili e brevi. Si conquista la brevità, di solito, **leggendo e rileggendo quel che si è scritto**, limando e cancellando; la prima versione contiene quasi sempre parole superflue. Alla fine si arriva a una prosa essenziale, tersa[5] (ma non monotona, si spera); il risultato finale, quando è limpido e trasparente, procura gioia, in primo luogo all'autore.

Lo stile giornalistico è contrassegnato dunque dalla **semplicità**. Ricordiamo che gli scrittori classici[6] sono semplici; la semplicità può essere segno di grandezza; in ogni caso è segno di buon giornalismo. La prosa giornalistica, inoltre, deve essere **ordinata**. [...] È ovvio che bisogna adoperare parole di uso comune, non termini strani che pochi conoscono; credo che quella di farsi comprendere sia una buona regola per tutti coloro che scrivono. Cer-

---

1. non si intende fargli un elogio: negli anni in cui il saggio è stato composto si era ancora affezionati a un tipo di scrittura un po' retorica e a effetto; pertanto uno stile asciutto ed essenziale come quello qui descritto non veniva guardato molto di buon occhio.

2. Neüe Zürcher Zeitung: La *Neue Zürcher Zeitung* (chiamata anche semplicemente NZZ) è il quotidiano piú rinomato della Svizzera. Si pubblica dal 1892 a Zurigo.

3. redattore: giornalista che fa parte della redazione, il gruppo che impo-

sta e redige (è la stessa radice del termine *redattore*) il giornale.

4. semplicità di un tempio greco: il tempio greco ha una struttura geometrica, molto lineare. Viceversa il duomo di Milano, citato subito dopo come esempio di complessità, in effetti ha una pianta molto articolata e nell'aspetto esteriore si presenta ricco di elementi architettonici non semplici da considerare tutti insieme.

5. tersa: limpida.

6. classici: dell'antichità classica, greci e latini.

La scrittura professionale

tamente lo è per chi scrive nei giornali. I vocaboli stranieri vanno usati con parsimonia[7], e comunque sempre tradotti, perché i lettori non sono tenuti a conoscere lingue straniere. [...] Le ripetizioni di un vocabolo nella stessa o in frasi vicine, di norma, sono da evitare; ma Winston Churchill[8] diceva che le ripetizioni sono preferibili alla mancanza di chiarezza: meglio ripetere la stessa parola due o tre volte nella stessa frase, piuttosto che dar luogo ad ambiguità. Churchill era piuttosto uno storico che un giornalista, anche se in giovane età scrisse per i giornali, e fu corrispondente di guerra; le sue raccomandazioni stilistiche dimostrano che **le regole dello stile giornalistico altro non sono**, **sovente**, **che regole generali**. Possiamo dir questo: che chiunque scriva deve tener presente il pubblico per il quale scrive, e adeguarsi. La prosa di un testo di fisica nucleare sarà meno accessibile di quella di un quotidiano; importante è che sia chiara per i fisici.

Se poi è necessario inserire in una prosa giornalistica un termine astruso[9], di quelli usati dagli addetti ai lavori, lo si faccia seguire dalla spiegazione del suo significato. Il *New York Times*[10], che per altro è un giornale letto piuttosto da gente colta che non da gente ignorante, se usa un vocabolo strano ha il vezzo[11] di rimandare il lettore, con un asterisco, a una nota esplicativa in fondo alla colonna, come nei libri. Il *Monde*[12] fa qualche cosa di simile quando cita libri e articoli.

Potrei fare tanti esempi, per indicare come si applica la regola della semplicità, della chiarezza, della preferenza per il parlar comune. [...] Sono altresí da evitare i luoghi comuni, le frasi fatte. [...]

Un grande personaggio nella storia di Milano, Ettore Conti[13], diceva che nessun oratore deve alzarsi a parlare se già non ha ben chiara in testa la frase finale del suo discorso. Allo stesso modo, **nessun giornalista dovrebbe mai cominciare a scrivere senza avere prima tracciato la «scaletta» del suo articolo**. La «scaletta» indica il decorso dell'articolo; l'ordine in cui si susseguiranno le sue varie parti. Per me, la «scaletta» è una necessità psicologica; anche se improvvisavo una cronaca al telefono, sentivo il bisogno di buttar giú su un pezzo di carta, prima di cominciare la dettatura, qualche appunto su quel che avrei dettato. Se ci si mette a scrivere senza avere prima deciso il percorso dell'articolo, quindi senza sapere che cosa si dirà, è inevitabile un senso di smarrimento; è come inoltrarsi in un bosco senza sentieri, alla ventura.

L'articolo si compone di un'apertura, che gli anglosassoni chiamano *lead*; di un corpo centrale; di una conclusione. Quanta pena può costare la ricerca della prima frase! Le regole cambiano secondo il genere di articolo che si scrive; l'apertura può enunciare (specie se si tratta di una notizia di cronaca) gli elementi essenziali del fatto che si riferirà, oppure può essere costituita da un episodio, da un aneddoto. Per il primo caso, quello in cui si enunciano gli elementi essenziali, gli inglesi hanno inventato la **regola**

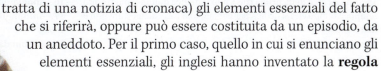

7. **con parsimonia**: con moderazione, in piccole dosi.
8. **Winston Churchill**: celebre statista inglese del Novecento.
9. **astruso**: strano, poco consueto e dunque poco comprensibile.
10. *New York Times*: quotidiano a grandissima diffusione pubblicato negli Stati Uniti, con sede a New York.
11. **vezzo**: consuetudine, abitudine.
12. *Monde*: uno dei maggiori quotidiani francesi.
13. **Ettore Conti**: nato a Milano nel 1871 e morto ivi nel 1972, è stato un ingegnere, politico e imprenditore italiano pioniere delle applicazioni elettriche e dello sfruttamento delle forze idrauliche in Italia, e anche senatore del Regno d'Italia dal 1919.

dei cinque «w», secondo la quale l'apertura deve rispondere a cinque domande, che in inglese cominciano appunto con quella lettera dell'alfabeto: who, what, when, where, why, **chi, che cosa, quando, dove, perché**. La prima frase dovrebbe enunciare chi ha fatto che cosa, e quando e dove l'ha fatto, e per quale ragione.

La regola dei cinque «w» va ricordata, ma esistono anche altre possibilità di apertura. Quel che importa è di trovare una frase felice: cioè, breve; attraente, in modo da invogliare a leggere il resto; esplicativa, perché deve far capire di che cosa si parlerà nel seguito dell'articolo. [...]

Alla ricerca della prima frase non si dedica dunque mai troppo tempo[14]: talvolta occorre piú tempo per trovare l'apertura che per scrivere il resto dell'articolo. Si prova a scrivere sul foglio un paio di parole, si guarda che effetto fanno, anche graficamente; quasi sempre si è insoddisfatti, e si prova con altre, poi con altre ancora, evitando i vocaboli lunghi e grevi[15], cercando un determinato ritmo: si vorrebbe sorprendere il lettore, sollecitarne la curiosità, stimolare in lui lo stato d'animo favorevole. [...] I nomi astratti devono essere evitati, perché sono poco giornalistici, e sostituiti con nomi concreti. È anche per questa ragione che l'inglese è, a differenza del tedesco, una lingua giornalistica. L'inglese rifugge dai termini astratti (provate a tradurre in inglese i discorsi degli uomini politici italiani: è un compito ineseguibile); è l'idioma[16] ideale per raccontare, e sembra che racconti anche quando filosofeggia. Il tedesco, invece, è la lingua inventata per ragionare, e sembra che filosofeggi anche quando racconta. A un giovane giornalista consiglio di leggere molto inglese, poco tedesco; e credo che alla mia carriera giornalistica abbiano giovato molto gli anni trascorsi a Londra; meno quelli trascorsi in Germania.

C'è infine il problema della conclusione: ogni articolo deve avere una frase finale di qualche effetto. Diceva Antonio Baldini[17]: se cerco il finale, vuol dire che ho già finito. Forse è vero. Ma è giusto accomiatarsi[18] dal lettore in modo da tenere con lui buoni rapporti. Il miglior commiato è quello che, dopo la separazione, lo costringe a riflettere ancora per qualche istante su quel che ci siamo detti; è quello, pertanto, che insinua in lui qualche dubbio, che contiene un minimo di provocazione, uno stimolo alla riflessione. Vale la pena, insomma, di trascorrere un po' di tempo a cercare la frase adatta, prima di mettere sul foglio quel segnetto convenzionale che indica che l'articolo è finito.

---

14. Alla ricerca della prima frase non si dedica dunque mai troppo tempo: il tempo che si dedica per cercare una frase di apertura non è mai troppo.

15. grevi: pesanti.

16. idioma: altro termine per dire *lingua*.

17. Antonio Baldini: scrittore, giornalista e saggista italiano (1889-1962).

18. accomiatarsi: salutarsi, dare il proprio commiato.

Guida all'analisi

Il brano che abbiamo scelto è davvero un ottimo esempio di testo scritto a scopo divulgativo. Infatti è scritto in modo limpido, chiaro e lineare, proprio come dev'essere lo stile del buon giornalista il cui ritratto viene tracciato al suo interno. I suggerimenti per uno «stile giornalistico» efficace sono validi per chiunque si proponga di scrivere bene. Uno dei consigli di Ottone per comporre un buon articolo riguarda la preparazione della «scaletta», ovvero di uno schema nel quale vengono fissati gli argomenti fondamentali del discorso in maniera rapida e sommaria, ma sempre secondo una successione logica. La «scaletta» è uno strumento di lavoro utilissimo sia quando si vogliono cogliere e sintetizzare i punti essenziali di un testo subito dopo averlo letto per poter riferire su di esso, sia quando bisogna elaborare un discorso scritto o orale. Proviamo noi adesso a ricostruire la «scaletta» del brano di Ottone in modo da isolare, in un discorso schematico, i suoi consigli.

La scrittura professionale

Lo stile del buon giornalista deve essere semplice e chiaro. Per questo bisogna:

- preparare sempre una «scaletta» prima di accingersi a scrivere un articolo;
- usare frasi brevi e lineari (soggetto/predicato/complemento diretto);
- ricorrere a parole di uso comune, spiegare i termini inconsueti e tradurre quelli stranieri;
- evitare le ripetizioni (a meno che non siano utili per una maggior chiarezza);
- evitare le astrazioni e fare sempre riferimenti concreti;
- fare attenzione all'apertura e dedicare un certo tempo alla frase d'inizio;
- allo stesso modo che per l'apertura fare per la chiusura dell'articolo.

Evidentemente alcuni suggerimenti sono rivolti precipuamente a chi scrive per i quotidiani o giornali in genere; eppure la regoletta delle «cinque w» può essere preziosa da tenere a mente anche nel comporre un testo narrativo per riferire un fatto accaduto o immaginario. Teniamo presente che essa è valida soprattutto per gli articoli di cronaca, che raccontano fatti, piú che per quelli di opinione e commento; tuttavia anche in questi casi può servire, se il punto di partenza è l'aggancio con un fatto accaduto.

Esercizi

1. Possiamo cominciare a esercitarci con **articoli di cronaca**, che sono piú semplici, in quanto richiedono un testo narrativo, e tutt'al piú una conclusione in cui si esprime un giudizio, una valutazione sull'argomento. Immaginiamo alcuni possibili argomenti.
   - Un avvenimento scolastico (una gita, un incontro con l'autore di un libro, una performance del laboratorio teatrale, un episodio simpatico, un incidente durante le lezioni o l'intervallo, una lezione che merita particolari attenzioni, un torneo tra scuole, una premiazione, ecc.).
   - Un avvenimento della cronaca cittadina che può interessare particolarmente i giovani (atti vandalici a danno del verde pubblico, la raccolta dei rifiuti, una delibera del sindaco sugli orari delle discoteche, lo sciopero dei mezzi di trasporto, una manifestazione studentesca, ecc.).
   - Un fatto di portata nazionale o internazionale particolarmente interessante/significativo.

   La scaletta di un articolo di cronaca ha delle regole fondamentali, passaggi ben precisi da rispettare per la completezza dell'informazione. Esse si possono sintetizzare nelle «cinque w» di cui ha parlato anche Pietro Ottone. Dunque ecco le notizie che non devono assolutamente mancare, in qualunque ordine vogliate fornirle:

CHE COSA è successo
CHI è il protagonista del/i fatto/i
DOVE si sono svolti i fatti
QUANDO sono avvenuti
PERCHÉ è successo

   Come abbiamo appena detto, tutte queste informazioni si possono dare sinteticamente, con uno o due enunciati, per cui nell'apertura (*lead*) si metteranno tutte insieme in modo schematico ed essenziale; subito dopo si riprendono i punti uno per uno, si ampliano e si spiegano. Lo sviluppo dei vari punti sarà necessariamente ineguale, poiché all'elemento di maggiore interesse sarà dedicato piú spazio: può essere il *chi* se il protagonista è famoso; sicuramente sarà importante anche chiarire il *perché*, le motivazioni del fatto (che ci potrebbero portare anche a risalire all'antefatto, con qualche *flashback*), e un sesto elemento che non figura nel breve elenco, ma che è anch'esso fondamentale, il **COME**, cioè la spiegazione delle modalità di svolgimento dell'evento.

2. L'**articolo di opinione** richiede invece un testo espositivo-argomentativo, in cui la prima parte puntualizza il problema di cui si vuol discutere e la seconda si sofferma sulle valutazioni del problema stesso, ricorrendo eventualmente a tesi contrapposte e concludendo con un giudizio personale debitamente motivato. Immaginiamo anche in questo caso alcuni problemi da cui prendere spunto.

- Un problema scolastico (una circolare del preside non gradita, i risultati degli scrutini e il problema della valutazione, il voto di condotta, la necessità di un posto di ristoro, ecc.).
- Un problema cittadino che può interessare particolarmente i giovani (mancanza di luoghi di aggregazione, degrado delle periferie, proteste dei commercianti per la presenza di ambulanti, orari o carenza dei mezzi di trasporto, sporcizia nelle spiagge, ecc.).
- Un problema di portata nazionale o internazionale particolarmente significativo (in coincidenza, per esempio, delle Giornate nazionali o mondiali per la lotta all'AIDS, della Memoria della Shoà, del Ricordo delle foibe, dei parchi e delle Oasi, ecc.).
- Una ricorrenza divenuta esclusivamente occasione commerciale (festa della donna, degli innamorati, della mamma, del papà, Natale, Pasqua, ecc.).

3. Nella consegna degli esami di Stato, l'articolo giornalistico (chiaramente un articolo di opinione) viene proposto insieme al saggio breve. In questo caso – che richiede un'esperienza già piú matura – la fase preparatoria sarà un po' piú lunga per la presenza dei documenti dai quali prendere spunto.

Eccoti dunque la dicitura già riportata per quella forma di scrittura, e adesso completa:

Sviluppa l'argomento scelto o in forma di «saggio breve» o di «articolo di giornale», utilizzando, in tutto o in parte, e nei modi che ritieni opportuni, i documenti e i dati forniti. Se scegli la forma del «saggio breve» argomenta la tua trattazione, anche con opportuni riferimenti alle tue conoscenze ed esperienze di studio.
Premetti al saggio un titolo coerente e, se vuoi, suddividilo in paragrafi.
Se scegli la forma dell'«articolo di giornale», indica il titolo dell'articolo e il tipo di giornale sul quale pensi che l'articolo debba essere pubblicato.
Per entrambe le forme di scrittura non superare cinque colonne di metà di foglio protocollo.

Come si può notare, l'utilizzo dei documenti forniti è meno vincolante di quanto non lo sia per la composizione del saggio breve; tuttavia è necessario tenere conto di ciascuno di essi, farvi riferimento e trarne citazioni, per arricchire e vivacizzare il nostro «pezzo». D'altronde vediamo che c'è lo specifico riferimento ad alcune necessità giornalistiche, di cui abbiamo già parlato.

4. Riprendendo la consegna del saggio breve di pagina 68, sviluppala nella forma di un articolo giornalistico di opinione. Rispetto al saggio, dovrai essere piú breve e conciso, e prendere l'avvio da un episodio «reale» (un avvistamento recente, una trasmissione Tv, ecc.).

3.5 I titoli

Il termine **titolo** deriva dal latino *titulus*, che significa «iscrizione», ed è un elemento da non trascurare nella lettura di un testo. Quando poi si lavora alla composizione, quella dei titoli è un'abilità da acquisire perché vanno seguite delle specifiche regole. È bene dunque osservare da vicino questo piccolo ma fondamentale elemento della scrittura.

Scopo e caratteristiche esteriori dei titoli

Lo **scopo** primario del titolo è quello di **stabilire il contatto con il lettore**. Unito a quello, altrettanto importante, di **fornire conoscenze** sul testo di cui è titolo. Esso può dunque:

a. informare sulle finalità che l'autore si è prefisso;
b. fornire una sintesi del testo;
c. aiutare nella comprensione globale (per esempio, esplicitando cose che nel testo possono essere sottintese, sintetizzando antefatti, ecc.).

La scrittura professionale

Esiste comunque una grande varietà nei titoli, non solo a seconda del testo che intitolano (un articolo di cronaca ha esigenze differenti rispetto a un romanzo o a una poesia), ma anche in rapporto allo stile del testo stesso, alle intenzioni dell'autore, e via dicendo.

Il titolo è facilmente riconoscibile in quanto precede il brano a cui si riferisce, è tendenzialmente breve ed è caratterizzato da particolari accorgimenti grafici.
Il titolo di un racconto, di una fiaba, di una novella, ecc., è solitamente posto al centro del foglio, isolato da spazi bianchi. Lo stesso avviene per il titolo di un capitolo di romanzo, o di altro testo molto ampio che preveda queste divisioni.
Il titolo di un paragrafo in libri e riviste solitamente non è al centro della pagina, ma viene egualmente evidenziato tramite particolari accorgimenti (sottolineatura, caratteri diversi, maiuscolo, numerazione, ecc.).
Il titolo di un libro è sulla copertina, e ripetuto sul dorso e sul frontespizio interno.

Tipologia e stile dei titoli

Non è facile, a questo proposito, sintetizzare ed esemplificare, tale è la varietà delle tipologie dei titoli. Possiamo dare soltanto delle indicazioni molto generali, con l'avvertenza preliminare che è necessario fare qualche distinzione tra i titoli di romanzi, novelle, saggi, libri di testo, poesie, canzoni e componimenti vari, ecc., e i titoli di articoli su quotidiani, periodici e riviste di informazione e divulgazione.
In generale, comunque, si possono fare alcune sostanziali distinzioni.

1. Ci sono titoli che dichiarano esplicitamente di che opera si tratta e quale ne è l'argomento:

Appunti di storia della filosofia italiana
Trattato di anatomia
Enciclopedia della letteratura italiana
Catalogo di numismatica
Novelle per un anno
La canzone di Marinella
La ballata degli impiccati
Fiabe italiane

2. Altri titoli, viceversa, non contengono nessuna indicazione precisa sul loro contenuto, ma vi fanno riferimento in modi diversi, per esempio:

a. attraverso una o piú frasi complete, che esplicitano il contenuto o lo fanno capire:

Io faccio il poeta
Cristo s'è fermato a Eboli
Come si legge un giornale
Il boss è solo

b. attraverso una frase che riprende un passo significativo del testo:

Cosí è, se vi pare
Verrà la morte e avrà i tuoi occhi
Prima che vi uccidano
Se non ora, quando?
Se una notte d'inverno un viaggiatore

c. con il nome del protagonista, o con un *gruppo nominale* (nomi, aggettivi, complementi) che indica luoghi o personaggi dell'opera:

Nedda
Giulio Cesare
Dora Markus
Il castello dei destini incrociati
I Promessi Sposi
Il conte di Montecristo
Harry Potter e il prigioniero di Azbakan

Per quanto riguarda lo stile, inoltre, è necessario distinguere tra:

✓ i **titoli «freddi»**, che si limitano a informarci sul contenuto con un richiamo essenziale o una brevissima sintesi;
✓ i **titoli «caldi»**, che vogliono impressionare il lettore, incuriosirlo e coinvolgerlo emotivamente, facendo frequente ricorso a metafore e giochi di parole, richiamano sottintesi in modo piú o meno sottile, usano ad arte la punteggiatura, e cosí via.

La «sintassi del titolo» nei giornali

I titoli che si incontrano nei giornali e nelle riviste sono solitamente piú complessi e piú lunghi degli altri di cui finora abbiamo trattato, poiché rispondono a esigenze piú particolari e specifiche. Essi infatti devono anzitutto attirare l'attenzione ed eventualmente invogliare il passante a comprare il giornale, mantenere il contatto con il lettore stimolandolo anche a leggere l'intero articolo, e contemporaneamente informare e dunque fornire una sintesi brevissima della notizia. Perciò adottano anche particolari accorgimenti grafici, e la grandezza dei caratteri è direttamente proporzionale al rilievo che merita la notizia.
Il titolo si estende per tutte le colonne occupate dall'articolo stesso; può essere accompagnato da un **occhiello** e seguito da un **catenaccio** e da un **sommario**. In tal caso: l'*occhiello* introduce e richiama l'argomento, il *sommario* riassume il contenuto nei sommi capi, il *catenaccio* mette in evidenza un elemento che si ritiene importante. Tutto questo può soddisfare, a un primo approccio, la curiosità del lettore. Ogni quotidiano in realtà fa uso di questi elementi e li manipola secondo un proprio «stile» e nel modo che ritiene piú efficace e piú adatto al gusto dei propri lettori. Molto spesso quotidiani e riviste fanno ricorso a titoli «caldi», che mirano a provocare un impatto emotivo sul lettore, e che perciò, oltre a essere brevi e significativi, adoperano metafore e figure retoriche, frasi a effetto ed ellissi. In questi casi sommario, occhiello e catenaccio risultano indispensabili per una reale comprensione.
Per quanto riguarda lo stile, il lessico, e le scelte morfosintattiche, esistono fenomeni linguistici ormai talmente consolidati che si può parlare di una vera e propria «sintassi del titolo». Vediamone alcune tra le caratteristiche piú diffuse:

✓ **prevalenza dello stile nominale**, attraverso la sostituzione del verbo:
  • con un sostantivo astratto (*Paralisi negli aeroporti per lo sciopero dei piloti*);
  • con un participio (*Fallito l'accordo sul contratto dei metalmeccanici*);
  • con una preposizione piú nome (*Gli studenti in piazza*);
  • con un avverbio (*No dei verdi al nucleare*);
  • con la semplice eliminazione del verbo stesso (*Strage nel Libano*);
✓ **ampia diffusione di voci straniere** (*boom*, *week-end*, *summit*, *identikit*, ecc.);
✓ **uso e anche abuso di neologismi**, spesso termini coniati «a effetto» (*inciucio*, *apparentamento*);

La scrittura professionale

✓ **ellissi delle preposizioni in alcuni complementi** (*uomini radar*, *vertenza Fiat*, *ciclone scioperi*, *traffico caos*) e diffusione di costrutti del tipo: *matrimonio lampo*, *notizia bomba*, *udienza fiume*, *operazione esodo*;

✓ **uso e abuso di *maxi*, *mini*, *super*, *mega*,** in unione con nomi e aggettivi (*superdecreto*, *bollette super*, *maxitruffa*, *mininchiesta*) e tendenza all'esagerazione: tutto è superlativo, sia in negativo che in positivo;

✓ **uso di sigle e abbreviazioni** in cui spesso il sostantivo lascia il campo agli aggettivi (*la polfer*, *la mobile*, *la stradale*, *gli antinebbia*, *i pendolari*, *i mondiali*, *lo SME*);

✓ **inversione dell'ordine lineare delle parole**, per cui viene messa subito in evidenza la cosa o la persona su cui concentrare l'attenzione, isolata dal resto mediante un segno d'interpunzione, cui segue una frase completa o una frase nominale che chiarisce il contenuto o riporta una citazione (*Unione Europea: l'inflazione calerà ancora*; *RAI: oggi le nomine*; *Lavoro, duello governo-sindacati*; *Iraq, stato d'assedio*).

Come si fa un titolo

Come abbiamo detto, saper comporre un titolo è un'abilità che si può acquisire seguendo poche specifiche regole. Abbiamo potuto constatare, tra l'altro, che nella prova d'esame in cui sono richiesti il saggio breve e l'articolo giornalistico, insieme alla consegna è fatto esplicito riferimento alla necessità di «titolare» il proprio «pezzo». Naturalmente è un'abilità che si acquisisce piú facilmente se si presta attenzione ai titoli che si incontrano nei quotidiani, nelle riviste, ecc. Non è necessario neppure acquistarne chissà quanti per averne un campionario; infatti i maggiori giornali sono presenti in internet, anche gratuitamente (oltre a quelli che escono soltanto on-line), e inoltre intere rubriche televisive e radiofoniche, specie della mattina, sono dedicate alla lettura dei giornali, che spesso si limita a essere appunto lettura dei titoli.

È buona norma comporre il titolo dopo aver elaborato il testo. Se abbiamo scritto un racconto o un saggio – o girato un film, un cortometraggio, un documentario – il titolo potrà essere del tipo di quelli passati in rassegna nelle pagine precedenti, e comunque sarà abbastanza breve. Piú complesso, come abbiamo visto, il discorso per gli articoli di cronaca (piú raramente per quelli di opinione, che non sempre hanno occhiello e sottotitoli). Ricordiamo infatti che sopra il titolo si trova l'*occhiello*, che introduce e richiama l'argomento, e sotto il titolo può esserci una sintesi, nel cosiddetto **sottotitolo**, o nelle due parti che sono il *sommario* e il *catenaccio*.

Anzitutto dobbiamo scegliere lo scopo cui dovrà assolvere il nostro titolo. Se ci proponiamo semplicemente di informare basterà pensare a una sintesi del contenuto, al suo tema centrale, magari ai protagonisti, e la cosa non sarà difficile. Ma se vogliamo raggiungere una maggiore efficacia per colpire e sorprendere dovremo essere capaci di «giocare» con la lingua, usare metafore, giochi di parole, magari anche rime, saper «fare il verso» a opere famose, modi di dire, ecc. Per esempio, il resoconto di una partita di calcio in cui si è segnato al primo minuto può essere titolato *Ed è subito gol*, scimmiottando il titolo della poesia di Salvatore Quasimodo *Ed è subito sera*. I quotidiani sportivi sono specialisti nei titoli «caldi», in cui – soprattutto in prima pagina – giocano anche con caratteri cubitali che aumentano l'effetto di attrarre l'attenzione.

In ogni caso l'abilità fondamentale che si richiede per fare un titolo è la **capacità di sintesi**: bisogna saper dire tutto in pochissime parole, e dirlo nel modo piú efficace possibile.

Esercizi

1. Ti proponiamo una serie di titoli costituiti da una frase completa. Trasformali in frasi nominali attraverso il processo di **nominalizzazione** (sostituendo cioè ai verbi di modo finito **forme nominali** – aggettivi, participi, sostantivi – ovvero eliminandoli, per esempio: *Un passante è stato investito da una moto* diventerà *Passante investito da una moto*; *Torrente in piena inonda la valle* diventerà *Valle inondata da torrente* oppure *Inondazione nella valle*).

1. Un operaio rimane fulminato dalla corrente ad alta tensione mentre ripara un impianto
2. È aumentato il numero di incidenti del sabato sera
3. Scompaiono due ragazze all'uscita dalla discoteca
4. Napoli detiene il primato degli incidenti stradali
5. Gatto goloso salva una famiglia dal veleno
6. Scendono negli uffici dalla terrazza e fanno un bottino di 180 milioni
7. Il caldo torrido fa centinaia di vittime in Grecia
8. Una superpetroliera urta una mina; non ci sono feriti
9. Un tossicodipendente è stato ucciso dagli spacciatori
10. La marea nera minaccia le coste del Golfo del Messico

2. Eccoti dei titoli in cui si è verificata l'inversione dell'ordine lineare delle parole. Ricomponi la frase predicativa completa con l'ordine che ritieni normale nell'uso comune, restaurando anche gli eventuali elementi mancanti (per esempio: *Unione Europea: l'inflazione calerà ancora* diventa *L'Unione Europea è certa che l'inflazione calerà ancora*; *Lavoro, duello governo-sindacati* diventa *È duello tra il governo e i sindacati sul tema del lavoro*).

1. Superenalotto, vincita milionaria
2. Campionato di calcio, novità in arrivo
3. Sigarette, aumento selvaggio
4. Ricerca, stop ai fondi
5. I docenti: l'Università è moribonda
6. Viareggio: esplosione di gas nella stazione ferroviaria
7. Costa adriatica: nuovo sbarco di clandestini extracomunitari
8. Delitto passionale: la prova del DNA per l'assassino
9. Lite tra fratelli, uno ferito

3. Esamina i titoli dei tuoi libri scolastici, spiegane il significato, discuti se attraverso i titoli gli autori sono riusciti a farti comprendere in che modo volevano proporti lo studio di quella materia.

4. Raccogli un certo numero di titoli dai quotidiani o dalle riviste che leggi abitualmente. Esamina quelli freddi, che ti danno delle informazioni, distinguendoli da quelli caldi, «a effetto», o che usano metafore e altre figure retoriche.

5. Ti diamo delle «brevi di cronaca» piuttosto curiose (tutte rigorosamente autentiche!), senza titolo. Componi per ciascuna uno o piú titoli, completi di tutti gli elementi di cui abbiamo parlato, e sfruttando gli accorgimenti tipici della «sintassi del titolo».

Soccorso da un'ambulanza dopo essere stato ferito in un incidente, un giovane di 23 anni, C.U., è finito in mezzo alla strada assieme al lettino sul quale era stato adagiato. Non era stato chiuso lo sportello posteriore dell'automezzo. L'autoambulanza ha proseguito la sua corsa perché l'autista non si era accorto di nulla. Cosí il ferito, per poter raggiungere il pronto soccorso dell'ospedale, ha dovuto fare l'autostop.
L'autista si è accorto che nell'abitacolo non c'era piú il ferito soltanto quando è giunto nello spiazzo davanti all'ospedale. C.U. è stato portato al nosocomio poco dopo, a bordo di un'automobile privata.

Allarme ecologico sulla laguna: il piccolo mare di acque salmastre che circonda Venezia è stato invaso dalle alghe giganti. Sono enormi e si ammassano sul fondo in quantità incredibili, stimate dai tecnici in circa mezzo quintale per metro quadro. Una concentrazione elevatissima che toglie ossigeno alle acque e uccide praticamente ogni forma di vita.

La scrittura professionale

Veduta di palazzi veneziani.

Nelle zone centrali della laguna, vicino alle secche, in questi giorni non si trovano piú pesci, e i vecchi pescatori dicono che in alcuni punti sono scomparsi perfino i granchi. Un segnale, questo, di massimo pericolo, dato che i granchi sono fra le specie piú resistenti all'inquinamento.

Un gattone nero di nome Filippo era divenuto abilissimo nell'attraversamento di una strada a senso unico. Fermo sul marciapiede, sbirciava da quella parte da cui sempre provenivano le automobili, e via come una freccia sull'asfalto. Purtroppo, a causa di lavori fognari, venne invertito il senso di transito delle automobili. Un bel segnale rosso e bianco informò gli uomini della variazione, ma Filippo non sapeva leggere. Un mattino il gattone diede la solita occhiata dalla parte pericolosa e scattò in mezzo alla strada, ma le automobili, ora, marciavano in senso contrario. Di lui resta solo il ricordo di questo apologo.

3.6 Vecchie e nuove forme di scrittura

Possiamo essere indotti a scrivere, oltre che da necessità scolastiche e professionali, da bisogni personali di ogni tipo: sfogarsi con una persona cara o anche semplicemente con se stessi, dare notizie ad amici o parenti, esprimere riflessioni, mandare un invito, protestare, e via dicendo. Queste forme di scrittura vengono da lontano, ma sono state recentemente affiancate da altre, frutto delle nuove tecnologie.

Il diario

La parola **diario** richiama alla mente due realtà diverse, ma vicine: da una parte fa pensare alla scuola, ai compiti, alle lezioni da segnare sul **diario scolastico**, compagno inseparabile degli studenti; dall'altra ci proietta nel chiuso di una stanza dove giovani e meno giovani affidano al loro **diario personale** riflessioni, ricordi, pensieri, sogni, sentimenti, avvenimenti quotidiani, piú intimi che esteriori. In fondo non si può tracciare un confine netto fra i due, dato che il diario scolastico viene assai spesso usato piú per accogliere sfoghi personali che per registrare le lezioni.

Questa forma di scrittura è facilmente riconoscibile per alcuni elementi contenutistici e formali che la caratterizzano:

- ✓ le pagine si susseguono in ordine cronologico e spesso sono segnate da una data. Come suggerisce la parola stessa, che deriva dal latino *dies*, «giorno», in un diario, infatti, si annotano giornalmente, o quasi, avvenimenti e riflessioni;
- ✓ esso può contenere sia la registrazione ordinata dei fatti piú rilevanti di una giornata, sia sfoghi personali, stati d'animo, ricordi, osservazioni soggettive;
- ✓ vi trovano posto parti narrative, descrittive, argomentative;
- ✓ la scrittura è caratterizzata dall'intreccio della funzione referenziale e di quella emotiva che di solito è prevalente;
- ✓ un diario è sempre scritto in prima persona e talvolta può essere strutturato come una lettera: quanti diari di adolescenti si aprono con un *Caro diario*...; la stessa Anna Frank,

autrice di un celebre *Diario* che è divenuto uno dei libri piú letti dei nostri tempi, si rivolge al suo diario come se parlasse a un'amica immaginaria, Kitty.

Non esiste ovviamente un solo genere di diario. Accanto al diario personale abbiamo il *diario di viaggio*, il *diario di guerra*, il *diario di bordo*, che si differenziano tra loro soprattutto per il contenuto: il diario di viaggio contiene l'annotazione degli eventi di un viaggio e la descrizione dei luoghi visitati; il diario di guerra racchiude la memoria storica e personale di eventi bellici; il diario di bordo, compilato dal capitano di una nave, è la registrazione asciutta e priva di commenti di quanto accade durante la navigazione. Diverso, ovviamente, il *diario degli esami*, che è l'elenco dei candidati chiamati giornalmente a sostenere le prove d'esame.

Lettera, e-mail, SMS

La **lettera** è stata da sempre il mezzo di comunicazione piú diffuso. Nel corso dei secoli ha favorito scambi culturali ed economici, ha permesso l'espressione di sentimenti, idee, ricordi, è diventata documento storico e biografico, come dimostrano gli epistolari (raccolte di lettere, in latino *epistulae*) di letterati, artisti, uomini politici che, giunti fino a noi, ci consentono di gettare uno sguardo sulla vita privata di uomini e donne illustri. Si possono distinguere due tipi di lettere:

✓ le **lettere personali**, indirizzate a familiari e amici, il cui contenuto e i cui scopi sono oltremodo vari, richiedono un linguaggio semplice e colloquiale anche quando vengono affrontati argomenti di una certa importanza; in genere vi si possono mettere insieme narrazione, descrizione, effusione di sentimenti, informazioni, espressioni che mirano a mantenere il contatto;

✓ le **lettere formali**, inviate a persone con cui si hanno rapporti d'affari o di lavoro alle quali ci si rivolge per chiedere o dare informazioni, per protestare, presentare un problema o una richiesta, esprimere la propria opinione su una questione di interesse generale, ecc.; devono essere evitate le espressioni confidenziali, e vanno costruite in modo piú rigoroso sia per quanto riguarda gli argomenti sia sul piano della struttura e delle scelte lessicali.

Fino a qualche tempo fa, grazie alla diffusione capillare di telefono, radio, televisione, che privilegiano l'ascolto e l'immagine come canali di comunicazione, sembrava che la lettera fosse morta per sempre; e invece non è cosí. I moderni e innovativi mezzi di comunicazione, internet e cellulare, hanno riportato in vita la vecchia, cara, ingiallita lettera. Certo le hanno cucito addosso un abito nuovo, le hanno dato nomi piú moderni, ma la sostanza è rimasta la stessa. Infatti l'**e-mail**, cioè la posta elettronica (*electronic mail*), e gli **SMS** (*Short Message System*) non sono altro che la forma moderna di quelle che un tempo erano lettere e biglietti. Il fatto che la posta elettronica e il telefono cellulare permettano di far giungere i messaggi «in tempo reale» (cioè praticamente appena si scrivono) ha ridato nuova vita alla comunicazione scritta.

✓ L'e-mail è una vera e propria lettera, e non differisce molto da quella tradizionale, se si esclude una certa tendenza alla brevità e all'essenzialità. Viene inoltre usata soprattutto per comunicazioni di lavoro o affari, non certo per parlare in rete (a questo scopo esistono infatti le *chat*, luoghi di incontro virtuale dove si chiacchiera del piú e del meno).

✓ Gli SMS, in un massimo di 160 battute – tanti sono i caratteri che possono essere inviati tramite un telefono cellulare – riescono a comunicare informazioni, ma anche a esprimere un mondo fatto di tristezza, allegria, fantasia, verità, solitudine, curiosità,

La scrittura professionale

amore, pensieri, poesia. Oltre che dalla brevità e dalla rapidità delle connessioni mentali, che favoriscono spesso la battuta creativa, sono caratterizzati dall'uso di numeri, segni matematici, piccole icone, come il famoso Smiley, il faccino che sorride, al posto delle parole. Ciò, naturalmente, allo scopo di risparmiare battute.

Riflettiamo insieme...

Alice Sturiale
Eccomi!

A. Sturiale, *Il Libro di Alice*, Rizzoli, Milano, 2000

Un diario raccoglie racconti di vita, riflessioni, pensieri, ricordi, e anche poesie, e di solito non è composto per la pubblicazione, a meno che non si tratti di un personaggio più o meno famoso che intenzionalmente si pone questo obiettivo. Succede a volte che l'autore diventi famoso suo malgrado, e che il suo diario recuperato diventi un libro, come è accaduto per la giovane Anna Frank, deportata in un campo di concentramento e mai più tornata. È il caso anche di questo diario di una bambina, Alice Sturiale, nata nel 1983 e morta improvvisamente a soli 12 anni la mattina del 20 febbraio 1996, a scuola. Alice era affetta da una malattia congenita che le impediva di camminare, ma non di vivere con intensità e gioia i suoi affetti, il gioco, la scuola, gli scout, la musica, le cose normali che condivideva con i suoi tantissimi amici. Una vita piena, che abbiamo potuto conoscere perché il suo papà e la sua mamma ne hanno pubblicato le poesie, i temi di scuola, gli appunti del diario, come ricordo per i tanti amici. Nel giro di pochi mesi il libro è stato pubblicato in tutto il mondo divenendo un best seller. Dal libro traiamo piccole notazioni e ingenue poesie.

Io sono soddisfatta di quello che sono. Mi chiamo Alice, i miei mi chiamano «serpe», ma io non mi offendo perché sono abbastanza contenta del mio carattere dispettoso.

Ho una statura media, le gambe lunghe, non sono tanto grassa, ma neanche magra. Ho gli occhi verdi, espressivi, grandi; il mio viso è leggermente spruzzato da lentiggini; la bocca piccola e due dentoni sporgenti da Zanna Bianca... Ho molti pregi, però ammetto di avere anche molti difetti, come il carattere permaloso. Fra i pregi, invece, c'è che sono estroversa, mi inserisco bene tra gli amici e mi piace la compagnia di tutti... Ho una passione per lo sport anche se non è possibile realizzarli tutti perché ho qualche problema motorio per cui non posso camminare, comunque scio e di questo sono molto contenta.

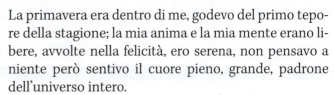

La primavera era dentro di me, godevo del primo tepore della stagione; la mia anima e la mia mente erano libere, avvolte nella felicità, ero serena, non pensavo a niente però sentivo il cuore pieno, grande, padrone dell'universo intero.

Mi sentivo calda, sorridevo e cantavo guardando il cielo terso e io ero un uccello che volava nell'immensità, guardavo l'acqua che sgorgava dalla fontana e mi sentivo limpida, pura e fresca come lei, guardavo i fiori del prato e io sbocciavo con loro. All'improvviso chiusi gli occhi e mi sentii grande.

La mamma mi chiamò: ed era tutto tristemente finito.

Laboratorio di scrittura

Handicap

Forse senza quattro ruote
è piú facile.
È piú facile divertirsi.
È piú facile muoversi.
È piú facile.
È anche piú facile
conquistare i ragazzi.
Ma io credo
che le quattro ruote
servano a conoscere
tutta quanta
la vita
e saperla affrontare
e vincere.

Cielo

Dentro di te abita il vento.
Dentro di te abitano i sogni.
E tu sei cosí grande che anche le nuvole si perdono
e gli uomini non vi possono nemmeno entrare.

Guida all'analisi

Il diario di Alice raccoglie le sue poesie, i suoi pensieri, le sue storie vere e fantastiche. Da esso abbiamo ripreso quattro passi molto brevi, ma altrettanto significativi. Anzitutto c'è la presentazione che la bambina ha fatto di sé quando era appena in quarta elementare. Ci accorgiamo di come fin da allora la sua scrittura fosse capace di turbare e far riflettere sul senso della vita persone di ogni età. Si dichiara contenta di se stessa; malgrado la sua malattia riesce a soddisfare tanti suoi desideri, compresa la passione per lo sport (scia tra le gambe del padre, nuota pur stando in carrozzella...), e scherza su di sé con grande senso dell'ironia.

Il secondo passo è un sogno: la bambina si vede immersa e confusa con la Natura, protesa verso un futuro che però le sarà negato, e ci stupisce per le sue immagini luminose, piene di gioia e serenità. Ci sono poi i suoi ingenui versi: la riflessione sul suo handicap, in cui la malinconia è solo una sfumatura, perché vi si dimostra una incredibile grandezza e forza d'animo e di carattere; e infine lo sguardo di Alice si proietta nel cielo, immenso, ma familiare perché vi abitano i suoi sogni.

Sotto la fresca semplicità di questi scritti si rivela la profondità di un'anima che sembra aver colto il senso della vita e indica la strada dell'impegno nel vivere e dell'apertura al mondo. Il grande poeta del Novecento Mario Luzi di fronte a questo volumetto scriveva: «In Alice c'è maturità, grazia e capacità d'espressione. È molto bello questo voler prendere a piene mani quello che la vita offre».

Esercizi

1. Sintetizza una per una le confidenze di Alice al suo diario, sia quelle in prosa che le poesie, e accompagnale con un breve commento.

2. Scrivi una pagina di diario per presentarti, sia nel fisico che nel carattere.

3. È capitato anche a te di buttare giú dei versi sulle pagine del tuo diario per esprimere meglio i tuoi sentimenti e le tue sensazioni? Ti piacerebbe provare a farlo?

4. I diari degli adolescenti – specie delle ragazze – sono spesso letteralmente «imbottiti» di ritagli di giornali, foto di personaggi cari, foglietti passati dagli amici, e quant'altro. Prova a raccontare al tuo stesso diario se e di che cosa ami «imbottirlo», e perché.

La scrittura professionale

Riflettiamo insieme...

Scuola di Barbiana

Lettere di Don Lorenzo Milani, priore di Barbiana,
a cura di M. Gesualdi, Mondadori, Milano, 1975

Lettera ai ragazzi di Piàdena

Questa lettera è stata scritta in gruppo, dai ragazzi della Scuola di Barbiana, una scuola messa su nella sua parrocchia di uno sperduto paesino della montagna toscana da un prete allora scomodo (erano gli anni Sessanta e Settanta del Novecento), adesso divenuto celebre e portato ad esempio come educatore, don Lorenzo Milani (1923-1967). Don Lorenzo e i suoi ragazzi divennero famosi con la pubblicazione, nel 1967, della *Lettera ad una professoressa*, in cui denunciavano il sistema scolastico e il metodo didattico che favoriva l'istruzione delle classi piú ricche.

Barbiana 1.11.1963

Cari ragazzi,
questa lettera ha cinque capitoli. I ragazzi di prima media hanno preparato i primi due. I piú grandi gli altri.

1. Barbiana
Barbiana è sul fianco nord del monte Giovi, a 470 metri sul mare. Di qui vediamo sotto di noi tutto il Mugello che è la valle della Sieve affluente dell'Arno.
Dall'altra parte del Mugello vediamo la catena dell'Appennino. Barbiana non è nemmeno un villaggio, è una chiesa e le case sono sparse tra i boschi e i campi.
I posti di montagna come questo sono rimasti disabitati. Se non ci fosse la nostra scuola a tener fermi i nostri genitori anche Barbiana sarebbe un deserto. In tutto ci sono rimaste 39 anime.
I nostri babbi sono contadini o operai.
La terra è molto povera perché le piogge la portano via scoprendo il sasso. L'acqua scorre via e va in pianura. Cosí i contadini mangiano tutti i loro raccolti e non possono vendere nulla.
Anche la vita degli operai è dura. Si levano la mattina alle cinque, fanno sette chilometri per arrivare al treno e un'ora e mezza di treno per arrivare a Firenze dove lavorano da manovali. Tornano a casa alle otto e mezzo di sera.
In molte case e anche qui a scuola manca la luce elettrica e l'acqua. La strada non c'era. L'abbiamo adattata un po' noi perché ci passi una macchina.

2. La nostra scuola
La nostra scuola è privata.
È in due stanze della canonica piú due che ci servono da officina. D'inverno ci stiamo un po' stretti. Ma da aprile a ottobre facciamo scuola all'aperto e allora il posto non ci manca!
Ora siamo 29. Tre bambine e 26 ragazzi.
Soltanto nove hanno la famiglia nella parrocchia di Barbiana. Altri cinque vivono ospiti di famiglie di qui perché le loro case sono troppo lontane.
Gli altri quindici sono di altre parrocchie e tornano a casa ogni giorno: chi a piedi, chi in bicicletta, chi in motorino. Qualcuno viene molto da lontano, per es. Luciano cammina nel bosco quasi due ore per venire e altrettanto per tornare.
Il piú piccolo di noi ha 11 anni, il piú grande 18.
I piú piccoli fanno la prima media. Poi c'è una seconda e una terza industriali.
Quelli che hanno finito le industriali studiano altre lingue straniere e disegno meccanico.

Le lingue sono: il francese, l'inglese, lo spagnolo e il tedesco. Francuccio che vuol fare il missionario comincia ora anche l'arabo.

L'orario è dalle otto di mattina alle sette e mezzo di sera. C'è solo una breve interruzione per mangiare. La mattina prima delle otto quelli piú vicini in genere lavorano in casa loro nella stalla o a spezzare legna.

Non facciamo mai ricreazione e mai nessun gioco.

Quando c'è la neve sciamo un'ora dopo mangiato e d'estate nuotiamo un'ora in una piccola piscina che abbiamo costruito noi.

Queste non le chiamiamo ricreazioni ma materie scolastiche particolarmente appassionanti! Il priore ce le fa imparare solo perché potranno esserci utili nella vita.

I giorni di scuola sono 365 l'anno. 366 negli anni bisestili.

La domenica si distingue dagli altri giorni solo perché prendiamo la messa.

Abbiamo due stanze che chiamiamo officina.

Lí impariamo a lavorare il legno e il ferro e costruiamo tutti gli oggetti che servono per la scuola.

Abbiamo 23 maestri! Perché, esclusi i sette piú piccoli, tutti gli altri insegnano a quelli che sono minori di loro. Il priore insegna solo ai piú grandi. Per prendere i diplomi andiamo a fare gli esami come privatisti nelle scuole di stato.

3. Perché venivamo a scuola sul principio

Prima di venirci, né noi né i nostri genitori, sapevamo cosa fosse la scuola di Barbiana.

Quel che pensavamo noi.

Non siamo venuti tutti per lo stesso motivo.

Per noi barbianesi la cosa era semplice: la mattina andavamo alle elementari e la sera ci toccava andare nei campi. Invidiavamo i nostri fratelli piú grandi che passavano la giornata a scuola dispensati da quasi tutti i lavori. Noi sempre soli, loro in compagnia. A noi ragazzi ci piace fare quel che fanno gli altri. Se tutti sono a giocare, giocare, qui dove tutti sono a studiare, studiare.

Per quelli delle altre parrocchie i motivi sono stati diversi:

Cinque siamo venuti controvoglia (Arnaldo addirittura per castigo).

All'estremo opposto due abbiamo dovuto convincere i nostri genitori che non volevano mandarci (eravamo rimasti disgustati dalle nostre scuole).

La maggioranza invece siamo venuti d'accordo coi genitori. Cinque attratti da materie scolastiche insignificanti: lo sci o il nuoto oppure solo per imitare un amico che ci veniva.

Gli altri otto perché eravamo davanti a una scelta obbligata: o scuola o lavoro. Abbiamo scelto la scuola per lavorare meno.

Comunque nessuno aveva fatto il calcolo di prendere un diploma per guadagnare domani piú soldi o fare meno fatica. Un pensiero simile non ci veniva spontaneo. Se in qualcuno c'era, era per influenza dei genitori.

Quel che pensavano i nostri genitori.

Pare invece che questi calcoli siano normali nei genitori, almeno a giudicare dai nostri.

Non ci siamo sentiti dire che: «Bada di passare! Se passi ti fo un regalo! Se bocci ne buschi! Vuoi zappare come to pa? Guarda quello col diploma che posto s'è fatto!».

A sentir loro sembrerebbe che al mondo non ci fosse che il problema di noi stessi, del denaro, di farsi strada.

Cioè sembrerebbe che ci educhino all'egoismo. Mentre invece per tante altre cose ci danno esempio di generosità: aiutano volentieri il prossimo e anche la loro cura per noi è un continuo dimenticarsi di se stessi. Spesso le loro parole non riflettono il loro vero pensiero, ripetono soltanto quel che il mondo usa dire.

La scrittura professionale

4. Perché veniamo a scuola ora

A poco a poco abbiamo scoperto che questa è una scuola particolare: non c'è né voti, né pagelle, né rischio di bocciare o di ripetere. Con le molte ore e i molti giorni di scuola che facciamo, gli esami ci restano piuttosto facili, per cui possiamo permetterci di passare quasi tutto l'anno senza pensarci. Però non li trascuriamo del tutto perché vogliamo contentare i nostri genitori con quel pezzo di carta che stimano tanto, altrimenti non ci manderebbero piú a scuola.

Comunque ci avanza una tale abbondanza di ore che possiamo utilizzarle per approfondire le materie del programma o per studiarne di nuove piú appassionanti.

Questa scuola dunque, senza paure, piú profonda e piú ricca, dopo pochi giorni ha appassionato ognuno di noi a venirci. Non solo: dopo pochi mesi ognuno di noi si è affezionato anche al sapere in sé.

Ma ci restava da fare ancora una scoperta: anche amare il sapere può essere egoismo.

Il priore ci propone un ideale piú alto: cercare il sapere solo per usarlo al servizio del prossimo, per es. dedicarci da grandi all'insegnamento, alla politica, al sindacato, all'apostolato o simili.

Per questo qui si rammentano spesso e ci si schiera sempre dalla parte dei piú deboli: africani, asiatici, meridionali italiani, operai, contadini, montanari.

Ma il priore dice che non potremo far nulla per il prossimo, in nessun campo, finché non sapremo comunicare.

Perciò qui le lingue sono, come numero di ore, la materia principale.

Prima l'italiano perché sennò non si riesce a imparare nemmeno le lingue straniere.

Poi piú lingue possibile, perché al mondo non ci siamo soltanto noi.

Vorremmo che tutti i poveri del mondo studiassero lingue per potersi intendere e organizzare fra loro. Cosí non ci sarebbero piú oppressori, né patrie, né guerre.

5. Tra il dire e il fare c'è di mezzo il mare

A tutti noi piacerebbe vivere oggi e per tutta la vita all'altezza di questi ideali. Però, sotto la pressione dei genitori, del mondo borghese e di un po' di egoismo nostro, siamo continuamente tentati a ricascare nella cura di noi stessi.

Nostra debolezza.

Per es. uno dei piú grandi, già bravissimo in matematica, passava le nottate a studiarsene dell'altra. Un altro, dopo sette anni di scuola qui, s'è voluto iscrivere a elettrotecnica.

Alcuni di noi ogni tanto son capaci di trascurare una discussione per mettersi a contemplare un motorino come ragazzi di città. E se oltre al motorino avessimo a disposizione anche cose piú stupide (come il televisore o un pallone) non possiamo garantirvi che qualcuno non avrebbe la debolezza di perderci qualche mezz'ora.

Pressione dei nostri genitori e del mondo.

A nostra difesa però c'è che ognuno di noi è libero di lasciare la scuola in qualsiasi momento, andare a lavorare e spendere, come usa nel mondo.

Se non lo facciamo non crediate che sia per pressione dei genitori. Tutt'altro! Specialmente quelli che abbiamo già preso la licenza siamo continuamente in contrasto con la famiglia che ci spingerebbe al lavoro e a far carriera. Se diciamo in casa che vogliamo dedicare la nostra vita al servizio del prossimo, arricciano il naso, anche se magari dicono di essere comunisti.

La colpa non è loro, ma del mondo borghese in cui sono immersi anche i poveri. Quel mondo preme su di loro come loro premono su di noi.

Ma noi siamo difesi da questa scuola che abbiamo avuto, mentre loro poveretti non hanno avuto né questa né altra scuola.

Guida all'analisi

La lettera – scritta da ragazzi ad altri ragazzi – è un esempio di stile informale e familiare. Contiene infatti anche espressioni dialettali e la struttura è fatta di frasi semplicissime e molto brevi. In essa si descrive un'esperienza di vita quotidiana semplice, ma straordinaria. Vista la data in cui è stata scritta, potrebbe sembrare cosa d'altri tempi e ampiamente superata. Viceversa, non solo ci appare freschissima e come se fosse stata scritta ieri, ma il contenuto mantiene una sua attualità addirittura sconcertante. Esaminiamone i cinque capoletti in cui i ragazzi stessi l'hanno divisa, considerandoli delle macrosequenze:

1. **Descrizione del paesino** di Barbiana, del suo **territorio** e dei suoi abitanti, 39 persone in tutto, contadini o operai. La dura vita di operai e contadini e la povertà delle case e della scuola, prive di acqua e luce elettrica. Manca perfino la strada.

2. **Descrizione della scuola**, dei 29 ragazzi che la frequentano e di ciò che vi si studia. L'orario **delle lezioni** copre l'intera giornata e l'intero anno, e gli unici **svaghi** – materie scolastiche anche queste – sono lo sci d'inverno e il nuoto in estate. In due stanze si fanno lavori con il legno e il ferro. Tutti i ragazzi più grandi insegnano a quelli che sono minori di loro, il parroco ai più grandi. Poi si fanno gli esami da privatisti nelle scuole statali.

3. Le **motivazioni che hanno spinto i ragazzi** a frequentare la scuola: quelli del posto volevano imitare i fratelli più grandi che passavano la giornata a scuola e non dovevano aiutare i genitori nel lavoro; varie le motivazioni per gli altri. Le **motivazioni che hanno spinto i genitori** a mandare i figli a scuola ruotano tutte intorno al desiderio di vedere i figli con il diploma per migliorare la prospettiva di vita.

4. La natura particolare della scuola di Barbiana ha appassionato i ragazzi, tanto che li ha spinti ad **amare il sapere** in sé, senza tuttavia trascurare lo studio nella prospettiva di superare gli esami per contentare i genitori con l'ambito «pezzo di carta». La lezione di don Milani: cercare il sapere solo per usarlo al servizio del prossimo e schierarsi sempre dalla parte dei più deboli. L'importanza della comunicazione e delle lingue.

5. Seguendo l'insegnamento di don Milani, i ragazzi esaminano i **propri comportamenti** e le **proprie debolezze**. I genitori premono per mandarli a lavorare e non sempre comprendono l'altruismo che anima i loro figli.

Esercizi

1. Seguendo la nostra *Guida all'analisi*, fai un riassunto del brano. Sulla scorta di quello che abbiamo detto alle pagg. 76-79, metti un titolo adeguato al tuo riassunto.

2. Rileva tutte le espressioni che ti sembrano tipiche del dialetto toscano presenti nel testo, e «traducile» sia in italiano standard che nel tuo dialetto.

3. Scrivi una lettera a dei tuoi amici di un'altra scuola/città, descrivendo la tua scuola e seguendo la «scaletta» che abbiamo ricavato dal testo, in particolare i punti evidenziati con il neretto.

4. Ti diamo altri possibili argomenti su cui scrivere delle lettere. Scegli quelli che preferisci e componi il testo, indicando il destinatario e adeguando a questo il tono e il linguaggio del testo.
   • Argomenti personali: l'ultima pagella; il racconto di un viaggio; i compagni che ti sono più simpatici; è sbocciato l'amore?; il tuo cane/gatto/pappagallo... si è ammalato...; i tuoi progetti per il futuro.
   • Argomenti che ti hanno particolarmente interessato: un fatto di cronaca rosa; un fatto di cronaca nera; un avvenimento sportivo; un personaggio della politica, dell'arte, dello sport... che ammiri e vorresti imitare.

La scrittura professionale

Riflettiamo insieme...

Riproduciamo due lettere molto diverse tra loro, benché entrambe siano di protesta e rivolte a un sindaco. La prima – che come si vede è stata inviata per e-mail – è di un'associazione che protesta per lo stato di abbandono dei cani randagi, e ha il tono «ufficiale» che la circostanza richiede.

La seconda invece merita un po' più di attenzione, perché è stata scritta dai ragazzi di una scuola un po' speciale, la Scuola 725, fondata da un prete che ripropose nel 1968 un'esperienza analoga a quella di don Milani a Barbiana. Don Roberto Sardelli, nato nel 1935, scelse di andare a vivere con i baraccati dell'Acquedotto Felice a Roma, dove portò avanti una visione assolutamente nuova della formazione dei ragazzi, esortandoli a rivendicare con orgoglio le loro umili origini, ma anche a prendere coscienza della loro condizione per liberarsi dalla paura e dal bisogno, e per affermare con coraggio la propria dignità. Questo che segue è lo stralcio di un documento divenuto famoso, la lettera che i ragazzi indirizzarono al sindaco della capitale per segnalare la propria situazione, e che fu pubblicata da un quotidiano a diffusione nazionale. **Nel 2006, don Roberto ha deciso di rincontrare i suoi ex allievi. Con loro a distanza di trent'anni ha scritto una nuova lettera al sindaco sui mali di Roma e della società.**

A.D.D.A. (Associazione Difesa dei Diritti degli Animali) • Lettera al Sindaco

sito internet www.laikanimali.org visitato il 5 luglio 2010

Al Sindaco
di Castellammare di Stabia
sindaco@comune.castellammare-di-stabia.napoli.it
Fax 0813900205

Oggetto: Randagismo – Città di Castellammare di Stabia.

Le scriviamo per esprimere la nostra profonda disapprovazione per lo stato dei cani vaganti sul territorio della vostra città.

Sappiamo che nelle strade cittadine vaga un numero abnorme[1] di cani, malridotti perché sottoposti a continui maltrattamenti da parte di persone intolleranti e insipienti[2] in ordine a qualsiasi principio di civiltà e di tutela degli animali.

Siamo al corrente del fatto che ciò avviene perché non è mai stato realizzato un rifugio nonostante se ne parli almeno dal 1989, non è mai stata data all'Associazione la disponibilità di un piccolo locale per ospitare i cani soccorsi perché feriti o da sottoporre a intervento di sterilizzazione né alcun aiuto di tipo economico che consentisse ai volontari di proseguire la loro opera.

Non ci sembra proponibile in queste condizioni parlare di incremento[3] del turismo nella vostra città.

Segnaliamo che svolgeremo una decisa opera di dissuasione[4] in tal senso nei confronti di chiunque se non riceveremo notizie di positive evoluzioni, anche se – e questo aumenta il nostro rammarico – sappiamo bene che la vostra città è un posto bellissimo e che possiede ogni potenzialità (mare, montagna, scavi archeologici e terme) per proporsi in modo serio come località turistica.

Il degrado etico e ambientale non può non rappresentare un formidabile deterrente[5].
Distinti saluti

Firme
gennaio 2006

---

1. **abnorme**: eccessivo.
2. **insipienti**: ignoranti.
3. **incremento**: crescita.

4. **opera di dissuasione**: di scoraggiamento; in pratica la minaccia è di scoraggiare i turisti dal visitare la città.
5. **deterrente**: elemento in grado di scoraggiare già di per sé.

Scuola 725 • Lettera al Sindaco

in R. Simone, Fare Italiano, *La Nuova Italia, Firenze, 1979*

Sindaco, *egrege* vuol dire fuori dal popolo. Se avessimo cominciato in un modo del genere la lettera l'avremmo posta al di sopra di noi, invece lei è come noi. Ciò le fa onore. E neppure *signore* l'abbiamo voluta chiamare. Il Signore è uno ed è morto in croce e certo lei non ci muore. Parliamo della croce dello sfruttamento: questa è già occupata da noi.

C'è rimasta la parola *sindaco*. Abbiamo visto sul vocabolario che essa significa «difensore del diritto». Di quale diritto? Di quello dei ricchi o dei poveri? Senz'altro lei dovrebbe essere dalla parte dei poveri. Questa è giustizia. E per due ragioni: i poveri sono da tutti dimenticati e non sanno come difendersi. Lei crede di avere la coscienza tranquilla quando ha trattato tutti allo stesso modo. Invece ciò per noi è ingiustizia. Se ci sono due uomini, uno zoppo e l'altro sano, se il primo viene offeso, dobbiamo metterci dalla sua parte e non fare i neutrali.

Lei qui all'Acquedotto non s'è mai vista. Ed ogni giorno che passa, qui si costruisce un ghetto. Lei sicuramente conosce il significato della parola, solo perché l'avrà letta sul vocabolario. Noi lo sappiamo perché ci viviamo da quando siamo nati.

Solo chi vive ha il diritto di parlare. Chi legge, saprà le cose a memoria, ma è bene che stia zitto e si metta dietro a noi.

Guida all'analisi

La prima lettera ci consente di osservare tutte le caratteristiche del linguaggio formale e burocratico, a partire dal tono ufficiale. È ben congegnata, e pur nella sua brevità, vi si possono ritrovare questi punti salienti:

- scopo della lettera;
- esposizione del problema;
- cause all'origine del problema;
- conseguenze negative sul turismo;
- minaccia di ritorsioni;
- saluti formali.

Di tutt'altro tenore la seconda. Certamente è inusuale che ci si rivolga in questi toni a un esponente delle istituzioni, ma è anche indubbio che ci troviamo di fronte a un documento di grandissima efficacia. I ragazzi cominciano proprio con il contestare il linguaggio tradizionale, per cui a un sindaco ci si dovrebbe rivolgere iniziando con «Egregio Signor Sindaco». Lo fanno nel modo più semplice e razionale: analizzando il significato delle parole. *Egregio* è in effetti un termine che deriva dal latino, ed è composto del prefisso *e* che significa *fuori da* e dalla parola *grege*, che anche in italiano significa *gregge*, e quindi moltitudine, popolo. Anche gli altri due termini secondo i ragazzi sono inadeguati, e le loro motivazioni certo non fanno una piega. Sovvertendo le convenzioni sociali, esortano il sindaco a sentirsi onorato per essere considerato uno di loro, ed espongono la loro idea per cui giustizia non è fare parti uguali tra disuguali, bensí mettersi dalla parte dei piú bisognosi. E rivendicano orgogliosamente il diritto a farsi ascoltare, acquisito grazie alla propria esperienza di vita!

Esercizi

1. Fai una sintesi sia della prima lettera che della seconda, componendo un unico testo, e quindi mettendole a confronto e commentandole secondo le impressioni che hanno suscitato in te.

2. Cosa vorresti scrivere al sindaco del tuo paese o della tua città per segnalare qualcosa che non va? Useresti il tono ufficiale della prima lettera o quello informale, ma comunque non offensivo, della seconda?

La scrittura professionale

3. La scrittrice Fernanda Pivano ha definito gli SMS «battiti creativi». Eccone qualche esempio:

«Sms». Salve Mia Solitudine!
Sms Anonimo

Le persone che hanno tutto vanno a cercare ciò
che gli manca nelle persone che non hanno niente
Andrea

Una bimba bianca abbracciata a una bimba nera
Piangevano ma le loro lacrime non avevano colore
Guendalina S. (RM)

Lei: «Dimmi qualcosa che mi tiri su»
Lui: «Alzati!»
Sms Anonimo

Mi cercò tra molti, mi trovò, mi guardò negli okki e mi
disse: «Interrogata!»
Stefania V.

Sai xché non si riesce + a rintracciare Satana al telefono?
Xché è sempre collegato a Infernet
Sms Anonimo

80 voglia di te 16 ti amo 11 sposeremo!
Sms Anonimo

Gli SMS possono essere utilizzati come esercizio di scrittura sintetica e creativa e come mezzo per far circolare frammenti di testi letterari. Dunque, mettiti alla prova!

3.7 Il verbale: che cos'è; come si fa

Il termine *verbale* deriva dal latino *verbum*, «parola», e viene usato come aggettivo per indicare ciò che consiste in parole (linguaggio verbale, fatto appunto di parole). Questo termine è nato dall'espressione «processo verbale», che veniva un tempo usata negli uffici pubblici per indicare le trascrizioni delle dichiarazioni rese da persone spesso analfabete.

Il **verbale** è, dunque, un testo scritto che ha lo scopo di registrare con la massima fedeltà tutto ciò che si dice o avviene in una determinata circostanza. Vi sono situazioni in cui la stesura del verbale è opportuna, sebbene non indispensabile, per documentare ciò che è stato detto; è il caso, per esempio, delle assemblee studentesche di classe e d'istituto. Quando, invece, si riuniscono alcuni organismi che prendono decisioni importanti, è obbligatoria la redazione di un verbale che assume la funzione di documento ufficiale, al punto tale che solo ciò che è stato verbalizzato viene considerato valido e rilevante. In circostanze del genere bisogna trascrivere con grande precisione ogni affermazione e seguire norme rigorose nella redazione del testo.

Ecco alcune situazioni nelle quali la stesura del verbale è obbligatoria:

✓ le sedute dei consigli di classe e d'istituto;
✓ le riunioni di condominio;
✓ le gare sportive;
✓ le riunioni di associazioni e club.

Nel corso della sua vita scolastica a uno studente potrà capitare di dover redigere dei verbali, per esempio di un'assemblea di classe; successivamente, gli si presenteranno svariate occasioni in cui sarà necessario redigere un verbale. Pertanto è opportuno conoscere alcune norme fondamentali che ne regolano la composizione.

In un verbale distinguiamo tre parti.

1. **Inizio**, che deve portare le seguenti indicazioni:
   - giorno, mese, anno;
   - ora di inizio della seduta;
   - luogo in cui si svolge l'assemblea o la riunione;
   - organismo che si riunisce (assemblea di classe o d'istituto, di condominio, di un'associazione, consiglio di classe, ecc.);
   - nome dei presenti e degli assenti;
   - nome di chi presiede (presidente) e di chi verbalizza (segretario);
   - ordine del giorno (indicato con la sigla O.d.G.), cioè il tema o i temi per la discussione dei quali è stata convocata la riunione; l'ordine del giorno è contenuto nella lettera o nella circolare di convocazione dalla quale può essere integralmente ripreso.

   Oggi esistono moduli o registri prestampati nei quali sono riportate tutte queste voci che vanno quindi semplicemente completate.

2. **Corpo del testo**, che contiene la registrazione fedele di tutto ciò che viene detto sui vari punti all'ordine del giorno. Per ogni punto, che deve essere esplicitamente indicato, occorre riportare il nome di chi interviene, le sue affermazioni e/o proposte. Nella trascrizione bisogna usare la terza persona e adoperare un tono oggettivo senza esprimere valutazioni e apprezzamenti. La funzione linguistica sarà dunque quella referenziale. Ecco un esempio.

   > Viene discusso il primo punto all'ordine del giorno: meta del viaggio d'istruzione. Prende la parola lo studente M.R. della classe V A, il quale sostiene che sarebbe opportuno scegliere come meta del viaggio la città di Bruxelles per poter visitare gli organismi dell'Unione Europea e assistere a qualche seduta del Parlamento. Chiede pertanto che la sua proposta sia messa ai voti.

   Ricordiamo che, soprattutto nel caso di discussioni molto accese, chi parla può chiedere che le proprie dichiarazioni vengano messe a verbale, cioè vengano riportate esattamente con le sue stesse parole. In tal caso il segretario verbalizzante scriverà sotto dettatura mettendo le dichiarazioni fra virgolette.

3. **Conclusione**, che deve contenere la formula di chiusura, cioè *letto, approvato e sottoscritto il presente verbale, la seduta è tolta alle ore...*, l'indicazione dell'ora in cui la riunione ha avuto termine e le firme del presidente e del segretario verbalizzante.

Esercizi

1. Il verbale va redatto nel corso della seduta e letto e approvato prima che questa sia definitivamente sciolta. Se, però, non si riesce a star dietro a tutti gli interventi, si potranno prendere velocemente degli appunti che costituiranno la base per la stesura del testo. Sarà bene allora preparare una scaletta di questo tipo che agevoli e razionalizzi la scrittura degli appunti:
   - argomento della discussione (indicare punto per punto l'ordine del giorno);
   - nome di chi interviene;
   - sintesi dell'intervento;
   - decisione finale con il risultato di eventuali votazioni.

   La redazione di un verbale da parte degli studenti si richiede per le assemblee di classe e di istituto. Alla prima occasione stendete – in gruppo o singolarmente – un verbale che rispetti tutte le regole e la scaletta fornita in questo paragrafo.

La scrittura professionale

3.8 Scrivere per scopi pratici: i moduli, le domande formali, il C.V.

Anche alle persone colte e meno sprovvedute può capitare di trovarsi in difficoltà di fronte a un modulo, una domanda formale (con termine tecnico detta *istanza*), una dichiarazione per un ufficio. Scrivere per scopi pratici, infatti, comporta degli accorgimenti particolari. Spesso gli enti pubblici forniscono dei moduli prestampati o rintracciabili sui propri siti internet (lo fanno ormai anche le scuole per le varie pratiche scolastiche e le domande di iscrizione): in tal caso si tratta di riempire gli spazi vuoti con le informazioni richieste. Se, invece, dobbiamo compilare, per esempio, una richiesta di assunzione, o dare la disponibilità per un colloquio di lavoro, i dati dovranno essere messi insieme da noi.
Ricordiamo che alcuni elementi essenziali non possono mancare:

✓ **nome e cognome**;
✓ **dati anagrafici e personali**: luogo e data di nascita, indirizzo, telefono;
✓ **codice fiscale**.

Si scrivono, poi, tutte le informazioni che si ritengono utili a fare la migliore impressione su chi leggerà la domanda: il percorso scolastico, le competenze linguistiche e relazionali, le esperienze lavorative precedenti, ecc.
Si può scrivere anche in prima persona, ma in una domanda formale è più adatta la terza persona: *Il/la sottoscritto/a...*; in questo caso bisogna stare ben attenti a mantenere tutti i riferimenti personali appunto alla terza persona.
Tutte le informazioni che riguardano l'individuo costituiscono il suo ***Curriculum Vitae***, sinteticamente ***C.V.*** L'espressione è, tale e quale, latina, e significa «corso, carriera della vita» (il termine *curriculum* è costruito sulla radice del verbo *currere*, «correre»).
Ormai in tutte le circostanze (bandi di concorso, ricerca di lavoro, contatti con ditte e aziende, ecc.) è in uso un modello di *curriculum* (che si italianizza anche in *curricolo*) nel cosiddetto **«formato europeo»**, che costituisce un modello standard in tutti i Paesi dell'Unione Europea, facilmente reperibile su internet, e che non è male usare anche se non espressamente richiesto. Una caratteristica di questo modello è che le esperienze vanno citate dalla più recente alla più antica, in modo che chi legge abbia subito l'informazione sulla situazione attuale di chi si presenta, e tutte le altre successivamente, andando all'indietro nel tempo. Il modello è composto di tanti riquadri che, se necessario, possono essere duplicati per quante sono le informazioni da dare. È molto completo, perché prevede anche un'autovalutazione di ciò in cui si è maggiormente competenti, sia nel settore lavorativo che nei rapporti con gli altri. Si possono aggiungere altri «titoli», cioè attestati, certificazioni, diplomi, ecc., che riteniamo utili a farci fare bella figura.

Laboratorio di scrittura

Esercizi

1. Riproduciamo il modello del *Curriculum* europeo. Osservalo prima attentamente, raccogli tutte le informazioni che ti riguardano per come ti vengono richieste, e compilalo come se lo dovessi esibire per una ricerca di lavoro.

FORMATO EUROPEO PER IL CURRICULUM VITAE

INFORMAZIONI PERSONALI

Nome	(Cognome, nome, e, se pertinente, altri nomi)
Indirizzo	(Numero civico, strada o piazza, codice postale, città, paese)
Telefono	
Fax	
E-mail	
Nazionalità	
Data di nascita	(Giorno, mese, anno)

ESPERIENZA LAVORATIVA

• Date (da – a)	(Iniziare con le informazioni piú recenti ed elencare separatamente ciascun impiego pertinente ricoperto)
• Nome e indirizzo del datore di lavoro	
• Tipo di azienda o settore	
• Tipo di impiego	
• Principali mansioni e responsabilità	

ISTRUZIONE E FORMAZIONE

• Date (da – a)	(Iniziare con le informazioni piú recenti ed elencare separatamente ciascun corso pertinente frequentato con successo)
• Nome e tipo di istituto di istruzione o formazione	
• Principali materie / abilità professionali oggetto dello studio	
• Qualifica conseguita	
• Livello nella classificazione nazionale (se pertinente)	

CAPACITÀ E COMPETENZE PERSONALI

Acquisite nel corso della vita e della carriera ma non necessariamente riconosciute da certificati e diplomi ufficiali.

PRIMA LINGUA	(indicare la madrelingua)
ALTRE LINGUE	
	(indicare la lingua)
• Capacità di lettura	(indicare il livello: eccellente, buono, elementare)
• Capacità di scrittura	(indicare il livello: eccellente, buono, elementare)
• Capacità di espressione orale	(indicare il livello: eccellente, buono, elementare)

La scrittura professionale

CAPACITÀ E COMPETENZE RELAZIONALI

Vivere e lavorare con altre persone, in ambiente multiculturale, occupando posti in cui la comunicazione è importante e in situazioni in cui è essenziale lavorare in squadra (ad es. cultura e sport), ecc.

(descrivere tali competenze e indicare dove sono state acquisite)

CAPACITÀ E COMPETENZE ORGANIZZATIVE

Ad es. coordinamento e amministrazione di persone, progetti, bilanci; sul posto di lavoro, in attività di volontariato (ad es. cultura e sport), a casa, ecc.

(descrivere tali competenze e indicare dove sono state acquisite)

CAPACITÀ E COMPETENZE TECNICHE

Con computer, attrezzature specifiche, macchinari, ecc.

(descrivere tali competenze e indicare dove sono state acquisite)

CAPACITÀ E COMPETENZE ARTISTICHE

Musica, scrittura, disegno ecc.

(descrivere tali competenze e indicare dove sono state acquisite)

ALTRE CAPACITÀ E COMPETENZE

Competenze non precedentemente indicate.

(descrivere tali competenze e indicare dove sono state acquisite)

PATENTE O PATENTI

ULTERIORI INFORMAZIONI

(inserire qui ogni altra informazione pertinente; ad esempio persone di riferimento, referenze, ecc.)

ALLEGATI

(se del caso, enumerare gli allegati al CV)

Il sottoscritto è a conoscenza che, ai sensi dell'art. 26 della legge 15/68, le dichiarazioni mendaci, la falsità negli atti e l'uso di atti falsi sono puniti ai sensi del codice penale e delle leggi speciali. Inoltre, il sottoscritto autorizza al trattamento dei dati personali, secondo quanto previsto dalla Legge 675/96 del 31 dicembre 1996.

Città, data
NOME E COGNOME (FIRMA)

La scrittura creativa

Probabilmente in ciascuno di noi c'è un angolino riservato al sogno di diventare scrittore. Chi non si è mai cimentato fin da piccolo a scrivere almeno una poesia, un piccolo racconto, qualche riga di quello che pensa potrebbe diventare un romanzo? Lo sanno bene decine di piccole case editrici che invitano – dalle pagine dei giornali o da internet – aspiranti scrittori a mandare testi inediti, promettendo di valutarli attentamente per la pubblicazione. In parallelo, vengono indetti ogni anno decine di concorsi, e c'è dappertutto un gran fiorire di scuole di *scrittura creativa*, nate in molti paesi come manifestazione spontanea di giovani scrittori, ma che sono ben presto diventate fenomeno di costume. Una breve ricerca su internet può dare un'idea abbastanza eloquente di quanto stiamo dicendo.

Nella scuola troppo spesso si associa lo scrivere a qualcosa di faticoso, ripetitivo, prescritto, che dunque si affronta malvolentieri. Ma, d'altra parte, proprio dove si richiedono disciplina e «allenamento» (si pensi allo sport, alla danza, al teatro, ecc.) si possono ottenere grandi soddisfazioni, che sicuramente fanno dimenticare le fatiche affrontate, e il piacere di un buon risultato, è, anzi, maggiore.

Sull'altro versante, non pensiamo che la *creatività* sia sinonimo di libertà e fantasia assolute; al contrario, i prodotti letterari e artistici sono, sí, frutto della creatività degli autori, ma sono anche l'esito di lungo tirocinio e studio.

Poiché il termine «creare» probabilmente ci fa pensare all'atto del «fare dal nulla» (riferito, per esempio, a Dio Creatore), chiariamo subito che in qualsiasi attività umana niente si crea dal niente, ma si parte sempre da qualcosa che c'è già, per produrre qualcosa (oggetto, idea, struttura) che appaia come nuova o originale. La creatività dunque è saper giocare con le cose, combinare elementi – concreti o ideali che siano – in modo diverso dal consueto, raggiungere risultati inaspettati, fare associazioni imprevedibili e impreviste, ottenendo esiti piacevoli, artisticamente validi e talvolta sorprendenti. Perfino risolvere un problema di matematica seguendo una strada nuova è un atto creativo: lo scienziato francese Henry Poincaré (1854-1912) parla di creatività come capacità di unire elementi preesistenti in combinazioni nuove, che siano utili, e «belle», intendendo la bellezza come armonia e rispondenza funzionale allo scopo.

Nella scuola la scrittura può quindi coniugarsi con la creatività senza che necessariamente si pensi a essa come a un diversivo inutile e solamente giocoso. Al contrario, anche la scrittura creativa è una palestra in cui si impara, probabilmente – questo sí – in modo piú leggero e piacevole rispetto ad altri settori.

Nel contesto del discorso che siamo andati facendo intorno alla scrittura, ci è parso dunque utile e interessante dedicare un piccolo spazio anche alla scrittura creativa, non certo come palestra per futuri scrittori (ma poi chi sa?... non si può mai dire...), ma per mostrare come si possa scrivere per divertirsi e allo stesso tempo maturare abilità, e come anche nella scuola si possano trovare adeguati spazi nei quali lo studente può dar voce alla propria fantasia.

La scrittura creativa

Le forme della scrittura creativa

Ogni genere di scrittura che vada al di là della normale scrittura professionale, giornalistica, accademica e tecnica si può definire **scrittura creativa**. È una forma di scrittura che lascia spazio all'inventiva e alla fantasia e costituisce un'occasione per portare alla luce il proprio mondo interiore, esprimere emozioni, osservare ciò che sta intorno a noi, confessare debolezze, esorcizzare paure.

Come detto, però, non bisogna commettere l'errore di considerarla una forma di scrittura del tutto libera da vincoli; al contrario, anch'essa richiede la **padronanza di alcuni ferri del mestiere** e la **conoscenza di determinate regole** (cosa indispensabile per poterle violare, con il risultato di produrre effetti sorprendenti). Anche quando ci si dedica alla scrittura creativa, insomma, occorre mettersi dei paletti: fissare una tematica, darsi dei limiti di spazio e di tempo, stabilire luoghi e tempi in cui far agire i personaggi, scegliere la realtà da descrivere e così via. All'interno di queste regole, poi, si lavorerà liberamente, seguendo la propria inventiva.

Quali sono gli ambiti della scrittura creativa? Sicuramente il primo è costituito dai testi letterari: **racconti**, **poesie**, **romanzi**, **poemi**, scritture per il **cinema** e il **teatro** sono tutti esempi di questo tipo di scrittura. Un secondo settore è quello della **pubblicità**: gli slogan, le descrizioni, i dialoghi che reclamizzano i prodotti sono frutto della creatività di persone che hanno fatto dell'invenzione – linguistica, ma non solo – il loro mestiere. C'è poi tutto il terreno della **manipolazione** e della **riscrittura**, nonché quello della **scrittura usata a supporto di altre forme espressive**: fumetti, disegni pubblicitari, ipertesti, pagine web. Partiremo da brevi spiegazioni ed esempi, cercando di offrire – tra le pagine di questo volumetto e il materiale on-line – una panoramica di tutto questo, per dare un input alla vostra fantasia, che magari non aspetta altro.

Né un manualetto né un laboratorio possono certo far nascere uno scrittore; essi tuttavia consentono di migliorare le proprie capacità di scrittura e di imparare a valutare e criticare anche i testi altrui.

Tra imitazione e creatività

Tutti possiamo cimentarci in piccoli esercizi di creatività, senza dover necessariamente dar vita a invenzioni di storie o trovate eccezionali.

✓ Un primo settore è quello della **manipolazione di testi**: si può intervenire su un testo già esistente (un racconto, una fiaba, un romanzo, una poesia), per apportarvi delle modifiche. Per esempio, ci si può divertire a cambiare il finale, o i luoghi in cui si svolge la vicenda, si può sostituire un personaggio con un altro, si può modificare il punto di vista, e così via.
È chiaro che per apportare modifiche di questo genere occorre conoscere il meccanismo della narrazione: non si può dunque lavorare a briglia sciolta, ma bisogna esercitare la propria inventiva entro confini ben precisi.

Un altro tipo di manipolazione consiste nell'intervenire su un racconto, su una poesia o su parte di essi, senza modificarli, ma semplicemente scomponendoli e ricomponendoli secondo un ordine diverso. La **ricomposizione**, a sua volta, potrebbe diventare il punto di partenza di una nuova storia o di un nuovo testo poetico. Ecco come si potrebbe modificare, per esempio, l'inizio della *Metamorfosi* di Franz Kafka:

Testo originale

Un mattino, al risveglio da sogni inquieti, Gregor Samsa si trovò trasformato in un enorme insetto. Sdraiato nel letto sulla schiena dura come una corazza, bastava che alzasse un po' la testa per vedersi il ventre convesso, bruniccio, spartito da solchi arcuati; in cima al ventre la coperta, sul punto di scivolare per terra, si reggeva a malapena. Davanti agli occhi gli si agitavano le gambe, molto più numerose di prima, ma di una sottigliezza desolante. «Che cosa mi è capitato?», pensò. Non stava sognando. La sua camera, una normale camera d'abitazione, anche se un po' piccola, gli appariva in luce quieta, fra le quattro ben note pareti. Sopra al tavolo, sul quale era sparpagliato un campionario di telerie svolto da un pacco (Samsa faceva il commesso viaggiatore), stava appesa un'illustrazione che aveva ritagliata qualche giorno prima da un giornale, montandola poi in una graziosa cornice dorata.

Rappresentava una signora con un cappello e un boa di pelliccia, che, seduta ben ritta, sollevava verso gli astanti un grosso manicotto, nascondendovi dentro l'intero avambraccio. Gregor girò gli occhi verso la finestra, e al vedere il brutto tempo – si udivano le gocce di pioggia battere sulla lamiera del davanzale – si sentí invadere dalla malinconia. «E se cercassi di dimenticare queste stravaganze facendo un'altra dormitina?», pensò, ma non poté mandare ad effetto il suo proposito; era abituato a dormire sul fianco destro, e nello stato attuale gli era impossibile assumere tale posizione. Per quanta forza mettesse nel girarsi sul fianco, ogni volta ripiombava indietro supino. Tentò almeno cento volte, chiudendo gli occhi per non vedere quelle gambette divincolantisi, e a un certo punto smise perché un dolore leggero, sordo, mai provato prima, cominciò a pungergli il fianco.

«Buon Dio – pensò – che mestiere faticoso ho scelto! Dover prendere il treno tutti i santi giorni... Ho molte più preoccupazioni che se lavorassi in proprio a casa, e per di più ho da sobbarcarmi a questa tortura dei viaggi, all'affanno delle coincidenze, a pasti irregolari e cattivi, a contatti umani sempre diversi, mai stabili, mai cordiali. All'inferno tutto quanto!». Sentí un lieve pizzicorino sul ven-

Testo manipolato

Gregor girò gli occhi verso la finestra, e al vedere il brutto tempo – si udivano le gocce di pioggia battere sulla lamiera del davanzale – si sentí invadere dalla malinconia. «Buon Dio – pensò – che mestiere faticoso ho scelto! Dover prendere il treno tutti i santi giorni... Ho molte più preoccupazioni che se lavorassi in proprio a casa, e per di più ho da sobbarcarmi a questa tortura dei viaggi, all'affanno delle coincidenze, a pasti irregolari e cattivi, a contatti umani sempre diversi, mai stabili, mai cordiali. All'inferno tutto quanto!». Sentí un lieve pizzicorino sul ventre; lentamente, appoggiandosi sul dorso, si spinse più in su verso il capezzale, per poter sollevare meglio la testa, e scoprí il punto dove prudeva: era coperto di tanti puntolini bianchi, di cui non riusciva a capire la natura; con una delle gambe provò a toccarlo, la ritirò subito, perché brividi di freddo lo percorsero tutto. «Che cosa mi è capitato?», pensò. Non stava sognando. La sua camera, una normale camera d'abitazione, anche se un po' piccola, gli appariva in luce quieta, fra le quattro ben note pareti. Sopra al tavolo, sul quale era sparpagliato un campionario di telerie svolto da un pacco (Samsa faceva il commesso viaggiatore), stava appesa un'illustrazione che aveva ritagliata qualche giorno prima da un giornale, montandola poi in una graziosa cornice dorata. Rappresentava una signora con un cappello e un boa di pelliccia, che, seduta ben ritta, sollevava verso gli astanti un grosso manicotto, nascondendovi dentro l'intero avambraccio. «E se cercassi di dimenticare queste stravaganze facendo un'altra dormitina?», pensò, ma non poté mandare ad effetto il suo proposito; era abituato a dormire sul fianco destro, e nello stato attuale gli era impossibile assumere tale posizione. Per quanta forza mettesse nel girarsi sul fianco, ogni volta ripiombava indietro supino. Tentò almeno cento volte, chiudendo gli occhi per non vedere quelle gambette divincolantisi, e a un certo punto smise perché un dolore leggero, sordo, mai provato prima, cominciò a pungergli il fianco. Sdraiato nel letto sulla schiena dura come una corazza, bastava che alzasse un po' la testa per vedersi il ventre convesso, bru-

La scrittura creativa

tre; lentamente, appoggiandosi sul dorso, si spinse piú in su verso il capezzale, per poter sollevare meglio la testa, e scoprí il punto dove prudeva: era coperto di tanti puntolini bianchi, di cui non riusciva a capire la natura; con una delle gambe provò a toccarlo, la ritirò subito, perché brividi di freddo lo percorsero tutto.

niccio, spartito da solchi arcuati; in cima al ventre la coperta, sul punto di scivolare per terra, si reggeva a malapena. Davanti agli occhi gli si agitavano le gambe, molto piú numerose di prima, ma di una sottigliezza desolante. Il fatto era che quella mattina, al risveglio da sogni inquieti, Gregor Samsa si era trovato trasformato in scarafaggio.

F. Kafka, *La metamorfosi*, trad. di E. Castellani,
Einaudi, Torino, 1966

✓ Un'ulteriore possibilità è l'**invenzione/imitazione**: si può «fare il verso» a uno scrittore famoso, utilizzando espressioni che caratterizzano il suo stile, o riprendendo descrizioni di luoghi e personaggi per applicarle a una storia del tutto nuova. Se non si riesce a inventare di sana pianta una storia, si può ricorrere agli articoli di cronaca e trasformarli in racconti. Ecco, per esempio, come potrebbe diventare una notizia di cronaca ispirandosi all'inizio dei *Promessi Sposi* del Manzoni:

Due studentesse di un paesino nei pressi di Stresa, Marta R. e Alice B., scappano di casa venerdí 13 gennaio. I genitori, preoccupati, si rivolgono alla polizia per ritrovare le figlie scomparse. Dopo alcuni giorni le due ragazze telefonano a casa: stanno bene e durante la loro fuga sono state ospiti di amici che avevano conosciuto in vacanza. Le due ragazze vengono interrogate dalla polizia e riconsegnate ai loro genitori.

Su quel ramo del lago Maggiore che volge a meridione tra due catene ininterrotte di monti, tutto a seni e golfi, sorge un borgo che s'avvia diventar città. Il paese vanta un antico castello arroccato, con la sua torre piatta, sopra le casucce ammucchiate alla falda del promontorio. Tutt'intorno corrono strade e stradette, piú o meno ripide, ogni tanto affondate tra due muri, da dove, alzando lo sguardo, si scopre un pezzo di cielo. Per una di queste stradicciole tornavano dalla loro passeggiata, il pomeriggio del 13 gennaio, due graziose fanciulle, Marta R. e Alice B. Chiacchieravano tra loro con apparente tranquillità e durante il cammino, buttavano con il piede verso il muro i ciottoli che facevano inciampo sul sentiero. Il gesto tradiva un certo nervosismo, che trovava conferma nei discorsi delle fanciulle. «Che vita noiosa, la nostra!», diceva Alice, e Marta, di rimando: «Ogni giorno i soliti sermoni. Studia, leggi, stira, sgobba». A un tratto le si illuminarono gli occhi: «Partire! Fuggire! Vedere nuove terre, orizzonti sconfinati, avventure!». Era questa la soluzione. In men che non si dica, le due fanciulle si avviarono verso il traghetto che ogni ora partiva dal borgo sul lago verso il capoluogo. Comprarono due biglietti di sola andata e, imbarcatesi, andarono a sedersi a poppa, per evitare di esser viste da qualche conoscente. Mentre la barca s'andava allontanando dal lido e l'onda, segata dallo scafo, riunendosi dietro la poppa, segnava una striscia increspata, Alice guardava per l'ultima volta il suo paesello. Un fiotto di malinconia l'invase e, seduta com'era, nel fondo dell'imbarcazione, posò il braccio sulla sponda, posò sul braccio la fronte, come per dormire, e pianse segretamente.

Addio monti sorgenti dall'acque ed elevati al cielo...

Laboratorio di scrittura

✓ C'è poi la via della **variazione su tema**: si sceglie una frase e la si modifica adattandola a diversi toni e registri: affermativo, esclamativo, interrogativo, ironico, formale, burocratico, ecc.

Per esempio, vediamo in quanti modi si può dire «ti amo»:

- AFFERMATIVO: «Certo che ti amo», «Sí! Ti amo», «Dico che ti amo»;
- ESCLAMATIVO: «Quanto ti amo!» «Se ti amo!»;
- INTERROGATIVO: «Non ti amo, forse?»;
- DUBBIOSO: «È possibile che io ti ami»; «Forse ti amo»;
- DESIDERATIVO: «Oh, se potessi amarti!»;
- IMPLORANTE: «Permettimi di amarti»; «Posso amarti?»;
- POETICO: «Se il mare fosse inchiostro e il cielo fosse foglio non basterebbe a scriverti il bene che ti voglio!»;

e cosí via...

La grammatica della fantasia

È d'obbligo dedicare un paragrafo ai mille suggerimenti che un maestro eccezionale, Gianni Rodari, ci ha affidato nella sua celebre «grammatica della fantasia». Insegnante di scuola elementare e media un po' per passione, un po' per caso, Rodari era convinto che l'*immaginazione potesse avere il suo posto nell'educazione*, e di conseguenza faceva giocare con le parole i bambini e i ragazzi affidati a lui: «Dovevo essere un pessimo maestro... – ci dice – Forse, però, non sono stato un maestro noioso» (G. Rodari, *La grammatica della fantasia*, Einaudi, Torino, 1973).

Ecco alcune delle sue piú divertenti invenzioni.

✓ **Il sasso nello stagno** – Associazioni di parole a caso, o secondo la rima, a coppia, scrivendole in verticale e formando frasi di senso compiuto con le iniziali (**acrostici**). Da questi si può partire per inventare storie, in prosa o in versi:

S – Sulla	S – Settecento
A – Altalena	A – Avvocati
S – Saltano	S – Suonavano
S – Sette	S – Settecento
O – Oche	O – Ocarine

✓ **Il binomio fantastico** – Prendere due parole a caso e collegarle creando tra loro un rapporto che ci offre lo schema per una situazione fantastica, da sviluppare poi in una storia. Per esempio, tra *cane* e *armadio*:

il cane con l'armadio / l'armadio del cane
il cane sull'armadio / il cane nell'armadio

✓ **I titoli dei giornali** – Ritagliandoli e mescolandoli si ricavano notizie di avvenimenti assurdi, sensazionali e divertenti:

La Cupola di San Pietro / ferita a pugnalate /
fugge in Svizzera con la cassa

✓ **Giocare con le fiabe e le favole** – «Sbagliare» le storie, continuarle chiedendosi che cosa accadde dopo, rovesciare il tema, giocare con le funzioni di Propp, dare alle storie un'ambientazione diversa.

La scrittura creativa

✓ **Che cosa succederebbe se...** – Ipotizzare una situazione assurda e portarla alle estreme conseguenze:

... se un coccodrillo bussasse alla vostra porta chiedendovi un po' di rosmarino...
... se il vostro ascensore precipitasse al centro della terra o schizzasse sulla luna...
... se il nonno diventasse un gatto...

Riflettiamo insieme...

Raymond Queneau
Esercizi di stile

R. Queneau, *Esercizi di stile*, trad. di U. Eco, Einaudi, Torino, 1983

Un esempio classico di inventiva e creatività è il testo dello scrittore francese Raymond Queneau (Le Havre, 1903 – Parigi, 1976), *Esercizi di stile*, dove l'autore mostra una straordinaria capacità di «giocare» con la lingua, componendo novantanove variazioni su un identico tema, volutamente banale, a cui applica tutte le piú scaltrite tecniche espressive. Ne riportiamo quattro, la prima delle quali è di tono puramente referenziale, le due successive riprendono lo stesso episodio in chiave soggettiva, ma da punti di vista differenti e la quarta è un caleidoscopio di invenzione di parole composte.

Notazioni

Sulla S[1], in un'ora di traffico. Un tipo di circa ventisei anni, cappello floscio con una cordicella al posto del nastro, collo troppo lungo, come se glielo avessero tirato. La gente scende. Il tizio in questione si arrabbia con un vicino. Gli rimprovera di spingerlo ogni volta che passa qualcuno. Tono lamentoso, con pretese di cattiveria. Non appena vede un posto libero, vi si butta. Due ore piú tardi lo incontro alla Cour de Rome, davanti alla Gare Saint-Lazare. È con un amico che gli dice: «Dovresti far mettere un bottone in piú al soprabito». Gli fa vedere dove (alla sciancratura[2]) e perché.

Aspetto soggettivo

Non ero proprio scontento del mio abbigliamento, oggi. Stavo inaugurando un cappello nuovo, proprio grazioso, e un soprabito di cui pensavo tutto il bene possibile. Incontro X davanti alla Gare Saint-Lazare che tenta di guastarmi la giornata provando a convincermi che il soprabito è troppo sciancrato e che dovrei aggiungervi un bottone in piú. Cara grazia che non ha avuto il coraggio di prendersela col mio copricapo.

Non ne avevo proprio bisogno, perché poco prima ero stato strigliato da un villano rifatto che ce la metteva tutta per brutalizzarmi ogni qual volta i passeggeri scendevano o salivano. E questo in una di quelle immonde bagnarole che si riempiono di plebaglia proprio all'ora in cui debbo umiliarmi a servirmene.

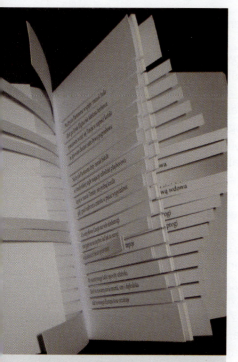

Edizione polacca di *Cent Mille Milliards de Poèmes* (*Sto tysięcy miliardów wierszy*) di Raymond Queneau.

1. **S**: linea di autobus di Parigi.
2. **sciancratura**: incavatura dell'abito nel punto vita.

Laboratorio di scrittura

Altro aspetto soggettivo

C'era oggi sull'autobus, proprio accanto a me, sulla piattaforma, un mocciosetto come pochi – e per fortuna, che son pochi, altrimenti un giorno o l'altro ne strozzo qualcuno. Ti dico, un monellaccio di venticinque o trent'anni, e m'irritava non tanto per quel suo collo di tacchino spiumato, quanto per la natura del nastro del cappello, ridotto a una cordicella color singhiozzo di pesce. Il mascalzoncello gaglioffo!

Bene, c'era abbastanza gente a quell'ora, e ne ho approfittato: non appena la gente che scendeva e saliva faceva un po' di confusione, io tac, gli rifilavo il gomito tra le costolette. Ha finito per darsela a gambe, il vigliacco, prima che mi decidessi a premere il pedale sui suoi fettoni e a ballargli il tip tap sugli allucini santi suoi! E se reagiva gli avrei detto, tanto per metterlo a disagio, che al suo soprabito troppo attillato mancava un bottoncino. Tiè!

Parole composte

In una trafficora mi buspiattaformavo comultitudinariamente in uno spaziotempo luteziomeridiano[3] coitinerando con un lungicollo floscincappucciato e nastrocordicellone, il quale appellava un tiziocaiosempronio altavociando che lo piedimpresse. Poscia si rapidosedilizzò. In una posteroeventualità lo rividi stazioncellonlazzarizzante con un caiotizionio impertinerntementenunciante l'esigenza di una bottonelevazione paltosupplementare. E gli perchépercomava.

---

3. **luteziomeridiano**: nel pomeriggio di Parigi, per indicare la quale si ricorre all'antico nome latino (*Lutetia*).

Guida all'analisi

Esercizi di stile è stato definito un *libro affascinante, che non può mancare, soprattutto, nella libreria degli scrittori esordienti e anche dei lettori attenti*. Queneau parte da un episodio di ordinaria quotidianità e cioè, l'osservazione di un tizio abbastanza normale, anche se con il collo lungo e il cappello floscio, il quale sull'autobus litiga con il vicino che gli pesta i piedi, poi scende e si ferma a chiacchierare con un amico. Le novantanove variazioni sul tema ripetono la stessa storiella minima, ma sempre in maniera nuova e facendo ricorso a diverse figure retoriche. Naturalmente l'originale è in francese, e se gustiamo l'arte dello scrittore molto si deve anche alla traduzione del grande scrittore italiano Umberto Eco che si è divertito a giocare con la lingua italiana cosí come l'autore ha fatto con la francese.

Osserviamo le differenze fra le variazioni.

- In *Notazioni*, ovvero nel testo a funzione referenziale, sono stati messi in evidenza esclusivamente i personaggi, le azioni, i luoghi, i tempi. La breve vicenda è raccontata da un osservatore esterno, che si limita a descriverla senza aggiungere una parola di commento.

- In *Aspetto soggettivo*, i fatti vengono raccontati dal punto di vista di uno dei protagonisti, il giovane dal collo lungo; si nota una diversa disposizione delle azioni; le espressioni adoperate tradiscono la personalità del soggetto narrante, il quale si rivela un giovane con pretese di eleganza, sdegnoso della plebaglia che affolla i mezzi pubblici, molto attento al suo abbigliamento e suscettibile alle critiche che gli vengono mosse. L'altro è presentato come un villano rifatto, espressione in cui è evidente la funzione emotiva.

- In *Altro aspetto soggettivo* l'episodio è filtrato attraverso l'ottica dell'antagonista. Mutando l'emittente muta anche il linguaggio, che risulta piú rozzo, ricco di termini peggiorativi e offensivi e colorito di metafore.

- Infine, in *Parole composte* assistiamo a un'esplosione di fantasia pura, in cui le parole sono state unite quasi a grappoli e ci troviamo di fronte all'invenzione di avverbi, aggettivi, verbi, del tutto improbabili, ma quanto mai espressivi.

La scrittura creativa

Esercizi

1. Leggi attentamente prima il fatterello delle *Notazioni*, e poi, una alla volta, le tre variazioni, segnalando per ciascuna, sulla scorta del titoletto, e anche avvalendoti della *Guida all'analisi*:
   - che tipo di variazione è stata realizzata, e quali effetti produce;
   - le parole scherzose, inconsuete, che esprimono la soggettività; in particolare, per l'ultima variazione, spiega ogni parola sciogliendo gli intrecci che sono stati effettuati;
   - scrivi almeno una tua variazione dello stesso raccontino, segnalando come vuoi farla e quale effetto vuoi raggiungere.

2. Componi tu una storiella e ripetila varie volte in modalità diverse seguendo lo spunto di Queneau.

3. Ti diamo adesso qualche idea per manipolazioni di testi:
   - partire dalla favola di *Cappuccetto Rosso* e ambientarla in una grande città, il bosco potrebbe diventare la periferia della metropoli, il lupo un barbone dall'aspetto minaccioso che alla fine si rivela un uomo dal cuore d'oro e cosí via; oppure la si potrebbe raccontare dal punto di vista del lupo o del cacciatore o della nonna;
   - leggere *Il visconte dimezzato* di Italo Calvino e riscrivere l'ultimo capitolo, immaginando un finale diverso: le due metà si uccidono a vicenda; una delle due era stata sparata sulla luna; solo uno dei due sopravvive, ma con effetti inattesi...;
   - leggere *La pioggia nel pineto* di Gabriele D'Annunzio e *La pioggia sul cappello* di Luciano Folgore, e scriverne una terza (*La pioggia sul canile... sul divano... sulla nonna... sul cuscino...*).

4. Lavora su uno o piú brani di un racconto o altro testo a tua scelta come abbiamo fatto con il passo di Kafka, scomponendoli e ricomponendoli secondo un ordine diverso.

5. Riscrivi una favola famosa, modernizzandola, o comunque modificandola in alcune parti.

6. Scegli (o inventa) una notizia di cronaca e riscrivila secondo lo stile di uno scrittore che ti piace, in versi, come se fosse una fiaba o seguendo la tua fantasia.

7. Cogli qualcuno dei suggerimenti di Rodari (vedi pag. 100) e componi giochi di parole, o storie complete. Confrontatevi in classe e scegliete le invenzioni migliori, motivando le scelte.

8. Proprio perché siamo nell'ambito della creatività, ti invitiamo a cogliere tutti gli spunti offerti in questo paragrafo nel modo che ti appare piú congeniale e nell'ambito che ti diverte di piú.

4.2 Il poeta che c'è in noi

Il settore nel quale è piú evidente il legame fra creatività e disciplina è sicuramente quello della **poesia**: si può provare, per esempio, a mettere in versi la descrizione di un compagno o di un professore, la narrazione di un'avventura divertente o tragicomica, l'espressione di un sentimento e cosí via. Non è necessario usare sempre la rima, si può, piú semplicemente, giocare con gli «a capo», in modo da creare brevi versi liberi. Sarà bene, anche in questo caso, ispirarsi a un modello famoso. Vediamo, per esempio, come si può descrivere in versi l'autunno, ispirandosi a una famosa poesia di Corrado Govoni, *Le cose che fanno la domenica*:

Le cose che fanno la domenica	**Le cose che fanno l'autunno**
L'odore caldo del pane che si cuoce dentro il forno	L'odore aspro del mosto che gorgoglia nei tini
Il canto del gallo nel pollaio	Il fruscio delle foglie che cadono dagli alberi
Il gorgheggio dei canarini alla finestra	Il volo degli uccelli che fuggono verso il caldo
La biancheria distesa nel prato	Gli abiti estivi riposti negli armadi

Laboratorio di scrittura

> Il sole sulle soglie
> La tovaglia nuova nella tavola
> L'azzurro del cielo sereno
> ....

> Il sole pallido che sfiora le finestre
> Le caldarroste fumanti sulla tavola
> Le nuvole grigie nel cielo imbronciato
> ....

Alla maniera dei giapponesi

Il tesoro della poesia giapponese è immenso, e non è affidato solo al genio di grandi poeti, ma anche al modo di esprimersi di ogni persona, ricca o povera, colta o incolta. Esiste infatti in quella cultura una poesia semplice e istintiva, fatta per lo piú di immagini, che arriva dritta al cuore.

Le prime raccolte di poesie di questo genere comparvero all'inizio dell'VIII secolo: la forma poetica originaria era la «tanka», un componimento breve di cinque versi ispirato al contrasto tra la natura e il sentimento del poeta che la contempla. Nacque un fermento letterario che diede origine a una nuova forma poetica: l'**haiku** (o **haikai**), **breve componimento di tre versi**, in cui la natura diviene spesso un pretesto per riflettere, per esternare uno stato d'animo o un pensiero. I primi haiku risalgono al XVII secolo. La loro composizione è dettata da precise regole: il primo e il terzo verso sono di cinque sillabe, il secondo di sette. È una poesia dai toni semplici che elimina ogni elemento non indispensabile, e perfino le congiunzioni, e trae la sua forza dalle suggestioni della natura e dalle stagioni. Per l'estrema brevità richiede una grande sintesi di pensiero e d'immagine. Soggetto dell'haiku sono scene rapide e intense che rappresentano, in genere, la natura e le emozioni che esse lasciano nell'animo del poeta. La mancanza di nessi evidenti tra i versi lascia spazio a un vuoto ricco di suggestioni, quasi come una traccia che sta al lettore completare. Gli haiku tradizionali non hanno alcun titolo.

In varie parti del mondo, per esempio nei licei americani e in Marocco, si insegnano tutt'oggi le tecniche per scrivere haiku. In Giappone si calcola che piú di dieci milioni di persone (circa il 10% della popolazione) si diletta a scrivere haiku, ed esistono gruppi che si riuniscono per parlarne; quasi ogni giornale nipponico ha una sezione riservata agli haiku.

Esistono almeno due modi di scrivere haiku, che danno vita a due stili diversi.

Il primo stile è caratterizzato dal fatto che uno dei tre versi (normalmente il primo) introduce un argomento che viene ampliato e concluso negli altri due versi.

> Stagno vetusto!
> Vi balza una rana. E in un
> *pluffete*! è in acqua

> Dopo la pioggia
> un po' smunti si levano
> i crisantemi.

Matsuo Basho, trad. di Fujimoto Yuko, Kojima Masataka,
in http://cercalibro.myblog.it, visitato l'8 agosto 2010

Adriano Buldrini, *Magnolia giallo oro*, particolare, 2007.

La scrittura creativa

Il secondo stile consiste nel trattare due argomenti diversi messi fra loro in opposizione o in armonia, e può attuarsi con due modalità: il primo verso introduce un argomento, il secondo verso lo amplia e lo approfondisce, il terzo verso produce un'opposizione di contenuto, un capovolgimento semantico che in qualche modo ha però relazione con il primo argomento.

> Fior di azalee
> su al borgo, ed il candido
> riso al vapore.

Yosa Buson, in http://cercalibro.myblog.it, cit.

Non solo per bambini

Infine si apre alla nostra creatività il vasto campo delle poesie per bambini: *filastrocche*, *cantilene*, *ninne-nanne*, che tutte le mamme improvvisano da sempre per allietare o far dormire i loro piccoli. È sicuramente divertente provare a inventarne, giocando con le rime, i contrasti di parole, le trovate fantasiose, per il divertimento di amichetti e fratellini, ma non solo. Esiste tra queste una forma di poesia codificata, che è diventata un vero e proprio genere, il *limerick*.

Il **limerick** (per alcuni la parola deriva dalla città irlandese Limerick, ed è stata anche italianizzata in *limericcio*) è un breve componimento poetico tipico della lingua inglese, costruito secondo regole molto precise, di contenuto assolutamente *nonsense*, assurdo, senza senso, né capo né coda, che ha generalmente il proposito di far ridere o quantomeno sorridere. Un grande autore di limerick, da taluni consideratone l'inventore, è Edward Lear, scrittore e pittore inglese della seconda metà dell'Ottocento.

Un limerick è sempre composto di **cinque versi**, **rimati tra loro** secondo lo schema AABBA (il primo e il secondo tra loro e con il quinto, il terzo con il quarto). Nel limerick più comune il primo verso deve sempre contenere il *protagonista*, un *aggettivo* per lui qualificante e il *luogo* geografico dove si svolge l'azione, mentre i restanti versi sintetizzeranno l'*aneddoto* e nell'ultimo verso (solitamente) viene richiamato il protagonista, magari definendolo meglio con un particolare stravagante:

> Un signore di nome Filiberto
> amava assistere al caffè concerto
> e al dolce suono di tazze e cucchiaini
> mangiava trombe, tromboni e clarini
> quel musicofilo signor Filiberto.

> Una volta un dottore di Ferrara
> voleva levare le tonsille a una zanzara.
> L'insetto si rivoltò
> e il naso puncicò
> a quel tonsillifico dottore di Ferrara.

G. Rodari, *La grammatica della fantasia*, cit.

Laboratorio di scrittura

Un buon metodo per creare limerick potrebbe essere quello di seguire le indicazioni dello stesso Rodari: «Prendere due parole possibilmente molto lontane come campo semantico, ma in rima fra di loro, e lasciarle sbattere fra di loro finché dalla scintille non nasca la prima idea della poesia».

Riflettiamo insieme...

Virginia Boldrini

V. Boldrini, *Limerick, 99*,
Joker, Novi Ligure, 2009

Il gioco del *nonsense*

Qualche altro divertente esempio di limerick oltre a quelli di Rodari lo abbiamo tratto da una pubblicazione di Virginia Boldrini (nata a Mirandola nel 1951, vive a Udine), scrittrice e appassionata di giochi di e con le parole.

1. C'era un signore di Spotorno
   che scriveva una lettera al giorno.
   Le spediva senza indirizzo
   al posto del mittente uno sghiribizzo
   quell'anonimo signore di Spotorno.

2. C'era una ragazza di Villesse
   che comunicava solo con sms.
   Anziché parlare
   preferiva digitare
   la taciturna ragazza di Villesse.

3. C'era uno scrittore di Portiole
   che inventava molte parole.
   L'ultima era «Scricione»,
   utile in piú di un'occasione.
   Quel vulcanico inventore di parole.

4. C'era una poetessa di Montenotte
   che aveva ideato le filastrotte.
   Poesie di otto versi
   di argomenti controversi
   conosciute solo a Montenotte.

5. C'era un piccolo ciabattino di Portofino
   aveva pochi clienti e lavorava solo al mattino.
   Il pomeriggio spesso se ne andava a pescare
   prendendo pochi pesci e molte scarpe da riparare
   quel gran lavoratore del ciabattino di Portofino.

La scrittura creativa

6. C'era un veterinario davvero singolare a Voghera
   aveva come pazienti draghi, unicorni e una chimera.
   Quando nel suo studio entrò un pechinese
   si spaventò molto e chiuse per un mese
   quell'impressionabile veterinario di Voghera.

Guida all'analisi

Come si può constatare, le «regole» del limerick sono seguite quasi alla lettera; manca soltanto (al numero 4) l'aggettivo del quinto verso; per il resto il gioco del nonsenso funziona perfettamente. I personaggi vivono con coerenza la loro assurda quotidianità nei loro luoghi, reali (Spotorno, Montenotte, Villesse, Portofino, Voghera) o inventati (Portiole) che siano. È la rima che si impone e condiziona il gioco. Così le filastrocche diventano *filastrotte* per rimare con Montenotte, e la parola «Scricione» è d'obbligo per rimare con occasione. Per il resto siamo in un mondo fantastico pieno di strani personaggi: il mittente anonimo e la ragazza che comunica solo digitando SMS, il vulcanico inventore di parole nuove e la poetessa che – solo per necessità di rima – inventa un nuovo genere letterario, il ciabattino che come da tradizione delle barzellette pesca scarpe rotte e il veterinario che, abituato a curare animali inesistenti, è terrorizzato da un cagnolino!

Viene da pensare che il limerick deve essere fine a se stesso, cioè, almeno apparentemente, senza significato, e per questo ha a che fare con il piacere della parola in sé, piacere che, in un mondo tutto di significati, ci fa tornare bambini e recuperare un po' di divertimento puro.

Esercizi

1. In base alle regole enunciate nel paragrafo, agli esempi citati, e agli altri haiku riportati alle pagine precedenti, componi tutti gli haiku che ti piace, e confrontati poi in classe con i tuoi compagni, premiando i più belli.
2. Dopo esserti divertito a leggerli, osserva nei limerick qui riportati quali invenzioni di parole vi trovi, di' se ti sembrano azzeccate e, se credi, sostituiscile con altre trovate da te.
3. In base alle regole enunciate nel paragrafo e agli esempi, componi tutti i limerick che ti piace, e confrontati poi in classe con i tuoi compagni, premiando i più spiritosi e divertenti.
4. Su internet si trova una molteplicità di siti dedicati sia agli haiku che ai limerick. Con un motore di ricerca esplora le possibilità che ti vengono offerte e raccogline i suggerimenti.
5. Puoi effettuare ricerche su filastrocche e ninne-nanne, privilegiando magari quelle tipiche della tua regione, farne una piccola raccolta e aggiungerne altre create da te.

Scrittura a supporto di altre forme espressive

La scrittura può essere anche utilizzata per accompagnare altre **forme espressive**, prevalentemente testi che utilizzano il linguaggio visivo.

Il fumetto

Il **fumetto** è, tra questi, sicuramente il più familiare ai ragazzi. Esso consiste in un codice, cioè in un sistema di segni, interpretati dal lettore esplicitamente (attraverso il supporto del linguaggio verbale) e implicitamente (dalla lettura dell'immagine). Inizialmente era molto semplice, ma col passare degli anni il fumetto ha acquistato caratteristiche nuove, riassorbendole da altre forme espressive, come il cinema, la pittura, la musica, oppure inventandole dal nulla. In ogni caso si tratta di una narrazione basata sul susseguirsi di una sequenza di disegni e sulla visualizzazione di dialoghi, stati d'animo, rumori. Questa sequenza deve essere logica, per mettere il lettore nelle condizioni di ricostruire il rapporto esistente tra la vignetta precedente e la vignetta successiva, grazie anche alle informazioni ricavate da una serie di segnali grafici. Guardiamo un po' piú da vicino i vari componenti di un fumetto.

✓ Il **disegno**, la materia piú ovvia di cui è costituito un fumetto, affonda le sue tradizioni stilistiche nell'illustrazione e anche nella pittura. Lo sviluppo della tecnica fumettistica ha creato però delle convenzioni e degli stili grafici che sono peculiari esclusivamente di questa forma espressiva, in modo da poter visualizzare:
  • il movimento, tramite i segni detti *cinetici*;
  • le condizioni emotive (sgomento, paura, rabbia);
  • l'escogitazione di un'idea.
✓ I *balloon*, cioè le «nuvolette», sono il mezzo con cui si traducono i dialoghi dei personaggi. Ne esistono diversi tipi, in rapporto al tipo di comunicazione (detta, pensata, riportata da una radio o da un televisore, sussurrata, urlata, ecc.) e allo stato d'animo dei dialoganti (normale, arrabbiato, ecc.). Particolare e molto vario è l'uso della *didascalia*, che spesso serve per interventi diretti del narratore o per dare un'inquadratura spazio-temporale della vicenda.
✓ Le **vignette** sono i riquadri all'interno dei quali è disegnata e si svolge la narrazione. L'uso della vignetta da parte dell'autore può essere paragonato a quello dell'inquadratura da parte del regista cinematografico: anche nel fumetto esistono infatti i piani e i campi, i vari montaggi e i punti di «ripresa», come nel cinema. Spesso la grandezza o l'anormalità di una vignetta sono efficaci mezzi per evidenziare particolari scene o ambientazioni.
✓ Il *lettering*, cioè la parte scritta dei fumetti che si trova nel *balloon* o nei riquadri, solitamente è realizzata in stampatello, ma spesso assume forme diverse o accentuate per scopi espressivi o di enfasi.
✓ Le **onomatopee** sono le rese grafiche dei rumori e dei suoni come il rombo di una macchina, lo sparo di una pistola, un tonfo, ecc.

Naturalmente questo è lo schema standard del fumetto. Oggi però è sempre piú frequente trovare le vignette composte in dimensioni e forme diverse, a riempire le pagine come un puzzle senza spazi intermedi. È anche possibile trovare il disegno senza riquadro o personaggi isolati sulla pagina con una mescolanza di *balloon*, didascalie e onomatopee, a seconda della fantasia degli autori e anche del pubblico a cui si rivolgono, che non è né sempre né solamente di bambini e ragazzi.

Esiste, anzi, un formato di fumetto in cui le storie sono piú lunghe – quasi come un romanzo – detto, appunto, **romanzo a fumetti** (in inglese *graphic novel*), in genere rivolto a un pubblico adulto, e connotato anche come «fumetto d'autore». È una tipologia di fumetto molto curata ed elaborata, sia sul piano dello spessore narrativo e della caratterizzazione psicologica dei personaggi, sia sul piano esteriore (viene perfino utilizzata carta piú pregiata rispetto ai classici fumetti), e la sua distribuzione avviene in genere nelle librerie e non (o non solo) nelle edicole. La nascita di questo vero e proprio genere è da farsi risalire a Hugo Pratt con la sua storia *Una ballata del mare salato* (1967), opera prima della serie delle avventure di Corto Maltese.

La scrittura creativa

Come realizzare un fumetto

In questa sede non serve fare un discorso tecnico; non parleremo quindi di soggetto, sceneggiatura, e simili, ma daremo semplicemente delle coordinate basilari per poter realizzare artigianalmente un piccolo e divertente prodotto creativo, mettendo a frutto anche le tecniche apprese per i testi scritti in linguaggio verbale.

Il punto di partenza di un fumetto è sempre un'idea, l'invenzione di un personaggio, di una situazione, su cui verrà poi imbastita la storia. Si tratta quindi di comporre un **testo narrativo** per immagini. Come i testi verbali, esso sarà diviso in sequenze, composte dalle vignette, e si potrà lavorare, anche in questo caso, a partire da una mappa disordinata di idee, da tradurre in una piú sistematica *scaletta* (fase della «progettazione»). Si tratta poi di privilegiare alcuni momenti della storia, dato che le vignette illustreranno i punti salienti, i momenti e i personaggi chiave.

Avendo ben chiaro tutto questo, si procederà a disegnare le *vignette* (fase della «scrittura»). In base a queste, e ai personaggi raffigurati, si inventeranno i *dialoghi*, da inserire nelle nuvolette. Si potranno arricchire le vignette segnalando i vari rumori, per i quali c'è tutto un campionario di *onomatopee*, molte delle quali corrispondono a parole inglesi (splash, roar, bang, clap, crash, sigh, sob, snap, smack, ecc.). Nella fase della «revisione» baderemo a organizzare logicamente la successione delle vignette e ad aggiungere delle didascalie, se necessario, per seguire meglio lo sviluppo della vicenda. Infine, nella fase dell'«editing» cureremo la rifinitura finale, l'aspetto esteriore, l'effetto che il nostro prodotto dovrà suscitare nel lettore.

Una curiosità: c'è la possibilità di pubblicare gratuitamente i propri fumetti sul web; i fumetti on-line (o *webcomic*) sono un fenomeno consolidato nell'area linguistica anglosassone ma si stanno rapidamente diffondendo anche in Italia. Essi hanno le caratteristiche di una auto-pubblicazione, visto che quasi chiunque può pubblicare un fumetto senza intermediari. La maggior parte dei fumetti on-line è di livello amatoriale e aggiornata di tanto in tanto, ma alcuni sono piú ambiziosi e hanno raggiunto un tale livello di successo da permettere agli autori di lavorarvi a tempo pieno, grazie ai proventi della pubblicità.

Disegni, fotoracconto

Il computer offre molteplici possibilità tecniche per stimolare la creatività e, al tempo stesso, per realizzare progetti grafici di vario genere. Anche chi non è un abile disegnatore può prelevare dal web delle immagini con le quali comporre una storia o una serie di flash creativi. È possibile poi giocare con i colori, con la grandezza e la forma delle lettere, con la disposizione delle parole; si possono inserire immagini, suoni, animazioni e cosí via. Si viene a creare in tal modo un circolo virtuoso fra inventiva e tecnica, grazie al quale l'una stimola l'altra in un processo che cresce continuamente.

Per chi ancora non si decide ad abbandonare la carta stampata, c'è la possibilità di armarsi di forbici e colla per raccontare, con immagini prese in prestito da altre storie, una storia tutta nostra, o anche semplicemente comporre acrostici[1], rebus, parole crociate.

Le storie per bambini e ragazzi possono essere anche raccontate semplicemente con una successione di vignette sotto le quali si scrivono le *didascalie*, spesso in versi (famose le storie del primo «Corriere dei Piccoli» composte in questo modo, come quelle del Signor Bonaventura, Bibí e Bibò, Pier Lambicchi l'inventore, Tamarindo e Sor Cipolla, ecc.).

---

1. acrostici: sono componimenti poetici di origine molto antica (e probabilmente con una funzione magica) in cui le lettere o le sillabe o le parole iniziali di ciascun verso formano un nome o una frase, a loro volta denominate *acronimo*. Sono definiti acrostici anche i termini che risultano dalle lettere iniziali di singole parole anziché di versi.

Pubblicità e altro

I pubblicitari sono dei «creativi» per definizione. Essi infatti devono mettere in campo tutta la loro fantasia per attirare il consumatore, convincerlo non solo a comprare, ma a comprare proprio *quel* prodotto, e non un altro. Osservare i messaggi pubblicitari, riprodurne i meccanismi o inventarne altri, simili o diversi, è una cosa molto divertente, ma anche una palestra della lingua in unione con i piú diversi linguaggi.

Bisogna premettere che in cento anni e poco piú, da quando è nata la pubblicità commerciale, le trasformazioni in questo settore sono state moltissime, e sono andate accelerando con l'evolvere delle nuove tecnologie. Nell'era di internet, poi, questa accelerazione è continua. Anzitutto si guarda sempre meno alla carta stampata e sempre piú ai canali audiovisivi. Questo ha comportato dei cambiamenti abbastanza significativi. Se fino a qualche anno fa si puntava allo slogan a effetto, con sottintesi, giochi di parole, metafore, rime e via dicendo, adesso prevale l'immagine in sé e per sé (il richiamo al prodotto talvolta non è neppure esplicito, ma lasciato alla funzione del marchio) e, negli spot, la trovata geniale, il giochetto divertente, il personaggio che colpisce. Dietro tutto questo ci sono agenzie che costruiscono progetti all'interno dei quali un ruolo importante è svolto dal **format**, uno schema su cui si baserà l'ideazione dello **spot** (il meccanismo – in altro contesto – vale anche per le trasmissioni televisive seriali, i giochi a premi, i programmi d'intrattenimento, ecc.).

Il *format* è un apparato di regole che determinano lo svolgersi del programma stesso; oltre all'idea originale che costituisce il programma e alla sua struttura, contiene anche una serie di suggerimenti relativi alla sua realizzazione pratica, che riguardano la scenografia, la collocazione del programma, le caratteristiche ideali del conduttore, ecc. I diritti d'uso di questa «ossatura» vengono sempre piú spesso venduti a emittenti estere, di modo che in quasi tutti i paesi d'Europa (e non solo) gli spettatori possono assistere a un programma che è lo stesso, e tuttavia è stato adattato alla cultura e alle esigenze dei diversi pubblici di ogni singola nazione. Per lo *spot* pubblicitario il procedimento è il medesimo; con l'avvertenza che il tutto deve essere compreso in pochi secondi, piú o meno un minuto, e raggiungere la massima efficacia. Inoltre il pubblicitario ha ben chiaro che al prodotto da pubblicizzare va sempre associato un *valore*: vendere spaghetti può corrispondere a serenità, famiglia, armonia, amicizia, ecc., cosí come vendere dentifrici significa vendere un bel sorriso; chi compra un'automobile di lusso – non diversamente che un profumo – si deve assicurare l'ingresso in un mondo esclusivo, dove regnano stile, eleganza, successo; chi compra elettrodomestici apprezzerà il «tempo libero», e via dicendo. Naturalmente anche il riferimento all'universo dei valori segue l'evolversi della società: dire «famiglia» oggi richiama immagini diverse da cinquant'anni fa; la donna realizzata è piú la donna-manager che la casalinga felice, ecc., e il pubblicitario deve cogliere tutto questo, sapersi adeguare, o addirittura anticiparlo.

La scrittura creativa

Riflettiamo insieme...

Silver

Silver, *Lupo Alberto. Ma è vita questa?*,
I classici del fumetto di Repubblica, Roma, 2004

Una bella serata

Con Guido Silvestri (nato a Modena nel 1952), in arte Silver, entriamo nella Fattoria Mackenzie, certamente la fattoria piú divertente del mondo, in cui vivono Lupo Alberto, la sua amata gallina Marta, il cane Mosè ed Enrico la Talpa, protagonista della nostra storiella.

La scrittura creativa

La scrittura creativa

Guida all'analisi

La storiellina è nient'altro che un pretesto per familiarizzare almeno con un'espressione del fumetto. È comunque simpatica, perché calata in quel mondo in cui gli animali sono una (brutta) copia degli umani e possono farci riflettere sui nostri difetti. Nel suo mondo sotterraneo – che è il tipico *habitat* delle talpe – il nostro Enrico è alle prese con la moglie Cesira, maniaca dell'ordine, della pulizia e della perfezione. Nel giorno del compleanno della cognata, ha dimenticato la commissione ricevuta, con la lista delle cose da comprare per la festa. Così per rimediare, esce a precipizio e nei negozi si comporta come il peggiore dei maleducati pur di portare a termine il suo compito: non rispetta le file, si arrabbia, grida, insulta, e giunge perfino a rapinare una coppia del gelato con panna appena acquistato. Felice della missione compiuta (in verità non in modo perfetto!), si accinge a partecipare alla festa. Con grande stupore si rende conto che tutte le vittime della sua maleducazione erano gli amici della cognata invitati alla festa. Questi ultimi al momento fanno finta di niente, ma naturalmente non si faranno mai più rivedere!

Esercizi

1. Osserva le caratteristiche del fumetto che riscontri nella storiella, e annota:
   - le linee cinetiche (che cosa segnalano: movimenti, stati d'animo);
   - i *balloon* (quali indicano pensieri e quali effettivi dialoghi);
   - il *lettering* (quali parole sono dette in tono normale, ad alta voce, urlate);
   - le onomatopee (quali rumori segnalano);
   - come vengono espressi il dubbio, la perplessità, la sorpresa;
   - dove e perché si trovano le didascalie.
2. Descrivi una per una alcune o tutte le vignette, e alla fine riassumi tutta la storiella.
3. Seguendo le indicazioni di pagina 109 inventa un fumetto a partire dal personaggio, sintetizza la storia e infine realizzalo in almeno 10 vignette, magari in gruppo con i compagni, dividendovi i compiti a seconda delle competenze personali.

Laboratorio di scrittura

Riflettiamo insieme...

Gianni Rodari

G. Rodari, R. Verdini, *La filastrocca di Pinocchio*,
Editori Riuniti, Roma, 1974

La filastrocca di Pinocchio

Il racconto delle note avventure di Pinocchio, il burattino uscito dalla penna di Collodi, è stato riscritto in versi da un beniamino della letteratura per i ragazzi, Gianni Rodari (1920-1980), che si avvale delle divertenti vignette di Raul Verdini. La filastrocca – di cui riproduciamo qualche sequenza – è stata composta e pubblicata a puntate nel giornale per ragazzi «Pioniere» tra il 1954 e il 1955, e ristampata interamente nel 1974.

La prima fuga

Qui comincia, aprite l'occhio,
l'avventura di Pinocchio,

Burattino famosissimo
per il naso arcilunghissimo[1].

Lo intagliò Mastro Geppetto,
falegname di concetto[2],

ma piú taglia – strano caso! –
e piú lungo cresce il naso.

Cuce il vecchio un bel vestito:
è di carta, ma fiorito.

Gli fa pur senza fatica
un berretto di mollica[3].

Per pagare l'abbicí
la giacchetta, ahimè, sparí...

Trema, ha freddo il legnaiolo[4],
ma contento è il suo figliolo.

Mentre a scuola, a precipizio,
va il discepolo novizio[5],

d'improvviso echeggia e tuona
una musica birbona[6].

A godersi i burattini
corron frotte[7] di bambini.

Già Pinocchio pensa, scaltro:
«Andrò a scuola doman l'altro».

---

1. arcilunghissimo: si tratta di un superlativo, ottenuto tramite il prefisso *arci-*, dell'aggettivo *lunghissimo*, che è già un superlativo di *lungo*. Nel presentarci il burattino l'autore si diverte a darci un'idea sproporzionata della lunghezza del suo naso, che è il particolare piú importante del personaggio, perché ne simboleggia l'indole bugiarda, principale causa di tutte le sue monellerie.

2. falegname di concetto: l'impiegato «di concetto» era quello che aveva maggiori responsabilità, e quindi piú elevato dagli altri. Unito al termine *falegname*, che è un mestiere manuale, vuol dare l'idea di un artigiano bravo, rifinito, accurato.

3. mollica: nel dialetto toscano è la midolla, parte molle del pane, chiusa dentro la crosta, che quando è fresca si può modellare facilmente e, una volta indurita, mantiene la forma.

4. legnaiolo: sinonimo di falegname.

5. discepolo novizio: nuovo alunno.

6. birbona: vocabolo scherzoso, significa propriamente «cattiva», ma evidentemente, riferito alla musica che attrae Pinocchio, va inteso come «tentatrice», perché lo distoglie dal suo dovere scolastico.

7. frotte: schiere.

La scrittura creativa

Ahi, l'ingresso costa caro. / Come far senza denaro? Vada in cambio del biglietto / lo scolastico libretto. A Geppetto un nuovo torto / fa il monello malaccorto[8]: ma è scusato almeno un poco / ché il teatro è un gran bel gioco...

8. **malaccorto**: poco avveduto, senza neanche un po' di giudizio.

Guida all'analisi

Gli autori hanno inteso realizzare una fedele traduzione in immagini del testo di Collodi; un invito al libro e alla sua lettura, e anche un divertimento.

Le vignette corrispondono ciascuna a una sequenza, e riproducono un episodio o parte di esso. L'intero libro di Collodi è tradotto in 31 «capitoli», ognuno mediamente di non piú di dieci vignette. La necessità della rima induce a soluzioni simpatiche che sintetizzano in effetti molto efficacemente gli aspetti salienti del burattino. Cosí egli va a scuola *a precipizio*, trattandosi del primo giorno ed essendo *novizio*, ma, sentita la musica e resosi conto del divertimento che potrebbe perdersi, diventa *scaltro* e si propone di andare a scuola *doman l'altro*! Come si vede non è solo una rilettura fedele, ma mette in luce in poche battute la sostanza di intere pagine.

A differenza di Collodi, che ha un intento moralistico e dunque condanna le marachelle del burattino, Rodari le segue divertito e, nella parte qui riportata, lo giustifica addirittura di aver marinato la scuola, non solo per simpatia verso il personaggio, ma anche per l'apprezzamento per il teatro, che non è un divertimento come tanti, ma un po' speciale (*ma è scusato almeno un poco / ché il teatro è un gran bel gioco...*).

Esercizi

1. Sei capace di comporre una filastrocca sull'esempio di Rodari? Provaci, su qualche parte del racconto che qui manca, o sul personaggio di Pinocchio in generale.
2. Divertiti a fare la stessa operazione di Rodari e Verdini, «sceneggiando» un brano di un testo narrativo a tua scelta e creando delle didascalie in rima.
3. Ti diamo un possibile schema per costruire il format di uno spot pubblicitario. Divertiti a costruirne uno o piú, magari in gara con i tuoi compagni per farne una rassegna conclusiva.
   - Prodotto da pubblicizzare/valore da associare (max 30 parole)
   - Target (pubblico a cui è rivolto)
   - Idea di base su cui puntare (max 30 parole)
   - Ambientazione (max 30 parole)
   - Personaggi
   - Durata (non piú di 1 minuto e 20 secondi)
   - Slogan

4.4 Ri-scrivere

La pratica della ri-scrittura ha da sempre accompagnato quella della scrittura: il prefisso *re-* in latino significa «di nuovo», e qui abbiamo voluto sottolineare questo elemento separandolo con il trattino proprio per evidenziarlo. Riscrivere un testo è dunque scriverlo di nuovo, trasformandolo. La traduzione e il riassunto altro non sono che delle riscritture, ma la ri-scrittura è anche e soprattutto un'**apertura all'invenzione**, e presuppone non solo ripetizioni e duplicazioni, ma anche imitazioni, rifacimenti, parodie, rimescolamenti, falsificazioni, tagli, inserti, ricuciture, ecc., insomma una specie di «chirurgia estetica» della scrittura. Sono ri-scritture, pur minime, gli esercizi di manipolazione che vi abbiamo illustrato alle pagine 97-99, ed è ri-scrittura di altissimo livello la resa che uno scrittore-traduttore ottiene lavorando su autori di altre lingue (abbiamo appena visto l'esempio di Eco che «traduce» Queneau, ma pensiamo anche a Calvino, Pavese, Fenoglio, per dirne solo alcuni).

Senza inoltrarci in un terreno troppo vasto ci limitiamo qui soltanto a suggerire una forma nuova, accessibile oggi grazie all'enorme flessibilità che la scrittura può avere nello scenario multimediale, come la **messa in scena multimediale di un testo**. Qui riproduciamo il brano che abbiamo scelto per questa operazione; gli strumenti di lavoro li troverai on-line.

La messa in scena multimediale di un testo
Le fasi dell'attività

Riflettiamo insieme...

Carlo Cassola

C. Cassola, *Il taglio del bosco*,
Einaudi, Torino, 1965

Il taglialegna e il carbonaio nella notte stellata

Un brano che ci è parso particolarmente adatto al tipo di lavoro illustrato nel paragrafo è questo, tratto da un romanzo breve dello scrittore e saggista italiano Carlo Cassola (nato a Roma nel 1917, morto a Montecarlo nel 1987). Guglielmo conduce la dura vita del taglialegna tra i boschi della campagna toscana intorno a Pisa. Si trova a dividere il tempo di lavoro con un carbonaio, anch'egli costretto a un lavoro pesante e ingrato. Vedovi entrambi e soli, si lasciano andare a struggenti ricordi e malinconici pensieri mentre accudiscono alla carbonaia dove lentamente si sta operando la combustione e la trasformazione della legna.

Egli rimase tutta la notte in piedi ad aiutare il carbonaio. Era la fase più delicata della cottura[1], e per contro si era levato un forte vento, sicché bisognava in continuazione tappare e stappare i fori[2]. Il carbonaio veramente non sembrò gradire molto l'aiuto di Gugliel-

---

1. la fase più delicata della cottura: il carbone di legna, o carbone vegetale, si ottiene dalla combustione della legna, fatta in modo da evitare che il fuoco prenda vigore e bruci la catasta. La sua produzione è stata un'attività economica importante per parecchie realtà locali d'Italia nei secoli passati, fino agli anni Cinquanta e Sessanta del secolo scorso. Oggi si ricava prevalentemente con metodi industriali, ma prima veniva fatta nelle *carbonaie*: su uno spiazzo si poneva al centro un palo alto circa 3 metri; attorno si costruiva il cosiddetto *castello* con pezzi di legna lunga circa 20 cm poggiati orizzontalmente gli uni sugli altri a quadrato e su questi si accatastavano bastoni più lunghi, a formare un cono a cupola alto circa due metri e del diametro di circa 6 metri. Il processo di carbonizzazione (cottura) poteva durare fino a 5 o 6 giorni. Nelle carbonaie si accatastavano in genere dai 30 ai 40 quintali di legna, da cui si ricavavano dai 6 agli 8 quintali di carbone.

2. i fori: si aprivano lateralmente e alla base con un palo durante la cottura per regolare l'ossigeno nella combustione.

La scrittura creativa

mo. Questi sapeva per lunga esperienza che i carbonai sono gelosissimi del loro mestiere, ombrosi e superbi, e fanno cascar dall'alto anche le operazioni piú semplici. Essi vedono di mal occhio i profani avvicinarsi alla carbonaia. Ma Guglielmo in tutto il giorno non aveva avuto niente da fare, cosí non aveva sonno e non gli andava, in quelle condizioni, di rinchiudersi nel capanno coi tristi pensieri che inevitabilmente lo assalivano quando era solo e in ozio. Quel po' di attività che il carbonaio gli permise, gli serví benissimo di distrazione. Via via che il tempo passava, sentiva di aver sempre meno sonno e a un certo momento decise di restare in piedi tutta la notte.

Cominciò invece a sentir fame e verso le due tornò nel capanno a prendere del pane e del formaggio, per sé e per l'uomo. La luna illuminava a giorno la tagliata[3]. I due uomini mangiarono seduti l'uno di fronte all'altro e, dopo, Guglielmo offrí una sigaretta al carbonaio. Ma quello preferí accendere la sua pipa. Fino a quel momento avevano scambiato solo poche decine di parole, e tutte riguardanti il da fare. Ma ora si iniziò una specie di conversazione, anche perché, il tiraggio essendo assicurato[4], c'era una stasi nel lavoro. Guglielmo gli chiese quanti anni erano che faceva quel mestiere.

– Quaranta, – rispose l'uomo. – Ho cominciato ad andare con mio padre quando avevo undici anni. – Quel mestiere se lo trasmettevano di padre in figlio, ma l'unico maschio che aveva avuto si era rifiutato di fare la vita del padre. Dopo il servizio militare aveva preso moglie nel Veneto, ed era rimasto lassú, come bracciante. Quanto alle figliole, una era morta, l'altra, andata a servizio a Modena, si era maritata in quella città.

– Siete rimasto solo con vostra moglie, allora, – disse Guglielmo.

– Sono rimasto solo del tutto. Mia moglie è morta l'anno passato.

Guglielmo lo guardò. Poi disse: – Siete nelle mie condizioni, allora. Sono vedovo anch'io, da sette mesi.

L'uomo si levò la pipa di bocca, la rovesciò, batté il fornello su un sasso per scuotere la cenere, e disse: – È una brutta cosa rimaner soli, specialmente alla mia età.

Aggiunse che per lui ormai non c'era differenza tra il periodo in cui lavorava e quello in cui stava a casa. Era solo sul lavoro, era solo in casa. Si faceva da mangiare da sé, tutti e dodici i mesi dell'anno. Anche per Natale e per Pasqua. Era rimasto solo come un cane, a cinquantun'anni.

– Ho la casa fuori del paese e, se un giorno mi prende male, nessuno se ne accorgerà. È come se mi capitasse qui nel bosco. E poi, sono pieno di dolori, e non ho chi mi faccia il massaggio. Per voi la cosa è diversa, – aggiunse, – siete giovane, potete riprendervi una donna.

Guglielmo disse che non se la sentiva di dare una matrigna alle sue figliole. Aveva provato lui stesso cosa vuol dire avere una matrigna, e non sarebbe stato di coscienza se avesse fatto subire la stessa sorte alle sue figliole.

L'uomo lo ascoltò tranquillamente, poi chiese: – Quanti anni avete?

– Trentotto, – rispose Guglielmo.

– Io non mi spaventerei se avessi trentott'anni. Certo la disgrazia è grande: ma mai come quando uno è vecchio.

Guglielmo non disse nulla, ma sentiva che l'apprezzamento dell'uomo non era giusto. In fin dei conti, quello era stato venticinque o trent'anni insieme con la moglie, mentre a lui era morta dopo nove. Questa era la differenza, a tutto vantaggio del carbonaio, e lui non poteva prenderne in considerazione altre.

– È dura la vita del carbonaio, – cominciò l'uomo. – Cosa credete voi taglialegna? Che sia peggio la vostra? A voi non accade mai di stare in piedi settantadue ore di seguito. Lavora-

---

3. la tagliata: la distesa dei rami tagliati sia dal taglialegna, sia per il lavoro del carbonaio.

4. il tiraggio essendo assicurato: il foro ricavato estraendo il palo centrale una volta ultimata la costruzione della carbonaia fungeva da camino.

re nei boschi è la sorte peggiore che possa capitare a un uomo, ma fra il taglialegna e il carbonaio c'è differenza. La vostra è ancora una vita da cristiani. È un lavoro faticoso, ma siete in comitiva e la sera vi mettete intorno al fuoco a far due chiacchiere. Guardate le mie mani. Voi le avete screpolate ma pulite: e invece le mie, vedete?, il carbone s'insinua sotto la pelle e non va piú via.

– Conosco, – disse Guglielmo, – un mestiere piú duro. – E poiché l'altro lo guardava interrogativamente: – Il minatore, – rispose. – Sono stato l'altro giorno nella miniera di Boccheggiano, – disse poi.

– Ho visto in che stato escono gli uomini dai pozzi. – Ma quanto fanno? – ribatté il carbonaio. – Quanto dura il turno?

– Otto ore, credo.

– E che sono otto ore in confronto a settantadue? Loro fanno otto ore di lavoro e sedici di riposo, noi facciamo tre giorni di lavoro e uno di riposo. Questa è la differenza.

– E tuttavia, sentite, lavorare sottoterra è la cosa peggiore che ci sia. Almeno qui, se ti capita una disgrazia, sei all'aria libera.

– Non c'è mestiere peggiore del carbonaio, – ribatté testardo l'uomo.

E prese di nuovo a riempirsi la pipa col suo tabacco scurissimo, quasi nero.

Guglielmo si ricordò delle parole che diceva sempre per scherzo Germano ad Amedeo:

– Cotesto non è tabacco, – fece, – è polvere da cannone.

L'uomo sorrise compiaciuto.

– Non ce n'è molti, – disse poi, – che potrebbero fumare un tabacco simile. Ma, vedete, un tabacco piú leggero non mi soddisferebbe. Che volete, siamo abituati a respirare il carbone, le vostre sigarette ci sembrano roba da signorine.

Si vedeva che, malgrado tutto, l'uomo era orgoglioso della dura vita che conduceva, delle estenuanti veglie intorno alle carbonaie, del pulviscolo di carbone che aveva preso stabile dimora sotto la sua pelle, del suo tabacco forte come polvere da cannone.

Seguí una lunga pausa.

– Si ha tempo di pensare, – disse finalmente il carbonaio. – Non facciamo altro che pensare, noi carbonai.

Guglielmo assentí, senza però aver capito bene che cosa l'uomo intendesse dire.

– E a che vuoi pensare, se non alla tua casa? In trent'anni non ho fatto altro che pensare a questo. Lavori solo intorno alla carbonaia, e pensi alla casa, alla moglie, ai figlioli... Voi lo sapete, noi scendiamo dalla montagna dopo la raccolta delle castagne e torniamo al principio dell'estate. E in tutti questi mesi, è difficile che trovi da scambiare dieci parole. Dicono che siamo orsi: ma è il mestiere che ci fa diventare cosí. Eppure prima non mi lamentavo perché, vedete?, il ricordo della mia casa e dei miei castagni mi teneva compagnia. Ora, invece, cerco di non pensarci... Non c'è nessuno che mi aspetta lassú. Questa è tutta la differenza tra la mia vita di prima e quella di ora. Cerco di non pensarci, – aggiunse dopo un momento, – eppure non penso ad altro. A che cosa dovrei pensare?

Guglielmo guardò l'uomo e sentí improvvisamente una grande pietà per lui. Poveraccio! esser rimasto solo al mondo, dover farsi da mangiare da sé, non aver nessuno ad assisterlo in caso di malattia. «Io mi ritengo disgraziato, – pensò, – ma c'è chi sta peggio di me. Io almeno ho la sorella, ho le bambine, c'è ancora chi mi vuol bene, chi si prende cura di me».

– Com'è alto! – disse improvvisamente il carbonaio.

Guglielmo si voltò, sorpreso, e vide che l'uomo guardava il cielo.

– E quante stelle! – disse ancora il carbonaio. – Sarà venuto in mente a nessuno di contarle? – Si mise a ridere: – Solo a un carbonaio potrebbe venire in mente. Solo noi abbiamo tanta familiarità con la notte. È cosí, – disse poi, – a fare i carbonai si diventa... – Non finí la frase. Si alzò e si rimise al lavoro.

Guglielmo seguí per un poco le sue mosse, poi si mise a guardare in alto. Quante stelle!

La scrittura creativa

Quanti mondi lontani e sconosciuti. Gli aveva detto una volta Don Mario che le stelle sono milioni di volte piú grandi della Terra. Erano anch'esse abitate? C'erano anche lassú il lavoro, la sofferenza, la morte, il dolore?

Le stelle andavano svanendo. L'alba sorse livida. Infreddolito, Guglielmo si alzò, fece due passi intorno alla carbonaia. Salutò appena l'uomo, e se ne tornò al capanno.

Ricomparve all'ora del desinare, con la pentola, le scodelle, il pane e il vino. Ma la luce del giorno non era adatta alle confidenze, e cosí mangiarono e fecero la loro fumatina in silenzio. Nel pomeriggio Guglielmo aiutò a caricare le balle di carbone. Il mulattiere sarebbe tornato la mattina dopo per l'ultimo carico. Dopodiché, partenza!

La sera era stanco. Subito dopo cena, si avvolse nella coperta militare e attese che il sonno venisse a chiudere la sua giornata. Era la prima notte che dormiva solo nel capanno, e sarebbe stata anche l'ultima. La sera dopo, avrebbe dormito a casa. Sospirò, voltandosi su un fianco.

Fuori il carbonaio vegliò tutta la notte, pensando alle sue montagne.

Guida all'analisi

Il breve romanzo di Cassola – la cui lettura integrale può essere piacevole, e per nulla faticosa – ci proietta in un mondo ormai praticamente scomparso, almeno nei paesi industrializzati. Molte sono le suggestioni che il brano suscita in noi, sia a livello emotivo (lo struggente richiamo della famiglia accomuna i due uomini, pur cosí diversi) sia per i suoni, le immagini, i colori e gli odori con cui riesce ad accendere la nostra fantasia. La messa in scena multimediale si può appunto giovare di tutte queste suggestioni, secondo i suggerimenti che abbiamo dato on-line. Abbiamo realizzato perciò la griglia di analisi, dalla quale risulterà piú evidente lo schema di lavoro illustrato nel paragrafo. Nella prima colonna il testo è stato ridotto per motivi essenzialmente di spazio. Nelle successive vengono illustrate le azioni dei personaggi e le scene (codice visivo, vale a dire tutto ciò che si dovrà *vedere*), e infine suoni, voci, rumori, musica (codice uditivo, vale a dire tutto ciò che si dovrà *ascoltare*).

Successivamente abbiamo cercato delle immagini fotografiche riguardanti i mestieri del carbonaio e del taglialegna e alcune opere d'arte a cui ci ha indotto a pensare il testo stesso.

Infine le riflessioni dei due sul cielo stellato, la notte, il vagare dei loro pensieri verso l'infinito, ci hanno portato verso altre espressioni artistiche che possono dare suggestioni analoghe.

Il lavoro è appena abbozzato, ed è chiaro che si può dilatare all'infinito aggiungendovi tutti i link che l'estro e la creatività sapranno suggerirvi.

Esercizi

1. Potete realizzare materialmente la messa in scena del brano, proseguendo anche con altre parti del testo, se vi sembra opportuno (l'intero libro non raggiunge le 100 pagine, e vale la pena leggerlo integralmente).

2. Scegliete brani di testi narrativi e/o descrittivi a piacere, e lavorate su di essi come vi abbiamo indicato.

4.5 Iper-scrivere

Siamo da sempre abituati a far coincidere i testi scritti con la scrittura sequenziale che procede in linea retta, ma nel suo significato originale il termine *textum* ci riporta all'idea del tessuto, un incrocio tra l'ordito e la trama. In effetti il testo è la **trama dei pensieri e delle idee** e la sua **struttura è data dal modo in cui vengono collegati**. Se, prima della comparsa delle tecnologie informatiche, era pressoché impossibile rendere sulla pagina la natura «a rete» del pensiero (l'unica possibilità era data dall'uso delle note e dal rimando ad altri testi, altri frammenti), adesso abbiamo la concreta possibilità di rappresentare la struttura dei nostri pensieri, che ci è data dalla **ipertestualità**, grazie al ricorso alle tecnologie informatiche.

Pensiamo a quante volte è capitato, nel mezzo della lettura di un libro, di andare a cercare altri pezzi nelle pagine precedenti creando così un collegamento all'interno del testo, o abbiamo attivato collegamenti con altri testi che non appartengono al libro che teniamo in mano in quel momento (intendiamo «testi» di ogni genere, altri libri, film, musiche, esperienze personali). Insomma, diremmo con termine informatico che ogni lettore si crea i suoi link e realizza un proprio dialogo con il testo, anche in rapporto al contesto in cui si trova, allo stato d'animo del momento in cui legge. Ovviamente il punto di vista cambia anche con il cambiare del lettore. Chiunque si pone in rapporto con il testo, infatti, vi porta la propria enciclopedia di saperi e di esperienze.

Portando avanti questo ragionamento, possiamo esplorare un altro terreno per mettere in campo la nostra creatività, che è appunto quello di **costruire ipertesti** («iper-scrivere») a partire da testi dati o semplicemente giocando con la fantasia.

Si tratta in pratica di scegliere un testo (anche un piccolo brano di prosa o poesia) e non leggerlo di seguito, ma crearsi dei percorsi al suo interno, seguendo le suggestioni che ci vengono dalla pagina. Così se incontro per esempio la parola «volare» posso fermarmi a ripensare alla canzone di Modugno, cercare immagini di uccelli, aeroplani, nuvole, collegarmi ai concetti di libertà, viaggio, ecc.

Anche in questo caso troverete esempi e suggerimenti più completi on-line.

Le fasi dell'attività

Riflettiamo insieme…: Maxence Fermine, *Neve*
Kobayashi Issa, *Hayku*
Mario Rigoni Stern, *Sentieri sotto la neve*
Ansa, *Nello spazio profondo immortalata la «mano di dio»*
Umberto Saba, *Il poeta*

La letteratura delle origini

Che cos'è la letteratura?

Quando parliamo di letteratura o di tradizione letteraria ci riferiamo a:

> quel complesso di testi che l'umanità ha prodotto e produce non per fini pratici ma piuttosto *gratia sui* per amore di se stessi – e che si leggono per diletto, elevazione spirituale, allargamento delle conoscenze, magari per puro passatempo, senza che nessuno ci obblighi a farlo (se si prescinde dagli obblighi scolastici).
>
> U. Eco

Fino a questo momento vi siete accostati alle opere letterarie esaminandole nella loro individualità e specificità e raggruppandole in base al genere di appartenenza: avete letto fiabe e racconti, passi di romanzi e di poemi epici, avete imparato ad analizzarli e a interpretarli, avete colto la bellezza di una pagina e cominciato a gustare il piacere del testo letterario.
A conclusione del percorso biennale comincerete a condurre uno studio piú sistematico e articolato in preparazione del lavoro che svolgerete nel triennio. Opere e autori saranno inquadrati nel loro contesto storico e culturale e in una prospettiva temporale. Il vostro lavoro si svolgerà pertanto secondo una precisa cadenza diacronica che vi permetterà di seguire il cammino della nostra produzione letteraria a partire dai primi secoli del Medioevo. Comincerete a conoscere questa importante epoca storica nelle sue diverse sfaccettature;

esaminerete i processi che hanno portato alla formazione delle lingue volgari e alle prime opere letterarie composte in queste lingue fino ad allora guardate con disprezzo perché parlate dal volgo rozzo e ignorante. Dalle *chansons de geste* e dai romanzi cortesi si passerà alla lirica provenzale, alla quale si sono ispirati in Italia prima i poeti siciliani poi i siculo-toscani, senza trascurare il filone della poesia religiosa che si colloca alle origini del nostro patrimonio linguistico e culturale. Non verrà meno naturalmente la centralità dei testi ai quali bisognerà applicare le competenze fin qui acquisite, ma lo studio dell'opera acquisterà uno spessore storico perché verrà arricchito e ampliato dall'analisi dei rapporti che la legano alla personalità dello scrittore che l'ha composta e al contesto culturale in cui è stata prodotta.
In tal modo, anche attraverso l'analisi degli elementi di continuità e di frattura, sarà possibile giungere a un'interpretazione piú sfaccettata e consapevole che permetterà di riconoscere il grado di originalità di ogni opera e di scoprire la sua capacità di parlarci attraverso il tempo, perché, come afferma Italo Calvino, *un classico è un libro che non ha mai finito di dire quel che ha da dire.*

1 Il Medioevo

1.1 Incontrare il Medioevo

In Italia, in tutta Europa, anzi, incontriamo il Medioevo tutti i giorni.
È talmente normale vivere in mezzo al Medioevo!
È un'esperienza normale passare davanti a una chiesa del Duecento per andare a lavorare ogni giorno. Non ce ne accorgiamo neppure. Il Medioevo è, a suo modo, una città invisibile, di quelle che bisogna voler guardare col naso all'insú, come diceva Calvino. [...] Ci sono città il cui nome stesso evoca, magari impropriamente, l'età medievale, perché sono figlie del Medioevo, legate indissolubilmente al Medioevo: Bologna, ad esempio, o San Gimignano in Toscana, o Santiago de Compostela. E che dire di Parigi?
Mentre il mondo antico è concluso, è un tempo del tutto passato, finito, perfetto, il Medioevo è uno spazio aperto, un tempo imperfetto, fa parte della nostra vita. Noi Europei lo incontriamo tutti i giorni, senza saperlo e senza accorgercene. E non soltanto perché vi viviamo dentro fisicamente. Ma perché anche il Medioevo vive fra noi e dentro di noi.

G. M. Cantarella, *Medioevo. Un filo di parole*, Garzanti, Milano, 2002

Queste parole dello storico Glauco Cantarella ci danno la misura di quanto siano vicine a noi la cultura e l'arte del Medioevo, sebbene il termine indichi nel linguaggio comune mentalità e comportamenti arretrati, chiusi, conservatori, definitivamente superati. Ma questi sono solo pregiudizi. In realtà, gli studi degli storici piú moderni hanno messo in luce che la stessa identità dell'Europa non può prescindere dalla storia e dalla cultura del Medioevo in cui affonda le sue radici e da cui ha tratto linfa vitale. L'Europa moderna è figlia di quel passato nel quale hanno a poco a poco assunto la propria identità i popoli e le lingue che ci sono oggi piú familiari.
Ma osserviamo piú da vicino questa realtà che è al tempo stesso lontana e vicina.
Il Medioevo è un'epoca di **contaminazioni etniche**, cioè di intrecci e scambi tra popoli diversi, e questo lo rende simile al momento storico che stiamo vivendo. Dal V secolo in poi Ostrogoti, Visigoti, Vandali, Longobardi, Arabi, Franchi, Avari, Ungari, Normanni, Svevi, Iberici si sono succeduti, sovrapposti, mescolati nei vari paesi europei e soprattutto nell'area del Mediterraneo, in una storia lunghissima, piena di sangue, ma anche di fecondi intrecci culturali dai quali siamo nati noi europei, frutto di un gigantesco processo di mescolanza che ha dato vita a diverse lingue e a diverse culture, nessuna delle quali è il prodotto di un solo popolo e di un'unica tradizione gelosamente conservata e protetta.
Il Medioevo è anche un mondo estremamente **povero**. Le stagioni sfavorevoli, le guerre, le razzie degli invasori portavano alla fame intere popolazioni, quando non provocavano carestie e pestilenze. Bisognava nascere in condizioni di grandissimo privilegio per sfuggire ai morsi costanti della fame. E i privilegiati, lo si può facilmente immaginare, erano pochi. A loro toccava anche la prerogativa di adornarsi di vesti preziose e multicolori in un mondo generalmente **stinto** e sbiadito. Quando si pensa al Medioevo, infatti, per averne un'idea il piú possibile vicina alla realtà, occorre immaginare moltitudini di uomini, donne e bambini ricoperti di abiti laceri e scoloriti. Le tinture non reggevano troppo a lungo ai lavaggi e i colori brillanti erano praticamente irraggiungibili per la gente comune. I grandi del mondo, invece, erano vestiti di drappi e mantelli colorati che costavano una fortuna. Il colore dunque diventava segno di distinzione sociale e permetteva di riconoscere i detentori del potere e della ricchezza. Anche le chiese erano il regno del colore: il sole, filtrando dai vetri

delle finestre, faceva risplendere i mosaici, gli affreschi delle absidi, la luce soffusa dell'alabastro. Accanto a un Medioevo stinto dobbiamo dunque immaginarne uno **colorato**. All'opposizione stinto/colorato occorre affiancarne un'altra: quella che contrappone la staticità al movimento. Generalmente l'uomo medievale è **statico**, non pensa neppure a spostarsi dal suo villaggio o dalla sua città, dove trova tutto ciò che gli occorre per la sua faticosa sopravvivenza. È anche vero però che il mondo medievale è pieno di **errabondi**: guerrieri, uomini di Chiesa, mercanti, pellegrini si spostano frequentemente da un luogo all'altro per esigenze collegate alla loro condizione. I pellegrini, in particolare, coprono lunghe distanze per andare a visitare un luogo sacro con la volontà di far penitenza e di riparare i peccati commessi. Il pellegrinaggio è una manifestazione estrema di fede e di devozione, ma è anche un affare. Lungo le vie che conducono ai luoghi sacri sorgono infatti chiese, monasteri, posti di ristoro che offrono possibilità di lavoro e di commercio. Il movimento sembra dunque essere un'altra caratteristica di questo mondo nel quale non esistono rigide frontiere geografiche, mentre sono numerose e spesso insormontabili le **frontiere ideologiche** che separano ricchi e poveri, cristiani ed eretici, liberi e servi. Un Medioevo di frontiere, dunque, ma non solo: questa infatti è, come abbiamo sottolineato all'inizio del nostro discorso, anche l'epoca delle **contaminazioni** che permettono di superare le differenze fra mondo pagano e cristiano, fra cavalieri e mercanti, barbari e latini per realizzare quell'intreccio di tradizioni e culture da cui è nata l'Europa moderna.

1.2 Il termine e i limiti cronologici

Il termine Medioevo vuol dire letteralmente «età di mezzo». Esso fu coniato in Italia verso la metà del Quattrocento, quando artisti e uomini di cultura cominciarono a guardare con grande ammirazione al mondo greco-romano considerato come un'epoca di fioritura artistica e letteraria e a valutare negativamente i secoli compresi fra la caduta dell'Impero romano d'Occidente (V secolo d.C.) e il 1300, che furono appunto definiti come un'età intermedia di oscurità e di decadenza racchiusa tra due epoche di splendore: l'età classica e quella quattrocentesca. Quei secoli apparivano come un lunghissimo periodo buio di crisi politica, economica e culturale, alla fine del quale era sbocciato il fiore di una nuova e luminosa età che si ispirava al mondo antico e cercava di imitarlo e farlo rinascere. Il giudizio negativo sul Medioevo si è mantenuto a lungo nel tempo e solo gli studiosi moderni hanno definito con precisione le caratteristiche di questa importante fase della cultura occidentale. Il termine Medioevo ha pertanto perduto nell'ambito storiografico e letterario qualsiasi connotazione negativa e viene adoperato in un'accezione neutra per indicare, sul **piano storico**, il periodo compreso tra la caduta dell'Impero romano d'Occidente e la scoperta dell'America, sul **piano letterario**, i secoli che vanno dal V alla fine del XIV. Un periodo lunghissimo, dunque, che abbraccia circa otto secoli.

Gli eventi storici, economici e culturali che caratterizzano il Medioevo sono cosí numerosi, complessi e differenziati che non possono essere collocati sotto un'unica etichetta. In particolare la situazione dei secoli V-X è assai diversa da quella che si profila a partire dall'XI secolo, pertanto gli studiosi hanno suddiviso tutto l'arco della storia e della cultura medievali in due momenti:

✓ **Alto Medioevo** dal 476, anno della caduta dell'Impero romano d'Occidente, al 1000;
✓ **Basso Medioevo** dal 1000 al 1396.

L'**anno 1000** è stato scelto come spartiacque per due motivi:

1. perché a partire dalla seconda metà dell'XI secolo si verificarono in tutta Europa profonde trasformazioni politiche, economiche, sociali e culturali;

Il Medioevo

2. perché nella mentalità medievale esso si caricava di un forte significato simbolico. Infatti, in base alle credenze religiose, che poggiavano sulla lettura di alcuni testi sacri, intorno all'anno 1000 avrebbe dovuto verificarsi la fine del mondo profetizzata nell'Apocalisse di San Giovanni. Quello fu pertanto, almeno secondo alcune teorie storico-letterarie, un periodo di attesa, di penitenza, di ansietà latente, di purificazione, ma anche di speranza nella misericordia divina. Quando, all'indomani del millennio della Passione, si vide che, grazie a preghiere, pellegrinaggi e penitenze, la fine del mondo era stata scongiurata, la cristianità riprese a vivere con rinnovato fervore spirituale e materiale. Occorre comunque precisare che gli studi piú recenti hanno avanzato molti dubbi sull'autenticità di questa teoria, che sembra essere quasi esclusivamente il frutto di interpretazioni nate nell'Ottocento. Oggi si tende a ricondurre la cosiddetta svolta del Mille a una serie di concreti fenomeni economici, piuttosto che al venir meno delle paure millenaristiche.

1.3 Alto e Basso Medioevo

Le differenze fra Alto e Basso Medioevo sono numerose e significative.
Sul **piano politico** nell'Alto Medioevo, dopo un lungo periodo di frammentazione seguito alla caduta dell'Impero romano, si assiste alla creazione di due poteri universali: il Sacro romano impero, fondato da Carlo Magno, e la Chiesa di Roma.
L'Europa, uscita dalla crisi dell'Impero romano d'Occidente, era suddivisa in una molteplicità di Regni detti romano-barbarici perché contrassegnati dalla commistione di istituzioni romane e barbariche. Le componenti romane prevalevano a livello amministrativo e giuridico; quelle barbariche investivano i settori politico e militare. Tuttavia almeno due elementi accomunavano le popolazioni di questi regni: la **religione** e la **lingua**. La Chiesa aveva infatti condotto una capillare opera di evangelizzazione, cristianizzando gli invasori, e il latino continuava a essere adoperato come lingua della cultura, della religione, degli atti politici ufficiali. Un terzo elemento di unificazione, questa volta politica, fu la formazione del **Sacro romano impero** ad opera di Carlo Magno, re dei Franchi. Egli, nel corso di numerose imprese militari (contro gli Arabi di Spagna, contro i Longobardi in Italia, contro i Sassoni a nord del Reno, contro gli Avari e gli Slavi a Oriente), unificò sotto il suo potere un vasto territorio che andava dalla Spagna all'Elba, dall'attuale Danimarca all'ex Regno longobardo, nell'Italia Settentrionale, ricostituendo, almeno in parte, l'unità dell'Impero in Occidente. Inoltre, presentandosi come *defensor fidei* («difensore della fede»), diede a questo organismo politico un carattere sacro, che venne sancito con l'incoronazione imperiale ad opera di papa Leone III, avvenuta a Roma la notte di Natale dell'800.

Miniatura che raffigura Carlo Magno incoronato da Papa Leone III.

Nel Basso Medioevo, l'Impero, entrato in crisi già a partire dalla morte di Carlo Magno, si indebolisce sempre piú, per i continui conflitti con la Chiesa e per la disgregazione interna causata dalle stesse strutture feudali, e deve confrontarsi con altri due tipi di istituzioni: le **monarchie nazionali** e i **Comuni.**

Le monarchie nazionali, che si formano in Inghilterra, Francia e Spagna, sono il frutto di un graduale e costante processo di unificazione territoriale e di accentramento del potere nelle mani di un unico sovrano.

I Comuni sono invece città che si autogovernano, piccole entità territoriali spesso in lotta fra loro e con l'Impero. Tale situazione, presente nell'Italia centro-settentrionale, e, con alcune differenze, in Germania, caratterizzerà la vita politica e culturale del Duecento.

Sul **piano economico-sociale** l'Alto Medioevo è contrassegnato da un'economia agricola alquanto arretrata, statica e tendenzialmente autosufficiente detta **economia curtense** da *curtis*, termine con il quale si indicava un'ampia estensione di terreno sottoposta al potere di un signore, nella quale venivano prodotti i beni e i servizi indispensabili per la vita di tutti coloro che vivevano al suo interno: signori, servi e contadini. La *curtis* costituiva la base economica della **società feudale**, anch'essa statica, fortemente gerarchizzata e retta da vincoli interpersonali che legavano i vassalli al signore, i contadini ai padroni e cosí via. Il feudalesimo era un tipo di struttura politica, amministrativa e sociale che si fondava sulla concessione di un feudo (cioè di un vasto territorio con tutto ciò che esso conteneva: animali, uomini, abitazioni, città e villaggi) da parte del sovrano a un suddito, che si dichiarava suo **vassallo**. Questi si impegnava a fornire al sovrano aiuti militari ed economici e si legava a lui con un rapporto di fedeltà personale; in cambio otteneva il diritto di esercitare sul feudo tutti i poteri militari, economici, amministrativi e giuridici già goduti dal sovrano. Ogni vassallo poteva concedere a sua volta porzioni del territorio da lui amministrato a propri dipendenti, i *valvassori*, contro analoghi obblighi di vassallaggio nei suoi riguardi, e questi potevano fare la stessa cosa con dei loro sottoposti, i *valvassini*. Si veniva cosí a formare una struttura piramidale basata su una vasta rete di vincoli di fedeltà che univa tra loro il sovrano, i suoi vassalli, i vassalli dei vassalli e cosí via, fino agli uomini liberi che, spinti dal bisogno, accettavano di divenire servi dei signori pur di essere protetti e ricevere il necessario per vestirsi e nutrirsi.

A partire dall'XI secolo questa **situazione economico-sociale** cominciò a subire profondi mutamenti dovuti a varie concause. Il miglioramento delle condizioni climatiche e la cessazione delle invasioni favorirono l'**espansione demografica**. Si calcola che la popolazione europea, che era di 46 milioni verso il 1050, sia aumentata gradualmente fino a 61 milioni nel 1200 per arrivare a 73 milioni nel 1300. L'aumento della popolazione indusse a migliorare le tecniche di coltivazione dei campi per ottenere un aumento della produttività delle terre e un miglioramento quantitativo e qualitativo dei regimi alimentari. I progressi dell'agricoltura si legarono intimamente allo **sviluppo del commercio**. L'aumento della produttività infatti consentiva la formazione di eccedenze che potevano essere vendute e il guadagno ricavato permetteva l'acquisto di prodotti che la produzione locale non forniva.

Ai piccoli scambi che durante l'Alto Medioevo si svolgevano esclusivamente nei mercati locali si sostituí un **commercio a lunga distanza** che si muoveva lungo le direttrici nord-sud (da York a Roma, dalla Fiandra a Santiago de Compostela) ed est-ovest (dai paesi musulmani e bizantini verso l'Europa). I grandi centri commerciali erano, a sud, Venezia, Amalfi, Pisa, Genova, a nord, le città della Fiandra e della Germania, Bruges, Brema, Lubecca.

Si commerciavano *merci sottili*, come il pepe, le spezie, le pietre preziose, la seta, cosí chiamate perché poco voluminose, che venivano importate dall'Oriente, e *merci pesanti*, come lana, stoffe, legno, ferro, cereali, provenienti dal nord. Punto d'incontro dei mercanti e luoghi di scambio delle merci erano le **fiere**, grandi mercati temporanei che si tenevano nella zona di contatto tra il commercio mediterraneo e quello nordico: Fiandra e Champagne.

Il commercio favorí lo sviluppo di **attività finanziarie** consistenti essenzialmente nel **cambio** e nel **prestito**. La varietà di monete di oro e d'argento, diversissime tra loro per peso e lega, rendeva indispensabile l'opera dei cambiavalute. Molti mercanti inoltre cominciarono anche a investire le eccedenze monetarie nel prestito a interesse, di cui usufruivano non solo mercanti e artigiani, ma anche le monarchie nazionali che avevano bisogno di denaro per sostenere le loro imprese militari e per organizzare una moderna struttura burocratica e militare.

Al commercio e alla finanza si affiancò l'**attività artigianale**, legata alla trasformazione delle materie prime, importate dall'Oriente e dal Nord Europa, in prodotti finiti (tessuti, armi, oggetti di uso quotidiano, gioielli raffinati) che venivano venduti nei mercati sia cittadini che internazionali.

Nel passaggio dall'Alto al Basso Medioevo cambiano anche l'**organizzazione della società** e i **luoghi della vita**. Dopo l'XI secolo si assiste infatti alla nascita di una nuova classe sociale, la **borghesia**, costituita da tutti coloro che non sono legati alla terra, ma vivono di attività commerciali, artigianali, finanziarie o esercitano professioni (giudici, notai, insegnanti). La nuova realtà sociale si contrappone e poi via via si mescola all'antica società aristocratica, attraverso matrimoni e associazioni economiche. La vita non si svolge piú nelle campagne, dove sorgevano i castelli dei signori e i piccoli villaggi abitati dai contadini, bensí nelle **città**, che diventano il centro pulsante della nuova realtà economica, politica e sociale.

È in questo contesto cosí complesso, mosso e variegato che prendono forma tutti quei fenomeni culturali che hanno segnato la nascita della letteratura italiana ed europea.

1.4 La nascita delle lingue volgari

Le lingue che oggi vengono parlate nella zona sud-occidentale dell'Europa, cioè *italiano*, *francese*, *provenzale*, *spagnolo*, *portoghese*, *catalano*, *ladino*, *rumeno*, si sono formate nel corso del Medioevo e da allora sono state chiamate nel loro complesso lingue **romanze** o **neolatine** o **volgari**. Sono dette **romanze** perché erano parlate nella *Romània*, ovvero nei territori che un tempo facevano parte dell'Impero romano d'Occidente; **neolatine** perché sono nate dall'evoluzione del latino parlato; **volgari** perché in origine erano parlate dal popolo illetterato (in latino *vulgus*), mentre i dotti si servivano del latino.

Esse si sono originate dalla **fusione** tra il **latino parlato** detto **latino volgare** e le **lingue delle popolazioni barbariche** che avevano invaso l'Impero e si erano sostituite ai romani.

Il latino parlato o volgare era un po' diverso dal latino scritto. La lingua scritta, infatti, pur subendo anch'essa una certa evoluzione nel corso del tempo, è molto piú stabile e conservatrice di quella parlata, sia perché è vincolata a un piú rigoroso rispetto delle leggi grammaticali e sintattiche, sia perché accoglie le innovazioni linguistiche lentamente e solo molto tempo dopo il loro ingresso nell'uso corrente.

Il **latino parlato** invece aveva subito nel corso del tempo delle trasformazioni poiché, con l'ampliarsi delle conquiste militari, si era diffuso nei territori occupati, sovrapponendosi alla lingua che ciascuna popolazione parlava prima della conquista romana. Finché l'organizzazione amministrativa, militare, culturale dell'Impero aveva mantenuto saldi i legami fra il centro e la periferia, queste differenze fra lingua scritta e lingua parlata e anche fra il latino parlato a Roma e il latino parlato nelle altre zone dell'Impero non erano emerse. Quando però i legami si allentarono, in seguito all'indebolimento dell'autorità centrale, il latino parlato nelle diverse regioni si andò sempre piú differenziando e frammentando.

Su questa realtà linguistica si innestarono le **lingue dei popoli invasori** – Vandali, Goti, Ostrogoti, Franchi, Longobardi, ecc. – che si sovrapposero, nei diversi territori dell'Impero, al latino volgare, già abbastanza differenziato, e ne spezzarono definitivamente l'unità.

A questo punto si verificarono due fenomeni ugualmente importanti per la formazione delle lingue volgari.

1. Il **divario fra il latino letterario**, che ancora esisteva come lingua ufficiale della religione, della politica, della cultura, e le **lingue parlate** divenne incolmabile. Non si trattava piú di due livelli della stessa lingua, come era accaduto al tempo dell'Impero, ma di due lingue diverse e sostanzialmente incomunicabili fra loro. In particolare, gli incolti, che ormai costituivano la maggioranza della popolazione, non comprendevano piú il latino, e quindi non erano in grado di intendere le parole della liturgia. La Chiesa allora, preso atto del solco di incomunicabilità che si era scavato con i fedeli, nel **Concilio di Tours dell'813**, diede disposizioni ai vescovi e ai parroci di predicare nelle lingue volgari perché tutti i fedeli potessero capire.

2. Si crearono nette **differenze fra le lingue volgari parlate in regioni che, seppur vicine tra loro, avevano subito influssi di invasori diversi**. Ne è testimonianza il **Giuramento di Strasburgo dell'842** con il quale Carlo il Calvo e Ludovico il Germanico, nipoti di Carlo Magno, si giuravano reciproca fedeltà e sancivano la divisione dell'Impero carolingio. Essi, per farsi comprendere dai rispettivi eserciti, dovettero giurare uno in francese e l'altro in tedesco, poi ciascuno ripeté il giuramento nella lingua dell'altro, segno che le due popolazioni, che pure avevano fatto parte dello stesso Impero, ormai non si intendevano piú. Questo giuramento, nella versione francese, è il piú antico testo scritto in una lingua romanza che noi possediamo.

Per parecchio tempo le **lingue volgari** furono solo **parlate**; la **lingua scritta**, adoperata sia per i documenti ufficiali sia per la cultura, era, come si è detto, il **latino**. Con il passar del tempo, ma in momenti diversi a seconda dei luoghi, si sentí la necessità di usare queste lingue anche per la scrittura. Dapprima esse furono utilizzate solo per scopi pratici; successivamente vennero adoperate anche per comporre opere letterarie: da questo momento ebbero inizio le letterature moderne dell'Europa.

Le prime lingue romanze utilizzate per scopi letterari furono la **lingua d'oc** e la **lingua d'oïl**, cosí chiamate dalle particelle affermative *oc* e *oïl* corrispondenti al nostro *sí*. La lingua d'oc era parlata nella Francia meridionale e derivava da un'evoluzione del latino volgare; la lingua d'oïl era parlata nella parte settentrionale della Francia e derivava dalla fusione tra il latino volgare e la lingua degli invasori franchi.

In Italia, dove il latino era piú radicato, bisogna aspettare il XIII secolo per avere le prime opere letterarie scritte in lingua volgare. Piú che di un'unica lingua si deve parlare, però, di un «policentrismo linguistico», cioè di una pluralità di volgari utilizzati nelle diverse regioni, che persisterà per due secoli. Avremo pertanto testi letterari scritti in volgare umbro, siciliano, toscano, bolognese, lombardo e cosí via.

Solo a partire dal Trecento il volgare toscano, nobilitato e affinato dall'uso che ne avevano fatto i tre massimi esponenti della letteratura medievale, Dante Alighieri, Francesco Petrarca e Giovanni Boccaccio, si avvierà a diventare la lingua letteraria per eccellenza e sarà considerato un modello da tutti gli scrittori successivi.

ANDIAMO OLTRE

Dal latino all'italiano

Tra le lingue romanze l'italiano è quella piú strettamente legata al latino. Lo dimostrano, fra l'altro, le numerosissime parole e strutture morfosintattiche di origine latina che costituiscono la base del nostro lessico. Per comprendere bene come è avvenuto il passaggio dal latino all'italiano, è opportuno rendersi conto di alcuni dei fenomeni linguistici piú diffusi, riscontrabili anche in altre lingue neolatine, che vale la pena esaminare singolarmente. Essi sono:

- **trasformazione di alcuni dittonghi in vocale semplice**: il dittongo *au* è diventato *o*, per cui da *aurum* si è avuto *oro*; *oe* ed *ae* sono diventati *e*, per cui da *poena* siamo passati a *pena*, da *Caesar* a *Cesare*;
- **trasformazione della vocale semplice in dittongo**, sotto la spinta dell'accento, per cui *petra* è diventata in italiano *pietra*, in spagnolo *piedra*, in francese *pierre*;
- **scomparsa delle vocali atone**, in particolare nelle parole di tre sillabe con accento sulla prima, per cui la parola latina *calidum* è diventata in italiano *caldo*, in francese *chaud*; *bonitatem*, è diventata in italiano *bontà*, in spagnolo *bondad*, in francese *bonté*;
- **perdita delle desinenze** che, trovandosi alla fine della parola, risultavano deboli nella pronuncia e quindi finirono per scomparire; pertanto, mentre in latino si declinava *homo, hominis, homini,* ecc., nelle lingue romanze abbiamo una sola forma: *uomo, homme,* ecc.
- **introduzione dell'articolo determinativo** (*il* da *ille*) **e indeterminativo** (*un* da *unus*);
- **adozione di forme perifrastiche per alcuni tempi verbali**, come il futuro e il passato composto, forma-

tesi con l'aggiunta dell'ausiliare *avere*; cosí dalla forma classica del futuro *amabo* si passò ad *amare habeo* che diventò *amar-ò* e poi *amerò*;

- **preferenza per le parole popolari**, che vennero sostituite alle forme piú nobili: si usa, per esempio, *casa*, che vuol dire «tugurio, casupola» al posto di *domus*, che viene recuperata in ambito religioso, dando origine a «duomo»; *testa*, che significa «coccio», al posto di *caput*, per cui si ha in italiano *testa*, in francese *tête*; *gamba*, in francese *jambe*, che originariamente significava la «giuntura» del cavallo, invece di *crus*, e cosí via;
- **adozione di diminutivi**, propri della lingua parlata, al posto dei termini base: *bellus* invece di *pulcher*; *agnellus* invece di *agnus*; *cultellus* invece di *culter*; *avicellus* invece di *avis*, e cosí via;
- **passaggio dalla subordinazione alla coordinazione**: il latino prediligeva i periodi lunghi e ricchi di subordinate, mentre le lingue volgari mostrarono all'inizio una spiccata predilezione per le costruzioni coordinate; solo molto piú tardi, questo stato di cose si modificò e anche nelle lingue volgari fu introdotta ampiamente la subordinazione.

1.5   I primi documenti del volgare in Italia

Per avere un'idea piú precisa dell'evoluzione della lingua italiana, è utile soffermarsi sui primi documenti in lingua volgare che risalgono ai secoli VIII e IX ed erano scritti per scopi pratici e non letterari.

Il primo testo in volgare italiano è il cosiddetto **Indovinello veronese**, allusivo all'arte dello scrivere, che recita cosí:

Se pareba boves, alba pratalia araba
albo versorio teneba, negro semen seminaba.

Sospingeva davanti a sé i buoi, arava bianchi prati,
teneva un bianco aratro, seminava un nero seme.

L'interpretazione è abbastanza semplice: i buoi sono le dita, i bianchi prati sono i fogli di pergamena, il bianco aratro è la penna d'oca con cui si scriveva, il nero seme è l'inchiostro. Nel testo sono riconoscibili numerose parole latine, come *boves, semen, alba pratalia*, ma si notano anche le trasformazioni che segnano il passaggio al volgare: per esempio sono cadute le desinenze dei verbi e dei sostantivi (troviamo *araba, teneba, seminaba* e non *arabat, tenebat, seminabat*; *negro* e non *nigrum*).

Con questo testo siamo ancora in una fase di commistione fra italiano e latino. Andando un po' piú avanti nel tempo ecco un altro documento in cui i legami con il latino non sono piú cosí espliciti. Si tratta di uno dei cosiddetti **Placiti cassinesi**, una formula di testimonianza pronunciata e verbalizzata in occasione di una contestazione giudiziaria per terreni ecclesiastici appartenenti al convento di Montecassino. Ecco il testo e la «traduzione» in italiano moderno:

Sao ko kelle terre, per kelle fini que ki contene, trenta anni le possette parte Sancti Benedicti.

So che quelle terre, per quei confini che qui [cioè nel documento] sono indicati, le possedette per trent'anni il convento di San Benedetto.

Decisamente piú divertente e tuttora leggibile in un affresco della basilica inferiore di San Clemente a Roma è l'**Iscrizione di San Clemente** che accompagna una scena relativa al martirio del Santo. La scena ritrae degli uomini che con delle funi tirano una colonna. Questo il significato dell'immagine: il pagano Sisinnio, adirato con San Clemente perché ha convertito al cristianesimo sua moglie, ordina a tre servi di legare e trascinare il Santo. Ma ecco che si compie il miracolo: San Clemente scompare e al suo posto rimane una pesante colonna. Sisinnio allora si rivolge ai servi chiamandoli per nome e li incita con frasi popolaresche e volgari a tirare la colonna.

Sisinnium: *Fili de le pute, traite! Albertel Gosmari tràite! Fàlite dereto colo palo, Carvoncelle!*

Sisinnio: Figli di puttane, tirate! Albertello Gosmario tirate! Fai leva da dietro con il palo, Carboncello!

1.6 Gli intellettuali e la trasmissione del sapere

In seguito alla caduta dell'Impero romano d'Occidente e alle invasioni barbariche la vasta organizzazione scolastica romana venne distrutta e la Chiesa rimase l'unica istituzione in cui era possibile trovare uomini in grado di leggere e scrivere. Infatti i **chierici**, dovendo per motivi «professionali» leggere i testi sacri, che erano scritti in latino, venivano avviati alla cultura nelle scuole parrocchiali, monastiche e vescovili. Per questo motivo il termine *chierico* divenne l'equivalente di «letterato».

Nelle scuole parrocchiali e monastiche venivano fornite le competenze minime: si imparava a leggere e a scrivere, si studiava il canto e il calcolo. La didattica si basava sulla memorizzazione e sulla ripetizione dei testi sacri, in particolare dei Salmi, che venivano imparati a memoria spesso senza capire il significato delle parole. Nelle scuole episcopali, che erano situate presso le sedi vescovili, si impartivano i gradi piú alti del sapere basati sulle sette *Arti liberali*, un insieme di discipline sulle quali si fondava il percorso formativo dell'uomo già nel mondo classico. Esse erano suddivise in *Arti del Trivio* – la *grammatica*, che consisteva nello studio della lingua latina, la *retorica*, attraverso la quale si imparavano le tecniche per rendere piú efficace e persuasivo il linguaggio, la *dialettica*, che coincideva con la logica – e *Arti del Quadrivio*, ovvero *aritmetica, musica, astronomia, geometria*.

Questi studi non miravano alla conoscenza del patrimonio culturale antico, ma erano finalizzati esclusivamente all'acquisizione delle basi culturali indispensabili per accostarsi alla conoscenza delle Sacre Scritture.

Con la nascita della società borghese, nel Basso Medioevo, anche i laici, cioè gli uomini che non facevano parte delle gerarchie ecclesiastiche, cominciarono a comprendere l'importan-

Il Medioevo

za e l'utilità della cultura e si accostarono a essa. Nacquero pertanto le **scuole laiche** frequentate dai borghesi che vi acquisirono i primi elementi di una cultura indispensabile per l'esercizio della professione e la partecipazione alla vita politica e sociale. Chi aspirava a raggiungere livelli piú alti del sapere frequentava le **università** che si costituirono in questo periodo. All'interno della società urbana comincia a delinearsi la figura dell'**intellettuale** come oggi lo intendiamo, ovvero un uomo che lavora con la parola e con la mente, che non vive né della rendita della terra né di un lavoro manuale, che può essere sia chierico sia laico e che o si dedica esclusivamente all'insegnamento oppure opera fuori dal contesto scolastico all'interno della città. È questo l'**intellettuale cittadino**, che svolge una delle professioni tipiche della società urbana – notaio, giudice, mercante, ecc. –, partecipa alla vita politica, è plurilingue – conosce infatti il latino, il volgare della sua città e regione, la lingua d'*oc* e la lingua d'*oïl* –, si forma nelle università, scrive prevalentemente in volgare, anche se non trascura il latino e le altre lingue letterarie. Ben presto le città si popolano di notai, giudici, giuristi, predicatori, cronisti, che avranno un gran peso nel trasformare e innovare le istituzioni e affiancheranno alla loro professione un'attività letteraria di tipo poetico, narrativo, saggistico che costituirà il tessuto della tradizione letteraria medievale.

Assonanze

I mosaici di Ravenna

nell'arte

Ravenna punto d'incontro fra Oriente e Occidente

Il passaggio dal mondo romano a quello medievale risulta, sul piano artistico, contrassegnato da elementi di continuità e di frattura. Non si costruiscono piú anfiteatri e templi, ma le strutture architettoniche della classicità vengono riprese nelle costruzioni monumentali volute dai sovrani dei nuovi Regni romano-barbarici. Al tempo stesso si realizza un fruttuoso incontro fra mondo orientale e mondo occidentale: elementi dell'arte bizantina si insinuano nelle possenti architetture delle chiese altomedievali, alleggerendole con effetti di luce diffusa. Un esempio di questo connubio è sicuramente la città di **Ravenna** che per un certo periodo fu capitale dell'Impero romano d'Occidente, poi del Regno ostrogoto e infine dell'Esarcato bizantino. Essa è dunque una città dal luminoso passato come dimostra la ricchezza dei suoi monumenti, otto dei quali sono stati dichiarati dall'UNESCO Patrimonio dell'Umanità.

Oggi dista circa 8 chilometri dalla costa adriatica, ma in epoca romana era circondata da una vasta zona lagunare che si estendeva fino alla foce del Po ed era accessibile soltanto dal mare.

Il cordone lagunare rendeva la città inespugnabile e al tempo stesso permetteva di raggiungere facilmente il mare. Questa caratteristica non sfuggí all'imperatore Augusto che fece costruire un porto 4 chilometri piú a sud della città, nell'insenatura di Classe (il cui nome deriva dal termine latino *classis* che vuol dire «flotta»), e vi stanziò la grande flotta imperiale, poi collegò la città al Po attraverso un sistema di canali interni. Quello che fino ad allora era stato un modesto insediamento abitato da popolazioni umbre e colonizzato prima dagli Etruschi poi, nel II secolo a.C., dai Romani, diventò un importante centro commerciale e strategico.

Il periodo di maggiore splendore per Ravenna ebbe inizio nel 402 quando l'imperatore Onorio, sotto la minaccia delle tribú barbariche, trasferí la capitale dell'Impero romano d'Occidente in questa città che poteva essere piú facilmente difesa dalle incursioni provenienti dalla terraferma e al tempo stesso permetteva collegamenti sicuri via mare con l'Oriente.

Da questo momento Ravenna visse una lunga fase di sviluppo edilizio e artistico, divenendo punto d'incontro fra l'arte romana paleocristiana e quella bizantina.

Artefici di tale sviluppo furono prima Galla Placidia, sorella dell'imperatore Onorio, poi Teodorico, re degli Ostrogoti, il quale fondò un Regno romano-barbarico con capitale Ravenna, e infine Giustiniano che nel 540 conquistò l'Italia facendone una provin-

Basilica di San Vitale, esterno, 525-547. Ravenna.

Cristo fra i due angeli e i SS. Vitale e Ecclesio, 525-527. Ravenna, Basilica di San Vitale, semicupola dell'abside.

L'imperatore Giustiniano e il suo seguito, 546-548. Ravenna, Basilica di San Vitale, particolare della conca absidale.

cia dell'Impero. La città si arricchí di splendide opere d'arte, fra le quali va ricordata la chiesa di San Vitale che è, insieme con il mausoleo di Galla Placidia, una testimonianza dell'incontro fra mondo romano e mondo bizantino, Oriente e Occidente, che caratterizza l'arte ravennate durante l'Alto Medioevo.

La basilica di San Vitale

La basilica di San Vitale è una delle chiese piú famose di Ravenna. Iniziata nel 525, sotto Teodorico, fu consacrata nel 547, all'epoca di Giustiniano. L'edificio, a imitazione delle chiese d'Oriente, ha una pianta ottagonale. La scelta di questo impianto non è casuale: il numero otto, infatti, era nel Medioevo il simbolo della Resurrezione. L'esterno, ricoperto di mattoni, si presenta semplice e disadorno. All'interno, invece, grande protagonista è la luce dei mosaici che ricoprono le pareti e costituiscono l'elemento di maggior attrazione della basilica.

I mosaici dell'abside rappresentano la Teofania, cioè la manifestazione di Dio, con immagini simboliche ricche di significati religiosi. Al centro un Cristo senza barba tra due angeli è seduto su una sfera azzurra simbolo dell'universo. A sinistra di Cristo c'è San Vitale che riceve la corona del martirio; a destra il vescovo Ecclesio, fondatore della basilica, che consegna il modellino della chiesa.

Le scene piú famose sono quelle dei pannelli laterali nei quali sono raffigurati l'imperatore Giustiniano e sua moglie Teodora che, circondati da dignitari di corte, esponenti del clero e dame, offrono doni in occasione dell'inaugurazione della basilica.

L'imperatore è collocato al centro del pannello, porta la corona, è cinto da una grande aureola d'oro e indossa una tunica sontuosa fermata da una spilla preziosa; in mano tiene un piatto d'oro da portare in offerta per la messa. Alla sua destra stanno i dignitari di corte e le guardie con scudo e lancia; alla sua sinistra gli esponenti del clero riconoscibili perché tengono in mano oggetti sacri. Tra essi spicca l'arcivescovo Massimiano, che aveva consacrato la basilica. Tra l'imperatore e l'arcivescovo, in secondo piano, è raffigurato Giuliano l'Argentario, un ricco banchiere che con una cospicua donazione aveva contribuito alla costruzione della chiesa.

Sulla parete di fronte appare l'imperatrice Teodora, che porta anch'essa un dono per la consacrazione della basilica, ed ha alla sua destra le dame di corte abbigliate con abiti di diversi colori, alla sinistra due dignitari. L'imperatrice indossa una veste sontuosa con un ricco pettorale tempestato di pietre preziose e perle, porta la corona e ha il capo incorniciato da un'aureola.

Nonostante la staticità delle figure, i due gruppi sembrano avanzare lentamente verso l'altare e al

tempo stesso verso l'osservatore che rimane abbagliato dalla varietà e luminosità dei colori. Mentre i personaggi di contorno hanno volti pressoché uguali, i due sovrani presentano una fisionomia piú caratterizzata. I loro sono veri ritratti, eseguiti da artisti di Costantinopoli su dei cartoni e poi riprodotti dagli artisti ravennati del mosaico.
La bidimensionalità delle figure e la mancanza di profondità conferiscono alla scena un carattere sacrale e simbolico: i due sovrani, che non parteciparono di persona alla cerimonia, hanno voluto affidare alle loro immagini il compito di rappresentarli e di eternarli nella storia della città.

L'imperatrice Teodora e il suo seguito, 546-548. Ravenna, Basilica di San Vitale, particolare della conca absidale.

Mappa dei contenuti

LIMITI CRONOLOGICI
- Alto Medioevo: V-X sec.
- Basso Medioevo: XI-XIV sec.

FORMAZIONE DELLE LINGUE VOLGARI
- Lingue neolatine o romanze nate dalla fusione tra latino parlato e lingue degli invasori
- Lingua d'*oïl*, nord della Francia
- Lingua d'*oc*, sud della Francia
- Varietà di volgari in Italia
- Primi documenti del volgare in Italia

GLI EVENTI STORICI
Alto Medioevo
- Regni romano-barbarici
- Formazione dell'Impero carolingio
- Affermazione del potere universale della Chiesa di Roma

Basso Medioevo
- Nascita dei Comuni
- Formazione delle monarchie nazionali

IL MEDIOEVO

I LUOGHI DELLA CULTURA
Alto Medioevo
- Scuole parrocchiali, monastiche e vescovili
- Intellettuali chierici
- Lingua latina

Basso Medioevo
- Scuole laiche
- Università
- Intellettuale laico
- Lingua volgare

ECONOMIA E SOCIETÀ
Società feudale
- Concessione del feudo che comporta il trasferimento al feudatario di tutti i poteri
- Vincoli personali di fedeltà
- Indebolimento del potere centrale
- Economia curtense, statica e autosufficiente

Società borghese
- Espansione demografica
- Sviluppo del commercio
- Attività artigianali
- Nascita della borghesia

2 Alle origini della letteratura europea

2.1 La letteratura in lingua d'oïl e in lingua d'oc

Non ci sono che tre materie degne dell'attenzione dell'uomo di cultura: quella di Francia, quella di Bretagna e quella di Roma la Grande.

Cosí scriveva nella seconda metà del XII secolo il poeta Jean Bodel, a significare che tre erano i filoni della **narrativa in lingua romanza**: la materia di Francia, che narrava le imprese dell'imperatore Carlo Magno e dei suoi paladini; la materia di Roma (o materia classica), che rievocava con spirito nuovo personaggi e vicende della tradizione greco-latina; la materia di Bretagna, che conteneva il racconto delle imprese avventurose di re Artú e dei suoi cavalieri. Se la materia di Francia era stata diffusa attraverso le *chansons de geste*, i filoni classico e arturiano diedero vita alla grande fioritura del **romanzo cortese**. Queste opere, scritte in lingua d'*oïl*, si diffusero nella Francia settentrionale, presso le corti anglo-normanne. Nelle corti del sud della Fancia fu invece elaborata, all'inizio del XII secolo, una **produzione lirica provenzale** in lingua d'*oc* che trattava la tematica dell'amor cortese o *fin'amor*. Questa vasta produzione, che spazia dalla narrativa alla lirica, dal poema epico al «romanzo», sta alla base di gran parte della letteratura italiana ed europea del Medioevo e dei secoli successivi.

2.2 L'epica feudale: le «chansons de geste»

Il termine

La prima produzione letteraria in volgare si sviluppa tra l'ultimo quarto dell'XI secolo e l'inizio del XII nella Francia del nord. Essa è costituita dalle **chansons de geste**, o «canzoni di gesta», poemi epici medievali in lingua d'*oïl*. Il termine *chanson* si riferisce alla modalità di comunicazione e trasmissione dei testi, che venivano recitati su un ritmo melodico sempre uguale; il termine *geste*, che deriva dal latino *gesta*, «imprese», allude al contenuto dei poemi che celebravano le imprese di un eroe appartenente a una nobile stirpe. Nel francese antico infatti la parola *geste* non ha solo il significato latino di «impresa, fatto egregio», ma indica anche la tradizione eroica di un lignaggio.

La materia

La materia delle *chanson*s, a partire dalla piú antica e famosa, la *Chanson de Roland*, è costituita dalle imprese militari dei paladini di Carlo Magno; si tratta di eventi sospesi tra realtà storica e trasfigurazione letteraria, appartenenti a un'epoca piú antica di circa tre secoli rispetto a quella di composizione.
Le *chansons* erano raggruppate in cicli. Viene chiamato ciclo un insieme di poemi, ciascuno dei quali è in sé concluso, ma è legato agli altri dalla presenza della medesima tematica e degli stessi personaggi, che si alternano nei ruoli di protagonista e comprimari. Tutte le *chansons de geste* costituiscono il **ciclo carolingio**, al cui interno si possono distinguere, in base alla specificità dell'argomento, altri cicli: il **ciclo dei re**, di cui fa parte la *Chanson*

de Roland, incentrato sulla guerra dei cristiani contro i saraceni; il **ciclo dei vassalli ribelli**, che ha per tema la rivolta di un vassallo che si allea con i nemici saraceni; il **ciclo dei Narbonesi**, cha narra la vicenda di un vassallo abbandonato dal potere, il quale rimane però fedele al suo re e per lui combatte contro gli infedeli; il **ciclo delle crociate**, costituito da opere che hanno come tema le crociate combattute per la liberazione del Santo Sepolcro. A differenza degli altri cicli, questo tratta un evento storico quasi contemporaneo all'epoca della composizione delle opere.

Le *chansons de geste* continuarono a essere prodotte fino al XIII secolo, quando lasciarono il posto a rimaneggiamenti in prosa. Successivamente questa tradizione, intrecciata con la materia bretone, entrò a far parte prima dei cantari tre-quattrocenteschi, poi dei poemi cavallereschi di Pulci, Boiardo e Ariosto composti tra il Quattrocento e il primo Cinquecento. Oggi è ancora presente nelle rappresentazioni dell'opera dei pupi, teatro di marionette tipico della Sicilia, il cui repertorio si fonda appunto su vicende riprese dalle *chansons de geste* e dai poemi cavallereschi, rivisitati talora in chiave comica e con inserti dialettali.

Le origini

Diverse sono le ipotesi degli studiosi intorno alle origini di questa vasta produzione letteraria. L'ipotesi oggi piú accreditata è che le *chansons de geste* siano collegate al vasto fenomeno dei pellegrinaggi.

Nel corso del Medioevo abbazie e monasteri offrivano ospitalità ai pellegrini che si recavano nei principali luoghi della fede: Santiago de Compostela, Roma, Gerusalemme. In Francia il cammino che conduceva a Santiago era costellato di monasteri dove i chierici erano soliti intrattenere i visitatori raccontando le vite dei santi di cui conservavano le reliquie. Successivamente sostituirono alla vita del santo le imprese di un santo cavaliere morto per la fede e sepolto in quei luoghi. È in questo contesto che va collocata la composizione delle prime *chansons* scaturite dalla collaborazione di chierici e giullari. I primi elaboravano i testi e li recitavano ai pellegrini, i secondi li imparavano a memoria e poi si spostavano nelle piazze, davanti a chiese e conventi, e nei mercati, recitando gli episodi piú significativi dinanzi a un pubblico vario a cui alla fine chiedevano un compenso. Col passar del tempo anche i giullari furono in grado di comporre autonomamente delle *chansons*.

Gli aspetti formali

Pur essendo state composte sin dall'inizio come testi scritti, le *chansons de geste* presentano caratteristiche stilistiche e impianto narrativo tipici della letteratura a trasmissione orale, pertanto vengono considerate opere a oralità secondaria.

✓ Sono *recitate con accompagnamento musicale* da un *giullare* in presenza di un pubblico che condivide i contenuti e gli ideali espressi nel testo e a cui il cantore si rivolge con formule di coinvolgimento diretto, come «udite, signori», «udite, baroni».

✓ Sono scritte in *lasse*, cioè in strofe di varia lunghezza, costituite da *versi decasillabi* legati da un'unica persistente *assonanza* (sempre la stessa vocale accentata in fine di verso).

✓ La narrazione procede per *quadri staccati*, come scene di teatro medievale. Ogni lassa contiene una *ripresa* degli elementi della lassa precedente, una *variazione* nella loro presentazione e un'*aggiunta* di elementi nuovi, in modo che l'esibizione del cantore possa iniziare da qualsiasi punto del testo permettendo all'ascoltatore di orientarsi nello svolgimento della storia. Questa tecnica compositiva non ha solo uno scopo pratico, ma serve a conferire maggiore risalto e solennità agli eventi narrati.

✓ Sono frequenti le *lasse similari* o *parallele* che narrano lo stesso evento o lo stesso momento dell'azione con lievi variazioni. Questa modalità narrativa accentua la lentezza e la sacralità della vicenda.

✓ Sono frequenti sia gli *epiteti* (*Carlo che ha la barba bianca, Carlo che ha la barba fiorita, il buono spiedo, la buona spada Durendala*) sia le *formule* (mezzi versi o versi interi che ritornano in diversi punti del testo). Entrambe le tecniche servono ad agevolare la memorizzazione da parte del cantore e la comprensione degli ascoltatori i quali, se non riescono a percepire il nome di un personaggio, possono ricavarlo dalla formula che lo accompagna.

✓ La *sintassi* è semplice ed elementare, contrassegnata dalla prevalenza della *coordinazione* sulla subordinazione. Le frasi sono quasi tutte principali e si allineano l'una accanto all'altra legate o per asindeto o da congiunzioni coordinanti.

2.3 La «Chanson de Roland»

L'epica feudale nasce già matura con un'opera, la *Chanson de Roland*, che, oltre a essere una delle più diffuse e imitate, esprime al più alto livello le possibilità della lingua d'*oïl* e i valori della società feudale. Composta intorno al 1065-1075 probabilmente da un certo Turoldo, un chierico di origine anglo-normanna, l'opera riprende e amplifica un episodio marginale della lotta fra Carlo Magno e gli Arabi di Spagna, di cui ci dà notizia lo storico Eginardo nella sua *Vita Karoli*.

Nel 778 Carlo, re dei Franchi, compì una spedizione in Spagna e pose l'assedio alla città di Saragozza. Successivamente, però, forse constatando le difficoltà dell'impresa, decise di porre fine all'assedio e di rientrare in Francia. Sulla via del ritorno, nella gola pirenaica di Roncisvalle, la sua retroguardia venne sopraffatta e annientata (pare da montanari baschi, i *wascones*, come racconta Eginardo, e non da truppe musulmane), e morirono molti dignitari, tra i quali, dicono le fonti storiografiche, un signore feudale, di nome Rolandus (il Roland della *Chanson*, italianizzato in Orlando), preposto alla marca di Bretagna.

L'episodio, abbastanza secondario nel contesto delle imprese di Carlo Magno, viene trasfigurato nella rivisitazione poetica fino a diventare un confronto decisivo tra due religioni e due mondi: la spedizione, che durò pochi mesi, si trasforma in una guerra di conquista lunga sette anni, simbolo della lotta della cristianità contro l'Islam. La rilettura e la forzatura degli eventi si spiegano alla luce del contesto politico-ideologico: la seconda metà del secolo XI vedeva infatti tutto il Mediterraneo occidentale impegnato nella lotta fra i Paesi cristiani e gli arabi, sia in Spagna sia in Medio Oriente, e questa lotta trovava il suo significato e la sua giustificazione ideologica nella predicazione della Chiesa.

I grandi ideali collettivi per i quali i paladini di Carlo Magno sono pronti a immolarsi sono: la difesa della fede cristiana e quella della dolce Francia, la fedeltà a Carlo Magno e il rispetto del codice d'onore cavalleresco. In essi è evidente la perfetta fusione fra l'ispirazione guerresca e quella religiosa.

La *Chanson de Roland* consta di circa 4000 versi, raggruppati in 290 lasse di lunghezza variabile, da un minimo di cinque a un massimo di 35 decasillabi assonanzati. L'episodio centrale è la morte di Orlando, collocata al centro dell'opera, che è costituita da tre grandi blocchi.

✓ **Le premesse**. Il poema si apre con l'ambasceria di Marsilio a Carlo Magno: il re saraceno non potendo più sostenere l'attacco dell'esercito franco, offre a Carlo ricchi doni, ostaggi e una pace apparentemente onorevole, purché egli lasci la Spagna. Mentre la maggior parte dei guerrieri franchi, e soprattutto Gano di Maganza, vorrebbero stipulare la pace con il nemico, Orlando, che non si fida delle proposte dei saraceni, vuole continuare a combattere. Quando l'assemblea decide di trattare e di inviare un'ambasciata a Marsilio, Orlando propone Gano, ma questi, pensando, a torto che il figliastro voglia inviarlo in una missione pericolosa per odio nei suoi confronti, si lascia corrompere dal re Marsilio e, venendo meno alla fedeltà a Carlo, per vendicarsi di Orlando, si accorda con il nemico per un attacco saraceno alla retroguardia dell'esercito di Carlo, a capo della quale sarà assegnato Orlando.

- ✓ **La guerra**. La retroguardia, costituita da ventimila uomini, viene attaccata nella gola di Roncisvalle da quattrocentomila mori ed è sopraffatta, nonostante l'eroismo di Orlando che solo in punto di morte si decide a suonare l'olifante, il suo corno prodigioso, per chiamare in aiuto Carlo.
- ✓ **La vendetta**. Carlo ritorna verso Roncisvalle con il grosso delle truppe e sbaraglia l'esercito di Marsilio. Rientrato ad Aquisgrana, processa e condanna a morte Gano, che viene legato per le mani e i piedi a quattro destrieri e squartato. Intanto Alda, promessa sposa di Orlando, appresa la notizia della morte dell'amato, muore per il dolore. Il poema si chiude con il lamento di Carlo Magno, cui viene comandato da Dio di prepararsi a una nuova impresa in difesa della fede contro i saraceni. A malincuore, Carlo obbedirà.

Tutta l'azione si fonda su un piccolo gruppo di personaggi principali, quasi tutti d'invenzione – a eccezione di Carlo e Orlando – fra i quali spiccano Oliviero, Gano, il traditore, l'arcivescovo Turpino, Marsilio e Baligante, capi dei saraceni. Questi ultimi sono connotati negativamente in quanto simbolo del Male, tanto che l'autore afferma: *I Cristiani sono nel giusto, i pagani sono nel torto*. Gli eventi, che si collocano alla fine del settimo anno di guerra, sono concentrati in soli sette giorni, un numero sacro che rinvia ai giorni della creazione.
Fondamentale nel poema è la **componente religiosa** che pervade sia l'impianto complessivo dell'opera (la vicenda di Orlando è simile a quella di Cristo, Gano ha i connotati di Giuda traditore, Carlo Magno è venerando come Dio Padre, i suoi paladini sono dodici come gli apostoli), sia i singoli episodi (la spada Durendal è stata mandata da Dio, l'arcangelo Gabriele conduce l'anima di Orlando in paradiso, ecc.).
A **livello formale** il testo è contrassegnato da una straordinaria varietà di toni che passano dal solenne al malinconico, dal riflessivo al nostalgico. Il linguaggio, sobrio ed essenziale, riesce a concentrare in poche parole e con pochi aggettivi descrizioni, vicende, riflessioni.

La cavalleria dei normanni si appresta ad attaccare la fanteria sassone, particolare dell'arazzo di Bayeux, 1066-1082.

La letteratura delle origini

Turoldo

La Canzone di Orlando, a cura di M. Bensi, trad. di R. Lo Cascio, BUR Classici, Milano, 2000

La morte di Orlando a Roncisvalle

È il momento culminante della vicenda: l'agguato predisposto dai saraceni si è compiuto e la retroguardia dell'esercito carolingio è stata attaccata e sterminata dai nemici. Orlando, ormai allo stremo delle forze, suona il corno per richiamare Carlo Magno, poi si stende sotto un pino aspettando la morte e, dopo aver ucciso un saraceno che lo ha assalito a tradimento, rivolge un accorato addio alla sua spada e porge a Dio il guanto in segno di sottomissione, mentre gli angeli scendono dal cielo per accogliere la sua anima.

CLXVII

Orlando sente la morte stargli presso.
2260   Esce attraverso le sue orecchie il cervello.
A Dio d'accogliere i suoi compagni chiede
e per sé prega poi l'angelo Gabriele.
Non vuole biasimo, e l'olifante prende,
e la sua spada Durendala egli afferra.
2265   Piú che non lanci saetta una balestra,
verso la Spagna va avanti, in un maggese:
su un poggio all'ombra di due alberi belli
quattro pietroni di marmo sono messi:
sull'erba verde qui stramazza riverso,
2270   e viene meno, ché ha la morte dappresso.

CLXVIII

Sono alti i poggi, assai alti son gli alberi.
Quattro pietroni qui splendono di marmo.
Sull'erba verde vien meno il conte Orlando.
Un Saracino a lungo lo riguarda,
2275   si finge morto, e steso sta fra gli altri:
sporcato il corpo e il volto s'è di sangue.
Si mette in piedi e a correre si dà.
Fu bello e forte e di grande coraggio.
Per il suo orgoglio fa una pazzia mortale:
2280   afferra Orlando, ne prende il corpo e l'armi,
e dice: «È vinto il nipote di Carlo!
Ecco la spada che porterò in Arabia!»
La tira, e il conte rinvenne cosí alquanto.

2260. Esce ... il cervello: è un modo di dire per sottolineare il suo estremo stato di malessere (un po' come quando diciamo che «ci scoppia la testa»).

2263. l'olifante: è il corno da battaglia, che egli aveva suonato a lungo per fare accorrere Carlo, ma quando ormai la battaglia era perduta. Naturalmente è un corno magico, tanto che il suo suono raggiunge Carlo a molte miglia di distanza. È ornato di oro e gemme, che si disperdono quando si rompe per l'aggressione del saraceno.

2. Durendala: Durendal, o come altre volte si traduce, Durlindana, era la spada del paladino Orlando, anch'essa magica, che infatti non si spezzerà neppure contro la pietra piú dura. Nella sua impugnatura, come nella spada di Carlo, erano custodite preziose reliquie.

2265-2266. Piú che ... in un maggese: il testo originale in questo punto è controverso; il senso è comunque che Orlando avanza in direzione della Spagna per uno spazio limitato (maggese dovrebbe significare qui «campo»), per poi stramazzare al suolo. In realtà egli non è stato colpito, ma ha solo esaurito tutte le energie, profuse nella battaglia. – **balestra**: antica arma per scagliare dardi, costituita da un arco di legno e da un dispositivo per far scattare la corda.

2278. Fu bello e forte e di grande coraggio: piú volte la *Chanson* mette in risalto il coraggio, la forza e la prestanza degli avversari saraceni; ma qui si evidenzia che l'orgoglio del guerriero, l'ambizione di vincere contro Orlando e prenderne in trofeo la mitica spada, lo spinge a commettere una follia, che gli costerà la vita.

Alle origini della letteratura europea

CLXIX

Orlando sente che la spada gli toglie,
2285   dischiude gli occhi, gli dice questo solo:
«Per quanto io sappia, non sei uno dei nostri!»
Tien l'olifante, che perder mai non vuole,
colpisce l'elmo d'oro e di gemme adorno,
spezza l'acciaio, gli rompe il capo e l'ossa,
2290   e gli fa subito schizzare entrambi gli occhi:
cosí ai suoi piedi giú lo rovescia morto.
Dopo gli dice: «Come tu ardito fosti,
vile, da prendermi a diritto od a torto?
Nessun l'udrà, che non ti stimi un folle.
2295   Nell'olifante s'è il padiglione rotto
e son caduti tutti i cristalli e l'oro».

CLXX

Orlando sente che la vista ha perduta:
si mette in piedi, si sforza piú e piú;
anche il colore nella faccia ha perduto.
2300   Davanti a lui sorge una pietra scura.
Egli vi dà dieci colpi con cruccio:
stride l'acciaio, non si scheggia per nulla.
«Ah,» dice il conte «Santa Maria, qui aiuto!
Ah, Durendala, aveste assai sfortuna!
2305   Ora che muoio, di voi non avrò cura.
Per voi sul campo tante vittorie ho avute
e contro tanti paesi ho combattuto,
che tiene or Carlo, che ha la barba canuta!
Non v'abbia un uomo che innanzi ad altri fugga.
2310   Per lungo tempo un prode vi ha tenuta!
La Francia santa cosí non ne avrà piú!»

CLXXI

Colpisce Orlando la pietra di Cerdagna:
stride l'acciaio, ma non si rompe affatto.
Quando egli vede che non può proprio infrangerla,
2315   dentro se stesso cosí comincia a piangerla:
«Ah! Durendala, come sei chiara e bianca!
Quanto risplendi contro il sole e divampi!

2284. sente che la spada gli toglie: all'avvicinarsi del saraceno, che si era finto morto per sottrarsi alla battaglia, quindi per viltà, Orlando rinviene e con le ultime forze, tenendo ben stretto l'olifante, vibra colpi micidiali contro il nemico, colpendolo sul capo e sfracellandogli l'elmo e la testa.
2295. il padiglione: parte terminale dello strumento, di forma svasata.
2297. sente che la vista ha perduta: sente sopraggiungere la morte, poiché gli si annebbia la vista, impallidisce, barcolla e non riesce a reggersi in piedi.
2301. vi dà dieci colpi con cruccio: per evitare che la spada cada in mano agli infedeli, sia pure con dolore, cerca di spezzarla battendola violentemente contro un masso.
2303. Santa Maria, qui aiuto: invoca dapprima la Madonna, poi si rivolge alla sua stessa spada, che rischia di cadere in mano di gente vile, una volta che

egli sarà morto.
2308. che ha la barba canuta: nella trasfigurazione epica Carlo Magno viene rappresentato vecchio e con la barba bianca molto folta (un altro attributo che ricorre spesso è *barba fiorita*); anzi, addirittura in piú parti del poema si dice che ha piú di duecento anni! In realtà all'epoca dei fatti egli era poco

piú che trentenne. L'attribuzione di un'età cosí avanzata si giustifica perché implica saggezza e autorevolezza.
2309. un uomo che innanzi ad altri fugga: un vigliacco non sarebbe degno di avere quella spada gloriosa, che era stata possesso di un uomo valoroso (un prode), tale che la Francia non ne avrà piú.

2311. santa: la patria, per cui i paladini combattono e muoiono, è sacra. Per essa sarebbe un'umiliazione che la spada di Orlando fosse usata da nemici, e per di piú infedeli.
2312. Cerdagna: Cerritania, o, ancor oggi, in francese, *Cerdagne*, regione dei Pirenei orientali ricca di rocce granitiche particolarmente dure.

Fu nelle valli di Moriana che a Carlo
Iddio dal cielo per mezzo del suo angelo
2320 disse di darti a un conte capitano:
e a me la cinse il re nobile e grande.
Con te gli presi allora Angiò e Bretagna,
con te gli presi il Pittavo e la Mania,
la Normandia, la quale è terra franca;
2325 con te gli presi Provenza ed Aquitania
e Lombardia e tutta la Romània,
con te gli presi la Baviera e le Fiandre,
la Bulgaria, la terra dei Polacchi,
Costantinopoli, che gli prestò l'omaggio,
2330 mentre in Sassonia fa quello che gli garba;
con te gli presi e la Scozia e l'Irlanda,
e l'Inghilterra, che diceva sua stanza.
Preso ho per lui tante terre e contrade
che tiene Carlo, che or ha la barba bianca.
2335 Per questa spada ho dolore ed affanno:
meglio morire che ai pagani lasciarla.
Dio, non permettere che si umili la Francia!»

CLXXII

Colpisce Orlando sopra una pietra bigia,
e piú ne stacca di quanto io vi so dire.
2340 La spada stride, non si rompe o scalfisce,
ma verso il cielo d'un balzo va diritta.
Quando s'accorge che a infranger non l'arriva,
piano tra sé a piangerla comincia:
«Ah! Durendala, come sei sacra e fine!
2345 Nell'aureo pomo i santi ne han reliquie:
San Pietro un dente, del sangue San Basilio,
qualche capello monsignor San Dionigi,
e un pezzo d'abito anche Santa Maria.
Di voi i pagani non hanno a impadronirsi:
2350 solo i cristiani vi debbono servire.
Nessuno v'abbia che faccia codardia!
Di tante terre noi facemmo conquista,
che tiene or Carlo, che ha la barba fiorita!
L'imperatore n'è fatto forte e ricco!»

CLXXIII

2355 Orlando sente che la morte lo prende,
che dalla testa sopra il cuore gli scende.

2318-2321. Fu nelle valli di Moriana … nobile e grande: rivolto a Durendala, Orlando rievoca le vicende vissute con lei, da quando la ebbe in dono dallo stesso Carlo per espresso volere di Dio. Moriana è probabilmente la Maurienne, regione della Savoia attraversata dal fiume Arc.

2322-2334. Con te gli presi … bianca: Orlando elenca tutti i territori in cui ha combattuto per la gloria di Carlo Magno, da quando gli fece l'onore di donargli la spada fino ad ora che è vecchio (ma si veda alla nota 2308). Alcuni di questi luoghi sono effettivamente corrispondenti a luoghi storici conquistati, e i nomi sono resi nella forma latina; altri non hanno avuto mai a che fare con l'effettivo dominio dei Franchi e trovano soltanto una giustificazione poetica. *Pittavo* e *Mania* sono Poitou e Maine, due regioni della Francia. *Romania* indica non solo la Romagna ma tutto il territorio un tempo sotto il dominio di Roma. – **terra**

franca: l'aggettivo si può interpretare sia come «terra dei Franchi», sia nell'accezione di «libera». – **sua stanza**: che considerava suo dominio personale.

2341. verso il cielo d'un balzo va diritta: la spada di Orlando non si rompe, mentre la pietra durissima si scalfisce e si frantuma sotto i suoi colpi, ma rimbalza intatta e dritta verso il cielo (per ricadere

nelle sue mani).
2345. Nell'aureo pomo i santi ne han reliquie: nell'impugnatura d'oro di Durendal sono custodite le reliquie piú preziose.

Alle origini della letteratura europea

Se ne va subito sotto un pino correndo
e qui si corica, steso sull'erba verde:
sotto, la spada e l'olifante mette;
2360   verso i pagani poi rivolge la testa:
e questo fa perché vuole davvero
che dica Carlo con tutta la sua gente
che il nobil conte è perito vincendo.
Le proprie colpe va spesso ripetendo,
2365   e a Dio per esse il suo guanto protende.

CLXXIV

Orlando sente che il suo tempo è compiuto.
Volto alla Spagna sta sopra un poggio aguzzo.
Con una mano il petto s'è battuto:
«Dio, colpa mia verso le tue virtú,
2370   per i peccati, sia grandi che minuti,
che dal momento in cui nacqui ho compiuti
fino a quest'ora che sono qui abbattuto!»
Il guanto destro verso il Signore allunga.
E scendon angeli del cielo incontro a lui.

CLXXV

2375   Il conte Orlando è steso sotto un pino:
verso la Spagna ha rivolto il suo viso.
A rammentare molte cose comincia:
tutte le terre che furon sua conquista,
la dolce Francia, quelli della sua stirpe,
2380   il suo signore, Carlo, che l'ha nutrito:
né può frenare il pianto od i sospiri.
Ma non vuol mettere nemmeno sé in oblio:
le proprie colpe ripete e invoca Dio:
«O vero Padre, che mai non hai mentito,
2385   tu richiamasti San Lazzaro alla vita
e fra i leoni Daniele custodisti;
ora tu l'anima salvami dai pericoli
per i peccati che in vita mia commisi!»
Protende ed offre il guanto destro a Dio:
2390   dalla sua mano San Gabriele lo piglia.
Sopra il suo braccio or tiene il capo chino:
a mani giunte è andato alla sua fine.
Iddio gli manda l'angelo Cherubino
e San Michele che guarda dai pericoli.
2395   Con essi insieme San Gabriele qui arriva.
Portano l'anima del conte in Paradiso.

2363. è perito vincendo: anche se sconfitto, guarda in faccia il nemico e dunque muore mantenendo intatto il suo onore.

2365. e a Dio per esse il suo guanto protende: da perfetto cristiano, Orlando confessa a Dio tutte le sue colpe. L'offerta del guanto era un atto di sottomissione del vassallo al signore.

2369. colpa mia ...: è la formula penitenziale del *mea culpa*.

2374. scendon angeli del cielo incontro a lui: ecco un altro prodigio, narrato in modo del tutto naturale: gli angeli

scendono per portare l'anima del conte in Paradiso.

2380. che l'ha nutrito: simbolicamente, vuol dire che è stato per lui come un padre.

2385-2386. richiamasti ... custodisti: ricorda miracoli del Nuovo e del vecchio Testamento: la resurrezione di Lazzaro, operata da Cristo, e la

salvezza di Daniele, profeta biblico, che uscí incolume dalla fossa dei leoni in cui l'aveva fatto gettare il re Nabucodonosor di Babilonia.

Guida all'analisi

L'organizzazione dei contenuti
La narrazione si articola in sette sequenze, ognuna delle quali coincide con una lassa, tranne la quinta e la sesta che occupano due lasse ciascuna.
Prima sequenza: Orlando sente la morte vicina e viene meno per la fatica (lassa 167).
Seconda sequenza: un saraceno gli tende un agguato e tenta di strappargli la spada (lassa 168).
Terza sequenza: Orlando rinviene e lo uccide (lassa 169).
Quarta sequenza: Orlando tenta di spezzare la spada perché non cada in mano ai nemici (lassa 170).
Quinta sequenza: Orlando rivolge un accorato addio alla sua spada rievocando tutte le imprese che ha compiuto insieme con essa (lasse 171-172).
Sesta sequenza: Orlando si prepara alla morte (lasse 173-174).
Settima sequenza: gli angeli vengono a prendere l'anima di Orlando (lassa 175).

Le sequenze si possono poi raggruppare in tre **macrosequenze**:
- l'agguato del saraceno sventato da Orlando; che, pur essendo ormai allo stremo delle forze uccide il nemico il quale, dopo essersi finto morto, ha cercato con l'inganno di sottrargli la spada;
- il vano tentativo di Orlando di spezzare la spada Durendal per evitare che cada nelle mani dei nemici e il lungo addio rivolto dal paladino alla sua fedele compagna di tante imprese;
- la morte di Orlando, il quale, sentendo sopraggiungere la fine, si adagia sotto un pino con lo sguardo rivolto al nemico perché sia chiaro che è morto combattendo e invoca da Dio il perdono dei suoi peccati, quindi gli protende il guanto in segno di omaggio e sottomissione; gli angeli portano la sua anima in Paradiso.

La corrispondenza Orlando-Cristo e l'etica del paladino
È evidente in tutto il passo la corrispondenza fra la morte di Orlando e la morte di Cristo. Entrambi sono stati traditi da una persona a loro molto vicina, entrambi si sacrificano per il bene degli altri, entrambi giungono alla morte dopo una lunga e sofferta «passione». La morte di Orlando, come quella di Cristo, è infatti scandita da un succedersi di eventi dolorosi, simili alle stazioni della *via crucis*, che nel testo sono sottolineati dalla ripetizione dei versi formulari: *Orlando sente la morte stargli presso*; *Orlando sente che la spada gli toglie*; *Orlando sente che la vista ha perduta*, ecc.

Dal testo emerge chiaramente anche l'etica del paladino basata sulla stretta connessione tra valori laici (prodezza, lealtà, senso dell'onore) e valori religiosi (devozione a Dio, intervento del soprannaturale) e sullo spirito di crociata. Quest'ultimo si rivela nella netta contrapposizione fra il mondo cristiano, rappresentato da Orlando che agisce con eroismo e lealtà, e il mondo musulmano, rappresentato dal guerriero saraceno che si mostra vile e agisce in modo subdolo.

Le tecniche espressive
Sono chiaramente ravvisabili nel brano le tecniche tipiche dell'epica carolingia, e precisamente:
- il legame tra la fine di una lassa e l'inizio della successiva: si vedano, per esempio, le lasse 167-168-169, ognuna delle quali riprende un elemento contenutistico della lassa precedente;
- le lasse similari o parallele nelle quali viene raccontato lo stesso momento dell'azione con minime variazioni: ne sono un esempio le lasse dedicate alla morte di Orlando, ognuna delle quali riprende il contenuto della precedente con l'aggiunta di particolari sempre nuovi. Questa tecnica rallenta il ritmo della narrazione conferendo solennità all'evento;
- la giustapposizione delle lasse, ognuna delle quali è in sé conclusa e si raccorda alla precedente in successione diacronica in modo da evitare qualsiasi alterazione dell'ordine del racconto;
- il ricorso a formule (*Colpisce Orlando la pietra di cerdagna…*; *Colpisce Orlando sopra una pietra bigia…*) ed epiteti (*Carlo che ha la barba canuta…*; *Carlo che ha la barba bianca…*);
- la prevalenza, a livello sintattico, della coordinazione sulla subordinazione.

Carlo Magno rende omaggio al paladino Roland, morto a Roncisvalle, XV secolo. Parigi, Biblioteca Nazionale.

Alle origini della letteratura europea

Esercizi

Comprensione e produzione

1. Fai la parafrasi del brano, esponendo i fatti in forma semplice e chiara.

2. Individua quali elementi contenuti nella lassa precedente vengono solitamente ripresi nella parte iniziale della lassa successiva.

3. Individua le lasse similari o parallele.

4. Evidenzia formule ed epiteti.

5. Esamina, nelle lasse dedicate alla morte di Orlando, i versi formulari che scandiscono le tappe della vicenda e indica il momento dell'azione che di volta in volta ciascuno di essi introduce, come nell'esempio che segue:

Verso formulare	Momento dell'azione
Orlando sente la morte stargli presso	Orlando, afferrati il corno e la spada, corre verso la Spagna e stramazza a terra con il viso rivolto al nemico.

6. Individua tutte le espressioni dalle quali emerge il sistema di valori che sta alla base della *Chanson de Roland*.

7. Individua tutte le espressioni dalle quali emerge la stretta compenetrazione fra mondo laico e dimensione religiosa.

8. Come definiresti il ritmo del racconto? Lento o rapido? Dai la risposta e spiega attraverso quali tecniche l'autore è riuscito a raggiungere un tale effetto.

Ricerca

9. Tenendo presente la lassa 171, conduci una ricerca per appurare quali dei fatti elencati da Orlando hanno un fondamento storico e quali no. Stendi poi una relazione con i risultati della tua ricerca.

ANDIAMO OLTRE

Due oggetti che vengono da un passato lontano: l'Olifante e la spada Durendal

Il termine **olifante** deriva dal francese antico *olifant*, che significa «elefante» e anche, per estensione, «avorio», e indica un grande corno di avorio, che veniva usato spesso nel Medioevo per scopi militari o religiosi. Le donne vichinghe usavano incitare in battaglia gli uomini soffiando nei corni o nelle zanne svuotate degli animali: queste emettevano un suono potente ma lugubre e agghiacciante che aveva lo scopo di infondere coraggio ai loro sposi e di terrorizzare allo stesso tempo i nemici.

Documenti e reperti attestano l'uso dei corni nelle chiese del Medioevo come richiami sonori durante la settimana santa (quando la liturgia vietava l'uso delle campane), e anche come raccoglitori di offerte, reliquiari o recipienti per gli oli santi. Il nome si estese poi ai corni da caccia solitamente ricavati da una zanna di elefante

L'olifante piú celebre è senza dubbio quello descritto nella *Chanson de Roland*. Esso ha un suono magico, che può essere udito a enormi distanze. Orlando sa be-ne che Carlo Magno comprenderà il messaggio che il ben noto strumento vuole trasmettergli e perciò, malgrado i ripetuti inviti dell'amico Oliviero, tarda fino all'ultimo prima di suonarlo, per non fare correre a Carlo gli stessi pericoli in cui sono incappati lui stesso e la sua retroguardia per il tradimento di Gano. E infatti quando Carlo arriva nella gola di Roncisvalle, lo sterminio dei cavalieri si è compiuto, ma anche moltissimi saraceni sono morti, e le truppe franche possono avere ragione dei nemici, malgrado siano sopraggiunti rinforzi dall'Africa.

Durendal è il nome della mitica spada di Orlando. L'etimologia è incerta, ma forse si può collegare all'aggettivo latino *durus*, «duro, resistente», sia per i duri colpi che dà, sia perché è impossibile infrangerla. Il nome viene tradotto con Durendala, o spesso anche Durlindana. In quest'ultima forma è usato nei racconti dei cantastorie ed è divenuto cosí proverbiale da trasformarsi in nome comune, usato ancora oggi scherzosamente per indicare un'arma da taglio smisurata e potente.

I romanzi cortesi

Il termine

L'espressione **romanzo cortese** ò costituita da due parole che oggi hanno un significato ben diverso da quello che avevano nel contesto della cultura medievale. *Roman* («romanzo») in origine indicava la lingua volgare, tanto che l'espressione *mettre en roman* significava «tradurre dal latino in lingua romanza». Con il passar del tempo, però, la parola venne usata per indicare il risultato di tale operazione, cioè l'opera tradotta o composta in lingua volgare e più precisamente un'**opera narrativa in versi di argomento cavalleresco**. L'aggettivo *cortese* allude al fatto che i cavalieri protagonisti di questi romanzi seguono nel loro comportamento il codice cortese: sono cioè valorosi, devoti alla donna amata, generosi sino all'inverosimile, capaci di dominare le loro passioni.

Contesto

Per entrare nell'atmosfera dei romanzi cortesi dobbiamo idealmente trasferirci in una corte medievale del nord della Francia o dell'Inghilterra. Questi due territori prendevano il nome rispettivamente di Bretagna continentale e di Bretagna insulare ed erano tra loro strettamente collegati anche per motivi dinastici: infatti Eleonora d'Aquitania, di origine francese, aveva sposato Enrico II Plantageneto, re della Bretagna insulare, e la figlia di lei, Maria, nata da un precedente matrimonio con il re di Francia Luigi VII, era andata in sposa al conte di Champagne. In questi ambienti intorno al XII secolo si era diffuso un modello di vita fondato sulla **cortesia**. Questo termine, che deriva dal latino *curtensis*, indicava l'insieme delle virtú proprie di chi viveva a corte: esse consistevano nel **coraggio**, messo al servizio dei deboli e degli indifesi (dame, vedove, orfani), nella **lealtà** al signore e alla donna amata, nella **generosità** senza limiti e nel **senso della misura**, cioè nella capacità di dominare le proprie passioni e i propri istinti.

Autori

I chierici cortigiani, cioè gli uomini di Chiesa che vivevano a corte, si dedicarono alla composizione di opere narrative ispirate a questi ideali, ubbidendo spesso alle sollecitazioni delle stesse sovrane, Eleonora d'Aquitania e Maria di Champagne, entrambe dotate di buona cultura. Come si visto, nel Medioevo solo gli uomini di Chiesa conoscevano il latino e possedevano un adeguato bagaglio culturale. Fu dunque compito dei chierici raccogliere e organizzare quel vasto materiale di leggende bretoni e tradizioni classiche che sta alla base dei romanzi cortesi.

Il primo fu un certo **Goffredo di Monmouth**, chierico della corte inglese, che nel 1136 compose in latino una *Historia regum Britanniae* con la quale ricollegava la dinastia inglese all'eroe latino Enea: raccontava infatti che un nipote di Enea, Bruto, approdato sull'isola, vi aveva fondato un regno e aveva dato il suo nome al popolo bretone e alla stessa Britannia. Un suo discendente sarebbe stato il mitico re Artú.

Vent'anni dopo, nel 1155, un altro chierico, **Wace**, dedicava alla regina Eleonora d'Aquitania il rifacimento in lingua d'*oïl* dell'*Historia* di Goffredo di Monmouth, componendo un *roman* in versi intitolato *Brut* («Bruto»). È lui che introduce per la prima volta la tavola rotonda, voluta da re Artú per far sentire i suoi cavalieri tutti uguali. Si ponevano cosí le basi del **ciclo bretone**, un insieme di romanzi autonomi ma legati tra loro dal ricorrere degli stessi temi e degli stessi personaggi, che si alternano nei ruoli di protagonista e comprimari. Nella seconda metà del XII secolo i centri culturali si spostarono definitivamente al di qua della Manica, alla corte di Maria di Champagne, figlia di Eleonora d'Aquitania e del suo primo marito. Fu proprio su sollecitazione della contessa di Champagne che il chierico cortigiano **Chrétien de Troyes**, il piú importante intellettuale medievale prima di Dante, compose una delle opere piú fortunate del ciclo bretone, *Il cavaliere della carretta,* che avrebbe reso immortali le avventure di Lancillotto e il suo amore per Ginevra.

Personaggi

Protagonisti dei romanzi cortesi sono re Artú e i cavalieri della tavola rotonda.
Artú è l'unico personaggio dotato di una certa consistenza storica: era infatti un capo militare bretone, vissuto nella prima metà del VI secolo d.C., la cui figura, mitizzata dalle leggende popolari, divenne il simbolo del re perfetto, giusto, valoroso, pacifico, garante degli ideali cavallereschi.
I cavalieri della sua corte sono Lancillotto, Perceval, Ivano, Galaad e altri, che siedono alla tavola rotonda, nella reggia di Camelot, e hanno tutti pari dignità. Fra essi i piú famosi sono Lancillotto e Perceval. Lancillotto è l'amante perfetto, che tutto sacrifica e rischia, avventura dopo avventura, per salvare la sua dama, la regina Ginevra, moglie di re Artú, della quale è innamorato. Perceval, giovane e inesperto, inizia le sue avventure dopo aver incontrato quattro cavalieri simili ad angeli splendenti dai quali rimane affascinato; egli andrà alla ricerca del Graal, un oggetto che nel corso del tempo si arricchirà di significati mistici e simbolici.
La piú importante figura femminile è quella della regina Ginevra, moglie di re Artú e amata da Lancillotto.
Oltre a quello arturiano fa parte della materia bretone un altro filone narrativo che ruota intorno ai personaggi di Tristano e Isotta, protagonisti di una tragica e appassionante storia d'amore e morte proveniente dal mondo celtico che fu narrata da due scrittori: Thomas e Beroul.

Temi e aspetti formali

Tutti i romanzi cortesi presentano le medesime caratteristiche tematiche e formali.

✓ Gli eroi combattono spinti da passioni e **desideri individuali** e non piú per ideali collettivi come i protagonisti delle *chansons de geste*.
✓ Il codice di comportamento al quale si ispirano è la **cortesia**.
✓ Le molle delle loro azioni sono l'**amore**, lo **spirito d'avventura** che li porta a mettersi alla prova sfidando sempre nuovi pericoli (foreste incantate, draghi, animali feroci, nani maligni, giganti, ecc.), e la *quête*, la ricerca di un oggetto salvifico, di una donna, ecc. Spinti da queste passioni, essi si allontanano dallo spazio chiuso e rassicurante della corte di re Artú e dalla tavola rotonda per perdersi in percorsi intricati che li conducono in luoghi misteriosi e irreali.
✓ L'amore presenta molte somiglianze con l'**amor cortese** o *fin'amor* che era stato codificato dai poeti provenzali nella Francia del sud intorno alla metà del XII secolo.
✓ Mentre le imprese degli eroi carolingi poggiavano su un fondo di verità storica, erano dunque *res gestae*, imprese realmente accadute, quelle dei cavalieri arturiani sono *res fictae*, ovvero imprese del tutto fantastiche.
✓ Le vicende si svolgono in **atmosfere fiabesche**, foreste incantate, castelli impenetrabili, ecc. Il cavaliere deve affrontare prove incredibilmente difficili, come, per esempio, at-

La letteratura delle origini

traversare un ponte sospeso su un burrone e formato da una spada sottile, lucente e affilatissima, vincere incantesimi e cosí via.

✓ Sul piano formale i romanzi cortesi sono componimenti narrativi di ampio respiro composti in **versi ottonari a rima baciata**, destinati alla lettura ad alta voce e non alla recitazione.

✓ La fruizione di queste opere avveniva nello spazio chiuso dei **castelli medievali**, dinanzi a un pubblico del quale facevano parte anche le **donne**, ritenute da molti le destinatarie privilegiate di questo genere di narrativa.

Nel corso del XIII secolo la materia di Bretagna venne ripresa e continuata da diversi autori i quali diedero vita a un'ampia produzione di opere narrative in prosa, di livello non molto elevato, che ebbero però il merito di diffondere la conoscenza di queste leggende in tutta Europa. Il principale elemento di novità di questa produzione fu l'uso della tecnica dell'*entrelacement*, o intreccio, che consiste nel portare avanti diversi filoni narrativi interrompendoli e riprendendoli in modo da intrecciarli fra loro, scardinando la linearità temporale.

Evoluzione: dai romanzi cortesi al poema cavalleresco

A partire dal XIV secolo in Italia alcuni scrittori rimasti per lo piú anonimi cominciarono a fondere la materia di Bretagna con la materia carolingia, cioè con temi e personaggi tratti dalle *chansons de geste.* Dall'intreccio di questi due filoni nacque il poema cavalleresco del Quattrocento e del Cinquecento le cui opere piú rappresentative sono: l'*Orlando Innamorato* di Matteo Maria Boiardo, l'*Orlando Furioso* di Ludovico Ariosto e la *Gerusalemme Liberata* di Torquato Tasso.

Ancora oggi le vicende di re Artú e dei suoi cavalieri continuano ad affascinare giovani e meno giovani, grazie ai numerosi film che si sono ispirati a questo patrimonio di leggende: da *Camelot* a *Excalibur*, dal *Primo Cavaliere* alla *Leggenda di Parsifal*, dai *Cavalieri della Tavola Rotonda* a *King Arthur*.

2.5 Chrétien de Troyes

Il chierico Chrètien de Troyes è l'intellettuale piú prestigioso della letteratura cortese, colui che diede forma letteraria alle avventure dei cavalieri di re Artú. Poche e frammentarie sono le notizie sulla sua vita. Sappiamo che nacque a Troyes, nella Francia del nord intorno al 1135 e visse prima alla corte di Maria di Champagne poi a quella di Filippo di Fiandra. Morí prima del 1190, lasciando interrotta la sua ultima opera, *Perceval*, dedicata al suo signore. Compose diversi romanzi: *Erec et Enide, Cligès, Lancillotto o il cavaliere della carretta, Yvain o il cavaliere del leone, Perceval o il racconto del Graal* e una versione del *Tristano*.
Un po' prima del 1180, Chrétien de Troyes ricevette da Maria di Champagne l'incarico di comporre un *roman* incentrato sull'amore fra Lancillotto e Ginevra, moglie di re Artú, due personaggi ben noti al pubblico della corte. Probabilmente la vicenda costituiva uno degli episodi della *Historia regum Britanniae* di Goffredo di Monmouth e della successiva riscrittura operata da Wace. Chrétien infatti, componendo *Il cavaliere della carretta*, non presenta i personaggi né spiega quando e come sarebbe nato il loro amore, dando per scontato che i suoi lettori-ascoltatori conoscano l'antefatto.
La narrazione prende le mosse dal rapimento di Ginevra, avvenuto il giorno dell'Ascensione ad opera di un cavaliere sconosciuto che rivela a re Artú di tenere prigionieri nel suo regno molti sudditi dello stesso Artú e lo sfida, per liberarli, a mandargli un campione che

Alle origini della letteratura europea

accompagni la regina nella foresta. Alla ricerca della regina si lanciano il siniscalco Keu e Galvano che si imbatte in un altro cavaliere sconosciuto impegnato nella stessa impresa. Questi incontra un nano che guida una di quelle carrette che venivano usate per esporre i condannati al pubblico ludibrio. Il nano dice al cavaliere che se vuol trovare la regina dovrà salire sulla carretta. Dopo una breve esitazione il cavaliere accetta, a differenza di Galvano che rifiuta di farlo. Salire sulla carretta dei condannati significava, infatti, per l'etica cortese, perdere il proprio onore. Successivamente i due cavalieri vengono a sapere da una damigella che il rapitore della regina è Meleagant, figlio del re di Gorre, il quale ha condotto la regina nel suo regno inaccessibile che può essere raggiunto solo attraversando o il Ponte sott'acqua o il Ponte della spada. Galvano sceglie il primo, il cavaliere sconosciuto il secondo. Dopo innumerevoli avventure egli giunge al Ponte della spada e lo attraversa fra mille pericoli e difficoltà giungendo nel regno di Gorre. Qui combatte un lunghissimo duello con Meleagant dinanzi alla regina Ginevra. Solo a questo punto il lettore scopre che il cavaliere della carretta è Lancillotto. Il duello però viene sospeso e si stabilisce che dovrà essere ripreso a distanza di un anno alla corte di re Artú. La regina e i prigionieri vengono liberati, ma Ginevra si mostra fredda con il cavaliere che ha combattuto per lei perché egli ha esitato per un attimo a salire sulla carretta della vergogna e quindi non ha dato prova di un amore totale. Alla fine però gli concede un incontro e Lancillotto, dopo aver scardinato l'inferriata che protegge la sua finestra, può finalmente raggiungerla e passare con lei una notte d'amore. Le avventure si prolungano ancora fino a quando Lancillotto ritorna alla corte di re Artú per combattere con Meleagant. I due si sfidano per l'ultima volta, Lancillotto sconfigge Meleagant e gli taglia la testa, mentre la regina nella gioia generale mantiene un contegno riservato per non dare adito a sospetti. Il romanzo finisce mentre la corte si appresta a festeggiare l'eroe vincitore.

In realtà la conclusione non è opera di Chrètien, che nel frattempo si era trasferito alla corte di Filippo d'Alsazia e si era dedicato al *Romanzo del Graal*, ma di un certo Godefroi de Leigni che, con il consenso dell'autore, portò a compimento la narrazione, come egli stesso afferma nella chiusa del romanzo.

Il cavaliere della carretta è un'opera gradevole e coinvolgente, composta in ottosillabi a rima baciata, all'interno della quale le avventure si susseguono l'una all'altra, sollecitate da incontri piú o meno casuali con damigelle, cavalieri, nani, valvassori e si svolgono sullo sfondo di castelli, luoghi minacciosi, prati fioriti. La narrazione procede in diacronia, ma è ricca di richiami, spiegazioni a distanza, ritardi dell'informazione che suscitano l'interesse e la curiosità del lettore.

I cavalieri della tavola rotonda dal *Monsieur Lancelot du Lac* di Gualtier de Moab, XV secolo. Parigi, Biblioteca Nazionale.

Chrétien de Troyes
La carretta della vergogna

Ch. de Troyes, G. de Leigni,
Il cavaliere della carretta (Lancillotto),
a cura di P. G. Beltrami,
Edizioni dell'Orso, Alessandria, 2004

Il cavaliere misterioso, che altri non è se non Lancillotto, ottenuto un cavallo da Galvano, corre attraverso una foresta, finché si imbatte in un nano che conduce la carretta della vergogna, sulla quale venivano condotti i malfattori. Il nano lo ricatta dicendogli che gli darà informazioni sul luogo in cui è prigioniera la regina Ginevra solo se egli salità sulla carretta. Il cavaliere, dopo un attimo di esitazione, sale sulla carretta, divenendo oggetto di scherno da parte di tutti coloro che lo vedono.

1. Il cavaliere: è Lancillotto che, imbattutosi in Galvano, gli ha chiesto uno dei suoi cavalli per sostituire il suo ormai troppo stanco.

3-5. ser Galvano ... scollinò: Galvano, incuriosito dal comportamento del misterioso cavaliere, si mette sulle sue tracce e lo segue fino a quando quello non valica la collina.

9-11. vide ... spezzati: Galvano scorge i segni di un combattimento nel quale evidentemente è stato coinvolto il cavaliere misterioso. Il narratore però non racconta nulla di questo evento, né ora né successivamente. È una delle innumerevoli situazioni volutamente lasciate aperte per incuriosire il lettore e tener desta la sua attenzione.

28. in comune a tutti ugualmente: che veniva adoperata senza distinzione per tutti i tipi di malfattori.

29-30. come le gogne ... sono oggigiorno: come oggi le gogne sono comuni ai traditori, agli omicidi e agli altri malfattori.

31. e a chi il campo abbia condannato: e a chi sia stato sconfitto in un duello giudiziario e perciò ritenuto colpevole. Erano diffusi nel Medioevo i cosiddetti giudizi di Dio o ordalie, ovvero delle prove fisiche a volte cruente alle quali veniva sottoposto un accusato e il cui esito era ritenuto un responso divino sulla sua innocenza o colpevolezza.

Il cavaliere non s'arresta
va spronando nella foresta;
ser Galvano lo segue e caccia
con gran foga sulla sua traccia,
5   fin quando quello scollinò.
E dopo che un gran pezzo andò,
ritrovò il suo cavallo morto
che al cavaliere aveva porto,
e vide assai pesto il terreno
10   da cavalli, e di lance pieno
e di scudi intorno spezzati:
ben pareva fossero stati
in guerra cavalieri assai,
e gli spiacque come non mai
15   di non aver partecipato.
Non ci s'è gran tempo fermato,
ma procede a grande andatura,
finché vide per avventura
solo il cavaliere, appiedato:
20   scudo al collo, elmo in testa, armato,
spada cinta, di tutto punto,
ad una carretta era giunto.
La carretta serviva allora
a ciò cui la gogna serve ora,
25   ed in ogni città per bene,
che oggi un gran numero ne tiene,
ce n'era una solamente
in comune a tutti ugualmente,
come le gogne ai traditori
30   sono oggigiorno e agli uccisori,
e a chi il campo abbia condannato,
e ai ladroni che hanno rubato
l'altrui sia con il furto, sia
rapinando a forza per via:
35   chiunque fosse da punire
ce lo facevano salire;
per ogni via era portato

Alle origini della letteratura europea

e del tutto disonorato,
e non aveva a corte ascolto
40 né con gioia e onore era accolto.
Poiché a quel tempo furon tali
le carrette, e cosí mortali,
si prese a dire: «Se vedrai
una carretta, o incontrerai,
45 devi pensare a Dio e segnarti
contro il male che può toccarti».
Il cavaliere, che cammina
senza la lancia, s'avvicina
alla carretta, e su a sedere
50 ci vede un nano carrettiere
con una lunga verga in mano.
E dice il cavaliere al nano:
«Nano, te lo chiedo per Dio:
se hai visto, voglio sapere io,
55 passar Madama la regina».
Il vigliacco, razza meschina,
non glielo volle raccontare,
ma gli rispose: «Se montare
sulla mia carretta vorrai,
60 di qui a domani scoprirai
la regina com'è finita».
La sua via presto ha proseguita,
senza badargli poco o niente:
due passi aspetta solamente
65 il cavaliere, che non monta;
per sua disgrazia teme l'onta,
e non ci è subito saltato:
capirà poi d'aver sbagliato.
Ma contro Amore c'è Ragione
70 che al montarvi sopra si oppone,
e gli dà ordine e consiglio
che si guardi dal dar di piglio
a cosa da cui onta tocca.
Non è nel cuore, è sulla bocca
75 Ragione che osa dir ciò; in cuore
se ne sta chiuso invece Amore,
che comanda pressantemente
di salire immediatamente.
Amore vuole, e lui ci monta,
80 perché non gl'importa dell'onta,
perché Amore gli ha cosí ingiunto.
E messere Galvano è giunto
dietro la carretta spronando,
e seduto lí ritrovando
85 il cavaliere, stupí assai.
Poi dice al nano: «Se tu sai,
parla della regina a me».

54-55. se hai visto ... Madama la regina: voglio sapere se hai visto passare la regina.
64-65. due passi ... che non monta: il cavaliere fa due passi prima di salire sulla carretta.
66. per sua disgrazia teme l'onta: il cavaliere teme il disonore che gli potrà causare salire sulla carretta, ma questa sua esitazione lo danneggerà presso la regina.
72-73. che si guardi ... onta tocca: che si guardi dall'intraprendere un'azione dalla quale può venirgli disonore.
74-75. Non è nel cuore ... dir ciò: i consigli della ragione non vengono dal cuore, ma occupano la parte piú superficiale del suo essere.
79. ci monta: sale sulla carretta della vergogna.

152 La letteratura delle origini

E il nano: «Se tanto odi te
quanto il cavaliere che sta
90 qui con lui sali, se ti va,
e dietro a lei ti condurrò».
Quando Galvano l'ascoltò,
una grande follia gli pare,
e dice che non vuol montare,
95 perché è un cambio stolto davvero,
una carretta col destriero:
«Ma dove vuoi fa' che tu vada,
e io seguirò la tua strada».
Allora sulla via s'affrettano,
100 lui cavalca, quei due carrettano
ed insieme una strada tennero.
Verso sera a un castello vennero,
e sappiate che quel castello
molto ricco era e molto bello.
105 Tutti e tre v'entran da una porta.
Del cavaliere che trasporta
quello in carretta ha meraviglia
la gente, e certo non bisbiglia,
ma gridano, grandi e piccini,
110 ed i vegliardi ed i bambini;
gran clamore c'è nelle vie;
udí sprezzanti villanie
il cavaliere dir di sé.
Tutti vanno chiedendo: «A che
115 pena costui è condannato?
Sarà annegato o scorticato,
messo sulla forca o sul rogo?
Tu che lo trascini sul luogo,
di', in che colpa lo si trovò?
120 che è un ladrone si dimostrò?
è omicida? o in campo ha perduto?»
Ed il nano ha sempre taciuto,
non risponde questo né quello.
Guida il cavaliere al castello;
125 Galvano segue il nano intanto
verso una torre ch'era accanto
all'altezza della città.

88-90. Se tanto odi te ... sta qui: se non hai alcun riguardo per te stesso come il cavaliere che sta qui.

95-96. perché è un cambio stolto davvero ... destriero: perché è davvero sciocco scambiare il proprio cavallo con una carretta, cioè scendere dal cavallo e salire sulla carretta.

97-98. Ma dove vuoi ... strada: ma tu vai pure dove vuoi e io ti seguirò percorrendo la tua stessa strada.

100. carrettano: procedono sulla carretta.

106-108. Del cavaliere ... meraviglia la gente: la gente guarda con meraviglia il cavaliere che sta sulla carretta.

116-117. Sarà annegato ... rogo: sono i diversi tipi di supplizi che si infliggevano a seconda dei reati commessi.

123. non risponde questo né quello: né il nano né il cavaliere rispondono alle domande della gente.

Guida all'analisi

Tecniche narrative

Nel romanzo di Chrétien de Troyes la narrazione si snoda in diacronia, ma non sviluppa un unico filone. Dall'asse centrale, costituito dalla *quête* del cavaliere misterioso, si dipanano infatti innumerevoli avventure scaturite da incontri casuali con damigelle e altri personaggi nei quali l'eroe si imbatte lungo le strade o nei castelli che incontra durante il cammino. Conclusa un'avventura ne incomincia subito un'altra e questo susseguirsi di vicende allontana nel tempo la conclusione della ricerca che costitui-

Alle origini della letteratura europea

sce l'unico obiettivo di Lancillotto. La stessa tecnica si coglie nel passo preso in esame, in cui alle tecniche narrative che portano avanti l'azione si alternano descrizioni (la descrizione del luogo dove si è svolta la battaglia, la descrizione della carretta), analisi psicologiche, presentate attraverso la personificazione di sentimenti contrastanti (il contrasto Amore-Ragione) e interventi del narratore onnisciente che talora anticipano il successivo sviluppo dell'azione (**per sua disgrazia** teme l'onta, / e non ci è subito saltato: / **capirà poi** d'aver sbagliato).

Domande senza risposta

Si coglie nel romanzo una certa indifferenza da parte del narratore nell'informare il lettore sull'identità dei personaggi e sulle cause degli avvenimenti: il cavaliere senza nome resterà tale per buona parte dell'opera; della battaglia di cui Galvano scopre le tracce lungo il cammino non viene data alcuna spiegazione: chi ha combattuto e con chi? perché è avvenuto lo scontro? chi ha vinto e chi è stato sconfitto? Solo alcuni versi dopo Galvano, e con lui il lettore, intuisce che il cavaliere misterioso ha preso parte alla battaglia ed evidentemente ha avuto la meglio, anche se è rimasto appiedato per la morte del suo cavallo. E ancora: chi è il nano? come fa a conoscere il luogo in cui è stata portata la regina? Insomma, in questo mondo da favola i personaggi sanno molte cose che non vengono mai spiegate, ma che si presuppongono o si richiamano attraverso allusioni. Per il pubblico è normale ricostruire mentalmente ciò che resta sottinteso. L'importante è seguire col fiato sospeso le avventure dell'eroe di turno e specchiarsi nelle consuetudini di quella immaginaria società.

Il conflitto Amore-Ragione

A fronte di questa assenza di spiegazioni, si rileva un'attenta analisi psicologica dei personaggi che qui prende la forma del dibattito fra Ragione e Amore. La Ragione vuole salvaguardare quello che per l'etica cortese è il valore principale: l'onore. Salire sulla carretta dei condannati al pubblico ludibrio è per un cavaliere un'infamia tale che suscita il disprezzo di chiunque lo veda (udí sprezzanti villanie / il cavaliere dir di sé) e determina un totale fraintendimento della sua identità: egli infatti viene scambiato per un ladro o un assassino. «A quale pena è stato condannato? – si chiede la gente – Dovrà essere annegato, scorticato, arso sul rogo? È un ladro o un assassino?». Ma d'altra parte aver accettato la vergogna è la prova piú grande superata dal cavaliere innamorato. Ecco allora che il disonore apparente, consapevolmente e dolorosamente accettato, si trasforma in onore. La legge dell'Amore, che ha avuto la meglio su quella della Ragione, si rivela vincente anche sul versante della dignità cavalleresca.

Tuttavia la breve esitazione che ha preceduto la decisione di salire sulla carretta costerà cara al cavaliere, come preannuncia il narratore, anticipando uno dei momenti piú intensi del romanzo: Ginevra, che è venuta a conoscenza (non si sa come e da chi) di questa incertezza, accoglierà freddamente Lancillotto, nonostante egli abbia valorosamente combattuto per liberarla, e solo quando inizierà a temere di averlo perduto per sempre, tornerà a essere dolce e disponibile nei suoi confronti.

Il contrasto Amore-Ragione, oltre a essere esplicitato nel testo, si incarna nel diverso comportamento di Lancillotto e Galvano. Se infatti il primo ubbidisce al comandamento di Amore, nel secondo predomina la Ragione. Egli pertanto rifiuta l'invito del nano e, dopo aver saggiamente considerato che sarebbe un cambio stolto davvero, / una carretta col destriero, si limita a seguire con il suo cavallo la carretta guidata dal nano.

Quest'ultimo viene connotato negativamente perché nel Medioevo si riteneva che la malformazione fisica fosse segno manifesto di una natura peccaminosa e della conseguente punizione divina.

Esercizi

Comprensione

1. Individua nel testo le parti narrative, le descrizioni e i dialoghi.
2. Sottolinea tutti i passi dai quali emerge quanto sia infamante salire sulla carretta.
3. Amore e Ragione hanno sede in due diverse parti del corpo. Quali sono?
4. Leggendo il passo si intuisce che i cavalieri ben presto si imbatteranno in nuove avventure. Quale elemento del racconto autorizza questa previsione?
5. Quali parole e comportamenti del nano rivelano la sua natura maligna?

6. Spiega, parafrasando le parole del testo, il significato della carretta e le conseguenze per un cavaliere dell'atto di salirvi.

Produzione

7. Esponi oralmente il contenuto e le tematiche del brano e contestualizzalo all'interno dell'opera e della materia di Bretagna nel suo complesso.

ANDIAMO OLTRE

Il cavaliere: dalla realtà alla letteratura

La cavalleria come istituzione, con specifici contenuti spirituali e morali, nasce nel XII secolo, ma il combattente a cavallo riveste un ruolo fondamentale sin dai secoli precedenti. Volendo seguirne l'evoluzione occorre distinguere tre fasi, rappresentate da tre diversi tipi di cavaliere:

• il cavaliere predone;
• il cavaliere crociato;
• il cavaliere errante.

La società medievale era fortemente militarizzata e conferiva una particolare importanza ai *bellatores* («combattenti», dalla parola latina *bellum* che significa «guerra») che avevano il privilegio di portare le armi e il dovere di difendere gli altri ordini sociali e per questo erano esentati dal lavoro e godevano di molti privilegi. Per buona parte dell'Alto Medioevo, almeno fino all'VIII secolo, il nerbo dell'esercito era stata la fanteria, come nelle legioni romane. Col passar del tempo, però, l'importanza dei combattenti a cavallo andò via via crescendo sia sul piano militare sia su quello politico-sociale, grazie anche ad alcuni progressi tecnici, come l'introduzione della staffa e la carica con la lancia in resta, che resero piú efficace e micidiale il loro intervento in battaglia. I servizi resi al sovrano in tempo di guerra vennero ricompensati con l'assegnazione di feudi e immunità e ciò favorí lo stabilizzarsi del sistema di vassallaggio basato su una rigida gerarchia. Il peso sempre maggiore assunto dai *bellatores* aumentò la distanza socio-economica e socio-giuridica tra chi portava le armi e chi non aveva questo diritto-dovere, sancendo di fatto la superiorità della classe aristocratica della quale facevano parte i combattenti a cavallo, che venivano allora chiamati *milites,* poiché la cavalleria non era stata ancora istituita. Questi **proto-cavalieri** erano fondamentalmente dei **predoni**, pronti a usare le armi per rapinare, conquistare, saccheggiare, compiere violenze.

Tra la fine del X e l'inizio dell'XI secolo, la Chiesa, preoccupata per il costante stato di violenza che pervadeva la società, da un lato cominciò a prendere dei provvedimenti volti a frenare l'imperversare dei conflitti, ponendo sotto speciale tutela le persone indifese e i luoghi di culto e vietando in determinati periodi gli atti di guerra, dall'altro cercò di incanalare la violenza feudale contro i nemici esterni – gli infedeli usurpatori dei luoghi santi – e di fornire alla classe dei cavalieri *bellatores* un sistema di valori ispirato a principi etici e religiosi. La guerra condotta in difesa della fede e contro gli infedeli veniva in tal modo legittimata e sacralizzata e si avviava il passaggio dal *proto-cavaliere predone* al **cavaliere crociato**. Questo passaggio avvenne nell'XI secolo quando la Cristianità occidentale attraversò una fase di vigorosa espansione nei confronti dell'Islam che, dopo l'avanzata dei secoli VIII-X, stava vivendo un periodo di ristagno nel movimento di conquista e di crisi al suo interno. Ebbero cosí inizio la riconquista dei territori occupati dai musulmani in Spagna e le imprese militari condotte da gruppi di cavalieri in Terra Santa che culminarono nella prima Crociata bandita nel 1095 da papa Urbano II nel Concilio di Clermont per liberare il Santo Sepolcro. Un tale contesto favorí la nascita di una nuova figura di cavaliere, vero e proprio *miles Christi*, «soldato di Cristo», disposto a impegnare la sua spada al servizio della Chiesa, il cui comportamento si fondava su un sistema di valori nuovo rispetto al passato. Se l'**etica** del **cavaliere predone** si basava sul **coraggio**, sulla **coesione di gruppo** e sulla **fedeltà al signore**, quella del **cavaliere crociato** implicava la **difesa dei deboli** e il **martirio per la fede**; le sue **virtú** erano la **prodezza**, la **saggezza** e la **misura**. La piú importante e completa raffigurazione del cavaliere cristiano sul piano letterario è la *Chanson de Roland*, il cui protagonista si comporta come un santo vassallo di Dio, pronto a immolarsi per la fede. Sebbene uno dei valori a cui si ispirava il cavaliere crociato fosse la difesa dei deboli, occorre dire che essa non venne sempre rispettata nella realtà della guerra: basti ricordare il bagno di sangue compiuto dai crociati a Gerusalemme nel 1099, quando massacrarono indistintamente uomini donne e bambini, addirittura all'interno della moschea dove questi avevano trovato rifugio.

Alle origini della letteratura europea

Fu nel XII secolo che la cavalleria assunse i suoi connotati piú specifici diventando un gruppo selezionato a cui si accedeva con una formale cerimonia di ammissione (il *dubbing* o addobbamento) fortemente ritualizzata. Ne facevano parte i figli cadetti dei feudatari che, appena ricevute le armi, si allontanavano dal loro ambiente di origine per impegnarsi in imprese dalle quali avrebbero potuto ottenere bottino, o ancora meglio terre, e affollavano le corti dei signori feudali, cercando spesso la protezione delle feudatarie che esercitavano un grande potere e comunque erano il centro di quel mondo sociale. A differenza del cavaliere crociato che era tutto ardore guerriero e fede cristiana, questo nuovo cavaliere che sarà definito **errante** o **cortese**, è contrassegnato dallo **spirito d'avventura** e dalla **devozione d'amore a una dama**, due atteggiamenti che ritroviamo nei protagonisti dei romanzi cavallereschi del XII secolo. Egli si ispira ai principi della cortesia, che consistono nel **coraggio**, messo al servizio degli indifesi, nella **lealtà** al signore e alla donna amata, nella **generosità** e nel **senso della misura**. Si tratta di un codice di comportamento che, nato nell'ambito della piccola nobiltà a cui appartenevano i cavalieri, gradatamente fu assimilato anche dagli esponenti dell'alta nobiltà e successivamente dalle fasce piú alte della borghesia. In particolare la generosità era funzionale agli interessi e agli obiettivi del cavaliere errante: egli infatti contava sulla liberalità del signore presso il quale prestava servizio, per poter migliorare la propria condizione economica e sociale.

Col passar del tempo la cavalleria si andò gradatamente trasformando in una casta sempre piú chiusa alla quale poteva accedere solo chi aveva nella propria famiglia qualche cavaliere. Ma a partire dal XIV secolo cominciò a entrare in crisi per motivi economici, politici e di tecnica militare. Sul piano economico lo sviluppo dei commerci e della moneta non favoriva le rendite feudali che risultavano misere e inadeguate alle nuove esigenze di vita, sicché i cavalieri, divennero sempre piú poveri. Sul piano politico i sovrani dei nascenti Stati accentrati, temendo forme di insubordinazione alla propria autorità, legarono sempre piú la nobiltà alla corte, svuotandola di effettivo potere. Sul piano delle tecniche militari l'introduzione delle armi da fuoco diede un colpo definitivo alla funzionalità militare e al prestigio morale del combattente a cavallo.

«La bella avventura cavalleresca finiva cosí tra il fumo delle bombarde e i bastioni fortificati, ma il suo fascino e il suo prestigio sarebbero durati a lungo, fin quasi ai giorni nostri, e si sarebbero alimentati appunto d'una mitologia e d'una letteratura densissime, sovente molto belle, tali, comunque, da costituire una voce di rilievo nel panorama culturale europeo. [...] Di leggenda in leggenda, di decorazione in decorazione, di revival in revival, il fascino della civiltà cavalleresca sopravvive nel mondo contemporaneo: ha saputo adattarsi persino al mito del cow boy o al mondo dei fumetti e della fantascienza» (F. Cardini).

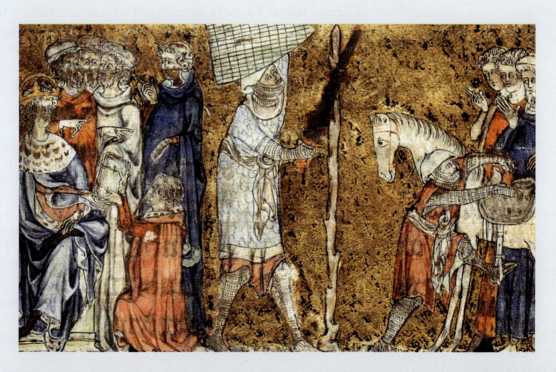

Miniatura che raffigura l'addestramento di un cavaliere, XIII secolo. Londra, British Library.

2.6 La lirica provenzale

Il contesto

All'inizio del XII secolo, mentre nella Francia del nord proseguiva la diffusione delle *chansons de geste* e in Inghilterra si andava consolidando il patrimonio di leggende a cui avrebbero attinto gli autori dei romanzi cortesi, nelle corti della Francia del sud prendeva forma la prima produzione **lirica di argomento amoroso** in volgare e si definiva il modello dell'amore cortese o *fin'amor* che, intrecciandosi con il tema dell'avventura e della *quête*, avrebbe costituito il fondamento della materia di Bretagna. La lingua era il provenzale o lingua d'*oc*, parlata nelle regioni a sud della Loira e nei territori confinanti dell'Italia e della Spagna. L'ambiente era quello delle grandi corti feudali che godevano di ampia autonomia rispetto al potere centrale e stavano diventando raffinati centri di cultura e di vita sociale.

Gli autori

Gli autori della lirica provenzale erano chiamati **trovatori** (in lingua d'*oc trobador*), termine derivante dal verbo *trobar* che significa «comporre versi e musica». Essi scrivevano i versi e la musica delle liriche e le cantavano accompagnandosi con strumenti a corde. Spesso però l'esecuzione era affidata a un giullare di fiducia che era al tempo stesso cantante e musicista.

I trovatori appartenevano alle piú svariate classi sociali ed erano sia chierici sia laici. Fra i circa 350 autori di cui ci sono stati tramandati il nome e le opere troviamo infatti grandi feudatari come Guglielmo d'Aquitania, Raimondo di Tolosa e Raimbaut d'Aurenga; re e principi, come Alfonso II e Pietro III d'Aragona, Giacomo II di Sicilia, che si dilettavano a comporre versi alla maniera provenzale; esponenti della piccola nobiltà come Raimbaut de Vaqueiras, borghesi come Peire Vidal e Folquet de Marselha, che era un piccolo mercante; appartenenti a famiglie servili come Bernart de Ventadorn; chierici come Marcabru, Giraut de Bornhel, Arnaut Daniel. Pur nella diversità dell'estrazione sociale, tutti erano accomunati dall'obbedienza a un ristretto numero di tematiche e a precise regole formali, elementi che fanno dell'esperienza poetica provenzale un prodotto di scuola al cui interno sono comunque riconoscibili le personalità e gli stili dei diversi autori.

I temi e le tecniche espressive

In una società prevalentemente guerriera e maschile, i trovatori propongono una nuova forma d'amore, l'**amor cortese** o *fin'amor*, cosí chiamato perché espressione di ideali e valori propri di coloro che vivono nelle corti. Esso si basa su un repertorio di tematiche fisse che si possono cosí sintetizzare:

- ✓ l'uomo si pone in atteggiamento di **sottomissione** nei confronti della donna, che è solitamente la dama del castello, sposa del feudatario, e quindi superiore a lui per condizione sociale;
- ✓ l'amore è destinato a rimanere **inappagato**;
- ✓ il poeta innamorato serve in umiltà e obbedienza la dama, la quale appare solitamente **altera** e **ritrosa** e concede, come ricompensa per la devozione, il rispetto e la lealtà, solo uno **sguardo gentile**, **un sorriso**, **un cenno di saluto**;

Alle origini della letteratura europea

✓ per proteggere la donna dalle critiche dei **malparlieri** (cioè di persone invidiose e pettegole) e tenere nascosta la sua identità, il poeta, quando si riferisce a lei, si serve di uno pseudonimo, il cosiddetto *senhal*, un nome fittizio, allusivo a qualche caratteristica dell'amata;

✓ la donna è sempre collocata sullo sfondo di un **paesaggio primaverile**.

Accanto alla tematica amorosa i poeti provenzali affrontano anche **temi politici** e **guerreschi** che vengono trattati in componimenti specifici quali il *sirventese* o il *planh* («compianto»). La guerra non è finalizzata al perseguimento di ideali collettivi o individuali come nelle *chansons de geste* e nei romanzi cortesi, ma viene celebrata per se stessa, come esplosione di vitalità e mezzo per conquistare terre e bottino e per migliorare la condizione economico-sociale del cavaliere esponente di una piccola nobiltà spesso priva di grandi risorse.

Sul piano formale i trovatori utilizzano due stili: il ***trobar clus***, un poetare oscuro, chiuso, ricco di parole ricercate e di rime difficili, e il ***trobar leu*** o ***plan***, poetare leggero o piano, contrassegnato da uno stile piú semplice e tradizionale.

La forma metrica piú diffusa è la **canzone** (*chanso*), un componimento accompagnato dalla musica, costituito da cinque o sei strofe (*coblas*) e concluso da una *tornada*, una strofa piú breve delle altre che contiene solitamente la dedica o un commento dell'autore.

Le raccolte di liriche dei poeti provenzali erano solitamente accompagnate da due tipi di scritti in prosa: le *razos* che erano dei commenti alle poesie e le *vidas* che contenevano una biografia dell'autore.

Guglielmo d'Aquitania

A. Roncaglia, *Poesia dell'età cortese*,
Nuova Accademia, Milano, 1961

Per la dolcezza della nuova stagione

Guglielmo, conte di Poitou e duca d'Aquitania, nato nel 1071 e morto nel 1126, era noto per il suo spirito arguto e provocatorio che spesso suscitava scandalo negli ambienti ecclesiastici. Si tramandano di lui sia canzoni dai toni rudi e licenziosi, sia canzoni cortesi, come quella qui riportata nella quale sono riconoscibili molti dei temi tipici della lirica cortese.

Metrica Cinque *coblas unissonans* (strofe dallo stesso suono) di sei versi ciascuna. Nel testo in lingua originale le rime sono baciate nei primi due versi, alternate negli altri quattro, secondo lo schema AABCBC, che si ripete uguale in tutte le strofe.

Per la dolcezza della nuova stagione
i boschi si ricoprono di foglie e gli uccelli
cantano, ciascuno nella sua lingua,
secondo la melodia del nuovo canto:
5   è quindi bene che ognuno si volga
a ciò che piú desidera.

Dal luogo che piú mi piace
non mi arriva né messaggero né messaggio:
perciò il mio cuore è inquieto e triste,
10   e io non oso farmi avanti
finché non sono sicuro
che il patto è cosí come lo voglio.

7. Dal luogo ... piace: si riferisce al luogo dove vive la donna amata.

12. patto: si riferisce al rapporto d'amore con la donna.

La letteratura delle origini

20. quando ponemmo fine … guerra: il poeta allude a un momento in cui la donna si era mostrata nei suoi confronti particolarmente dura. Ma questa fase era stata superata allorché i due avevano stretto un patto d'amore.

24. tenere le mani … mantello: è questa un'espressione metaforica che si riferisce all'investitura feudale. Il mantello sta a indicare la protezione del signore nei confronti del vassallo. Nell'ambito amoroso allude all'accettazione dell'amore da parte della donna.

26. Buon Vicino: è il *senhal* con il quale il poeta si riferisce alla donna.

29-30. alcuni si vanno … coltello: il poeta, rifacendosi a un proverbio, vuol dire che molti si vantano di possedere l'amore, ma solo pochi lo possiedono veramente.

Il nostro amore è
come il ramo del biancospino
15 che resiste sull'albero,
di notte, nella pioggia e nel gelo,
fino al mattino, quando il sole si diffonde
sul ramoscello attraverso il verde fogliame.

Ancora mi ricordo di un mattino,
20 quando ponemmo fine alla nostra guerra
con un patto, e lei mi offrí un dono cosí grande:
il suo amore fedele e il suo anello.
Che Dio mi faccia vivere ancora tanto
che io possa tenere le mani sotto il suo mantello.

25 Perché io non bado alle chiacchiere altrui,
che vogliono separarmi dal mio Buon Vicino.
So che significano le parole vuote
come dice un breve proverbio:
alcuni si vanno vantando dell'amore,
30 ma noi ne possediamo il pezzo e il coltello.

Guida all'analisi

Gli elementi della lirica cortese

La lirica si apre con la descrizione della primavera, la stagione propizia all'amore, che invita l'uomo a volgersi verso ciò che piú desidera. Il poeta però è triste perché non riceve alcun messaggio dalla sua amata e non osa farsi avanti fino a quando non ha la certezza che il patto tra loro sarà come lui lo desidera.

Nella seconda strofa il poeta paragona il suo amore al biancospino: come il biancospino resiste al gelo della notte e giunge intatto fino all'alba, quando il sole torna a riscaldarlo, cosí il poeta sa che anche se la sua donna adesso è distante e fredda (non gli manda infatti alcun messaggio), il rapporto d'amore rinascerà, come un fenomeno naturale che puntualmente si verifica.

Nella terza strofa il poeta, servendosi di metafore feudali, rievoca il momento in cui lui e la sua dama hanno stretto un patto che poneva fine alla guerra ed era stato sancito da un dono: la promessa di fedeltà e l'anello. Egli pertanto spera che questa situazione possa ripetersi.

Nell'ultima strofa troviamo l'allusione ai *malparlieri,* che con le loro chiacchiere vogliono separare il poeta dalla donna, e il *senhal Buon Vicino*. Viene anche messa in luce la contrapposizione fra coloro che si vantano a parole di possedere l'amore e il poeta che dichiara di essere l'unico ad avere l'amore della donna.

La particolarità del componimento

Questa canzone si differenzia dai componimenti degli altri trovatori perché l'inferiorità dell'amante nei confronti della dama non è sociale – Guglielmo è infatti un gran signore –, bensí psicologica, come si deduce dai versi in cui egli parla della sua inquietudine dovuta al fatto che il rapporto tra i due sembra attraversare un momento di crisi.

Esercizi

Interpretazione

1. Individua le parole chiave presenti nel testo e, mettendole in relazione, ricostruisci l'articolazione del contenuto e i temi della lirica.

2. Sottolinea gli elementi tipici della lirica cortese presenti nel componimento.

ANDIAMO OLTRE

Il giullare

Il **giullare** è nel Medioevo un professionista del divertimento, che raccoglie in parte l'eredità degli intrattenitori pagani. Il termine deriva infatti dal latino *ioculator*, in cui è ravvisabile la radice di *iocus*, «gioco, divertimento». Il giullare è un intrattenitore tuttofare: è un «giocoliere di bocca», in quanto recita versi e racconta storie, ma come esecutore e non come autore dei testi che propone; è un «giocoliere di gesti» perché è acrobata contorsionista, mimo, prestigiatore, danzatore, musicista che si accompagna con il liuto e la viella, un antico strumento a corde. Si esibisce nelle piazze, nei palazzi, nelle fiere e nei mercati, dovunque possa ottenere una ricompensa in denaro o in natura per il suo spettacolo. La Chiesa per molto tempo guardò con diffidenza ai giullari, considerandoli persone dalla vita irregolare e perciò stesso immorali. È solo nel XIII secolo che la figura del giullare viene rivalutata, grazie agli ordini mendicanti. Lo stesso san Francesco si definiva «giullare di Dio» perché faceva ricorso alla parola e alla gestualità per avvicinare e coinvolgere il pubblico nelle sue prediche. Dal canto loro i giullari si avvicinarono alla Chiesa inserendo nei loro repertori, canti e testi di argomento sacro. Un racconto edificante è quello del giullare di Notre Dame, il quale, trovandosi in una chiesa e credendosi solo, si esibisce davanti a una statua della Vergine con il Bambino per dedicare il suo talento e la sua fatica a Maria e a Gesú. Questo episodio si diffuse grazie a un monaco e a un abate che, entrati in chiesa, videro il giullare e fecero conoscere la vicenda, la quale si arricchí col tempo di componenti miracolistiche, come quella della Vergine che scende dal piedistallo per ringraziare il giullare e sollevarlo dalla sua fatica. Il tema fu ripreso nel XIX e XX secolo in opere pittoriche e musicali.

Si deve ai giullari la diffusione dei componimenti in versi dei trovatori provenzali e degli episodi delle *chansons de geste*. Essi infatti frequentavano sia i castelli dei signori, dove imparavano le liriche in lingua d'*oc*, sia i conventi sparsi lungo le vie dei pellegrinaggi, dove ascoltavano le storie dei paladini raccontate dai chierici del luogo, che poi ripetevano nelle piazze e nei mercati. Molti di loro, per garantirsi una maggiore sicurezza economica, preferirono diventare gli intrattenitori di un signore e si stabilirono nei castelli della Francia meridionale e settentrionale.

Bertran de Born

A. Roncaglia, *Poesia dell'età cortese*,
Nuova Accademia, Milano, 1961

Molto mi piace la lieta stagione di primavera

Per molto tempo questo sirventese è stato attribuito a Bertran de Born, signore feudale e trovatore, amante della guerra e delle contese politiche; oggi però la critica ritiene che il componimento sia stato scritto da un poeta anonimo che ha voluto imitare Bertran de Born.
La lirica contiene un'esaltazione della guerra che viene paragonata alla primavera, perché entrambe sono espressione di vitalità e di energia.
Metrica Sirventese costituito da cinque strofe e due *tornadas*.

> Molto mi piace la lieta stagione di primavera
> che fa spuntar foglie e fiori,
> e mi piace quand'odo la festa
> degli uccelli che fan risuonare
> 5   il loro canto pel bosco,

e mi piace quando vedo su pei prati
tende e padiglioni rizzati,
ed ho grande allegrezza
quando per la campagna vedo a schiera
10 cavalieri e cavalli armati.

E mi piace quando gli scorridori
mettono in fuga le genti con ogni loro roba,
e mi piace quando vedo dietro a loro
gran numero d'armati avanzar tutti insieme,
15 e mi compiaccio nel mio cuore
quando vedo assediar forti castelli
e i baluardi rovinati in breccia,
e vedo l'esercito sul vallo
che tutto intorno è cinto di fossati
20 con fitte palizzate di robuste palanche.

Ed altresí mi piace quando vedo
che il signore è il primo all'assalto,
a cavallo, armato, senza tema,
che ai suoi infonde ardire
25 cosí, con gagliardo valore;
e poi ch'è ingaggiata la mischia
ciascuno dev'essere pronto
volenteroso a seguirlo,
ché nessuno è avuto in pregio
30 se non ha molti colpi preso e dato.

Mazze ferrate e brandi, elmi di vario colore,
scudi forare e fracassare
vedremo al primo scontrarsi
e piú vassalli insieme colpire,
35 onde erreranno sbandati
i cavalli dei morti e dei feriti.
E quando sarà entrato nella mischia
ogni uomo d'alto sangue
non pensi che a mozzare teste e braccia:
40 meglio morto che vivo o sconfitto!

Io vi dico che non mi dà tanto gusto
mangiare, bere o dormire,
come quando odo gridare «all'assalto»
da ambo le parti e nitrire
45 cavalli sciolti per l'ombra,
e odo gridare «aiuta, aiuta!»
e vedo cader pei fossati
umili e grandi tra l'erbe,
e vedo i morti che attraverso il petto
50 han tronconi di lancia coi pennoncelli.

---

7. padiglioni: erano tende piú grandi delle altre, solitamente riservate ai capi dell'esercito.

11. scorridori: erano i soldati che costituivano l'avanguardia dell'esercito e compivano devastazioni e saccheggi, mettendo in fuga le popolazioni e preparando il terreno per l'assalto.

17. i baluardi rovinati in breccia: le fortificazioni smantellate, con le mura abbattute

18-20. vallo ... palanche: fortificazione difensiva circondata da un fossato protetto da fitte palizzate di grosse tavole.

23. senza tema: senza paura.

29. è avuto in pregio: è considerato degno di stima e di onore.

31. brandi: spade.

Alle origini della letteratura europea

Baroni, date a pegno
castelli, borgate e città,
piuttosto che cessare di guerreggiarvi l'un altro.

Papiol, vai veloce
55 e di buon grado da don Sí-e-No
e digli che da troppo tempo sta in pace!

54. Papiol: è il giullare del poeta che aveva il compito di divulgare i suoi componimenti spostandosi di corte in corte.

55. don Sí-e-No: è il soprannome attribuito a Riccardo Cuor di Leone, futuro re d'Inghilterra, allora conte di

Poitiers, cosí chiamato per il suo comportamento indeciso in politica e in guerra. *Don* è un titolo di rispetto usato nei Paesi

dell'area mediterranea: Provenza, Spagna, Italia meridionale.

Guida all'analisi

Struttura

La lirica è un *sirventese*, cioè un componimento di argomento politico, costruito però secondo la tecnica del *plazer*. Era questo un tipo di composizione in versi che prevedeva l'elencazione di «piaceri», cioè di cose che il poeta amava fare o desiderava possedere. Il ricorso al genere del *plazer* influisce sulle scelte formali, contrassegnate dalla ripetizione dell'espressione *e mi piace*, spesso in posizione anaforica, cioè a inizio di verso, e dalla frequenza di verbi di analogo significato come *e mi compiaccio*, *non mi dà tanto gusto*.

La lirica è conclusa da due *tornadas*, la prima delle quali contiene un'esortazione ai baroni affinché non smettano di guerreggiare, la seconda è rivolta a Papiol, il giullare prediletto dal poeta, al quale il trovatore raccomanda di sollecitare Riccardo Cuor di Leone, allora conte di Poitiers e quindi feudatario del re di Francia, ad assumere un atteggiamento piú deciso e bellicoso e a porre fine a un periodo di pace troppo lungo.

L'analogia primavera/guerra

Il componimento si apre con un elogio della primavera che sembrerebbe rientrare nel tradizionale modello della poesia di argomento amoroso. Dopo i primi versi, però, si comprende che questa stagione viene esaltata non come sfondo alla bellezza femminile, ma perché è la stagione piú propizia alla guerra. Dalla descrizione della primavera si passa infatti a quella dei preparativi per il combattimento: un accampamento dalle tende multicolori, una schiera di armati a cavallo. L'identità primavera/guerra viene ripresa alla fine del componimento (v. 50), quando il poeta suggerisce indirettamente l'analogia attraverso la ripresa del verbo *spuntare*, che qui viene applicato ai *tronconi di lancia coi pennoncelli* che «spuntano» dal petto dei caduti, mentre al v.

2 lo stesso verbo era stato usato in riferimento ai fiori e alle foglie che «spuntano» a primavera sui rami degli alberi. Sia la guerra sia la primavera vengono viste come un'esplosione di vitalità, secondo una concezione attivistica che accomuna la natura e l'agire dell'uomo. Da una parte infatti assistiamo al fiorire delle foglie e dei fiori e al risuonare del canto degli uccelli; dall'altra alle varie fasi del combattimento che al primo impatto sembrano elencate in modo caotico, mentre una lettura piú attenta rivela un preciso ordine del discorso.

Dopo la descrizione dell'accampamento e delle schiere di cavalli e cavalieri armati (vv. 7-10), si passa all'azione dei guastatori che mettono in fuga la gente, quindi ha inizio l'assedio di una città; il signore, alla testa dell'esercito, infonde coraggio ai suoi uomini che lo seguono volentieri; al momento della mischia mazze e spade, elmi e scudi, vengono colpiti e fatti a pezzi dato che ogni cavaliere non pensa ad altro che a mozzare teste e braccia, mentre i cavalli nitriscono e uomini di ogni condizione cadono colpiti a morte. Nella descrizione della battaglia è del tutto assente l'orrore per la carneficina e la morte; ogni azione viene invece vista come espressione di energia e l'insieme dà l'impressione di uno straordinario spettacolo vivace e colorato.

L'elogio della guerra

L'esaltazione della guerra è sganciata da qualsiasi finalità religiosa o politica: non si combatte, infatti, come nelle *chansons de geste* per la fede, per il re o per la dolce Francia. Il combattimento è spettacolo, movimento, vitalità, suscita piacere, allegria ed è fonte di pregio, cioè di onore. Afferma infatti il poeta: *niuno è avuto in pregio / se non ha molti colpi preso e dato*; e piú avanti ribadisce *Ogni uomo d'alto sangue / non pensi che a mozzar teste e braccia; / meglio morto che vivo e sconfitto!* Alla luce di questa ideologia acquistano un ben preciso significato le due *tornadas* in cui i signori feudali vengono incitati a fare la guerra e a dare in pegno città e castelli per procurarsi il denaro indispensabile per armare i loro eserciti. Il poeta si fa portavoce delle esigenze della piccola nobiltà e piú in generale dei cavalieri i quali vedevano nella guerra l'unica occasione per migliorare la propria condizione. La conquista di nuove terre da parte del signore avrebbe potuto dar loro la possibilità di ottenere un feudo, ma se ciò non fosse accaduto, avrebbero comunque potuto sperare in una parte del bottino. La guerra era dunque per loro fonte di benessere e di ascesa economica e sociale.

Esercizi

Competenza testuale

1. Sottolinea nel testo l'espressione *e mi piace* tutte le volte che si trova in posizione anaforica.
2. Individua tutte le espressioni riconducibili alla tipologia del *plazer*.
3. Sottolinea nel testo le espressioni dalle quali scaturisce l'idea della guerra come spettacolo.
4. Individua tutti i termini e le espressioni che designano i comportamenti nobili.
5. Il testo presenta un assalto in tutte le sue fasi: elenca, strofa per strofa, i vari momenti dell'azione.

Produzione

6. Esponi in un testo di 25 righe tutti gli aspetti della guerra che il poeta dichiara di amare e le ragioni di questo suo amore.
7. Illustra oralmente quali comportamenti sono propri dell'uomo di pregio.

Assonanze

in architettura   Il castello: un'invenzione del Medioevo

Nell'immaginario collettivo il castello è il simbolo del Medioevo, e a esso si associano trovatori e dame, coraggiosi cavalieri e terribili trabocchetti, in un misto di realtà e luoghi comuni alimentati dalla fantasia e da tanta letteratura e filmografia che hanno spesso travisato la verità storica. Il castello medievale, invece, è una delle strutture architettoniche piú documentate sia dalle arti figurative sia dalla straordinaria quantità di costruzioni dell'epoca che ancora si possono ammirare in borghi, campagne e città.

La parola *castello* deriva dal latino *castrum* che significava «accampamento militare» e piú genericamente luogo fortificato, ma in epoca medievale passò a indicare una struttura con funzioni piú complesse. I castelli sorgevano in luoghi particolarmente adatti a controllare un territorio, quasi sempre su un'altura, ed erano essenzialmente costituiti da elementi difensivi. Chiusi da possenti cinte murarie, solidi, proiettati verso l'alto con le loro torri, trasmettevano un'impressione di isolamento, grandezza e sicurezza e costituivano un diaframma tra l'io e il mondo esterno con le sue minacce. Chi viveva al riparo di quelle fortificazioni si sentiva protetto.

Fu nel periodo compreso fra il IX e l'XI secolo che l'Europa si ricoprí di castelli. Le ragioni vanno ricercate da una parte nell'instabilità politica seguita alla disgregazione dell'Impero carolingio che aveva accentuato le spinte autonomistiche dei feudatari, dall'altra nelle sempre piú frequenti incursioni di saraceni, normanni, ungari, avari.

I primi castelli, detti **motte**, erano molto rudimentali e venivano costruiti utilizzando ciò che la natura metteva a disposizione: terra, legna, acqua. Su un tumulo di terra dell'altezza di 15 metri circa veniva eretta una torre quadrangolare in legno che serviva per il controllo del territorio e che conteneva, oltre al presidio armato, degli ambienti domestici molto sobri. Ai piedi della torre si apriva uno spiazzo circolare, circondato da una palizzata e dal fossato ricolmo d'acqua, sul quale sorgevano la cappella, le abitazioni dei contadini, il fienile, la stalla. Semplici ed economiche, le *motte* ebbero un'ampia diffusione, come dimostrano, tra l'altro, i toponimi di tante cittadine del sud e del nord d'Italia: Motta Visconti, Motta di Livenza, Motta Sant'Anastasia, Motta d'Affermo. Esse però, erano facile preda degli incendi, perciò furono sostituite dai castelli in pietra, le cui strutture difensive erano molto piú solide e sicure.

Il **castello in pietra** era costituito da tre elementi cardine:
- la **cerchia muraria**, che poteva essere semplice, doppia o tripla, ed era circondata da un *fossato* ricolmo d'acqua e protetta da un *ponte levatoio*;
- il **mastio** o **maschio**, che era un alto torrione quadrangolare innalzato a scopo difensivo;
- il **palatium** del signore, che poteva essere incorporato o meno nel torrione ed era costituito da camere ampie e ben areate.

Ponte di Castelvecchio. Verona.

Con il passar del tempo e con il mutare delle situazioni storiche, il castello divenne sempre piú espressione del potere e della grandezza del feudatario e assolse sempre meno alle primitive funzioni di difesa e protezione della gente del luogo. Lo dimostra il fatto che fra il XII e il XIII secolo i contadini furono espulsi dai castelli, divenuti vere e proprie regge principesche, e dovettero stabilirsi al di fuori delle mura.

Quando intorno al XIV secolo le istituzioni comunali cominciarono a entrare in crisi e nelle città si affermarono le Signorie – il potere cioè venne gestito da una famiglia aristocratica e trasmesso per via ereditaria –, i signori cominciarono a costruire castelli a ridosso delle mura della città o addirittura al suo interno, per esercitare in modo piú diretto ed esplicito il dominio sulla popolazione. Ne è un esempio il possente Castelvecchio di Verona fatto costruire a cavallo delle mura da Cangrande II della Scala nel 1354 per tenere in soggezione i veronesi e garantirsi una via di fuga in caso di sollevazioni popolari.

A partire dal Quattrocento, consolidatosi il sistema signorile, i castelli si trasformarono in raffinatissime dimore abbellite dai piú grandi artisti del tempo. Ne abbiamo splendidi esempi a Mantova, Ferrara, Urbino e in molte altre città.

Ciclo dei mesi, Rappresentazione di un borgo fortificato. Trento, Castello del Buonconsiglio.

Mappa dei contenuti

CHANSONS DE GESTE (sec. XI-XII), lingua d'oïl

- Poemi epici in lasse assonanzate
- Trattano le imprese dei paladini di Carlo Magno contro gli infedeli
- Sono raggruppati in cicli
- Nascono lungo le vie di pellegrinaggio ad opera dei chierici e sono recitati dai giullari
- Celebrano valori collettivi: l'amore per la patria e per la fede
- La narrazione procede per quadri staccati
- Opera piú famosa: *Chanson de Roland*

LIRICA PROVENZALE (sec. XII), lingua d'oc

- Componimenti in versi accompagnati dalla musica di argomento prevalentemente amoroso
- Autori: trovatori
- Divulgatori: giullari
- Tema dell'amor cortese: sottomissione dell'uomo alla donna, amore inappagato, paesaggi primaverili, *senhal*, malparlieri
- Guerra: combattuta per conquistare il bottino e migliorare la condizione economica del cavaliere
- Stile: *trobar leu* e *trobar clus*

ALLE ORIGINI DELLA LETTERATURA EUROPEA

CONTESTO

- Società feudale della Francia del nord e della Bretagna continentale e insulare per la letteratura in lingua d'*oïl*.
- Società feudale della Francia del sud per la lirica provenzale

ROMANZI CORTESI (sec. XII-XIII), lingua d'oïl

- Opere narrative in versi destinate alla lettura
- Narrano le imprese dei cavalieri di re Artú che combattono per ideali individuali (amore, avventura)
- Autori: chierici cortigiani
- Opere: *Lancillotto*, *Ivano*, *Perceval* di Chretien de Troyes; *Tristano e Isotta* di Thomas e Beroul

La nascita della letteratura italiana

La letteratura in lingua volgare nasce in Italia con un certo ritardo rispetto agli altri Paesi dell'Europa. Mentre in Francia, già a partire dall'XI secolo, si era affermata una produzione in versi nelle nuove lingue volgari d'*oil* e d'*oc*, in Italia si continuava a usare il latino. La lingua volgare, o meglio i diversi volgari che si differenziavano a seconda delle regioni, vennero dapprima adoperati solo per **scopi pratici**: atti notarili, leggi, formule testimoniali e cosí via. Bisogna attendere il XIII secolo per trovare anche in Italia una produzione letteraria in lingua volgare che si affermò prima in versi e successivamente in prosa. Il panorama culturale di questo periodo risulta contrassegnato da due elementi: **policentrismo** e **plurilinguismo**.

Si parla di *policentrismo* perché in Italia non esiste un unico centro politico e culturale che faccia capo alla corte di un sovrano, come in altri Paesi europei. La realtà politica italiana è alquanto frammentata e contrassegnata da istituzioni politiche differenti che si possono raggruppare in tre aree.

- ✓ L'**Italia centro-settentrionale** vive l'esperienza dei Comuni, città che, pur appartenendo almeno formalmente ai domini dell'Impero o della Chiesa, si autogovernano e soprattutto sono caratterizzate da un fiorente sviluppo economico in campo commerciale, artigianale e finanziario, grazie all'affermarsi di una nuova classe intraprendente e spregiudicata: la borghesia. Alla realtà comunale si affiancano le antiche istituzioni feudali che continuano a esercitare il proprio dominio su città e campagne.
- ✓ **Roma** e i **territori limitrofi** sono sottoposti all'autorità del pontefice.
- ✓ Nell'**Italia meridionale** e in **Sicilia** si susseguono diverse dominazioni fino a quando la situazione si stabilizza prima con la monarchia Sveva, poi con quella Angioina che in seguito alla ribellione dei Vespri Siciliani (1282) si ritirerà dall'isola, mantenendo il dominio sull'Italia meridionale, mentre la Sicilia passerà agli Aragonesi.

Questa frammentarietà politica si rispecchia nel *pluralismo linguistico*. Ogni regione infatti ha un proprio volgare che viene utilizzato nella scrittura non solo a fini pratici (amministrativi, politici, ecc.), ma anche per la produzione di opere letterarie. Ecco un panorama dei diversi volgari ognuno dei quali finirà per collegarsi a uno specifico filone tematico.

- ✓ In **Umbria** fiorisce a partire dalla prima metà del Duecento un filone di **poesia religiosa**, con san Francesco d'Assisi e Jacopone da Todi che scrivono in volgare umbro.
- ✓ In **Sicilia** intorno alla metà del secolo si sviluppa, presso la corte dell'imperatore Federico II di Svevia, la **poesia siciliana**, cosí chiamata perché i poeti componevano in lingua siciliana.
- ✓ In **Toscana** vengono composte **liriche d'amore** e, per la prima volta, anche di **argomento politico** e **morale** nel volgare toscano.
- ✓ Nell'Italia settentrionale, soprattutto tra **Lombardia** e **Veneto**, si sviluppa una produzione in versi di tono **moraleggiante** ed **educativo** nei volgari lombardo e veneto.

Bisognerà attendere il Trecento perché il volgare toscano acquisti un ruolo egemone sugli altri dialetti della penisola, sia per la posizione geografica della regione, collocata al centro del territorio italiano, sia per il prestigio economico raggiunto dai mercanti e dai banchieri toscani, sia per l'opera di scrittori come Dante, Petrarca e Boccaccio i quali conferiranno a questa lingua eleganza sintattica, ricchezza lessicale e soprattutto la capacità di piegarsi a esprimere i piú diversi aspetti della realtà e le piú sottili sfumature del pensiero e del sentimento.

3 La poesia religiosa

La **componente religiosa** è uno dei motivi piú diffusi in ogni settore della vita e della letteratura del Duecento e forse quello che piú degli altri contribuisce a caratterizzare la fisionomia dell'intero secolo. Essa permea la vita individuale e collettiva di tutti i ceti sociali, le arti figurative, la musica, la cultura, i trattati.

Questo straordinario fervore spirituale pervade la società in un periodo in cui essa è percorsa da una profonda crisi causata dalla mondanizzazione della Chiesa e avverte il bisogno di un **ritorno ai principi evangelici**. Di questa esigenza si fanno portavoce a partire dal XII secolo diversi **movimenti spirituali**, tutti nati dal basso, che non hanno al loro vertice né teologi né uomini di cultura, ma sono formati da laici per lo piú di umile estrazione sociale. Il loro riferimento è il Vangelo con l'indicazione di una vita condotta all'insegna della povertà, il rifiuto di ogni potere temporale, di ricchezze e privilegi. Le loro posizioni preoccupano la Chiesa ufficiale che vede messo in discussione il proprio potere temporale; essi pertanto vengono dichiarati eretici e sottoposti a una durissima repressione. Tra i gruppi ereticali vanno ricordati i Càtari (dal greco *catharòs*, «puro»), diffusi in molti Paesi europei ma presenti e radicati soprattutto in Francia, i Valdesi, i Gioachimiti.

Le esigenze di purificazione e di ritorno ai principi evangelici che i gruppi ereticali portavano avanti in contrasto con il potere papale furono riprese e sviluppate all'interno della Chiesa nel XIII secolo dagli **ordini francescani** e **domenicani**, chiamati «**mendicanti**» perché i loro religiosi vivevano di elemosine. Essi da un lato fecero proprie certe componenti dei movimenti ereticali, come il pauperismo (una scelta di vita ispirata alla piú assoluta povertà), la predicazione, l'aspirazione alla purezza, dall'altro mantennero un atteggiamento di sottomissione alla Chiesa e, rimanendo al suo interno, contribuirono al rinnovamento spirituale delle gerarchie ecclesiastiche. Con gli ordini mendicanti fa la sua apparizione nella società del tempo la figura del **frate**, che si differenzia dal monaco perché non trascorre la sua vita chiuso in un monastero, ma vive a contatto con la gente, predica, e riesce a diffondere una devozione piú vicina al popolo. Si deve infatti ai domenicani, per esempio, l'introduzione della pratica del rosario e a San Francesco l'istituzione del presepio.

Questa religiosità esercita una grande influenza anche sul **versante letterario**: l'esigenza di rivolgersi ai fedeli in una lingua che permettesse loro di comprendere piú agevolmente l'autentico messaggio evangelico contribuí, infatti, a diffondere un uso meno istintivo e piú regolare della lingua italiana, favorendo la nascita dei primi testi letterari in volgare. Alla diffusione delle confraternite laiche che intonavano canti in onore della Vergine, di Cristo e dei santi si deve l'introduzione della **lauda**, sia lirica che dialogata. Un importante filone di poesia religiosa percorre tutta la letteratura del Duecento con personaggi come San Francesco d'Assisi e Jacopone da Todi che, oltre a essere delle figure di riferimento sul piano spirituale, vengono considerati importanti esponenti della letteratura italiana del XIII secolo.

3.1 San Francesco d'Assisi

San Francesco d'Assisi, fondatore dell'ordine religioso che da lui ha preso il nome, è l'iniziatore della letteratura italiana. Nato ad Assisi nel 1181 (o 1182) dal mercante Pietro Bernardone e da una donna di origine provenzale, Francesco trascorse la prima giovinezza in un ambiente ricco e non privo di cultura. Dopo una malattia fu colto da una profonda crisi spirituale e nel 1206, con un gesto clamoroso e simbolico, restituí al padre persino gli abiti che indossava, indicando in tal modo la sua rinunzia ai beni mondani. Visse per due anni in ere-

La poesia religiosa

mitaggio, quindi cominciò a predicare. Intorno a lui si raccolse ben presto una piccola comunità di seguaci che avevano scelto di vivere in povertà assoluta e di predicare il Vangelo. Francesco decise allora di scrivere per sé e per i suoi frati una *Regola di vita* fondata su pochi e semplici principi che furono approvati sia da papa Innocenzo III sia dal suo successore Onorio III. Nacque cosí il movimento francescano destinato a una rapida espansione. Nel 1224 Francesco ricevette sul monte della Verna, dove viveva in eremitaggio, le stimmate che lo resero ancor piú simile a Cristo e due anni dopo morí fra atroci sofferenze, dopo aver dettato il suo testamento spirituale con il quale esortava i frati a una vita di povertà, di sofferenza gioiosamente accettata e di amore. Nel 1228 fu proclamato santo da papa Gregorio IX.

Francesco d'Assisi, oltre alla *Regola* scritta in latino, compose, in volgare umbro, il *Cantico delle creature*, che è considerato il piú antico componimento letterario in lingua italiana. Lo scrisse con l'intenzione di offrire ai fraticelli e a tutti i fedeli un testo da cantare in lode del Signore. Si spiega cosí l'utilizzazione di concetti semplici, facilmente comprensibili dai devoti e il riferimento alle cose piccole e grandi della natura. Dietro la semplicità dell'impianto si può cogliere tuttavia una profonda cultura religiosa: il componimento infatti si ispira, sia per il contenuto sia per la struttura in versetti, ai salmi biblici e in particolare al *Cantico dei tre giovani*, un inno di lode a Dio innalzato da tre giovani in un momento di estremo pericolo. Sono inoltre presenti nel testo alcuni degli ideali di vita propri del movimento francescano: l'ammirazione gioiosa per la bellezza e l'armonia del creato, la necessità della pace, l'accettazione umile e serena del dolore che purifica e conduce alla vita eterna.

Secondo la tradizione il *Cantico* fu in gran parte composto nel 1224 in una notte di intensa sofferenza seguita da una visione celestiale. Le due strofe finali risalirebbero invece a epoche successive: la cosiddetta «strofa del perdono» sarebbe stata scritta nel 1225 in occasione di un grave contrasto fra il vescovo e il podestà di Assisi; l'ultima, nella quale si parla della morte, pare sia stata dettata dal santo poche ore prima della fine, nel 1226.

San Francesco d'Assisi

Poeti del Duecento, vol. I,
a cura di G. Contini,
Ricciardi, Milano-Napoli, 1960

Cantico delle creature

San Francesco innalza una lode a Dio celebrando il creato e sottolineando tutti gli aspetti positivi della natura e dell'uomo.

Metrica Il *Cantico delle creature* non rientra in una delle forme metriche fissate dalla tradizione (sonetto, ballata, canzone, ecc.). È costituito da versetti di varia lunghezza, simili a quelli dei salmi biblici, legati da assonanze e piú raramente da rime.

Altissimu, onnipotente, bon Signore,
Tue so' le laude, la gloria e l'honore et onne benedictione.
Ad Te solo, Altissimo, se konfano,
et nullu homo ène dignu Te mentovare.
5 Laudato sie, mi' Signore, cum tucte le Tue creature,

---

2. Tue so' le laude: tue sono, spettano a te, le lodi. – **et onne benedictione**: e ogni

benedizione.
3. se konfano: si addicono.
4. et nullo homo ...

mentovare: e nessun uomo è degno di pronunciare il tuo nome.

5. Laudato sie, mi' Signore: sii lodato, mio Signore. – **cum tucte**: con tutte.

La letteratura delle origini

Cimabue, *San Francesco*, 1277-1280. Assisi, Santa Maria degli Angeli.

spetialmente messor lo frate sole,
lo qual è iorno, et allumini noi per lui.
Et ellu è bellu e radiante cum grande splendore:
de Te, Altissimo, porta significatione.

10 Laudato si', mi' Signore, per sora luna e le stelle:
in celu l'ài formate clarite et pretiose et belle.

Laudato si', mi' Signore, per frate vento
et per aere et nubilo et sereno et onne tempo,
per lo quale a le tue creature dài sustentamento.

15 Laudato si', mi' Signore, per sor'acqua,
la quale è multo utile et humile et pretiosa et casta.

Laudato si', mi' Signore, per frate focu,
per lo quale enallumini la nocte:
ed ello è bello et iocundo et robustoso et forte.

20 Laudato si', mi' Signore, per sora nostra matre terra,
la quale ne sustenta et governa,
et produce diversi fructi con coloriti flori et herba.

Laudato si', mi' Signore, per quelli ke perdonano per lo Tuo amore
et sostengo infirmitate et tribulatione.
25 Beati quelli ke 'l sosterrano in pace,
ka da te, Altissimo, sirano incoronati.

Laudato si', mi' Signore, per sora nostra morte corporale,
da la quale nullo homo vivente pò skappare:
guai a quelli ke morrano ne le peccata mortali;
30 beati quelli ke trovarà ne le Tue sanctissime voluntati,
ka la morte secunda no 'l farrà male.

Laudate ed benedicete mi' Signore et rengratiate
e serviateli cum grande humilitate.

---

6. specialmente messor lo frate: specialmente il signor fratello.
7. lo qual è iorno, et allumini noi per lui: il quale ci dà la luce del giorno e tu ci illumini per mezzo di lui.
8. Et ellu: ed egli. – **radiante**: splendente.
9. de Te ... porta significatione: esso rappresenta te. Il sole, infatti, essendo la più bella di tutte le creature, è l'unica che possa essere paragonata a Dio.
10. per ... stelle: i critici hanno a lungo discusso sul significato da dare a questo *per*. Secondo alcuni avrebbe funzione di agente (*da*): «sii lodato da tutte le tue creature»; secondo altri avrebbe funzione mediale (*attraverso*): «la grandezza di Dio è tale che egli non può essere lodato direttamente, ma solo indirettamente, attraverso la lode delle cose da lui create». Oggi si preferisce interpretarlo nel modo più semplice, dandogli un valore causale: «sii lodato per aver creato sorella (*sora*) luna e le stelle».
11. in celu l'ài formate clarite: in cielo le hai create splendenti.
13. per aere ... tempo: per il cielo nuvoloso e sereno e per ogni variazione atmosferica.
14. per lo quale: per mezzo del quale. – **sustentamento**: nutrimento.
15. sor'acqua: sorella acqua.
16. casta: pura.
18. enallumini: illumini.
19. iocundo et robustoso: allegro e robusto.
21. ne sustenta et governa: ci nutre e ci alleva.
23. per lo Tuo amore: in nome del tuo amore.
24. sostengo infirmitate et tribulatione: sopportano malattie e affanni.
25. ke 'l sosterrano in pace: che li sopporteranno serenamente. Il pronome (*'l* = le) è riferito ai due sostantivi precedenti, *infirmitate et tribulatione*.
26. ka: poiché. – **sirano incoronati**: saranno incoronati, cioè riceveranno il premio della beatitudine eterna.
27. morte corporale: la morte del corpo, in antitesi con la morte dell'anima (*morte secunda* v. 31).
28. da la ... skappare: alla quale nessun uomo può sfuggire.
29. morrano ne le peccata mortali: moriranno in peccato mortale.
30. trovarà ne le Tue sanctissime voluntati: troverà in grazia di Dio.
31. no 'l farrà male: non farà loro alcun male.
32. benedicete: benedite.
33. serviateli: servitelo.

La poesia religiosa

Guida all'analisi

I temi e la loro articolazione

Il *Cantico* vuole essere un inno di lode e di ringraziamento a Dio per la bellezza dell'universo che viene descritto nei suoi aspetti piú positivi in quanto espressione dell'amore divino per gli uomini e immagine della perfezione del suo Creatore. Di tutti gli elementi del cosmo San Francesco mette in evidenza soprattutto due caratteristiche: la bellezza e l'utilità. Il sole, oltre a essere *bellu e radiante*, dà luce al mondo, le stelle sono *clarite et pretiose et belle*, l'alternarsi delle nuvole e del sereno consente alla terra di dare *sustentamento* alle sue creature, l'acqua è al tempo stesso *utile et pretiosa et casta*, il fuoco, oltre a essere *bello et iocundo et robustoso et forte*, dà luce e calore; la terra è adorna di erbe e fiori variopinti e dà nutrimento a tutti i suoi figli. Manca del tutto l'immagine di una natura violenta e distruttiva cosí come è completamente assente la svalutazione, tipica della mentalità medievale, del mondo terreno e materiale, simbolo del male in antitesi alla realtà ultraterrena ed eterna.

Nel *Cantico* si possono individuare due parti: la prima (vv. 1-22) è dedicata alla serena e gioiosa descrizione della natura; nella seconda (vv. 23-33) l'attenzione si sposta sull'umanità che è travagliata da discordie, malattie, affanni, ma riceve da Dio la forza per sopportare e perdonare. Dall'immagine del tutto positiva della natura si passa alla rappresentazione della società segnata da sofferenze che per un verso sono connesse alla fragilità stessa della natura umana (*infirmitate et tribulatione*), per l'altro sono causate dall'egoismo degli uomini: l'accenno al perdono (*Laudato si', mi' Signore, per quelli ke perdonano per lo Tuo amore*) fa infatti supporre che ci siano state in precedenza offese e violenze.

Dal componimento scaturisce dunque una visione drammatica della realtà che appare attraversata da luci e ombre, ma anche un profondo sentimento di amore per il creato.

La lingua e la sintassi

Il *Cantico* è scritto nel volgare umbro del Duecento, come dimostrano diversi elementi linguistici, per esempio le finali in *-u* (*altissimu*, *nullu*, *bellu*) e le forme tronche (*so* per «sono», *sostengo* per «sostengono»). Non mancano un francesismo, il verbo *mentovare* (non dimentichiamo che la madre di Francesco era di origine provenzale), e residui latini come l'uso dell'*h* a inizio di parola (*honore*, *homo*), la congiunzione *et*, i nessi *-ti*, *-cti* che vanno letti *-zi*.

Particolare attenzione meritano la scelta e la collocazione degli attributi che sono disposti in coppie (*bellu e radiante*) o in sequenze ora di tre ora di quattro elementi.

Sul piano sintattico predominano periodi costruiti con proposizioni principali tra loro coordinate, sia per asindeto sia per polisindeto.

Tra le figure retoriche ricorre soprattutto l'anafora (*Laudato si'*).

Esercizi

Comprensione e interpretazione

1. Dopo aver letto il testo, esponi oralmente il contenuto, seguendo la suddivisione tematica proposta nell'analisi.

2. Quali sono gli attributi del sole, dell'acqua e della terra? Quali aspetti di questi tre elementi naturali vengono messi in risalto da san Francesco?

3. In quale lingua è scritto il componimento?

4. Quali fra i termini adoperati nel testo sono ancora utilizzati nell'italiano moderno e quali non sono piú in uso?

Competenza testuale e sintattica

5. Individua le coppie di sostantivi, aggettivi e verbi e le sequenze di tre e quattro elementi.

6. Distingui i periodi costruiti con la paratassi e i periodi nei quali ricorrono proposizioni subordinate.

7. Sottolinea le anafore.

Produzione

8. Servendoti delle note, elabora per iscritto la parafrasi del testo.

ANDIAMO OLTRE

Dalla lauda alla sacra rappresentazione

La **lauda** era nel Medioevo un componimento lirico in volgare di contenuto religioso in cui venivano celebrate le lodi di Dio, della Madonna, dei santi.

Derivava dai canti liturgici in latino che venivano intonati in chiesa durante le cerimonie religiose. In seguito le confraternite laiche, come gli Alleluia, i Flagellanti o Disciplinati, durante le processioni nelle vie e nelle piazze cominciarono a usare il volgare per i loro canti di lode. Questo tipo di composizione, proprio per l'uso del volgare e per l'accompagnamento musicale diverso dalla severa musica sacra, si rivelò il piú adeguato a esprimere una religiosità popolare, adatta a un pubblico semplice e laico. Il *Cantico delle creature* o *Laudes creaturarum* di San Francesco d'Assisi, considerato il primo testo letterario in volgare, rientra nel genere della lauda.

Le laude, tramandate oralmente, vennero poi raccolte in manoscritti detti **laudari**, il piú antico dei quali è il *Laudario di Cortona* che ha conservato anche la partitura musicale. All'inizio la lauda era composta da lasse (o strofe) monorime (cioè con una sola rima in tutti i versi), poi i Disciplinati adottarono lo schema metrico della ballata che era costituito da due parti: le *stanze*, che venivano intonate dalla voce recitante solista, e il *ritornello*, cantato dal coro dei fedeli.

Col passar del tempo, poiché in questi componimenti furono introdotti il motivo del contrasto tra anima e corpo, Dio e il diavolo, la vita celeste e la vita terrena, e la rievocazione dei fatti evangelici della Passione, la lauda si articolò in monologhi e dialoghi, trasformandosi da lirica in **drammatica** o **dialogata**. Uno degli esempi piú alti di lauda dialogata è il *Pianto della Madonna* di Jacopone da Todi.

In seguito a questa evoluzione la lauda da preghiera divenne spettacolo anche perché si andò via via sganciando dalle cerimonie religiose e fu rappresentata utilizzando una messa in scena sempre piú complessa. All'inizio la rappresentazione avveniva sul sagrato delle chiese, le cui facciate, ricche di raffigurazioni scultoree e bassorilievi che rievocavano episodi della storia sacra, costituivano il fondale dell'azione. Col passar del tempo venne allestito un vero e proprio palcoscenico diviso in scomparti in modo da consentire la successione delle scene.

Si passò cosí dalla lauda drammatica alla **sacra rappresentazione**, una rappresentazione teatrale di argomento religioso basata su dialoghi, scene e una pluralità di personaggi, che si svolgeva all'interno delle chiese, o sui sagrati e nelle piazze di città piccole e grandi.

3.2   Jacopone da Todi

Jacopo de' Benedetti – Jacopone, come lui stesso preferiva farsi chiamare per una forma di auto-umiliazione – nato a Todi tra il 1230 e 1240, appartenne a una nobile famiglia ed esercitò la professione di notaio. La sua vita ebbe una svolta improvvisa quando scoprí che la moglie, morta in seguito al crollo di un solaio durante una festa, portava un cilicio, cioè uno strumento di mortificazione della carne. Profondamente turbato, lasciò ogni attività ed entrò come frate laico tra i francescani. Dopo la morte di San Francesco l'ordine si era diviso in due correnti: i **conventuali**, che avevano attenuato il rigore della regola francescana, e gli **spirituali**, che invece volevano mantenersi fedeli ai principi fissati dal fondatore dell'ordine. Jacopone si collocò tra gli spirituali. In un primo momento i suoi rapporti con la Chiesa furono abbastanza sereni. Era allora papa Celestino V, un eremita che perseguiva ideali di povertà e di umiltà. Ma quando Celestino V fu indotto ad abdicare e salí al soglio pontificio Bonifacio VIII, Jacopone, che lo aveva pubblicamente contestato, accusandolo di tradire lo spirito evangelico e si era apertamente schierato dalla parte di coloro che si rifiutavano di riconoscerlo come pontefice, fu scomunicato e imprigionato a vita. Venne liberato dal pontefice successivo, Benedetto XI. Morí nel 1306.

La produzione letteraria di Jacopone è costituita da circa 92 componimenti in volgare umbro nei quali egli sviluppa i temi del rifiuto del mondo, dell'amore per Dio talmente

La poesia religiosa

intenso che non può essere espresso attraverso la parola, della dura polemica nei confronti del papa Bonifacio VIII. La religiosità di Jacopone è passionale e tormentata: egli si sente lontanissimo da Dio per la sua imperfezione umana e al tempo stesso anela a lui con un amore folle e smisurato. Il linguaggio è forte, incisivo, talvolta duro. Uno dei componimenti poeticamente piú validi di Jacopone è la lauda drammatica *Donna de paradiso*.

Jacopone da Todi
Donna de paradiso

Poeti del Duecento, vol. I,
a cura di G. Contini,
Ricciardi, Milano-Napoli, 1960

Jacopone rappresenta con grande intensità il supplizio e la crocifissione di Cristo attraverso un dialogo serrato fra il nunzio e la Madonna. Il nunzio informa la Madonna di quel che accade, ma in primo piano è il dolore tutto umano di Maria, che passa dall'iniziale sgomento al tentativo di difendere il figlio e di salvarlo dalla morte, rivolgendosi ora alla folla, ora a Pilato, ora alla stessa croce, fino al travolgente pianto finale nel quale dà sfogo al suo dolore, mentre Cristo con affettuosa pacatezza cerca invano di consolarla.

Metrica Il componimento ha la forma della ballata: ogni strofa è costituita da 4 settenari con qualche ottonario. I versi finali di ogni strofa rimano fra loro: AAY, BBBY, CCCY, DDDY, ecc.

	Parafrasi
Donna de paradiso, lo tuo figliolo è priso, Jesu Cristo beato.	*Donna celeste, tuo figlio, Gesú Cristo beato viene arrestato.*
Accurre, donna, e vide 5 che la gente l'allide: credo che 'llo s'occide, tanto l'ò flagellato.	*Accori, donna e guarda come la gente lo percuote: credo che lo uccideranno, tanto l'hanno flagellato.*
Como esser porría che non fece mai follia, 10 Cristo, la spene mia, om l'avesse pigliato?	*Come può essere che sia stato preso Cristo, la mia speranza, dal momento che non commise mai del male?*
Madonna, ell'è traduto: Iuda sí l'ha venduto; trenta denar n'à avuto, 15 fatto n'à gran mercato.	*Madonna, egli è stato tradito; Giuda l'ha venduto; ne ha avuto trenta denari, l'ha venduto a buon mercato.*
Soccurri, Madalena, ionta m'è adosso piena! Cristo figlio se mena, como è annunziato.	*Aiuto, Maddalena, mi è giunta addosso una sciagura! Mi stanno portando via Cristo, come mi era stato annunziato dalle profezie.*
20 Soccurri, donna, adiuta, cà 'l tuo figlio se sputa e la gente lo muta, òlo dato a Pilato.	*Soccorri, donna, aiutalo, perché sputano addosso a tuo figlio e la gente lo porta via da un luogo all'altro, lo hanno consegnato a Pilato.*

5. allide: percuote (è un latinismo).

7. l'ò flagellato: è nel volgare umbro la terza persona plurale del verbo: *ò* corrisponde ad *hanno*. Ricorre piú volte nel testo.

11. om: è una forma impersonale corrispondente a *on* francese. Pertanto *om l'avesse pigliato* significa «che sia stato preso».

17. piena: sciagura che giunge all'improvviso e travolge tutto come la piena di un fiume.

18. se mena: letteralmente «si porta via». È una forma impersonale.

22. lo muta: si riferisce al fatto che Cristo viene portato prima al Sinedrio, il tribunale ebraico, poi al tribunale romano di Ponzio Pilato.

Paolo Uccello, *Il beato Jacopone da Todi*, 1434-1435. Prato, Duomo, Cappella dell'Assunta.

28-31. Crucifige … senato: queste parole sono pronunciate dalla folla.
48. corrotto: è il pianto funebre. Deriva dal latino *cor ruptum* che significa «cuore spezzato» e indica con un'espressione molto efficace il dolore violento e inarginabile provocato dalla morte di una persona particolarmente cara.
55. desciliato: è una parola fortemente espressiva del volgare umbro, significa «straziato».
58. stuta: è parola dialettale di origine latina.
59. afferato: che trafigge come un ferro.
61. figlio, pat'e marito: si allude al mistero della Trinità: teologicamente Cristo è figlio della Madonna, ma anche Padre, in quanto Dio creatore, e marito in quanto Spirito Santo. Un'espressione analoga si trova nel Canto XXXIII del *Paradiso* di Dante Alighieri il quale scrive: *Vergine Madre, figlia del tuo figlio*.

25 O Pilato, non fare
el figlio meo tormentare,
ch'io te pozzo mustrare
como a ttorto è accusato.

Crucifige, crucifige!
Omo che se fa rege,
30 secondo nostra lege,
contradice al senato.

Prego che mm'entennàte,
nel meo dolor pensate!
Forsa mo vo mutate
35 de que avete pensato.

[…]

Donna, la man li è presa
ennella croc'è stesa,
con un bollon l'ò fesa,
tanto lo 'n cci ò ficcato!

40 L'altra mano se prende,
ennella croce se stende,
e lo dolor s'accende,
ch'è plu multiplicato.

Donna, li piè se prènno
45 e chiavèllanse al lenno,
onne iontur'aprenno,
tutto lò desnodato.

Et eo comenzo el corrotto.
Figlio lo meo deporto,
50 figlio, chi me tt'à morto,
figlio meo dilicato?

Meglio avríano fatto
ch'el cor m'avesser tratto,
ch'ennella croce è tratto,
55 stace desciliato.

Mamma, o' n'èi venuta?
mortal me dài feruta,
cà 'l tuo pianger me stuta,
ché 'l veio sí afferato.

60 Figlio, ch'eo m'aio anvito,
figlio, pat'e marito,
figlio, chi t'ha ferito?
figlio, chi t'ha spogliato?

O Pilato non fare tormentare mio figlio, perché io ti posso dimostrare che è stato accusato ingiustamente.

Crocifiggi! Crocifiggi! Chi si proclama re, secondo la nostra legge, si oppone al senato.

Vi prego di ascoltarmi, di pensare al mio dolore! Forse allora cambierete opinione, rinunciando a quello che avete pensato.

Donna gli è stata presa una mano ed è stata distesa sulla croce, con un chiodo l'hanno trapassata, tanto l'hanno conficcato!

Viene presa l'altra mano e viene stesa sulla croce e il dolore si accende e si moltiplica sempre piú.

Donna, gli vengono presi i piedi e vengono inchiodati sul legno; aprono ogni giuntura, l'hanno tutto slogato.

Ed io comincio il lamento.
Figlio, mia gioia, figlio chi mi ti ha ucciso
Figlio mio delicato?

Meglio avrebbero fatto se mi avessero strappato il cuore, che è stato tratto sulla croce e rimane lí straziato.

Mamma, dove sei venuta? Mi dai una ferita mortale, perché il tuo pianto mi uccide, dato che lo vedo cosí lancinante.

Figlio, ne ho ben motivo, figlio, padre e marito, figlio chi ti ha colpito? Figlio chi ti ha spogliato?

La poesia religiosa

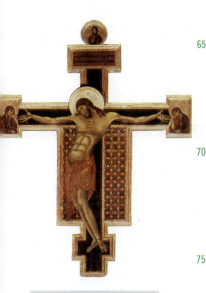

Cimabue, *Crocifisso*, 1260-1270. Arezzo, Chiesa di San Domenico.

65 Mamma, perché te lagni? voglio che tu remagni, che serve mei compagni ch'al mondo aio acquistato.	*Mamma perché piangi? Voglio che tu rimanga, che tu custodisca i miei compagni che io ho acquistato in questo mondo.*
Figlio, questo non dire, voglio teco morire, 70 non me voglio partire, fin che mò m'esce il fiato.	*Figlio, non dire questo, ché io voglio morire con te, non voglio andarmene, finché non trarrò l'ultimo respiro.*
Ch'una aiàn sepultura, figlio de mamma scura, trovarse en affrantura 75 mat'e figlio affocato!	*Voglio che abbiamo una stessa sepoltura, figlio di una madre infelice, voglio che si trovino nello stesso strazio la madre e il figlio soffocato.*
Mamma col core afflitto, entro 'n le man te metto de Joanne, meo eletto; sia to figlio appellato.	*Madre dal cuore afflitto, ti affido a Giovanni, mio eletto; sia egli chiamato tuo figlio.*
Joanne, esto mia mate 80 tollela en caritate aggine pietate ca 'l cor sí ha furato.	*Giovanni, questa è mia madre, accoglila con carità figliale e abbine pietà perché ha il cuore trafitto.*
Figlio, l'alma t'è 'scita, figlio de la smarrita, 85 figlio de la sparita, figlio attossecato!	*Figlio l'anima ti è uscita dal corpo, figlio della donna sgomenta, figlio della donna annientata dal dolore, figlio avvelenato!*
Figlio bianco e vermiglio, figlio senza simiglio figlio a chi m'appiglio? 90 figlio, pur m'ài lassato	*Figlio bianco e rosso, figlio senza uguali, figlio, a chi posso rivolgermi? Figlio, ora che tu mi hai lasciato?*
Figlio bianco e biondo, figlio, volto iocondo, figlio, perché t'ha el mondo, figlio, cusí sprezato?	*Figlio bianco e biondo, figlio dal volto sereno, figlio perché il mondo ti ha cosí disprezzato?*
95 Figlio, dolc'e placente, figlio de la dolente, figlio, àte la gente malamente trattato!	*Figlio dolce e bello, figlio di madre addolorata, figlio la gente ti ha trattato male!*
Joanni, figlio novello, 100 mort'è lo tuo fratello, ora sento 'l coltello che fo profetizzato.	*O Giovanni, figlio nuovo, è morto tuo fratello, ho sentito il coltello che mi era stato profetizzato.*

66. serve: ha qui il significato di «conservare, custodire» e non quello piú comune di «servire».
73. scura: infelice, perché privata del figlio che è la sua luce.
74. affrantura: è un vocabolo del volgare umbro molto frequente in Jacopone.
82. furato: significa «forato, trafitto».
89. m'appiglio: mi aggrappo, mi rivolgo.
101-102. sento 'l coltello … profetizzato: la Madonna si riferisce alla profezia di Simeone che, al momento della presentazione al tempio di Gesú, aveva detto a Maria: «E un coltello trapasserà il tuo cuore» (Luca, 2, 35).

La letteratura delle origini

Che moga figlio e mate
d'una morte afferrate:
105 trovarse abraccecate
mate e figlio impiccato.

Che muoiano figlio e madre, straziati da una stessa morte, si trovino abbracciati la madre e il figlio appeso alla croce.

Guida all'analisi

L'impianto teatrale

Jacopone ha costruito una vera azione scenica nella quale agiscono piú personaggi: il nunzio, la Madonna, la folla, Cristo. Il nunzio riferisce alla Madonna, «in diretta», le fasi della passione di Cristo, che viene qui fortemente sintetizzata e scarnificata in modo da far emergere i momenti di piú intensa emozione. Jacopone immagina che tutto venga sin dall'inizio riferito a Maria che dunque assurge immediatamente a protagonista. Il susseguirsi delle battute del dialogo permette inoltre di visualizzare una sorta di movimento nello spazio, con un graduale avvicinamento della Madonna dalla periferia al luogo centrale dell'azione, dove giunge in coincidenza con il momento conclusivo della crocifissione. Il ritmo incalzante è sottolineato dalla sintassi che privilegia proposizioni brevi e coordinate, dal susseguirsi martellante degli *ictus* nelle strofe che raccontano i momenti della crocifissione (vv. 64-71) e dall'anafora *figlio*.

L'articolazione dei contenuti

Il componimento si articola in tre momenti:
- la passione di Cristo, dall'arresto alla crocifissione (vv. 1-55);
- il dialogo fra Cristo e la Madonna (vv. 56-82);
- il pianto della Madonna (vv. 83-106).

Pur senza togliere nulla alla sacralità dell'evento, Jacopone umanizza fortemente il dramma di Cristo e, soprattutto, della Madonna, la quale, come una qualsiasi madre terrena lacerata dal dolore, passa dallo smarrimento alla notizia dell'arresto del figlio, all'ingenuo e disperato tentativo di intercedere per lui, al desiderio di morire con lui, al pianto funebre sul suo cadavere. Nella prima parte del testo Maria è protagonista in quanto tutto il racconto della passione ci giunge attraverso quanto a lei viene riferito in un dialogo serrato con il nunzio, con la folla e con gli altri interlocutori; nella seconda parte sentiamo invece solo la sua voce che si espande in un pianto umanissimo durante il quale, come farebbe una qualsiasi popolana dell'Italia centro-meridionale, ricorda la bellezza del figlio ormai sfigurata dalla tortura, con parole tenerissime che sembrano accarezzare il corpo straziato.

Anche la figura di Cristo si abbassa al livello umano: egli appare infatti non tanto come il Salvatore crocifisso per la salvezza degli uomini, ma come un figlio angosciato non solo per sé, ma soprattutto per la madre, alla quale si rivolge chiamandola *Mamma*, con un vocabolo intimo, tipico del linguaggio infantile. Una tale umanizzazione si spiega alla luce della rivoluzione apportata dal movimento francescano che si proponeva di avvicinare il messaggio evangelico alla sensibilità della gente comune e di coinvolgere il pubblico con effetti teatrali.

Esercizi

Comprensione e interpretazione

1. La lauda sintetizza il testo evangelico facendo emergere solo alcuni momenti della passione: individua quali momenti dell'azione sono stati scelti da Jacopone per rendere il componimento piú drammatico e coinvolgente.

2. Indica da quali personaggi sono pronunciate le battute del dialogo e i monologhi.

3. *Donna*, *Madonna*, *Mamma* sono i tre appellativi con cui è chiamata la Vergine. Osserva da chi sono usati e quale tipo di relazione tra i parlanti e la Vergine indica ciascuno di essi.

4. Il «corrotto» della Madonna presenta aspetti di particolare tenerezza. Individuali.

Competenza testuale

5. Le parole con le quali il Nunzio racconta alla Madonna le fasi della passione si sviluppano in un crescendo incalzante e drammatico. Qual è secondo te il momento di massima tensione del discorso, ovvero il punto culminante del climax ascendente?

La poesia religiosa

6. Servendoti delle note, indica espressioni e termini propri che rivelano l'appartenenza del testo all'area linguistica umbra.

Ricerche e confronti

7. Il pianto funebre per la morte di una persona cara è un motivo ricorrente anche in opere della letteratura classica: ricordiamo il pianto di Achille per la morte di Patroclo, quello di Andromaca per la morte di Ettore. Cerca questi passi, individuane i temi e mettili a confronto con il *Pianto della Madonna* di Jacopone.

8. Se hai la possibilità, documentati su qualche tradizione o componimento popolare della tua regione che abbia come tema il pianto funebre e mettilo a confronto con il testo di Jacopone, facendone emergere punti di contatto e differenze.

Assonanze

Le «Storie di San Francesco» nella basilica superiore di Assisi

nell'arte

La costruzione della basilica di Assisi

Nel 1228, due anni dopo la morte di San Francesco, il nuovo ordine dei frati francescani volle costruire una basilica in onore del Santo che avrebbe dovuto essere la chiesa madre dell'ordine e meta di pellegrinaggi. I lavori si conclusero nel 1253 quando la basilica venne consacrata dal papa Innocenzo IV. Strutturata su due livelli, la chiesa comprendeva una zona inferiore destinata alla devozione dei pellegrini che andavano a pregare sulla tomba del Santo, e una superiore, formata da un'unica grande navata destinata alle cerimonie dell'ordine alle quali poteva partecipare anche il papa: nell'abside infatti era stato collocato un trono papale. Nella seconda metà del Duecento cominciò la grandiosa decorazione, sostenuta finanziariamente dalle elemosine dei fedeli e affidata a varie maestranze romane e toscane. Giotto fu uno dei pittori che parteciparono a questa impresa, anche se sull'autenticità degli affreschi a lui attribuiti la critica non è concorde.

Giotto: un grande innovatore

Protagonista di una svolta fondamentale nella pittura medievale, Giotto di Bondone è considerato il piú geniale e innovativo artista del suo tempo. Nacque nel 1267 a Colle di Vespignano da una famiglia di contadini. Il suo nome è probabilmente un diminutivo da Angiolotto o Ambrogiotto. Quando la famiglia si trasferí a Firenze, il ragazzo, che aveva circa dieci anni, cominciò a frequentare la bottega di Cimabue, uno dei maestri piú quotati nella Firenze del tempo. L'affascinante racconto, secondo il quale il giovanissimo Giotto sarebbe stato «scoperto» da Cimabue mentre disegnava con estremo realismo le pecore a cui badava, è considerato ormai poco attendibile, nonostante sia stato tramandato da Lorenzo Ghiberti, famoso artista del Quattrocento, e successivamente ripreso nel Cinquecento da Giorgio Vasari nelle *Vite*.

Lasciando da parte le leggende, pare che al seguito di Cimabue Giotto si sia recato a Roma dove lavoravano importanti artisti che rappresentavano in pittura la tipica monumentalità dell'arte classica. Anche lo scenario toscano che il giovane aveva dinanzi agli occhi era complesso e stimolante. A Firenze erano in corso notevoli opere architettoniche che segnavano il passaggio dalle linee verticali del gotico a una nuova misura spaziale che teneva conto della lezione dell'arte classica greca e romana; a Siena spiccavano pittori come Duccio da Buoninsegna e scultori come Giovanni e Nicola Pisano. Quest'ultimo aveva realizzato nel Duomo tra il 1266 e il 1268 uno spettacolare pulpito ancora oggi ammirato. Giotto dunque assimilò tutti questi motivi e cominciò a dar prova di sé con le sue prime opere: una *Madonna con Bambino* e una *Croce* per la chiesa di Santa Maria Novella. Scarne le notizie sulla sua vita privata: intorno al 1290 sposò una certa Ciuta (Ricevuta) di Lapo, fiorentina, dalla quale ebbe otto figli, quattro maschi e quattro femmine.

Fra il 1290 e il 1304 si ritiene che abbia affrescato le *Storie di San Francesco* nella basilica superiore di Assisi. Al 1300 risale una tavola oggi conservata nel museo del Louvre a Parigi, raffigurante le *Stigmate di San Francesco* che nella parte bassa contiene tre episodi della vita del Santo riprese dal ciclo di Assisi. Nel 1302 si recò a Padova, su invito dei francescani, per decorare il capitolo nella chiesa dedicata a San Francesco. Qui realizzò una delle sue opere piú importanti: gli affreschi della cappella degli Scrovegni. Ispirandosi alla *Legenda aurea* di Jacopo da Varagine, raffigurò sulle pareti laterali le *Storie della Vergine e di Cristo* e sul quella d'ingresso il *Giudizio Universale*, inquadrando il tutto in una geniale scenografia: creò infatti sulle pareti un cielo blu pieno di stelle, nel quale si aprono delle strutture architettoniche che incorniciano i dipinti.

Dopo un ulteriore soggiorno ad Assisi per lavorare agli affreschi della basilica inferiore, Giotto rientrò a Firenze, dove eseguí numerosi dipinti.

Nel 1334 diede inizio alla costruzione del campanile del Duomo di Firenze, che prese il suo nome nonostante non sia stato compiuto secondo i suoi progetti. Egli infatti seguí i lavori fino all'ordine inferiore dei bassorilievi che furono da lui scolpiti. Morí nel 1337 a Firenze e venne sepolto con grandi onori, a spese del Comune, nel Duomo della città.

La grandezza di Giotto va ricercata nella novità della sua pittura che, abbandonata la rigidità e la bidimensionalità tipica dell'arte bizantineggiante, rinnova, da un lato, la concezione dello spazio pittorico e, dall'altro, la rappresentazione delle figure. Lo spazio giottesco risulta infatti tridimensionale e al suo interno le immagini acquistano profondità e consistenza. Quanto alle figure umane, esse appaiono solide, sono personaggi in carne e ossa, dotati di fisionomie realistiche. Giotto inoltre fu il primo artista imprenditore: egli infatti non lavorava da solo ma organizzava dei cantieri nei quali operavano vari artisti suoi allievi che collaboravano con lui nella realizzazione delle opere. Ciò gli permise di far fronte alle numerose richieste che gli venivano rivolte da una committenza vasta che andava dagli ordini religiosi alle istituzioni comunali, dai sovrani ai ricchi mercanti e banchieri del tempo.

Le «Storie di San Francesco»

Mentre la basilica inferiore di Assisi ha una pianta articolata e presenta una serie di cappelle che furono affrescate da diversi artisti con vari soggetti, la chiesa superiore è costituita da un'unica navata che consente un'organizzazione iconografica unitaria. Nella parte superiore delle pareti sono raffigurate le *Storie dell'Antico e del Nuovo Testamento*, alle quali lavorarono Cimabue e altri artisti; la parte inferiore, al di sotto delle finestre, è occupata da un ciclo di 28 affreschi rettangolari che illustrano la vita di San Francesco e sono attribuiti a Giotto, anche se non tutti gli studiosi concordano su questo punto. L'artista si ispirò alla *Leggenda maggiore* di San Bonaventura da Bagnoregio, ritenuta l'unico testo ufficiale di riferimento per la biografia francescana.

Questo ciclo di affreschi è stato considerato da molti l'inizio della modernità: fino a quel momento, infatti, la pittura sacra poggiava su un repertorio di immagini piuttosto limitato e ormai codificato nelle linee e nella raffigurazione. Dovendo rappresentare un personaggio attuale e degli episodi del tutto inconsueti (nessuno mai aveva ricevuto le stimmate prima di San Francesco), Giotto dovette creare *ex novo* modelli e figure e ciò lo indusse a soluzioni audaci per il suo tempo. Scelse, per esempio, di rappresentare i personaggi in abiti moderni per sottolinearne maggiormente il realismo e dare l'impressione del vissuto.

Le scene sono incastonate in riquadri separati da colonne tortili. Ogni scena si svolge su uno sfondo diverso, costituito ora da un paesaggio montuoso ora da strutture architettoniche, ed è illustrata da una didascalia ripresa dai capitoli della *Leggenda* che vengono via via illustrati.

La prima scena, che raffigura l'episodio del *Dono del mantello da parte di San Francesco a un cavaliere po-*

Giotto, *Dono del mantello da parte di San Francesco a un cavaliere povero*. Assisi, basilica superiore.

La poesia religiosa

vero, si svolge in un paesaggio roccioso popolato da alberelli e da case arroccate tra mura merlate che riproducono Assisi. Il Santo è collocato al centro nel punto di incrocio dei due gruppi montuosi.

La scena di *San Francesco dinanzi al Crocifisso di San Damiano* presenta invece il Santo all'interno della diroccata chiesa di San Damiano vicino Assisi. Racconta San Bonaventura che mentre Francesco pregava davanti all'immagine di un crocifisso, uscí dalla tavola una voce che per tre volte disse: «Vai, Francesco, e ripara la mia casa che è tutta in rovina». La casa in rovina di cui parlava Cristo era in senso letterale la chiesa di San Damiano, in senso simbolico la Chiesa di Roma. Giotto raffigura con estremo realismo non solo l'edificio semidiroccato, ma anche il crocifisso che riproduce quello ancora esistente nella chiesa di Santa Chiara ad Assisi, sottolineando cosí la verità storica dell'avvenimento.

Una delle scene piú famose è quella della *Rinuncia ai beni paterni*. Lo spazio è diviso longitudinalmente in due parti: sulla destra Francesco, toltesi le vesti e ricoperto alla meglio dal Vescovo, invoca Dio. Sulla sinistra il padre Pietro Bernardone, che tiene sul braccio gli abiti restituitigli dal figlio, con il volto adirato si protende in avanti ed è trattenuto per un braccio da un personaggio del suo seguito. Due bambini con le vesti rialzate nascondono forse delle pietre da lanciare contro Francesco ritenuto pazzo dai concittadini. Alle spalle dei personaggi si delineano delle strutture architettoniche dalle linee nette che danno il senso della profondità dello spazio. I colori degli abiti e i volti espressivi dei personaggi conferiscono un forte realismo alla scena. Ancora piú complessi sono gli edifici nei quali è inquadrata la scena della *Cacciata dei diavoli da Arezzo*. Racconta San Bonaventura che il beato Francesco vide sopra la città di Arezzo i demoni esultanti e disse al compagno: «Vai, grida davanti alla porta, e per volere di Dio caccia via i demoni». Appena questi cominciò a gridare, i demoni fuggirono e la pace fu subito fatta. Probabilmente l'episodio allude a una delle tante lotte intestine che rendevano agitata la vita dei Comuni. Nell'affresco San Francesco è inginocchiato sulla sinistra e davanti a lui, in piedi, sta l'altro frate che grida con la mano alzata per cacciare i diavoli raffigurati come enormi pipistrelli dal volto mostruoso. Sulla destra compare la città di Arezzo, cinta di mura merlate all'interno delle quali si levano case con torri e loggiati dai colori vivaci. Sulla sinistra, alle spalle delle due figure, è raffigurata una grande chiesa dall'architettura solida ed elegante. In questo modo Giotto ha voluto contrapporre il mondo spirituale

Giotto, *San Francesco dinanzi al Crocifisso di San Damiano*. Assisi, basilica superiore.

Giotto, *Rinuncia ai beni paterni*. Assisi, basilica superiore.

a cui appartengono San Francesco e il frate a quello profano della città.

In conclusione, nel momento in cui Dante Alighieri creava con la sua *Divina Commedia* la piú importante opera della letteratura italiana, Giotto poneva le basi di un'arte moderna. Entrambi riuscivano a realizzare una perfetta unità e compenetrazione tra umano e divino, tra realtà e spirito.

Giotto, *Cacciata dei diavoli da Arezzo*, Assisi, basilica superiore.

Mappa dei contenuti

CONTESTO
- Mondanizzazione della Chiesa
- Reazione dei gruppi ereticali
- Nascita degli ordini mendicanti: francescani e domenicani

FORME LETTERARIE E LINGUA
- Lauda lirica
- Lauda drammatica e sacra rappresentazione
- Lingua: volgare umbro

**LA POESIA RELIGIOSA
Sec. XII-XIII**

JACOPONE DA TODI (1240-1306)
- È un uomo di legge laico che dopo la morte della moglie entra nell'ordine francescano degli spirituali
- Condanna duramente la Chiesa di Roma e il papa Bonifacio VIII, dal quale viene scomunicato
- Scrive componimenti in volgare umbro di argomento religioso e di polemica antipapale
- La sua opera piú famosa è *Donna de paradiso*, una lauda drammatica in cui rievoca la passione di Cristo

SAN FRANCESCO D'ASSISI (1181 o 1182-1226)
- Rinuncia ai beni paterni
- Fonda una comunità di frati che scelgono di vivere in povertà e di predicare il Vangelo
- Ottiene da due pontefici l'approvazione della Regola da lui scritta
- Riceve le stimmate
- Scrive il *Cantico delle creature*, lauda lirica in volgare umbro nella quale esalta la bellezza e l'utilità del creato e coglie l'unità che lega la natura e l'uomo a Dio

4 La scuola poetica siciliana

4.1 La monarchia sveva in Sicilia

Nella prima metà del Duecento, mentre nell'Italia centro-settentrionale giungeva a maturazione la società comunale, in Sicilia e nell'Italia meridionale Federico II di Svevia costituiva una monarchia moderna, assoluta, centralizzata, che si poneva all'avanguardia, sul piano politico, amministrativo e culturale, nel contesto non solo italiano, ma anche europeo.
Nato a Jesi nel 1194 da Enrico VI, figlio di Federico Barbarossa, e da Costanza d'Altavilla, figlia ed erede di Ruggero II, fondatore della monarchia normanna nell'Italia meridionale, Federico II ereditava per parte di padre il titolo imperiale e per parte di madre il Regno di Sicilia. Tale Regno, grazie alla modernità delle istituzioni fondate da Ruggero II, offriva all'autorità del sovrano ampi spazi di azione. A ciò si aggiungeva la vivacità culturale di una società dove la convivenza e i rapporti fra diverse comunità religiose, pur non immuni da tensioni, avevano creato le condizioni per un'intensa fioritura artistica e culturale. I normanni avevano portato un'eredità linguistica e culturale gallo-romanza che aveva continuato ad alimentarsi attraverso i frequenti rapporti con la madrepatria. Da qui la conoscenza nell'Italia meridionale e in Sicilia dei racconti epici delle *chansons de geste* e della narrativa arturiana. In Sicilia poi si mantenevano vivi e attivi anche gli apporti della cultura greca, latina, araba ed ebraica nei piú svariati ambiti: dalla poesia alla scienza, dalla filosofia alla storiografia, dalla geografia alla medicina. In questo **ambiente culturalmente composito** si formò Federico negli anni del suo primo soggiorno in Sicilia, dal 1197 al 1212. Coltivate per tutte la vita, queste conoscenze avrebbero contraddistinto la personalità dell'imperatore svevo nei confronti degli altri sovrani del suo tempo. In un mondo in cui nobili e regnanti si dedicavano esclusivamente alla guerra, Federico conosceva diverse lingue (tedesco, francese, italiano, latino, greco, arabo) e si interessava delle piú svariate discipline; compose in latino un trattato sulla caccia col falcone nella quale era particolarmente esperto, il *De arte venandi cum avibus*.
Altrettanto innovativa fu la sua **azione politica**. Ritornato nell'isola dopo aver trascorso otto anni in Germania, dove era stato incoronato imperatore il 22 novembre 1220, il giovane sovrano non indugiò infatti a ristabilire le prerogative della monarchia, operando in due direzioni: da un lato **disciplinò il sistema feudale**, in modo da sottometterlo completamente all'autorità regia, imponendo fra l'altro ai baroni di distruggere o consegnare al re ogni castello o fortezza costruiti negli ultimi trent'anni; dall'altro si impegnò nella **costruzione di un nuovo modello di Stato** fortemente **centralizzato**, la cui amministrazione era gestita da un complesso **apparato di funzionari** competenti e onesti, reclutati indifferentemente nei ranghi della borghesia e della nobiltà, che rendevano conto del loro operato esclusivamente al sovrano e costituivano la vera colonna portante dello Stato. Essi operavano presso la Cancelleria e la Curia (l'Alta corte di giustizia) e intervenivano in qualsiasi settore della vita pubblica, in particolare in quelli che richiedevano i controlli piú assidui da parte del potere centrale: la giustizia, il fisco e l'ambito militare. Per sovrintendere a tutte le faccende del Regno, Federico si spostava in continuazione da un territorio all'altro accompagnato dai principali organi del suo governo e da tutta la corte: la sua fu dunque una **monarchia itinerante**. Ciò non solo per adempiere alle incombenze di governo, ma soprattutto per

Ritratto di Federico II, 1225. Bamberga, Duomo.

esibire la propria maestà, attraverso l'ostentazione di un potere capace di intervenire in ogni punto del vasto dominio e lo sfoggio di un lusso fastoso che stupiva i sudditi e gli emissari stranieri. Una monarchia cosí ben organizzata costituiva un *unicum* nel contesto di un'Europa ancora condizionata dal particolarismo feudale.

Per il funzionamento dello Stato era indispensabile un organico **sistema legislativo**: Federico si occupò anche di questo aspetto e nel 1231 promulgò le *Constitutiones melfitanae* o *Liber Augustalis*, un coerente apparato di leggi che prendevano in esame e regolamentavano tutti gli aspetti della vita pubblica e privata, dalla durata della giornata lavorativa alla proclamazione dell'uguaglianza di tutti i sudditi davanti alla legge, senza riguardo per la posizione sociale e senza alcuna discriminazione religiosa.

Non minore attenzione l'imperatore rivolse alla formazione dei suoi funzionari: a questo scopo fondò nel 1224 l'**Università di Napoli**, la prima università statale d'Europa. Fino ad allora infatti le scuole superiori erano state subordinate all'autorità della Chiesa. L'imperatore, che voleva per i suoi uffici dei funzionari qualificati, non vedeva di buon occhio che i giovani meridionali si recassero a studiare a Bologna, dove peraltro regnava uno spirito di libertà comunale poco consono alla sua idea di potere autoritario e centralizzato. Impose pertanto agli studenti del sud di frequentare esclusivamente l'Università di Napoli. Ma non poté certo impedire i costanti e fruttuosi rapporti personali e culturali degli uomini della sua cancelleria con l'ambiente bolognese.

4.2 Tempi e luoghi della poesia siciliana

Nell'ambito di quello che è stato considerato a buon diritto il primo Stato moderno d'Europa, all'interno di una corte plurilingue e itinerante, nasce la **scuola poetica siciliana**, il primo **movimento unitario** e **istituzionale** della nostra letteratura. Unitario perché fondato su un sistema di temi e di forme che viene rispettato da tutti i poeti della scuola. Istituzionale perché, a differenza della poesia provenzale, la quale scaturiva dall'iniziativa personale dei singoli poeti che veniva accolta e sanzionata dai signori delle corti feudali, la scuola poetica siciliana è frutto di un progetto del sovrano per dotare la corte di una prestigiosa attività culturale in lingua volgare.

L'esperienza della scuola siciliana si svolse negli ultimi due decenni del regno di Federico II, dal 1230 al 1250, e la sua fioritura investí un po' tutte le zone del Regno, anche se i maggiori centri furono certamente Messina, probabilmente culla della prima produzione della scuola, e Palermo, sede centrale della monarchia federiciana.

Alla morte di Federico, nel 1250, la situazione politica del Regno di Sicilia divenne instabile, le strutture della burocrazia imperiale cominciarono a sfaldarsi e a disperdersi e l'attività culturale subí un processo di indebolimento e di disintegrazione, almeno nell'isola, anche se non mancano testimonianze di una certa continuità della scuola sotto i due figli di Federico II: Manfredi, figlio naturale del sovrano, che fu incoronato re di Sicilia nel 1258 e morí a Benevento nel 1266, combattendo contro gli angioini, ed Enzo che, essendo stato a lungo prigioniero a Bologna, contribuí a divulgare il modello della lirica siciliana nei territori dell'Emilia e della Toscana.

4.3 La nuova figura del poeta-notaio

Nella corte di Federico II nasce una nuova figura di intellettuale: il **poeta-notaio**, ben diverso dal chierico cortigiano della letteratura cortese e dal trovatore provenzale. Il poeta della scuola siciliana è infatti un **funzionario laico** della Magna Curia, generalmente di

La scuola poetica siciliana

estrazione **borghese**, che affianca ai suoi **compiti burocratici** e istituzionali alle dipendenze dell'imperatore, l'**attività letteraria**. Svolge mansioni di notaio, giudice, giurista e coltiva la poesia come evasione dalla realtà quotidiana, seguendo le convenzioni dell'amore cortese di eredità provenzale. Federico II, infatti, venendo dalla Germania in Sicilia, aveva portato con sé i *Minnesanger*, poeti d'amore in lingua tedesca (da *minnesang* che vuol dire «canto d'amore»), spesso di nobile origine, che si ispiravano alla lezione trobadorica. Tra i maggiori esponenti della scuola vanno ricordati: Federico II e i suoi figli, il Notaro Jacopo da Lentini, Pier della Vigna, che fu segretario dell'imperatore, Guido e Odo delle Colonne, che erano giudici, e ancora Rinaldo d'Aquino, Percivalle Doria, Giacomino Pugliese. Proprio per i compiti amministrativi a loro affidati, i poeti siciliani non vivevano sempre nella corte, che peraltro era itinerante e non stanziale, ma erano sparsi nei vari centri del Regno. Essi inoltre non erano tutti di origine siciliana, ma provenivano da varie regioni d'Italia: Giacomino Pugliese era originario della Puglia, Percivalle Doria veniva da Genova, Pier delle Vigne da Capua, Rinaldo d'Aquino dal Lazio e cosí via. Erano invece siciliani Jacopo da Lentini, e i messinesi Stefano Protonotaro e Guido e Odo delle Colonne. La definizione di *siciliani* e di *scuola siciliana* designa dunque non tanto la provenienza geografica quanto l'appartenenza alla Magna Curia e l'uso del volgare siciliano.

4.4 Lingua e temi

I poeti siciliani utilizzavano per i loro componimenti il **volgare siciliano illustre**: la lingua parlata tra Messina e Palermo, depurata delle espressioni municipali e nobilitata con apporti delle due lingue letterarie per eccellenza, il latino e il provenzale.
I testi siciliani che noi oggi leggiamo non sono però quelli scritti nella lingua originale; dopo la morte di Federico II, infatti, le opere dei poeti della scuola furono trascritte da copisti toscani che conferirono ai componimenti una patina linguistica di quel volgare, sostituendo le *i* e le *u* dei siciliani con le *e* e le *o*. Questo fatto produsse il fenomeno delle rime imperfette: *uso / amoroso*, al posto di *usu / amurusu*; *avere / servire*, invece di *aviri / sirviri*; *vedesse / partisse*, al posto di *vidissi / partissi*, e cosí via. L'unico esemplare di siciliano illustre originale è la canzone *Pir meu cori alligrari* di Stefano Protonotaro da Messina.
Per quanto riguarda temi e forme metriche dei loro componimenti, i poeti siciliani, pur ispirandosi direttamente alla poesia provenzale, se ne distinguono per molti aspetti.

✓ A **livello tematico** operano una **rigorosa selezione**, escludendo gli argomenti politici e concentrandosi esclusivamente sulla sfera amorosa. Questa scelta trova la sua logica spiegazione nell'appartenenza al regno piú unitario e meno feudale d'Europa, dal quale sono assenti le contese politiche e gli scontri armati e in cui domina incontrastata l'autorità del re, laddove trovatori e giullari vivono nelle corti feudali e mescolano la loro voce agli scontri politici e militari dei quali l'Europa è piena. È ragionevole pensare che l'imperatore abbia voluto esercitare un controllo stretto su una produzione letteraria da lui stesso promossa, cosí da neutralizzare qualunque dissenso.

✓ Vengono riprese le concezioni provenzali basate sull'amore extraconiugale verso una donna di condizione piú elevata, orgogliosa e distante. Il vero protagonista delle liriche è però l'amore stesso, di cui i poeti siciliani studiano la **fenomenologia**: esaminano cioè i modi attraverso i quali il sentimento nasce e si sviluppa, passando attraverso gli occhi e giungendo al cuore. Ai componimenti nei quali cantano la donna e la sofferenza amorosa dell'innamorato, ne affiancano altri in cui riflettono sulla natura dell'amore.

✓ Per descrivere questi effetti utilizzano **similitudini** e **metafore ricavate dall'ambito naturalistico**, riletto e interpretato in chiave fantastica: la tigre che guardandosi allo

specchio si incanta a tal punto che possono facilmente esserle sottratti i figli, la salamandra che rinasce dal fuoco, la pantera che lascia dietro di sé un profumo particolare, e ancora l'argento vivo, la calamita, il fuoco e cosí via.
- **Riducono** al minimo l'**uso del** *senhal*.
- Sul **piano formale** dissociano la poesia dalla musica, eliminando l'accompagnamento musicale dai componimenti poetici: è una **poesia destinata alla lettura individuale** e non piú alla recitazione accompagnata dalla musica.
- **Eliminano** alcune forme metriche come il **sirventese**, piú direttamente legate alla tematica politica.
- Sostituiscono la *tornada*, la parte della lirica che conteneva la firma dell'autore e la dedica al destinatario, con il **congedo** che solitamente occupa la strofa finale.
- Introducono, accanto alla canzone, che assume una forma metrica piú regolare, la **canzonetta** e soprattutto il **sonetto**, la cui invenzione viene attribuita a Jacopo da Lentini, il quale isolò la strofa di una canzone e la suddivise in due quartine e due terzine, creando una forma metrica della misura fissa di 14 versi, che ebbe una straordinaria fortuna nella poesia italiana ed europea.

4.5 Jacopo da Lentini

Jacopo da Lentini, detto anche il *Notaro*, è il poeta piú rappresentativo della scuola siciliana e può essere considerato il fondatore della poesia di corte in volgare. Egli, infatti, non solo è il creatore del sonetto, ma nei componimenti che ci sono stati tramandati offre un campionario completo dei temi e delle forme metriche della lirica siciliana, oltre a dar prova di una straordinaria originalità nella rielaborazione dei modelli provenzali. Scarse sono le notizie sulla sua vita. Ne conosciamo la professione di notaio presso la corte di Federico II da due documenti, uno del 1233 e l'altro del 1240, che portano la sua firma. La sua produzione letteraria è costituita da trenta componimenti riuniti in una raccolta intitolata *Rime*: si tratta di canzoni, canzonette e sonetti in cui Jacopo, oltre a cantare la donna amata, si sofferma sulla natura dell'amore, considerato un'esperienza esclusivamente interiore che non sempre la parola riesce a rendere in tutta la sua complessità.

Charles d'Angoulême, *Mese d'aprile*, miniatura tratta da calendario del XV secolo. Parigi, Biblioteca nazionale.

La scuola poetica siciliana

183

Jacopo da Lentini

Poeti del Duecento,
a cura di G. Contini,
Ricciardi, Milano-Napoli, 1960, vol. II

Meravigliosamente

La canzonetta riprende il tema provenzale dell'innamorato timido che non osa rivolgere apertamente lo sguardo all'amata. Il componimento si chiude con una strofa di congedo nella quale il poeta appone la sua firma alla lirica, autodefinendosi il «Notaro ch'è nato da Lentino».

Metrica Canzonetta costituita da sette strofe, ciascuna formata da nove settenari che rimano secondo lo schema ABC, ABC, DDC. Le strofe I-II e IV-V sono legate dalla ripetizione dello stesso termine nell'ultimo o nel penultimo verso della strofa precedente e nel primo o nel secondo di quella successiva. Queste strofe erano chiamate, con termine provenzale, *capfinidas*.

Meravigliosamente un amor mi distringe, e mi tene ad ogn'ora. Com'om, che pone mente 5 in altro exemplo pinge la simile pintura, cosí, bella, facc'eo, che 'nfra lo core meo porto la tua figura.	**Parafrasi** *In modo nuovo, straordinario, un amore mi avvince (distringe) e mi possiede in ogni momento. Come un pittore che tiene la mente rivolta a un oggetto lontano, diverso da quello che ha davanti (che pone mente / in altro exemplo), e ne dipinge la figura in modo conforme a esso (pinge / la simile pintura), cosí, o bella, faccio io, che nel mio cuore porto impressa la tua immagine.*
10 In cor par ch'eo vi porti, pinta come parete, e non pare di fore. O Deo, co' mi par forte. Non so se lo sapete, 15 con' v'amo di bon core; ch'eo son sí vergognoso ca pur vi guardo ascoso, e non vi mostro amore.	*Pare che io vi porti dipinta nel cuore, proprio come realmente siete, e di fuori non si vede nulla. O Dio, come mi appare doloroso (co' mi par forte) l'amarvi e il non poter manifestare il mio sentimento. Non so se lo sapete come io vi amo con tutto il cuore (con' v'amo di bon core), perché io sono cosí timido (ch'eo son sí vergognoso) che vi guardo solo di nascosto (ca pur vi guardo ascoso) e non vi manifesto il mio amore.*
Avendo gran disio, 20 dipinsi una pintura, bella, voi simigliante, e quando voi non vio guardo 'n quella figura, e par ch'eo v'aggia avante; 25 come quello che crede salvarsi per sua fede, ancor non veggia inante.	*Avendo un grande desiderio (disio), ho dipinto nel mio cuore un'immagine (pintura), o bella, somigliante a voi (voi simigliante), e quando non vi vedo (e quando voi non vio), guardo quella figura e mi sembra che io vi abbia davanti a me (e par ch'eo v'aggia avante); come accade a colui che crede di salvarsi per la sua fede (come quello che crede / salvarsi per sua fede), sebbene non veda davanti a sé (ancor non veggia inante) ciò in cui crede.*
Al cor m'arde una doglia, com' om che ten lo foco 30 a lo suo seno ascoso, e quanto piú lo 'nvoglia, allora arde piú loco,	*Nel cuore mi fa soffrire un forte dolore (Al cor m'arde una doglia); come uno che tiene del fuoco nascosto nel petto (com' om che ten lo foco / a lo suo seno ascoso), e quanto piú lo avvolge (lo 'nvoglia) tanto piú esso arde lí (allora arde piú loco)*

e non pò star incluso:
similemente eo ardo,
35 quando pass'e non guardo
a voi, vis' amoroso.

S'eo guardo, quando passo,
inver' voi no mi giro,
bella, per risguardare;
40 andando, ad ogni passo
getto un gran sospiro
ca facemi ancosciare;
e certo bene ancoscio,
c'a pena mi conoscio,
45 tanto bella mi pare.

Assai v'aggio laudato,
madonna, in tutte le parti
di bellezze ch'avete.
Non so se v'è contato
50 ch'eo lo faccia per arti,
che voi pur v'ascondete:
sacciatelo per singa
zo ch'eo no dico a linga,
quando voi mi vedrite.

55 Canzonetta novella,
va' canta nuova cosa;
lèvati da maitino
davanti a la piú bella,
fiore d'ogn'amorosa,
60 bionda piú c'auro fino:
«Lo vostro amor, ch'è caro,
donatelo al Notaro
ch'è nato da Lentino».

e non può stare rinchiuso (e non pò star incluso): *allo stesso modo* (similemente) *io ardo quando passo e per timidezza non rivolgo a voi lo sguardo* (quando pass'e non guardo / a voi), *o viso amabile.*

Se io, quando passo, guardo verso di voi, non mi giro (no mi giro), *o bella, per guardarvi una seconda volta* (per risguardare). *Continuando a camminare, a ogni passo emetto un gran sospiro che mi fa angosciare* (ca facemi ancosciare); *e certamente assai mi affanno* (e certo bene ancoscio), *cosí che a stento mi riconosco* (c'a pena mi conoscio), *tanto bella tu mi sembri* (tanto bella mi pare).

Assai vi ho lodato (Assai v'aggio laudato), *o mia signora* (madonna), *in ogni particolare della vostra bellezza* (in tutte le parti / di bellezze ch'avete). *Non so se vi è stato detto che io faccio ciò per finzione, allo scopo di ingannarvi* (Non so se v'è contato / ch'eo lo faccia per arti), *dato che voi sempre vi nascondete* (che voi pur v'ascondete). *Sappiatelo* (sacciatelo) *per altri segni* (per singa), *cioè dalle emozioni e dai turbamenti visibili sul mio volto, quello che io non riesco a dire a parole* (zo ch'eo no dico a linga), *quando mi vedrete.*

Vai, o canzonetta nuova, e canta cose nuove. Levati di buon mattino (lèvati da maitino) *e presentati davanti alla donna piú bella, fiore di tutte le donne amabili* (fiore d'ogn'amorosa), *bionda piú dell'oro puro e raffinato* (bionda piú c'auro fino): «*Il vostro amore, che è prezioso* (Lo vostro amor, ch'è caro), *donatelo al notaio* (Notaro) *che è originario di Lentini* (ch'è nato da Lentino)».

---

63. ch'è nato da Lentino: Di quest'ultimo verso si possono dare due interpretazioni: una, da noi seguita, intende l'espressione *da Lentino* come riferimento geografico all'origine dell'autore, nato a Lentini, un paese della Sicilia; l'altra, proposta dal critico G. Contini, considera *da Lentino* come predicato di *è nato*, indicante il cognome dell'autore.

Guida all'analisi

Struttura

Il componimento si può suddividere in tre parti.
- Nella prima parte, costituita dalle strofe I-V, il poeta svolge, intrecciandoli, il tema dell'innamorato vergognoso e quello della contemplazione interiore dell'immagine della donna amata.
- Nella seconda parte, che coincide con la strofa VI, professa la sincerità del suo amore contro le insinuazioni dei calunniatori.

- Nella terza parte, costituita dalla strofa VII, attraverso la mediazione della sua canzonetta, rivolge alla donna amata una richiesta esplicita affinché doni a lui il suo amore.

La tematica è svolta attraverso il frequente ricorso a paragoni e metafore: nella strofa I viene introdotto il paragone con il pittore; nella III il paragone con il credente e nella IV il paragone con il fuoco chiuso in seno e soffocato.

La scuola poetica siciliana

I temi

Al centro del componimento vi è il tema dell'**innamorato timido**, che non osa contemplare apertamente l'amata, ma la guarda di nascosto e non mostra apertamente il suo amore. Il tradizionale tema provenzale dell'uomo amante senza speranza e della donna indifferente viene qui calato in una situazione piú reale e dinamica e soprattutto subisce un processo di interiorizzazione e di individualizzazione: il poeta infatti descrive minuziosamente i sintomi dell'amore nell'animo dell'innamorato vergognoso. Come un fuoco ardente brucia con tanto piú vigore quanto piú si cerca di coprirlo e di soffocarlo, cosí l'amore del poeta non trovando sfogo nelle parole diventa ancora piú intenso, sotto forma di sospiri e di altri segni esteriori che sono rivelatori della sincerità del sentimento. Ecco perché egli invita la donna a non dare ascolto ai calunniatori, e a riconoscere l'intensità e l'autenticità del suo amore dai segni (*sacciatelo per singa*) che esso imprime sul suo volto e nel suo comportamento. Ritorna dunque il tema provenzale dei *malparlieri*, ma addolcito e ricondotto a una piú delicata descrizione di emozioni e di sentimenti.

Il tema dell'innamorato timido si intreccia con quello della **pintura**, cioè dell'immagine dell'amata impressa nel cuore del poeta. Non potendo godere della visione diretta della donna a causa della sua timidezza, l'innamorato ricorre a una sorta di compensazione. Come un pittore riesce a dipingere un oggetto che lo ha colpito anche se questo non si trova dinanzi ai suoi occhi, cosí il poeta tiene chiusa nel suo cuore una *pintura* somigliante alla sua amata e quando non vede realmente l'oggetto dell'amore, contempla l'immagine sostitutiva che porta racchiusa nel cuore. Tale immagine acquista i connotati di un'icona sacra attraverso il paragone con il credente che ha la certezza di salvarsi per mezzo della fede, anche se non ha dinanzi agli occhi il Dio in cui crede.

Il congedo

È riconoscibile nel componimento il *congedo*, che nei siciliani sostituisce la *tornada* provenzale. Il poeta personifica la sua canzonetta e, rivolgendosi direttamente a lei, la invita a presentarsi davanti alla donna amata e a sollecitarla affinché ricambi il suo amore; poi chiude il componimento indicando il suo nome.

Lingua

Conformemente al taglio leggero e piano della canzonetta il poeta adotta una lingua di tono medio che presenta numerose espressioni tipicamente siciliane come *vio, sacciatelo per singa, zo, linga, arti*.

Esercizi

Comprensione e interpretazione

1. Uno dei temi dominanti del componimento è quello dell'interiorizzazione dell'amore. Attraverso quali immagini e paragoni esso viene espresso?

2. Perché il poeta contempla la sua donna nell'immagine impressa nel cuore e rinuncia a guardare la donna reale?

3. Individua nel testo i richiami alla poesia provenzale e le innovazioni introdotte dal poeta nel loro utilizzo.

4. La lirica si fonda sul contrasto fra la segretezza dell'amore e i segni attraverso i quali esso si manifesta. Sottolinea i termini e le espressioni attraverso i quali vengono espresse queste due tematiche.

5. Ti sembra che ci sia un'evoluzione del comportamento del poeta nel passaggio dalla prima all'ultima strofa? In caso di risposta affermativa, spiega in che cosa consiste l'evoluzione e sottolinea i termini e le espressioni che la segnalano.

Competenza testuale

6. Sottolinea i termini attraverso i quali si istituisce il legame fra le strofe *capfinidas*.

7. Osserva il rapporto fra struttura metrica e struttura sintattica. Come sono disposti i periodi all'interno di ciascuna strofa? Noti delle somiglianze fra le strofe nella distribuzione dei periodi e nel rapporto fra metrica e sintassi oppure ogni strofa presenta una struttura diversa?

La letteratura delle origini

Jacopo da Lentini

Poeti del Duecento,
a cura di G. Contini,
Ricciardi, Milano-Napoli, 1960, vol. II

Amor è un desio che ven da core

In questo sonetto Jacopo da Lentini spiega le modalità dell'innamoramento. L'amore scaturisce dalla vista di una donna ornata di grande bellezza e viene nutrito dal cuore che accoglie l'immagine inviata dagli occhi e concepisce un intenso sentimento accompagnato dal desiderio dell'amata.
Metrica Sonetto con rime alternate nelle quartine secondo lo schema ABAB, ABAB, e ripetute nelle terzine con schema ACD, ACD. Il primo verso di ogni terzina rima con il primo e il terzo verso delle quartine.

Amor è un desio che ven da core
per abbondanza de gran plazimento;
e li ogli in prima generan l'amore
e lo core li dà nutricamento.

5 Ben è alcuna fiata om amatore
senza vedere so 'namoramento,
ma quell'amor che strenze con furore
da la vista de gli ogli ha nascimento:

ché gli ogli representan a lo core
10 d'onni cosa che veden, bon' e ria,
com'è formata naturalemente;

e lo cor, che di zò è concipitore,
imagina, e qual plaze quel desia:
e questo amore regna fra la zente.

Parafrasi

L'amore è un desiderio che viene dal cuore, per una sovrabbondanza di grande bellezza (plazimento); *e prima gli occhi* (ogli) *generano l'amore, poi il cuore gli dà nutrimento.*

È vero che talvolta (alcuna fiata) *qualche innamorato ama senza aver visto l'oggetto del suo amore* (so 'namoramento), *ma quell'amore che stringe* (strenze) *con furore nasce dalla visione della donna amata:*

perché gli occhi dimostrano al cuore le qualità buone e cattive di ogni cosa che vedono, cosí com'è in natura.

e il cuore, che intende ciò (zò), *immagina e desidera quello che gli piace: è questo l'amore che regna tra gli uomini* (zente = gente).

Guida all'analisi

La fenomenologia dell'amore

Jacopo da Lentini spiega nel sonetto come nasce l'amore. Il componimento affronta due tematiche.

• Nella prima quartina il poeta afferma che l'amore, passando attraverso gli occhi, giunge al cuore e da esso trae alimento e forza. Da questo momento *occhi* e *cuore* diventeranno le parole chiave della lirica d'amore, fino a Petrarca e oltre. Il tema viene poi ripreso e sviluppato nelle due terzine in cui il poeta introduce un terzo elemento: l'immaginazione. Dopo che gli occhi

hanno rappresentato al cuore la figura della donna, il cuore immagina e desidera ciò che ha immaginato.
• Nella seconda quartina compare il secondo tema del componimento: la contrapposizione fra l'amore che nasce dalla vista e il cosiddetto amore da lontano che era stato cantato da alcuni trovatori provenzali. Può esistere, osserva il poeta, un amore che prescinde dalla presenza fisica della donna, ma esso non ha la stessa intensità di quello che nasce dalla vista e trova alimento nel cuore e nella mente.

Esercizi

1. Occhi, cuore, immaginazione sono i vertici di un triangolo all'interno del quale nasce l'amore. Individua nel testo i punti in cui ricorrono questi elementi e le relazioni che tra essi intercorrono.

La scuola poetica siciliana

2. Individua nel testo le parole e le espressioni con le quali viene indicato l'oggetto dell'amore.
3. Perché, secondo te, Jacopo da Lentini attribuisce maggiore intensità all'amore che nasce dalla vista rispetto all'amore da lontano?

 Cielo d'Alcamo

Non si hanno notizie sicure sul nome e sulla vita di questo poeta, ma appare indubbia la sua sicilianità. Il nome è stato variamente tramandato: secondo alcuni sarebbe Ciullo, diminutivo di Vincenzullo, secondo altri Cheli, diminutivo di Michele, da cui sarebbe derivato Celi, divenuto in Toscana Cielo. Incerto anche il secondo nome: l'interpretazione piú accreditata è comunque d'Alcamo, che indicherebbe la provenienza da Alcamo, cittadina fra Palermo e Trapani. Cielo sicuramente non apparteneva alla cerchia dei funzionari regi; probabilmente era un giullare che seppe abilmente rovesciare le tematiche e il linguaggio della scuola con un intento parodico e caricaturale.

Di questo autore ci è stato tramandato un unico testo: il «contrasto» *Rosa fresca aulentissima*. Il «contrasto» è un componimento di origine popolare, che ha la forma di un dialogo. Esso può avvenire tra due persone (in genere due innamorati, oppure marito e moglie, padri e figli), tra due cose (per esempio la rosa e la viola), tra entità spirituali, come il corpo e l'anima, la vita e la morte, la vergine e il demonio, ecc. Il contrasto tra due persone, soprattutto se si tratta di innamorati, ha di solito un tono scherzoso e realistico e si basa sulla tecnica del *rinfaccio*. Le battute di un interlocutore vengono riprese dall'altro che risponde con una replica e una nuova battuta.

Elementi interni al testo permettono di datare il «contrasto» di Cielo d'Alcamo in un periodo compreso fra il 1235 e il 1250.

Cielo d'Alcamo
Rosa fresca aulentissima

Poeti del Duecento,
a cura di G. Contini,
Ricciardi, Milano-Napoli, 1960, vol. II

Protagonisti del componimento sono un uomo, forse un giullare, e una ragazza del popolo. Il primo con un linguaggio popolaresco e grossolano, nonostante il ricorso a espressioni della poesia cortese, tenta di sedurre la giovane, che si mostra schiva e restia, sebbene senza troppa convinzione, di fronte alle proposte sempre piú audaci dell'innamorato; fra i due si instaura un gioco malizioso e divertente di lusinghe e rifiuti che porta alla resa finale della ragazza.
Metrica Strofe di cinque versi. I primi tre sono settenari doppi sdruccioli e piani, legati da un'unica rima. Gli ultimi due sono endecasillabi a rima baciata.

«Rosa fresca aulentis[s]ima ch'apari inver' la state,
le donne ti disiano, pulzell'e maritate:
tràgemi d'este focora, se t'este a bolontate;
per te non ajo abento notte e dia,
5 penzando pur di voi, madonna mia».

Parafrasi

«*Rosa fresca profumatissima che appari verso l'estate, le donne ti desiderano, nubili e sposate. Toglimi da questo tormento d'amore* (focora = *fuochi*) *se ne hai la volontà; per causa tua non ho pace* (abento) *né notte né giorno, pensando sempre a voi, o mia signora* (madonna)».

La letteratura delle origini

«Se di meve trabàgliti, follia lo ti fa fare.
Lo mar potresti arompere, a venti asemenare,
l'abere d'esto secolo tut[t]o quanto asembrare:
avere me non pòteri a esto monno;
10   avanti li cavelli m'aritonno».

«Se ti tormenti per me, sei pazzo (te lo fa fare la follia).
Potresti arare il mare, seminare ai venti, accumulare
tutta la ricchezza di questo mondo, ma non potresti
avermi qui in Terra, piuttosto mi taglio i capelli, mi
faccio monaca».

«Se li cavelli artón[n]iti, avanti foss'io morto,
ca'n is[s]i [sí] mi pèrdera lo solacc[i]o e 'l diporto.
Quando ci passo e véjoti, rosa fresca de l'orto,
bono conforto dónimi tut[t]ore:
15   poniamo che s'ajunga il nostro amore».

«Se ti tagli i capelli, che io sia piuttosto ucciso giacché
con essi io perderei la mia gioia e il mio piacere. Quando
passo di qua e ti vedo, rosa fresca del giardino, tu mi
offri sempre grande consolazione: facciamo dunque in
modo che il nostro amore si congiunga».

«Ke 'l nostro amore ajúngasi, non boglio m'atalenti:
se ti ci trova pàreme cogli altri miei parenti,
guarda non t'ar[i]golgano questi forti cor[r]enti.
Como ti seppe bona la venuta,
20   consiglio che ti guardi a la partuta».

«Non voglio che mi piaccia che il nostro amore si
congiunga: se ti sorprende qui mio padre col resto
dei miei parenti, bada che questi forti corridori non
ti acciuffino. Come ben ti riuscí la venuta, cosí ti
consiglio di fare attenzione alla partenza».

«Se i tuoi parenti trova[n]mi, e che mi pozzon fare?
Una difensa mèt[t]oci di dumili' agostari:
non mi toc[c]ara pàdreto per quanto avere ha 'n Bari.
Viva lo 'mperadore, graz[i'] a Deo!
25   Intendi, bella, quel che ti dico eo?».

«Se mi sorprendono i tuoi parenti, che cosa possono
farmi? Richiedo una multa di duemila augustali: tuo
padre non mi toccherebbe per quante sono le ricchezze
che si trovano a Bari. Viva l'imperatore in grazia di
Dio! Intendi, bella, ciò che ti dico io?».

«Tu me no lasci vivere né sera né maitino.
Donna mi so' di pèrperi, d'auro massamotino.
Se tanto aver donàssemi quanto ha lo Saladino,
e per ajunta quant'ha lo soldano,
30   toc[c]are me non pòteri a la mano».

«Tu non mi lasci vivere né sera né mattino. Io sono
una donna ricca e preziosa, che possiede bisanti d'oro
e massamotini. Se tu mi dessi tanta ricchezza quanta
ne ha il Saladino e in aggiunta quanta ne possiede il
Sultano, non potresti neppure toccarmi la mano».

«Molte sono le femine c'hanno dura la testa,
e l'omo con parabole l'adimina e amonesta:
tanto intorno procàzzala fin che ll'ha in sua podesta.
Femina d'omo non si può tenere:
35   guàrdati, bella, pur de ripentere».

«Sono molte le donne che hanno la testa dura, ma il
maschio con le sue parole le domina e le persuade;
tanto la incalza, finché l'ha in suo potere. La donna
non può fare a meno dell'uomo: stai attenta, bella, che
non abbia poi a pentirtene».

«K'eo ne [pur ri]pentésseme? davanti foss'io aucisa
ca nulla bona femina per me fosse ripresa!
[A]ersera passàstici, cor[r]enno a la distesa.

«Che io me n'abbia a pentire? Possa io essere
uccisa, piuttosto che qualche donna onesta venga
rimproverata per causa mia. Ieri sera passasti di qua,

---

22. Una difensa … agostari: Nelle Costituzioni di Melfi del 1231 Federico II, per frenare la violenza dei conflitti personali, aveva decretato che una persona che veniva aggredita poteva difendersi pronunciando il nome dell'imperatore e fissando una multa che l'aggressore avrebbe dovuto pagare se l'avesse colpito. Il corteggiatore dichiara che, se i parenti della ragazza tenteranno di aggredirlo, egli fisserà una multa talmente alta (duemila augustali, monete d'oro che vennero coniate proprio a partire dal 1231) che al padre della giovane e ai suoi parenti passerà la voglia di fargli del male. Questi elementi interni al testo permettono di datare il componimento tra il 1231 e il 1250, anno della morte di Federico II che nel contrasto risulta ancora vivo.
23. Bari: viene citata questa città perché era una delle piú ricche del Regno grazie ai continui traffici con l'Oriente.
27. pèrperi, d'auro massamotino: pèrperi era il bisante d'oro, la moneta degli imperatori di Bisanzio. L'auro massamotino era un oro particolarmente pregiato usato per coniare le monete dei califfi Almoadi che governavano l'Africa del nord e l'Andalusia.
28-29. Saladino … soldano: Il Saladino è il famoso sultano d'Egitto morto nel 1193 e divenuto leggendario e proverbiale. Il soldano è sempre il sultano d'Egitto.

La scuola poetica siciliana

Aquístati riposa, canzoneri:
40 le tue parole a me non piac[c]ion gueri».

«Quante sono le schiantora che m'ha' mise a lo core,
e solo purpenzànnome la dia quanno vo fore!
Femina d'esto secolo tanto non amai ancore
quant'amo teve, rosa invidïata:
45 ben credo che mi fosti distinata».

«Se distinata fòsseti, caderia de l'altezze,
ché male messe fòrano in teve mie bellezze.
Se tutto adiveníssemi, tagliàrami le trezze;
e consore m'arenno a una magione,
50 avanti che m'artocchi 'n la persone».

«Se tu consore arènneti, donna col viso cleri,
a lo mostero vènoci e rènnomi confleri:
per tanta prova vencerti fàralo volonteri.
Conteco stao la sera e lo maitino:
55 besogn'è ch'io ti tenga al meo dimino».

«Boimè tapina misera, com'ao reo distinato!
Gesò Cristo l'altissimo del tut[t]o m'è airato:
concepístimi a abàttare in omo blestemiato.
Cerca la terra ch'este gran[n]e assai,
60 chiú bella donna di me troverai».

«Cercat'ajo Calabr[i]a, Toscana e Lombardia,
Puglia, Costantinopoli, Genoa, Pisa e Soria,
Lamagna e Babilonïa [e] tut[t]a Barberia:
donna non [ci] trovai tanto cortese,
65 per che sovrana di meve te prese».

«Poi tanto trabagliàsti[ti], fac[c]ioti meo pregheri
che tu vadi adomàn[n]imi a mia mare e a mon peri.
Se dare mi ti degnano, menami a lo mosteri,
e sposami davanti da la jente;
70 e poi farò le tue comannamente».

correndo a piú non posso. Concediti un po' di riposo,
canterino: le tue chiacchere non mi piacciono affatto».

«Quanti sono i dispiaceri mi hai messo nel cuore,
anche solo pensandoci il giorno quando esco! Non ho
mai amato tanto una donna a questo mondo quanto
amo te, rosa invidiata: credo veramente che tu mi sia
stata destinata».

«Se ti fossi destinata, cadrei dall'altezza del mio stato,
giacché le mie bellezze sarebbero mal riposte in te. Se
tutto ciò mi accadesse, mi taglierei le trecce e mi farei
monaca in un monastero, piuttosto che tu mi tocchi
nel corpo».

«Se tu ti fai monaca, donna dal viso splendente, vengo
al monastero e mi faccio frate: lo farò volentieri se
potrò conquistarti con una prova così grande. Me ne
starò con te la sera e la mattina: è necessario che io ti
tenga in mio potere».

«Ohimè misera infelice, che destino crudele ho!
L'altissimo Gesú Cristo è fortemente adirato con
me: mi hai creato per farmi imbattere in un uomo
scomunicato. Vai a cercare per il mondo, ch'è molto
grande, troverai una donna piú bella di me».

«Ho percorso Calabria, Toscana, Lombardia, Puglia,
Costantinopoli, Genova, Pisa e Siria, Germania e
Babilonia e tutta la Barberia: non vi ho trovato una
donna così raffinata, perciò ti ho scelta come mia
sovrana».

«Poiché ti sei tanto tormentato, ti rivolgo una mia
preghiera: che tu vada a chiedere la mia mano a
mia madre e a mio padre. Se si degnano di darmi a
te, portami in chiesa e sposami davanti alla gente,
pubblicamente; e poi obbedirò ai tuoi desideri».

67. mon peri: è un francesismo.

Guida all'analisi

L'impianto teatrale

Il testo, interamente dialogato, è basato sulla continua alternanza di botta e risposta e sulla ripresa, all'inizio di ogni strofa, dell'espressione che chiude la strofa precedente. Questi elementi gli conferiscono un impianto drammaturgico, tanto che si è pensato a un mimo dram-

matico destinato alla recitazione in cui il giullare recitava alternativamente la parte dell'uomo e della donna.

Il dialogo si sviluppa in due fasi.

• La prima, coincidente con i vv. 1-55, è caratterizzata dalla netta contrapposizione fra l'uomo che chiede e la donna che oppone un netto rifiuto.

- Nella seconda, costituita dai vv. 56-75, la donna comincia a mostrare qualche segno di cedimento: infatti dapprima, pur considerando il suo corteggiatore uno scomunicato, ammette che lui le è stato destinato, poi cerca di liberarsene esortandolo ad andare a cercare per il mondo un'altra donna, ma di fronte ai complimenti e alle ammissioni d'amore dell'uomo, lei avanza la sua condizione: sarà sua solo se lui la sposerà.

Il contrasto continua nella parte che non è stata qui riportata con il rifiuto netto e grossolano dell'uomo all'esplicita richiesta della donna, la quale in un primo momento torna a irrigidirsi, mentre lui dichiara in modo sempre più appassionato il suo amore. Poi ammette di amarlo a sua volta ma gli chiede di giurarle eterno amore sui Vangeli. A questo punto il corteggiatore, con ostentata sfacciataggine, dichiara di avere con sé un Vangelo che ha rubato in una chiesa, o forse finge solo di averlo, e su di esso pronuncia un giuramento di eterno amore. La donna si accontenta di questa dichiarazione formale e cede, mostrando di desiderare anche lei il compimento dell'amore.

I temi ricorrenti

Ricorrono nel componimento diversi temi propri della lirica d'amore di tono popolareggiante che si ritroveranno anche in poeti di epoche successive. Essi sono:

- il **tema della rosa** come metafora della donna: presente sia nel primo verso in cui la rosa è definita *aulentissima*, sia al verso 13 nell'espressione *rosa fresca de l'orto*;
- le **imprese impossibili**: per far capire all'innamorato che non potrà mai averla la donna indica tre imprese impossibili: arare il mare, seminare ai venti, riunire tutte le ricchezze del mondo. Si tratta di modi di dire tipici del dialetto siciliano e calabrese;
- le **iperboli**: le affermazioni iperboliche, esagerate, accomunano l'uomo e la donna: lui, alludendo a una delle disposizioni melfitane, si vanta di mettere come multa, in caso di attacco da parte dei parenti della donna, una cifra enorme (duemila augustali), che il padre della ragazza non potrebbe pagare, neppure se possedesse tutte le ricchezze che ci sono a Bari; lei ostenta la sua dignità e le sue ricchezza definendosi *donna ... di perperi e d'auro massamotino*;
- le **minacce**: il componimento è percorso da affermazioni minacciose di tutti i tipi, pronunciate prevalentemente dalla donna, la quale minaccia due volte di chiudersi in convento per sottrarsi al corteggiatore,

minaccia l'intervento di suo padre e dei suoi fratelli, minaccia di uccidersi piuttosto che cedere all'uomo. Si tratta naturalmente di affermazioni esagerate che lei non ha nessuna intenzione di mettere in atto;

- la **ricerca per il mondo**: un altro tema frequente nella poesia d'amore popolare è l'invito da parte della donna a percorrere tutto il mondo alla ricerca di una creatura più bella di lei. A questo punto l'uomo risponde snocciolando un lungo elenco di luoghi della terra, tra i più lontani e disparati, in nessuno dei quali ha potuto trovare una donna uguale a colei che è l'oggetto del suo amore;
- la **finta disperazione**: le esclamazioni disperate con le quali i personaggi femminili esprimono la loro angoscia per un destino avverso sono comuni nel genere epico dove naturalmente hanno un tono serio. Qui l'esclamazione *Boimè tapina misera, com'ao reo distinato*, pronunciata dalla donna, è finta ed esagerata: si può infatti cogliere in queste parole un primo segno di cedimento, dal momento che, come abbiamo detto, lei ammette, sia pure a malincuore, che quell'uomo le è stato destinato da Gesú Cristo stesso il quale, adirato nei suoi confronti, l'ha fatta imbattere in un miscredente.

La lingua

La lingua del «contrasto» è un miscuglio di parole del registro colto, spesso di provenienza francese (*cleri, mon peri, mosteri*, ecc.) o latina (*solacc[i]o, orto*), e di termini tipici del siciliano popolare (*ajo abento, arompere lo mare, passatici, aersera, cor[r]enno*, ecc.). Naturalmente non ci troviamo di fronte all'autentico linguaggio popolare, ma a una lingua artificiale, costruita dall'autore che ha voluto cosí differenziarsi dal siciliano illustre degli altri poeti della scuola.

Il capovolgimento parodico del modello cortese

È evidente che Cielo d'Alcamo ha inteso riprendere in chiave caricaturale le situazioni tipiche della poesia d'amore cortese. Siamo infatti ben lontani dalla ritrosia delle dame e dalla devozione dei loro amanti: qui l'amore è tutt'altro che platonico e la donna, nonostante l'iniziale resistenza, cede ben volentieri alle profferte del suo seduttore. L'autore, ponendo sulla bocca di due personaggi di bassa estrazione sociale i modi e le forme della poesia d'amore siciliana, ha operato una duplice parodia: nei confronti della poesia di corte e nei confronti del mondo popolare che tenta di rivestirsi di panni aristocratici, ma alla fine rivela la propria natura istintiva e sensuale.

La scuola poetica siciliana

Esercizi

1. Individua tutte le strofe legate dalla ripresa delle stesse espressioni che ricorrono alla fine di una strofa e all'inizio della successiva.
2. Ricerca e sottolinea nel testo tutti i temi che ti sono stati indicati nella *Guida all'analisi*.
3. Metti a confronto il «contrasto» di Cielo d'Alcamo con il sonetto di Jacopo da Lentini *Amore è un desio...* e illustra le differenze tematiche e formali fra i due componimenti.

Assonanze

I castelli della corona — in architettura

Il castello è l'edificio simbolo del Medioevo e del feudalesimo (vedi pagine 162-163), ma è anche l'emblema dei primi grandi Stati della storia moderna formatisi appunto in quell'epoca. Se nel nord dell'Italia e dell'Europa i castelli medievali furono quasi sempre espressione delle spinte autonomistiche dei feudatari, diversa è la situazione nel sud della penisola, dove l'incastellamento fu un'operazione condotta a tappeto dai sovrani normanni, svevi, angioini e aragonesi, per garantire alla monarchia non solo un apparato militare organico ed efficiente, ma anche il controllo politico sulle forze centrifughe interne, nonché sui centri produttori di ricchezza. Questi sovrani, oltre a far erigere imponenti castelli, simbolo del loro potere sul territorio, limitarono o addirittura impedirono la costruzione di fortezze da parte dei nobili della zona, per eliminare sul nascere eventuali aspirazioni autonomistiche.

In Sicilia i primi castelli regi furono fondati dai Normanni, a partire dal 1130, anno della costituzione del *regnum Siciliae*. I sovrani normanni, cedendo alle seduzioni della civiltà islamica, ne adottarono il modello architettonico e i costumi abitativi e realizzarono sia nella capitale del Regno, Palermo, sia in altre città splendidi palazzi destinati a residenze reali ma anche al divertimento e alla caccia, che dovevano simboleggiare la potenza e lo sfarzo della corona. Va in particolare ricordato, a Palermo, il **palazzo dei Normanni**, voluto da Ruggero II, una vera e propria reggia, dalla struttura complessa e articolata, comprendente officine, cortili, padiglioni, giardini e fontane, che mantiene del castello la posizione al margine del tessuto urbano e la cinta munita di torri. Nel cuore del palazzo è racchiusa la **Cappella Palatina** sfavillante di marmi e di mosaici. Altri palazzi di epoca normanna destinati all'ozio e alla festa sono la Zisa (dall'arabo *el-Aziz*, «la Gloriosa») iniziata da Guglielmo I e completata da Guglielmo II, adorna di mosaici, fontane e specchi d'acqua, e la **Cuba**, raffinato edificio concepito come padiglione per le feste, adagiato nel verde del parco reale, al centro di un laghetto artificiale. Un viaggiatore musulmano in visita alla città di Palermo tra il 1184 e il 1185, ammirando lo splendore dell'*urbs regia*, cosí scriveva: «I pa-

Il palazzo dei Normanni a Palermo.

La Zisa a Palermo.

lazzi del sovrano cingono la città come i preziosi monili ornano il collo delle vergini ed egli fra giardini e parchi conduce una vita di delizie e di sollazzi».
Particolarmente intensa fu l'opera edificatrice di Federico II. Acerrimo nemico del particolarismo feudale, che contrastava nettamente con la sua idea di una monarchia centralizzata, avviò in tutto il Regno la costruzione di imponenti castelli regi, tra i piú belli di tutto il Duecento italiano, nelle città ribelli e in luoghi di particolare rilievo strategico e difensivo, oppure in aperta campagna. I primi erano delle vere e proprie prefetture, esplicitazione architettonica delle nuove strutture burocratiche che dovevano rafforzare l'immagine dello Stato, ma anche renderlo piú efficiente, confermandone il potere assoluto su tutte le categorie sociali. I secondi erano invece delle residenze di caccia: in essi Federico, che aveva trascorso l'infanzia chiuso in labirintici palazzi-castello come quello di Palermo, ereditando un profondo odio per la città e uno sviscerato amore per la campagna, assaporava il gusto della libertà e si compiaceva nel vedere la natura irreggimentata dalle opere idrauliche e resa fruttifera da un razionale sfruttamento.

Tra i castelli federiciani piú imponenti e meglio conservati ricordiamo quelli di Milazzo, Catania, Siracusa e Augusta in Sicilia e quello di Castel del Monte in Puglia. Pur nella loro diversità essi presentano caratteri simili, il che fa pensare a un gruppo di esperti, i Protomagistri regi, il piú noto dei quali è Riccardo da Lentini, che operavano a diretto contatto con l'imperatore, secondo direttive e metodi omogenei. Un tipico esempio di castello federiciano è il **castello Maniace** di Siracusa. Esso sorge all'estremità rocciosa dell'isola di Ortigia e si impone per la tersa geometria dell'impianto: ha infatti la forma di un quadrato con quattro torri angolari cilindriche. Al piano terreno si sviluppa un unico maestoso ambiente scandito da venticinque campate regolari con volte a crociera sorrette da pilastri cilindrici.

Il piú famoso di castelli federiciani è però **castel del Monte**, che, secondo una tradizione, sarebbe stato progettato dallo stesso imperatore. La costruzione, concepita come un perfetto ottagono con otto torri angolari, anch'esse ottagonali, sorge su una collina delle Murge, in Puglia, e domina un vastissimo orizzonte. Si articola su due piani intorno a un cortile ottagonale; ciascun piano comprende otto sale di forma trapezoidale con volte a crociera. L'opera si presenta come una sintesi della cultura dell'imperatore: vi si rispecchiano infatti l'interesse per il mondo classico, l'influenza araba e quella del gotico franco-tedesco. Dell'edificio sono state date diverse interpretazioni: costruzione militare, casa di caccia, osservatorio astronomico. Probabilmente esso, piú che per scopi militari, era stato concepito come residenza del sovrano e soprattutto come manifestazione del potere imperiale e specchio della cultura del tempo. L'imperatore vi raccolse infatti reperti antichi e volle esporre la sua immagine accanto a modelli del mondo classico, quasi a voler ristabilire una continuità simbolica tra passato e presente.

Castel del Monte, 1240-1250. Andria (BA).

Castello Maniace a Siracusa.

La scuola poetica siciliana

Mappa dei contenuti

TIPOLOGIA DEGLI INTELLETTUALI
- Poeta notaio che si dedica alla poesia a margine della sua attività di funzionario di corte

CONTESTO
- Monarchia centralizzata di Federico II di Svevia in Sicilia e nell'Italia meridionale
- Ambiente culturalmente composito nel quale si fondono elementi della cultura greco-latina, araba, provenzale
- Apparato di funzionari che operano presso la Cancelleria e la Corte di giustizia

TEMI
- Amore cortese cantato alla maniera provenzale
- Riflessione sulla fenomenologia dell'amore
- Paragoni con il mondo naturale ripreso spesso in chiave fantastica
- Eliminazione della tematica politica
- Scarso uso del *senhal*
- Sostituzione della *tornada* con il *congedo*

LA SCUOLA SICILIANA 1230-1250

PRINCIPALI ESPONENTI
- Jacopo da Lentini, Pier delle Vigne, Guido e Odo delle Colonne, Stefano Protonotaro, Giacomino Pugliese, Rinaldo d'Aquino.
- Cielo d'Alcamo: giullare che fa la parodia dell'amor cortese

LINGUA
- Volgare siciliano nobilitato da apporti del latino e del provenzale

FORME METRICHE
- Introduzione del sonetto e della canzonetta
- Struttura piú regolare della canzone

5 I poeti siculo-toscani

Crollata la potenza sveva in seguito alla morte di Federico II nel 1250 e di suo figlio Manfredi nel 1266, si estingue sul piano politico l'esperimento di una monarchia centralizzata e si interrompe sul piano culturale l'esperienza della scuola siciliana. A partire dalla metà del Duecento il baricentro politico-culturale si sposta verso le regioni centro-settentrionali della penisola, contrassegnate da una vivace realtà cittadino-comunale, all'interno della quale opera una borghesia legata al commercio, alla manifattura e alla finanza. Le città però sono in perpetua discordia a causa delle lotte tra fazioni contrapposte: da una parte i guelfi filo-papali, dall'altra i ghibellini filo-imperiali. Questi contrasti si inseriscono nel piú vasto conflitto tra Papato e Impero e celano, dietro le contrapposizioni ideologiche, piú concreti e brucianti conflitti sociali, essendo i ghibellini esponenti dell'antica nobiltà feudale e i guelfi espressione della nuova classe borghese che, conquistata la supremazia economica, aspira a trovare un adeguato riconoscimento anche sul piano politico.

In questo ambiente, profondamente diverso a livello sociale e istituzionale sia da quello delle corti feudali sia da quello della monarchia sveva, si delinea il profilo di un nuovo intellettuale: l'**intellettuale cittadino**. Laico, fornito di una solida cultura universitaria che gli permette di esercitare la professione di giudice o di notaio, egli partecipa alla vita politica, operando anche in posizione di responsabilità all'interno del Comune, e aderisce a uno degli schieramenti politici del tempo. Per questi intellettuali la poesia in lingua volgare è uno strumento per intervenire nella vita amministrativa della città e nella lotta locale fra i partiti. A differenza dei poeti siciliani, che avevano compiuto una rigorosa selezione a livello contenutistico, privilegiando nei loro componimenti la tematica amorosa ed escludendo le tematiche politiche, i poeti cittadini affrontano, accanto all'amore, che costituisce ancora il filone principale della loro produzione, temi politici, morali, dottrinali. Nasce cosí la prima poesia impegnata della nostra letteratura, scaturita dalla volontà di incidere sulla realtà e di comunicare messaggi efficaci.

Questi poeti sono stati convenzionalmente definiti **siculo-toscani**, perché si ispirano alla poesia siciliana, ma ne ampliano l'orizzonte attraverso tematiche politico-dottrinali e utilizzano il volgare toscano, modellato talvolta sul *trobar clus* provenzale.

I principali esponenti di questa nuova corrente poetica sono: Bonagiunta Orbicciani, Chiaro Davanzati, Monte Andrea, Paolo Lanfranchi e soprattutto Guittone d'Arezzo, considerato il piú importante intellettuale del Duecento prima di Dante.

ANDIAMO OLTRE

Guelfi e ghibellini

Guelfi e *ghibellini* sono due parole che, nate in età medievale per indicare due fazioni in lotta, hanno continuato a vivere nel lessico italiano per molti secoli e ancora oggi vengono adoperate in senso metaforico per esprimere la tendenza propria del nostro popolo a schierarsi in fazioni contrapposte su qualsiasi questione, grande o piccola.

Nel XII secolo i due termini riguardavano i conflitti interni alla nobiltà germanica per la conquista del seggio imperiale: guelfi erano chiamati i partigiani della casa di Baviera, da *Welf*, il capostipite di questa casata, i quali erano favorevoli a un'intesa con il pontefice nella lotta per l'elezione dell'imperatore; ghibellini erano i sostenitori della casa di Hohenstaufen o di Svevia, da *Wiblingen*, antico castello svevo, ed erano contrari a tale intesa.

Trasferitisi in Italia, i termini furono applicati ai conflitti fra i Comuni e indicarono il primo (guelfi) i Comu-

I poeti siculo-toscani

ni che appoggiavano il papato, il secondo (ghibellini) quelli che appoggiavano l'Impero. Spesso però si svuotavano di qualsiasi riferimento a questa contesa per indicare le fazioni in lotta all'interno di una città, che erano divise da contrapposizioni economico-sociali piú che ideologico-politiche. Infatti i ghibellini contavano nelle loro fila soprattutto esponenti della nobiltà feudale che, trasferitisi in città, vi esercitarono il potere durante la fase consolare. I guelfi, invece, pur comprendendo alcune famiglie aristocratiche, erano per la maggior parte composti dalla nuova classe borghese, la cui ricchezza derivava dal denaro guadagnato attra-

verso attività commerciali, artigianali e finanziarie. I primi trovavano appoggio nell'imperatore, il cui potere rappresentavano nei territori dell'Italia settentrionale. I secondi sostenevano le rivendicazioni del Papato, in quanto miravano a indebolire la forza dell'imperatore che voleva soffocare le libertà comunali e sottoporre le città al proprio dominio politico ed economico, imponendo tasse e regalie.

Le due parole furono usate anche per indicare due tipi di merlature delle fortificazioni dei castelli medievali: i merli guelfi erano di forma squadrata, quelli ghibellini terminavano invece a coda di rondine.

5.1 Bonagiunta Orbicciani

Bonagiunta Orbicciani fu un poeta lucchese, nato probabilmente intorno al 1220. Di lui sappiamo che era notaio e scrisse componimenti poetici nei quali seguí da vicino la tradizione siciliana, in particolare la lezione di Jacopo da Lentini. Si impegnò anche nella composizione di liriche dai temi moraleggianti, segno della sua disponibilità ad allargare l'orizzonte poetico ad argomenti di ampio respiro, piú consoni all'ambiente comunale. Critica fu la sua posizione nei confronti della nuova poesia del bolognese Guido Guinizzelli, che sarebbe stato considerato padre del *Dolce stil novo*. Compose una trentina di liriche, costituite da canzoni, ballate e sonetti, che furono riunite sotto il titolo di *Rime*.

Bonagiunta Orbicciani

Poeti del Duecento,
a cura di G. Contini,
Ricciardi, Milano-Napoli, 1960, vol. II

A me adovene com'a lo zitello

Ispirandosi a un analogo componimento di Jacopo da Lentini, Bonagiunta paragona l'effetto del fuoco d'amore sul cuore a quello provocato dalla vista di una fiamma su un bambino. Affascinato dallo splendore del fuoco, il bambino stende la mano per toccarlo e si brucia; allo stesso modo il poeta si fa cuocere dalla fiamma d'amore.
Metrica Sonetto con schema ABAB, ABAB, CBC, BCB.

A me adovene com'a lo zitello
quando lo foco davanti li pare,
che tanto li risembla chiaro e bello,
che stendive la mano per pigliare;

5 e lo foco lo 'ncende, e fallo fello,
ché no[n] è gioco lo foco toc[c]are;
poi ch'è pas[s]ata l'ira, alora e quello
disïa inver' lo foco ritornare.

Parafrasi

A me succede come al fanciulletto, quando vede per la prima volta il fuoco, che gli sembra luminoso e bello sicché egli tende la mano per prenderlo;

e il fuoco lo brucia e lo rende furioso, perché non è un gioco toccare il fuoco; dopo che gli è passata l'ira, allora quello desidera avvicinarsi nuovamente al fuoco.

La letteratura delle origini

Ma eo, che trag[g]io l'aigua de lo foco
10 (e no è null'om che lo potesse fare),
per lacrime ch'eo getto tutto coco,

chiare e salse quant'è acqua di mare.
Candela che s'aprende senza foco,
arde e[d] incende e non si pò amortare.

Ma io che dal fuoco traggo fuori l'acqua (e non c'è nessun uomo che lo possa fare), brucio tutto a causa delle lacrime che getto fuori dagli occhi,

lacrime chiare e salate come l'acqua di mare. Una candela che s'accende senza fuoco, spontaneamente, arde e brucia e non si può spegnere.

9. che ... foco: il poeta si riferisce alle lacrime d'amore che scaturiscono dal fuoco amoroso, creando una situazione impossibile e innaturale, qual è appunto quella del fuoco che produce acqua.

Guida all'analisi

L'identità amore-fuoco

Il sonetto di Bonagiunta si divide in due parti.

- Nelle quartine il poeta, sviluppando il tema del fanciullo attratto dal fuoco, suggerisce il paragone con l'amante. Come il fanciullo, affascinato dalla fiamma, stende la mano per toccarla e si scotta, ma, una volta attenuatosi il dolore, desidera avvicinarsi nuovamente al fuoco tanto la sua luce lo attira, allo stesso modo l'amante, pur avendo provato quanto l'amore bruci e faccia soffrire, non sa sottrarsi a esso.
- Nelle terzine, pur restando nell'ambito semantico del fuoco, l'autore sviluppa un ragionamento basato su un gioco di antitesi e paradossi che mettono in luce il prodigio dell'amore. Il paradosso è una situazione incredibile, in netto contrasto con l'opinione comune. In questo caso il primo paradosso capovolge la tradizionale antitesi acqua-fuoco. L'amante infatti fa scaturire prodigiosamente l'acqua, cioè le lacrime, dal fuoco (dell'amore). Il secondo paradosso si fonda sull'immagine della candela che arde da sola e non può essere spenta in alcun modo perché si riaccende spontaneamente, a significare l'impossibilità di spegnere o attutire il fuoco dell'amore.

Esercizi

1. Il componimento si fonda su diversi paragoni: a chi si paragona il poeta? A che cosa è paragonato l'amore? Che cosa rappresenta la candela?
2. Quali sono, secondo te, le parole chiave del sonetto?
3. Quale aspetto della poesia siciliana è stato qui ripreso da Bonagiunta?

5.2 Guittone d'Arezzo

Guittone d'Arezzo (1235-1294) fu il più grande rimatore toscano del Duecento e costituí un saldo punto di riferimento anche per Dante Alighieri che, pur contestandolo, riprese da lui molti elementi per la sua poesia politica e dottrinale. Tipico intellettuale cittadino, sdegnato dalle lotte intestine che continuavano a lacerare la sua città, tra il 1257 e il 1259 si allontanò da Arezzo e dalla Toscana in volontario esilio. Nel 1260 la sconfitta subita a Montaperti dal partito guelfo al quale aderiva fu per il poeta ulteriore motivo di sconforto che trovò espressione nella sua canzone più famosa *Ahi lasso! Or è stagion di doler tanto*.

I poeti siculo-toscani

La vita di Guittone è divisa in due parti dalla conversione religiosa che nel 1265 lo portò ad abbandonare l'impegno civile e a entrare nell'ordine dei Frati Godenti. Era questo un ordine religioso particolare del quale potevano far parte anche i laici; esso si proponeva di porre fine alle lotte civili, assicurare la pace e l'ordine sociale e portare aiuto ai deboli e agli oppressi (fanciulli, donne, poveri).

Anche la copiosa produzione letteraria di Guittone, costituita da un'ampia raccolta di rime e da un gruppo di *Lettere* di argomento politico e morale, è divisa in due parti: i componimenti che affrontano tematiche laiche e quelli di argomento morale e religioso. I temi prediletti dallo scrittore aretino sono: l'amore, la politica, la meditazione etico-religiosa.

La canzone scritta in occasione della battaglia di Montaperti esprime in un linguaggio oscuro e difficile, ricco di artifici retorici, lo sdegno e l'amarezza del poeta per la sconfitta dei guelfi che ai suoi occhi segnava la fine di un'epoca di giustizia e di grandezza per la città di Firenze.

ANDIAMO OLTRE

La battaglia di Montaperti

Il 4 settembre del 1260 nei pressi di Montaperti, un piccolo borgo a pochi chilometri da Siena, si svolse uno scontro molto sanguinoso tra i guelfi, che nel 1250 avevano preso il potere a Firenze, e i ghibellini fiorentini, che erano stati esiliati qualche anno prima dalla loro città e si erano alleati con i senesi e con Manfredi, figlio di Federico II. Le sorti della battaglia volsero a favore dei ghibellini, e i guelfi fiorentini subirono una clamorosa sconfitta, rischiando di veder distrutta la loro città. L'evento, pur non essendo stato decisivo sul piano politico – alcuni anni dopo infatti i guelfi riconquistarono definitivamente il potere a Firenze – segnò profondamente la coscienza e l'immaginario dei contemporanei e fu oggetto di diverse ricostruzioni storiografiche e letterarie.

Guittone d'Arezzo dedicò alla sconfitta di Montaperti uno dei suoi componimenti piú famosi; Dante affrontò l'argomento nei canti X e XXXII dell'*Inferno*.

La rievocazione piú intensa e drammatica è quella che si legge nel Canto X. Dante si trova nel cerchio degli eretici, coloro che in vita non hanno creduto nell'immortalità dell'anima e sono condannati a stare dentro tombe infuocate il cui coperchio sarà chiuso dopo il giudizio universale. Da una delle tombe si leva la voce di un fiorentino, Farinata degli Uberti, capo della fazione ghibellina di Firenze, che intreccia con il pellegrino un dialogo. Avendo saputo che Dante è di parte guelfa, Farinata orgogliosamente ricorda di aver sbaragliato per due volte i guelfi, nel 1248 e nel 1260. Dante, punto sul vivo, ribadisce che gli esponenti della sua fazione sono riusciti a rientrare in patria entrambe le volte, mentre i ghibellini non ne sono stati capaci. Farinata rimane dolorosamente colpito da queste parole e chiede per quale motivo i fiorentini siano cosí duri nei confronti della

sua famiglia e in generale dei ghibellini. Dante spiega che il ricordo della strage di Montaperti è ancora cosí bruciante da indurre i fiorentini a prendere dure decisioni nei confronti dei responsabili di quella sconfitta:

Ond'io a lui: «Lo strazio e 'l grande scempio
che fece l'Arbia colorata in rosso,
tal orazion fa far nel nostro tempio».

Ed io gli dissi: «La strage terribile che colorò di rosso le acque del fiume Arbia, fa prendere tali deliberazioni in Firenze».

Farinata replica, con tono amaramente dolente, di non essere stato il solo a combattere contro Firenze in quell'occasione, e ricorda fieramente la determinazione con la quale, nel concilio di Empoli, aveva da solo difeso la città *a viso aperto* opponendosi alla decisione dei suoi di *tòrre via Fiorenza*:

«A ciò non fu' io sol», disse «né certo
sanza cagion con li altri sarei mosso.
Ma fu' io solo, là dove sofferto
fu per ciascun di tòrre via Fiorenza,
colui che la difesi a viso aperto».

«Non sono stato io solo», disse «a combattere a Montaperti, né certo mi sarei mosso con gli altri senza motivo. Ma fui io solo, là, a Empoli, dove tutti avevano deciso di distruggere Firenze, colui che la difese a viso aperto».

Nelle parole del grande ghibellino l'amore per la patria si rivela piú radicato e profondo degli interessi di parte a cui pure mostra di essere ancora appassionatamente legato. Se per i fiorentini la battaglia di Montaperti era legata a una bruciante sconfitta, per i senesi essa costituiva invece una memorabile vittoria, tanto che nel 1308, avvicinandosi il cinquantesimo anniversario dell'evento, la città commissionò a Duccio da Buoninsegna (1255-1319), prestigioso pittore del tempo, una grande tavola per l'altare maggiore del Duomo. L'esecuzione del dipinto, raffigurante la *Maestà*, cioè la Madonna sul trono con in braccio il Bambino Gesù, circondata da angeli e santi, si concluse nel 1311. Il 9 giugno di quell'anno, proclamato per l'occasione giorno festivo, la tavola, come testimoniano i cronisti del tempo, fu portata nel Duomo con una solenne processione alla quale parteciparono il clero, le magistrature della città e tutto il popolo, con l'illuminazione di migliaia di candele e l'accompagnamento di musicanti pagati dal Comune. L'opera, complessa e monumentale – misura cm 212 x 425 –, è uno dei più grandi capolavori della storia dell'arte italiana. È dipinta su entrambi i lati: la facciata anteriore, rivolta al pubblico, presenta la Madonna col Bambino seduta su un bellissimo trono di marmo riccamente decorato, al centro di una schiera di angeli e santi; il retro della tavola, rivolto al clero che sedeva negli scranni del coro, contiene ventisei episodi delle *Storie della Passione di Cristo*, sulla pedana del trono una scritta in latino invoca dalla Vergine pace per Siena e lunga vita per l'autore, che cosí firma l'opera.

Ancora oggi il ricordo dell'evento, che per i senesi segnò un momento fondamentale della loro storia, viene mantenuto vivo nella cultura e nelle tradizioni della città toscana, che ogni anno lo rievoca con una fiaccolata attraverso il campo di battaglia fino al cippo di Montaperti dove sorge una piramide commemorativa.

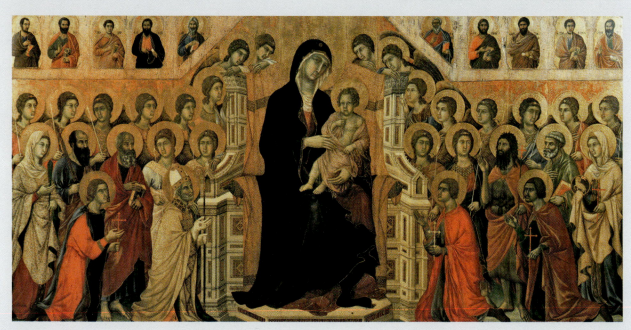

Duccio da Bonisegna, *La Maestà*, 1311. Siena, Duomo.

Assonanze

in architettura

Il palazzo pubblico

L'affermarsi del Comune e della società borghese ebbe significative ripercussioni sulla struttura urbanistica delle città e sulle arti figurative che in misura sempre maggiore affiancarono o addirittura sostituirono ai temi religiosi la rappresentazione del mondo laico, andando incontro alle nuove esigenze politiche e di costume della società urbana.

La città medievale aveva il suo centro religioso nel Duomo e nella piazza antistante a esso e il suo centro

I poeti siculo-toscani

economico nel mercato dove si scambiavano le merci, si mettevano in vendita i prodotti artigianali e si discutevano gli affari. Date le ridotte dimensioni urbane, Duomo e mercato erano in genere piuttosto vicini e costituivano il centro topografico della città che si espandeva intorno a essi per cerchi concentrici. Ma accanto alle esigenze religiose e commerciali si facevano strada nuovi bisogni politici: i cittadini, infatti, cominciavano a organizzarsi autonomamente per gestire la loro vita pubblica attraverso l'istituzione del Comune, all'interno del quale ogni decisione relativa a guerra, tasse, giustizia, alleanze, commercio, veniva presa dai rappresentanti del popolo riuniti in assemblea. In un primo tempo queste adunanze si tennero nella piazza del Duomo o in quella del mercato; in alcune città, come Volterra, Ascoli, Arezzo, si prese la consuetudine di riunirsi all'ombra di un grande olmo che sorgeva nei pressi della chiesa o del mercato, sicché quando fu presa la decisione di costruire palazzi per l'esercizio di queste attività civili venne logico innalzarli in «piazza dell'olmo». Una volta che l'istituzione del Comune si fu consolidata, in ogni città del centro-nord della penisola venne costruito il **palazzo pubblico**, nel quale i magistrati scelti per guidare il Comune svolgevano la loro attività e in alcuni casi avevano anche la residenza per la durata della carica ricoperta. Fu chiamato «pubblico» perché apparteneva a tutti e a nessuno. Le prime città che innalzarono palazzi pubblici furono Brescia nel 1187, Verona nel 1193, Milano nel 1228.

Per quel che riguarda la tipologia architettonica si possono individuare due modalità costruttive.

A nord predomina il **broletto**, da *brolo* che vuol dire «orto, giardino»: questo tipo di palazzo infatti era solitamente edificato intorno a un orto o a un giardino. Il broletto è una possente costruzione rettangolare a due piani che nella parte inferiore presenta un ampio loggiato con copertura a volte o a tavolato, mentre la parte superiore comprende un grande salone per le assemblee con finestre che consentono l'illuminazione e alleggeriscono la struttura; una scala d'accesso esterna, detta *arengo*, porta dalla piazza al salone.

Nella loggia si svolgevano attività commerciali, civili e di giustizia: vi si trovavano infatti i banchi per la vendita, le panche per il lavoro dei notai, la «pietra della vergogna» per i debitori insolventi, le misure ufficiali della città.

Il salone accoglieva le riunioni politiche e le ambascerie e, in caso di tumulti, costituiva un rifugio abbastanza sicuro. Dalla balaustrata in pietra della scala, detta *aringhiera*, gli oratori di turno si affacciavano per parlare al popolo.

Nell'Italia centrale i palazzi pubblici, che compaiono tra la metà del Duecento e la metà del Trecento, hanno l'aspetto di **piccole fortezze**. Manca il loggiato, sostituito da un cortile interno dove i giudici rendono giustizia. Nella parte superiore si trovano la residenza del podestà, che si isola dalla città per

Broletto Nuovo o palazzo della Ragione, XIII secolo. Milano.

Palazzo della Signoria, 1298-1314. Firenze.

La letteratura delle origini

non subire alcuna influenza dalle fazioni contrapposte, una cappella e alcune stanze per le attività politiche, diplomatiche e amministrative. Questa struttura trae motivazione dalle forti tensioni che laceravano i Comuni e facevano della sicurezza uno dei problemi principali per i governi cittadini dell'Italia centrale. Tipica di queste costruzioni è anche l'alta **torre**, simbolo del potere, chiaramente riconoscibile nel palazzo dei Priori a Volterra, nel palazzo della Signoria a Firenze, nel palazzo pubblico di Siena e in quello di Poppi.

Palazzo Pubblico, 1298-1310. Siena.

Mappa dei contenuti

CONTESTO
- Comuni della Toscana nei quali si è affermata la nuova classe borghese
- Conflitti esterni e interni a causa dei contrasti tra le fazioni: guelfi filo-papali e ghibellini filo-imperiali.

TIPOLOGIA DEGLI INTELLETTUALI
- Intellettuale cittadino
- Laico
- Di formazione universitaria
- Svolge un'attività professionale
- Partecipa alla vita politico-amministrativa della città
- Scrive in volgare
- Considera la poesia uno strumento per intervenire nella vita politica

PRINCIPALI ESPONENTI
- Bonagiunta Orbicciani
- Guittone d'Arezzo

I POETI SICULO-TOSCANI
Seconda metà del Duecento

FORME METRICHE
- Sonetto
- Canzone

TEMI
- Amore cantato sul modello dei siciliani
- Temi politici

LINGUA
- Volgare toscano

Appendice

Prove INVALSI e OCSE-PISA

1 | Prove INVALSI

È logico che in un mondo globalizzato si tenda a fare in modo che le competenze raggiunte dagli studenti siano, a parità di età e di titolo di studio, omogenee in tutti i Paesi in cui possano portarli la libertà di scambi e le possibilità di lavoro. È necessario, dunque, che i vari Paesi si facciano carico di garantire e certificare tale omogeneità. Per questo, a partire dal 2001 in poi, gli studenti italiani sono stati coinvolti in indagini di livello nazionale e internazionale con lo scopo di misurarne le competenze attraverso test oggettivi a scelte multiple, sulla base dei quali poi i vari istituti preposti hanno ricavato dati sugli esiti scolastici da comparare a livello europeo.

Dall'anno scolastico 2010-2011 le indagini condotte in Italia dall'Istituto Nazionale di Valutazione (INVALSI) sono diventate obbligatorie: dovranno «testare» le competenze di Italiano e Matematica, e saranno rivolte, per quanto ci riguarda, agli studenti che frequentano la seconda classe del primo Biennio superiore. Mediante queste prove saranno sottoposte a verifica, nell'ambito dell'Italiano, quelle competenze che, tutte insieme, ci danno la misura della capacità di lettura e della padronanza linguistica, e più specificamente:

- la competenza testuale, cioè la capacità di cogliere l'essenza di un messaggio e di distinguere le informazioni che concorrono a comporlo, di comprenderne il senso globale e i significati particolari, le intenzioni dell'autore, il punto di vista, le inferenze (quello che il testo non dice ma che da esso si può ricavare);
- la competenza grammaticale, cioè la padronanza delle regole che sovrintendono alla corretta strutturazione di un testo ai vari livelli (ortografico, morfosintattico, di interpunzione);
- la competenza lessicale, cioè la padronanza attiva del significato dei vocaboli in rapporto al contesto.

Inoltre, è ormai costante e assicurata la partecipazione italiana ai progetti di ricerca valutativi internazionali dei ragazzi quindicenni, partecipazione che finora è sempre stata su base volontaria da parte delle scuole. In questo settore ci interessa il progetto OCSE-PISA, cioè un'indagine condotta ogni tre anni sui quindicenni di una cinquantina di Paesi (dall'Europa agli altri continenti), per stabilire – in un quadro comparato – il livello di alfabetizzazione su testi scritti ed elettronici (*literacy*), nonché nell'ambito della Matematica e delle Scienze. L'organizzazione internazionale che la promuove è l'OCSE (Organizzazione per la Cooperazione e lo Sviluppo Economico), costituita a Parigi nel 1961, e il progetto è stato denominato PISA (*Programme for International Student Assessment*). In questo caso ci si propone di verificare in ambito internazionale non le conoscenze acquisite nelle discipline interessate (Lingua madre, Matematica e Scienze), bensí *la capacità di utilizzare competenze acquisite durante gli anni di scuola per affrontare e risolvere problemi che si incontrano nella vita quotidiana e per continuare ad apprendere*[1].

Oltre a fornire nell'antologia una vasta gamma di esercizi mirati al potenziamento delle competenze di cui si è parlato, che sono di volta in volta indicate in modo esplicito in modo che il lavoro sia più consapevole, riteniamo opportuno offrire i testi di alcune delle prove INVALSI e PISA, assegnate in anni precedenti al 2010. Questo perché vogliamo consentire ai nostri studenti di prepararsi nel modo adeguato a queste importanti prove. Ci si potrà esercitare già nella prima classe, poiché i test erano rivolti fino a ora:

- ai ragazzi della prima, per saggiare i livelli di partenza alla fine della scuola media;
- ai ragazzi della terza, per valutare i livelli in uscita dal biennio.

Per agevolare la scelta, accanto a ogni testo abbiamo indicato:

- a che genere (letterario o non letterario) appartiene;
- di che tipologia si tratta;
- che livello di difficoltà presenta.

E dunque, buon lavoro!

---

1. OCSE-PISA, Studio principale dell'Aprile 2005.

Prove INVALSI e OCSE-PISA

1.1 Prove per la prima classe

Testo letterario (racconto) • Tipologia: narrativo

Enzo Cei

Il regalo

E. Cei, *Ai piedi dei miei anni*, Lucca, 2004 – (INVALSI 2005-2006)

Secondo me avevo quattr'anni. Non andavo ancora a scuola, sicuramente no. Fu detto che c'era questa possibilità, ma quello che ricordo bene è come la notizia mi arrivò: da sola, senza che fosse chiamata.

La notizia che qualcuno aveva una biciclettina adatta a me e che me la poteva dare, bastava aggiustarla. E infatti la vidi, era una meraviglia, ma per un guasto meccanico non riuscivo a pedalarci. Potevo montarci senza pedalare. 5

Era rossa, tinta a mano. Piccolina, col sellino nero. Il telaio rosso e il manubrio color alluminio per farla sembrare un po' nuova. Chissà di chi era e le mani che aveva passato.

La meraviglia era avere un oggetto neanche pensabile. Nessuno poteva sperare di avere una bicicletta a quell'età, tra bimbi contadini come noi. Non era una cosa desiderata perché non arrivava neppure a essere immaginata, nacque solo nel momento che me lo dissero, dal niente al tutto. 10

Non so se si può capire una condizione di pulizia dal desiderio, oggi si nasce con le voglie già nelle tasche, di cose che si avranno, o prima o poi. È conoscere soltanto i confini della propria corte, oltre che della casa attaccata alla stalla. Le persone dovevano occuparsi di portare avanti quello che gli era stato affidato, la terra, la casa, gli animali. 15
I discorsi con le altre famiglie erano su queste cose, tutt'al piú ricorrevano le storie del tempo del fascio, o della guerra passata da una decina d'anni, e dieci anni sono ancora pochi perché sia passata davvero.

Senza comprare, il mondo finisce lí. 20

In casa non c'era un oggetto in piú che non fosse necessario, nessuno portava a casa qualcosa: quello che c'era c'era e tutto quello che c'era serviva, bastava saperlo usare. Semplicemente, l'inutile non esisteva, e cosí non se ne sentiva il bisogno.

La bicicletta. Forse in casa mia ce n'era una, era da donna, mia madre se la portava dietro sin da ragazza. 25

Nessuna famiglia di contadini ne aveva due o tre. La bicicletta serviva per andare dal dottore, per andare in Comune o a trovare un parente malato.

E allora, una biciclettina per un bimbo di quattr'anni era proprio impensabile: la nascita senza semi di un desiderio. Siccome bisognava cambiarle un pezzo, fu portata dal meccanico delle biciclette che si trovava sulla strada, mentre la nostra corte era nell'interno. 30

Questo meccanico si chiamava Dante. Fu chiesto a Dante di accomodarla e date le condizioni di casa, la richiesta non fu fatta come si fa per le cose serie. Gli fu data cosí, dicendo:

«Guarda, quando puoi, se gliel'accomodi. È sua, quando puoi...».

Non ci doveva essere da pagare. 35

Certo, a Dante saranno arrivate da casa mia richieste piú importanti, come per esempio aggiustare la carrozzina di Lino. I conti si potevano pagare anche con le uova o con un coniglio.

Insomma, per queste storie la biciclettina fu appesa in alto.

La stanza dove Dante lavorava aveva pareti nere, scure, e lei era stata messa fuori 40 portata, lontana da tutte le biciclette che prima o poi sarebbero state sistemate. Per andare alla bottega, si doveva passare di fronte all'officina, e siccome anche mia madre sperava di trovarla pronta, mi portava con sé per mano, e quando s'era lí chiedeva a Dante se per caso l'aveva fatta.

Ma lei era sempre lassú, sempre fuori portata. Di certo mia madre glielo avrà anche ri- 45
petuto:

«Via, giú, guarda un po' se gliela sistemi...».

A ogni promessa ci si attaccava il desiderio, il desiderio sospirato di staccarla e portarla in corte, e farmi vedere da tutti.

Questo non fu possibile: lei rimase lassú, io rimasi con tutta la mia voglia, e Dante
con le sue promesse.

1. **Perché la notizia dell'arrivo della bicicletta è cosí importante per il bambino (righe 1-12)? Perché...**
   a. ☐ la bicicletta rossa era meravigliosa
   b. ☐ il bambino desiderava tanto una bicicletta
   c. ☐ il bambino nemmeno sperava di poter avere una bicicletta
   d. ☐ la bicicletta era per il bambino un oggetto molto utile

2. **Che significa la frase: *Senza comprare, il mondo finisce lí* (riga 20)?**
   a. ☐ mancando la possibilità di acquistare qualcosa altrove, è come se i confini del mondo fossero
   quelli della corte, della propria casa
   b. ☐ se non si compra qualcosa, il mondo in cui viviamo non ha piú molto senso
   c. ☐ quando non si ha desiderio di comperare, manca anche la voglia di conoscere cose nuove
   d. ☐ l'idea di comperare cose nuove permette di costruire, con la fantasia, nuovi mondi al di fuori di
   quello della propria casa

3. **Qual è il soggetto di *bastava* (riga 22, *bastava saperlo usare*)?**
   a. ☐ egli (sottinteso)   c. ☐ usare
   b. ☐ l'utile (sottinteso)   d. ☐ saperlo usare

4. **A che cosa si riferisce l'avverbio *semplicemente* nella frase *Semplicemente, l'inutile non esisteva, e
cosí non se ne sentiva il bisogno* (riga 23)?**
   a. ☐ alla proposizione precedente   c. ☐ solo a *non se ne sentiva il bisogno*
   b. ☐ a tutta la proposizione in cui è inserito d. ☐ solo al soggetto *l'inutile*

5. **Alla riga 24 l'espressione *La bicicletta* è isolata da un segno di interpunzione forte. Perché?**
   a. ☐ si tratta di un argomento che non è stato ancora introdotto nella narrazione
   b. ☐ si conclude la rievocazione della bicicletta e si passa ad un altro argomento
   c. ☐ l'autore vuole ritornare all'argomento del discorso dopo una digressione
   d. ☐ l'autore vuole parlare della bicicletta della madre che era da donna

6. **Che tipo di proposizione è *per andare dal dottore* in *La bicicletta serviva per andare dal dottore* (righe 26-27)?**
   a. ☐ consecutiva   c. ☐ concessiva
   b. ☐ finale   d. ☐ causale

7. **Che cos'hanno in comune le tre azioni: *andare dal dottore*, *andare in Comune* e *andare a trovare
un parente malato* (righe 26-27)?**
   a. ☐ riguardano luoghi molto lontani dall'abitazione
   b. ☐ sono azioni che avvenivano al termine dei lavori nei campi
   c. ☐ si tratta di impegni importanti e seri
   d. ☐ si tratta di impegni sgradevoli

8. **Qual è il valore di *mentre* nella frase: *fu portata dal meccanico delle biciclette che si trovava sulla
strada, mentre la nostra corte era nell'interno* (righe 29-31)?**
   a. ☐ oppositivo: «Il meccanico si trovava sulla strada, *invece* la nostra corte era nell'interno»
   b. ☐ temporale: «Il meccanico si trovava sulla strada; *contemporaneamente* la nostra corte era nell'interno»
   c. ☐ consecutivo: «Il meccanico si trovava sulla strada; *di conseguenza* la nostra corte era nell'interno»
   d. ☐ causale: «Il meccanico si trovava sulla strada, *perché* la nostra corte era nell'interno»

Prove INVALSI e OCSE-PISA

9. Perché la forma *saranno* (riga 37: *Certo, a Dante saranno arrivate da casa mia richieste piú importanti*) è al futuro? Perché si riferisce...
  a. ☐ ad avvenimenti non ancora successi
  b. ☐ a dei fatti che sono stati riportati all'autore da altri
  c. ☐ ad avvenimenti che seguono temporalmente quelli appena narrati
  d. ☐ a fatti ritenuti probabili dall'autore ma di cui egli non è sicuro

10. La forma verbale *fu appesa* (riga 40) è coniugata...
  a. ☐ al passato remoto attivo   **c.** ☐ al trapassato remoto attivo
  b. ☐ al passato remoto passivo   **d.** ☐ al trapassato remoto passivo

11. Che tipo di proposizione è *dove Dante lavorava* in *La stanza dove Dante lavorava aveva pareti nere* (riga 41)?
  a. ☐ interrogativa indiretta   **c.** ☐ oggettiva
  b. ☐ temporale   **d.** ☐ relativa

12. A che cosa si riferisce il pronome *ci* in *A ogni promessa ci si attaccava il desiderio* (riga 49)?
  a. ☐ a ogni promessa   **c.** ☐ al desiderio
  b. ☐ all'officina   **d.** ☐ a noi

13. Con l'aggettivo *sospirato* (riga 49) l'autore vuole dire che il desiderio è...
  a. ☐ breve e passeggero   **c.** ☐ inespresso
  b. ☐ intenso e prolungato   **d.** ☐ proibito

14. Che tipo di relazione intrattiene la frase *Questo non fu possibile* (riga 51) con il periodo precedente *A ogni promessa ci si attaccava il desiderio, il desiderio sospirato di staccarla e portarla in corte, e farmi vedere da tutti* (righe 49-50)? Una relazione di...
  a. ☐ opposizione: *ma*   **c.** ☐ giustificazione: *infatti*
  b. ☐ consecuzione: *quindi*   **d.** ☐ aggiunta: *e*

15. Quale delle seguenti opposizioni concettuali manca nel testo?
  a. ☐ presente e passato   **c.** ☐ società contadina e società dei consumi
  b. ☐ necessario e superfluo   **d.** ☐ desideri dell'infanzia e desideri dell'età adulta

---

Testo non letterario (saggio) • **Tipologia : espositivo**   ■ ☐ ☐

Francesco Sabatini

Le parole e le cose

F. Sabatini, *La lingua e il nostro mondo*, Torino, Loescher, 1978 – (INVALSI 2005-2006)

Le cose di per sé non hanno nessun nome. Sono gli uomini che hanno dato e continuano a dare i nomi ad esse. Di solito non ci accorgiamo di questa verità perché siamo molto abituati a chiamare ogni cosa con un certo nome. È tanto forte l'abitudine di chiamare il cane col nome di *cane* che quell'animale ci sembra che *debba* chiamarsi cosí. Eppure, lo stesso cane in spagnolo si chiama *perro*, in francese *chien*, in inglese *dog*, in tedesco *Hund*...; quale sarebbe allora il «vero» nome del cane? Evidentemente nessuno; oppure dobbiamo dire che i «veri» nomi del cane sono tutti quelli usati nelle varie lingue. 5

Gli uomini cominciarono a dare i nomi alle cose nella notte dei tempi, con sistemi che ignoriamo totalmente. Ogni tribú avrà avuto i suoi motivi per dare al cane, al sole, all'albero e a tutto ciò che vedeva e immaginava certi nomi, che furono diversi da quelli dati da altre tribú. Noi oggi non conosciamo piú quei motivi; accettiamo e usiamo le parole cosí come ci sono arrivate. Su di noi, invece, influisce molto l'abitudine. È questa che ci fa sentire i nomi strettamente legati alle cose, concrete o astratte che siano. 10

Qualche esempio, a questo punto, può far capire meglio tutto il discorso. La ciocco-

lata potrebbe essere chiamata con un altro nome qualsiasi continuando a restare quella   15
che è; ma siccome siamo abituati a chiamarla *cioccolata*, quando pronunciamo questo
nome abbiamo subito un'idea precisa di quella cosa e magari sentiamo anche l'acquolina
in bocca! Allo stesso modo, se una persona ha paura dei cani (magari perché è stato mor-
so una volta), al grido di *attento al cane!* farà un salto di spavento: la parola *cane*, che
pure potrebbe essere sostituita da un'altra, in lui produce ormai quell'effetto.   20

Le parole, anche se sono nate per caso, possono dunque suggestionare la nostra mente e i nostri sensi: e proprio per effetto di questa suggestione noi impariamo facilmente
le parole e ci abituiamo ad usare la lingua con prontezza ed efficacia.

Alcune parole, per la verità, non ci sembrano formate proprio a caso. Ad esempio,
rimbombo, úlulo, scricchiolío, abbaiare, miagolare, tintinnare sono parole che chiara-   25
mente imitano un suono o un rumore esterno. Eppure, anche queste parole sono diverse da una lingua all'altra: gli studiosi che si sono occupati attentamente di questo fenomeno, hanno notato che per gli Italiani il gallo fa *chicchirichí* e l'oca *qua-qua*; mentre
per i Francesi il gallo fa *cocoricò* e l'oca *muàc-muàc* o *cuèn-cuèn*; per gli Italiani lo sparo
faceva *pum* e il bussare *toc-toc*, ma da quando si sono diffusi i fumetti, soprattutto To-   30
polino che viene dall'America, lo sparo fa *bang*, e il bussare fa *knock*, perché gli Inglesi e
gli Americani riproducono cosí questi rumori.

Gli uomini, a quanto pare, hanno una sensazione diversa perfino dei rumori che col-
piscono le loro orecchie. Questo conferma che le cose sono quello che sono e che noi
cerchiamo di dare ad esse dei nomi secondo le nostre impressioni. Ma certo la stragran-   35
de maggioranza delle parole che oggi usiamo (del tipo *sole, cane, strada, alto, bello, co-*
raggio, attenzione, perché, sí, no), per noi non imitano proprio nulla. Se queste parole ci
sembrano cosí adatte a esprimere quei concetti questo è dovuto solo all'abitudine. Il
chiamare una cosa sempre con quel nome ci fa sentire nel nome quasi la «presenza» della cosa stessa.   40

1. **Quale delle seguenti forme si può sostituire al termine** *eppure* **nella frase** *Eppure, lo stesso cane*
in spagnolo si chiama perro... (righe 4-5)?
a. ☐ insomma
c. ☐ invece
b. ☐ anzi
d. ☐ comunque

2. **Che cosa significa l'espressione** *nella notte dei tempi* **(riga 8)?**
a. ☐ nei cosí detti «secoli bui», durante il Medioevo
b. ☐ in tempi antichissimi, agli inizi della storia dell'uomo
c. ☐ in tempi oscuri perché gli uomini vivevano nelle caverne
d. ☐ prima della glaciazione, quando il sole brillava meno chiaramente

3. **Qual è il valore del gerundio** *continuando*, **nella frase** *La cioccolata potrebbe essere chiamata con*
un altro nome qualsiasi continuando a restare quella che è **(righe 14-16)?**
a. ☐ causale: «... *visto che* continuerebbe a restare quella che è»
b. ☐ consecutivo: «... *quindi* continuerebbe a restare quella che è»
c. ☐ oppositivo: «... *invece* continuerebbe a restare quella che è»
d. ☐ concessivo: «... *nonostante ciò* continuerebbe a restare quella che è»

4. **Quanti esempi vengono presentati nel terzo capoverso (righe 14-20)?**
a. ☐ uno
c. ☐ tre
b. ☐ due
d. ☐ quattro

5. **Che tipo di proposizione è** *che pure potrebbe essere sostituita da un'altra* **(righe 19-20)?**
a. ☐ oggettiva
c. ☐ relativa
b. ☐ consecutiva
d. ☐ ipotetica

6. **Quale altra parola può stare al posto di** *pure* **in** *la parola* cane, *che pure potrebbe essere sostituita*
da un'altra **(righe 19-20)?**
a. ☐ tuttavia
c. ☐ infatti
b. ☐ quindi
d. ☐ invece

Prove INVALSI e OCSE-PISA

7. **Quale significato assume il termine *suggestionare* alla riga 21?**
   - a. ☐ stupire
   - b. ☐ suggerire
   - c. ☐ influenzare
   - d. ☐ persuadere

8. **Qual è il significato di *chiaramente* nella frase *rimbombo, úlulo, scricchiolío, abbaiare, miagolare, tintinnare sono parole che chiaramente imitano un suono o un rumore esterno* (righe 25-26)?**
   - a. ☐ alcune parole indicano la cosa con maggiore chiarezza di altre
   - b. ☐ è chiaro che alcune parole imitano un suono o un rumore esterno
   - c. ☐ alcune parole permettono, grazie alla loro chiarezza, di risalire immediatamente al loro significato
   - d. ☐ è chiaro a chi ascolta alcune parole, quale sia il rumore da esse imitato

9. **Quale delle seguenti frasi riassume l'idea principale del quinto capoverso (righe 24-32)?**
   - a. ☐ i Francesi riproducono diversamente dagli Italiani i suoni legati ai versi degli animali
   - b. ☐ alcune parole riproducono i suoni, per cui differiscono poco da una lingua all'altra
   - c. ☐ anche le parole che riproducono i suoni differiscono da una lingua all'altra
   - d. ☐ le parole che riproducono suoni non vengono tradotte, ma riprese cosí come sono

10. **Che cosa significa il termine *sensazione* alla riga 33?**
    - a. ☐ coscienza
    - b. ☐ presentimento
    - c. ☐ sentimento
    - d. ☐ percezione

11. **Qual è il soggetto di *ci fa sentire* (riga 39)?**
    - a. ☐ il chiamare una cosa
    - b. ☐ noi
    - c. ☐ quel nome
    - d. ☐ la «presenza» della stessa cosa

12. **Il titolo del testo è *Le parole e le cose*: quale senso assume la congiunzione *e*?**
    - a. ☐ è una semplice aggiunta (come in: *comprerà pesche e albicocche*)
    - b. ☐ genera un'opposizione (come in: (*guerra e pace*)
    - c. ☐ crea una successione temporale (come in: *ha fatto una buona cena e un lungo sonno*)
    - d. ☐ instaura una relazione fra due elementi (come in: *gli uomini e le loro abitudini*)

13. **Che tipo di rapporto, secondo l'autore, lega nella maggior parte dei casi le parole alle cose? Un rapporto...**
    - a. ☐ arbitrario: sono stati e sono gli uomini ad attribuire i nomi alle cose
    - b. ☐ naturale: le parole definiscono chiaramente le cose
    - c. ☐ arbitrario: non tutte le parole definiscono con chiarezza le cose
    - d. ☐ naturale: le cose si chiamano come si chiamano

Testo letterario (racconto) · Tipologia: descrittivo-narrativo ■■☐

Curzio Malaparte

Il cane Febo

C. Malaparte, *Febo cane metafisico*, Via del Vento edizioni, Pistoia, 1998 – (INVALSI 2006-2007)

Nell'ottobre 1933 lo scrittore Curzio Malaparte viene espulso dal partito fascista e condannato al confino sull'isola di Lipari: qui è ambientata la storia del cane Febo.

Quel giorno piovve, io rimasi in casa con Febo, e cominciai a parlargli, a dirgli un sacco di cose, gli lessi persino una lettera di mia madre, che non stava bene, e si lamentava del mio stato, della mia solitudine. Credo che cominciasse a capirmi, perché mi guardava fisso e drizzava le orecchie. C'è nei cani un modo di fare, un tenersi, uno scrollar del capo, un seguire con gli occhi ogni tuo moto, ogni tuo accento, che fa pensare non già soltanto a una loro vita interiore, alla loro intelligenza, alla loro memoria, ma a una loro intima comprensione dei pensieri e dei sentimenti dell'uomo. O che la vita comune con l'uomo, quel vivere insieme, quel seguire le stesse abitudini, la comunanza di vita, insomma, gli diano, in un certo senso, un che di umano, lo liberino dalla schiavitú in cui lo mantiene il suo stato animale, o che l'uomo gli si avvicini, gli vada incontro, fatto sia che il cane acquista, dal contatto con l'uomo, quasi un grado superiore dell'intelligenza. L'uomo pensa, il cane sente. E certo Febo, in quei primi giorni, dava a vedere di capire a poco a poco la mia situazione, cominciava a rendersi conto del mio stato d'animo, avrei detto che sapesse già tutto. Egli avvertiva oscuramente che io non ero come gli altri, non potevo far come gli altri. Non osservavo tuttavia nel suo sguardo bambino nessuna pietà, né commiserazione. La mia prigionia era per lui un gioco: e quel muoversi intorno a me dei carabinieri, quel bussar la notte alla porta dieci, quindici volte, quelle ronde, quell'essere attorniato sempre, a prudente distanza, dai soliti carabinieri, quel non poter oltrepassare il confine di ferro spinato proprio là dove finiva l'arida terra, l'arida sterpaglia, e i muri degli orti, e gli orti e le case di Lipari e cominciava la terra libera, cominciava l'erba, l'erba verde, gli alberi e gli arbusti verdi, e lo spazio libero per correre, lo riempivano in principio di meraviglia, ed eran per lui come un gioco, come un capriccio, cui si divertiva. Si divertiva a infrangere la legge, a scapparmi di sotto gamba, a correr libero nell'erba oltre la siepe di fili di ferro, e poi si fermava a guardarmi, abbaiando, come per dirmi «vien qua, andiamo, vieni via» e forse mi pigliava in giro con quelle sue mosse buffe da cucciolo, quella sua testa troppo grossa, quelle sue zampe grosse, quel suo corpo agile e snello da levriero. Nella mia stanza non c'era che una branda da carabiniere, due sedie, un tavolo. Dividemmo da buoni amici le suppellettili, il letto per dormire, le coperte. Quando scrivevo, Febo si metteva sotto il tavolo, o si accucciava vicino alla finestra, per vedere le barche del mare e ascoltare i discorsi dei pescatori, le parole sommesse delle ragazze, le grida dei bambini. Non usciva di casa solo. S'era presto abituato alla mia compagnia, e il buffo è che s'era come piegato ai regolamenti, li osservava, non usciva mai né dopo le sette di sera né prima delle nove di mattina, osservava cioè l'orario con una puntualità che mi stupiva e commoveva. Ben presto assunse verso gli altri cani, i miseri cani randagi di Lipari, sempre in caccia d'ossa di pesce e di tozzi di pane, un contegno non direi superbo, ma quasi di fiero distacco. Non che li snobbasse, ma li sfuggiva, li stava a osservar di lontano nelle loro zuffe, nelle loro fughe, nei loro guardinghi passi di ladro. Non s'imbrancava piú. A poco a poco non solo i suoi modi, i suoi gusti, ma perfino il suo pelo, il suo corpo, acquistavano uno stile, una signorile aria, un colore delicato.

Il suo pelo raso, lucido, color chiaro, un beige macchiato qua e là di zone rosee, il suo occhio azzurro, si schiarivano: diventava a poco a poco un cane di grande stile.

---

1. **Qual è la descrizione della forma verbale *lessi* (riga 2)?**
   a. ☐ indicativo, passato remoto   c. ☐ congiuntivo, passato
   b. ☐ indicativo, imperfetto   d. ☐ congiuntivo, imperfetto

2. **Che cosa significa l'espressione *un tenersi* alla riga 4?**
   a. ☐ un'andatura prudente   c. ☐ un atteggiamento particolare
   b. ☐ un modo di arrestarsi   d. ☐ un istinto di trattenere per sé

3. **Che cosa significa l'espressione *fatto sia* alla riga 10?**
   a. ☐ sia fatto   c. ☐ fatto sí
   b. ☐ sia pur fatto   d. ☐ fatto sta

4. **Qual è l'atteggiamento del cane Febo nei primi giorni di confino del narratore a Lipari (righe 12-16)?**
   a. ☐ tiene compagnia e cerca di rallegrare l'amico sorvegliato
   b. ☐ segue in ogni luogo l'amico e non capisce cosa sta accadendo
   c. ☐ intuisce la diversità dell'amico in confino, ma non lo commisera
   d. ☐ manifesta pietà e solidarietà per l'amico in confino

Prove INVALSI e OCSE-PISA

5. Qual è il significato dell'espressione *dava a vedere* alla riga 12?
- **a.** ☐ dava ad intendere, fingeva
- **b.** ☐ faceva apparire, mostrava
- **c.** ☐ cercava di dimostrare
- **d.** ☐ sembrava accorgersi

6. Qual è il significato del termine *oscuramente* alla riga 14?
- **a.** ☐ di nascosto
- **b.** ☐ in modo confuso
- **c.** ☐ in modo triste
- **d.** ☐ silenziosamente

7. Qual è la descrizione della forma verbale *avrei detto* (riga 13)?
- **a.** ☐ congiuntivo, passato
- **b.** ☐ indicativo, trapassato remoto
- **c.** ☐ condizionale, passato
- **d.** ☐ indicativo, trapassato prossimo

8. Con quale delle seguenti forme può essere sostituita la congiunzione *tuttavia* alla riga 15?
- **a.** ☐ dunque
- **b.** ☐ infatti
- **c.** ☐ però
- **d.** ☐ inoltre

9. L'espressione *a prudente distanza* alle righe 18 ha valore di...
- **a.** ☐ mezzo
- **b.** ☐ fine
- **c.** ☐ moto a luogo
- **d.** ☐ modo

10. Che cosa significa il termine *sommesse* alla riga 30?
- **a.** ☐ gentili
- **b.** ☐ sottomesse
- **c.** ☐ umili
- **d.** ☐ sussurrate

11. Qual è l'atteggiamento del cane Febo rispetto agli altri cani del luogo?
- **a.** ☐ cerca di sfuggirli, perché si sente attratto dalla loro vita libera
- **b.** ☐ prova un senso di diversità e di distacco
- **c.** ☐ sa di essere un cane di razza, superiore ai cani randagi
- **d.** ☐ mostra assoluta indifferenza e signorile superiorità

12. Che cosa significa il termine *guardinghi* alla riga 37?
- **a.** ☐ lenti
- **b.** ☐ attenti
- **c.** ☐ silenziosi
- **d.** ☐ astuti

13. Che cosa rappresenta il cane Febo per il narratore?
- **a.** ☐ un compagno di giochi che cerca di rallegrargli la prigionia
- **b.** ☐ un animale che ama infrangere la legge e che lo invita a fuggire
- **c.** ☐ un compagno attento che condivide la vita di ogni giorno
- **d.** ☐ un animale solitario che gli ricorda la tristezza della prigionia

14. Quale altro titolo potrebbe riassumere i contenuti del testo?
- **a.** ☐ un cane che si umanizza
- **b.** ☐ un compagno sempre fedele e ubbidiente
- **c.** ☐ un cane che rifiuta i suoi simili
- **d.** ☐ un compagno affettuoso e allegro

15. Qual è la categoria morfologica di *perfino* (riga 38)?
- **a.** ☐ aggettivo
- **b.** ☐ preposizione
- **c.** ☐ congiunzione
- **d.** ☐ avverbio

16. Come possono essere definiti i cambiamenti che avvengono nel cane Febo?
- **a.** ☐ per lo piú rapidi e improvvisi
- **b.** ☐ alcuni piú veloci, altri piú lenti
- **c.** ☐ tutti molti lenti e graduali
- **d.** ☐ non si può dire: non vi sono indicazioni nel testo

Testo non letterario (articolo giornalistico) • Tipologia : espositivo-argomentativo

Michele Cortelazzo

Oralità, concisione, assenza di sintassi: le caratteristiche di una scrittura allegra

M. Cortelazzo, «Corriere della sera», 19 agosto 2000 – (INVALSI 2006-2007)

Ogni giorno in Italia vengono scambiati oltre dieci milioni di Sms (Short message service), i messaggini che vengono trasmessi attraverso i telefonini e vengono visualizzati nel display del cellulare. Un fenomeno comunicativo imponente, nonostante i diminutivi che ho dovuto usare per descriverlo; e tanto imponente quanto volatile: dei milioni di messaggini non resta alcuna traccia durevole. I maggiori utilizzatori degli Sms risultano essere i giovani sotto i 25 anni, quelli che, si dice, non sanno, o non amano, scrivere.

A prima vista la diffusione dei messaggi parrebbe sancire la rivincita di Theuth, il dio egizio inventore della scrittura. Dopo che per anni la parola scritta sembrava destinata a un futuro sempre piú marginale, soppiantata dalla comunicazione audiovisiva a distanza, ecco che lo sviluppo tecnologico (prima il fax, poi l'e-mail, adesso gli Sms) ridà valore alla scrittura. Ma alcuni aspetti tecnici degli Sms ci devono spingere alla cautela. I messaggini non possono superare i 160 caratteri; digitare un messaggio dalla tastiera di un telefonino è molto piú lento e faticoso di quanto non lo sia dalla tastiera di un computer. Ecco allora che gli Sms sono per loro natura brevi, brachilogici*, poco strutturati. In positivo possono essere una provvidenziale scuola di sintesi e un'occasione per sviluppare la creatività, escogitando ogni mezzo possibile per dire di piú nel minor spazio; in negativo, possono essere il luogo in cui domina la fatuità, la comunicazione rapida e occasionale.

La grafia corrente ha cercato di fare i conti con la brevità e, utilizzando tecniche analoghe a quelle degli amanuensi che dovevano scrivere fogli e fogli di manoscritti, è stata creata una forma di scrittura compendiata, le cui regole sono condivise dai partecipanti alla comunicazione.

Dal punto di vista materiale siamo davvero di fronte a un recupero della scrittura; ma da un punto di vista piú profondo la rivincita della scrittura è sicuramente limitata. La scrittura dei messaggini mima prepotentemente l'oralità, sia per quel che riguarda le caratteristiche linguistiche, sia per quel che riguarda gli scopi comunicativi per cui viene usata.

Gli accorciamenti nella realizzazione delle parole, la elementarietà della sintassi, l'ampia presenza di contenuti impliciti, considerati scontati dagli interlocutori, sono tratti dell'orale piú che dello scritto.

La trascuratezza di grafia e punteggiatura e la velocità di scambio degli Sms non fanno che riproporre le caratteristiche di trascuratezza e di «allegro» tipiche dei dialoghi parlati, in primo luogo quelli giovanili. La mimesi dell'oralità è esemplarmente evidenziata dall'uso di icone come :-) per «felice» o :-(per «triste» che indicano l'atteggiamento, lo stato d'animo con cui si emettono i messaggi.

Le caratteristiche linguistiche e comunicative dei messaggini ci fanno capire bene perché la nuova tecnologia ha attecchito soprattutto tra i giovani: perché permette loro di riprodurre, anche a distanza, le caratteristiche di fondo del loro parlato: un parlato che vuole essere prima di tutto uno strumento per tenere legato il gruppo, e per legarsi, o tenersi legati, ad esso; un parlato ricco di smozzicamenti sintattici controbilanciati da un'alta velocità di eloquio, con una forte significatività della componente gestuale; un parlato che utilizza da tempo tratti «economici», come lo scorciamento delle parole lunghe. La riproposizione di queste caratteristiche del parlato giovanile aveva già trovato accoglienza in alcuni tipi di testi scritti, nelle lettere e soprattutto nelle cartoline tra ami-

---

* brachilogici: l'aggettivo si riferisce ad un modo di esprimersi conciso, sintetico.

Prove INVALSI e OCSE-PISA

ci e, ancor piú, nei bigliettini che gli studenti (è inutile negarlo, di tutti i tempi) si scambiano piú o meno di soppiatto tra i banchi di scuola. Ecco: i messaggini del cellulare sono l'espressione, tecnologicamente evoluta, proprio di questa forma testuale. I contenuti trasmessi sono piú o meno gli stessi, le forme linguistiche anche, le dimensioni pure.

45

1. **A quale fascia di pubblico si rivolge l'autore con questo articolo?**
   a. ☐ ad un qualsiasi lettore che possa essere interessato all'argomento
   b. ☐ ad un pubblico ristretto, specializzato negli studi sulla comunicazione
   c. ☐ solo agli adulti che non conoscono bene il mondo degli Sms
   d. ☐ solo ai giovani che utilizzano ogni giorno gli Sms

2. **Quale funzione ha il termine _alcuna_ nella frase ... _dei milioni di messaggini non resta alcuna traccia durevole_ (righe 4-5)?**
   a. ☐ aggettivo dimostrativo
   b. ☐ aggettivo indefinito
   c. ☐ pronome dimostrativo
   d. ☐ pronome indefinito

3. **Come può essere reso esplicito il legame interno al periodo ... _tanto imponente quanto volatile: dei milioni di messaggini non resta alcuna traccia durevole_ (righe 4-5)?**
   a. ☐ ... tanto imponente quanto volatile: infatti dei milioni di messaggini non resta alcuna traccia durevole
   b. ☐ ... tanto imponente quanto volatile: ad esempio dei milioni di messaggini non resta alcuna traccia durevole
   c. ☐ ... tanto imponente quanto volatile: eppure dei milioni di messaggini non resta alcuna traccia durevole
   d. ☐ ... tanto imponente quanto volatile: quindi dei milioni di messaggini non resta alcuna traccia durevole

4. **Qual è il significato di _cautela_ alla riga 11?**
   a. ☐ sospetto   c. ☐ timore
   b. ☐ dubbio   d. ☐ prudenza

5. **Quale funzione ha l'espressione _A prima vista_ nella frase: _A prima vista la diffusione dei messaggi parrebbe sancire la rivincita di Theuth il dio egizio inventore della scrittura_ (righe 7-8)?**
   a. ☐ introdurre qualcosa di assolutamente certo, fondato su prove evidenti
   b. ☐ avvertire che basta un rapido sguardo per comprendere la verità
   c. ☐ suggerire che quanto si sta per dire è solo un'impressione iniziale
   d. ☐ chiarire che quanto l'autore sta per affermare lo sanno tutti

6. **Qual è il soggetto del predicato nominale _è piú lento e faticoso_ nella frase: _digitare un messaggio dalla tastiera di un telefonino è molto piú lento e faticoso di quanto non lo sia dalla tastiera di un computer_ (righe 12-13)?**
   a. ☐ un messaggio
   b. ☐ digitare
   c. ☐ digitare un messaggio
   d. ☐ digitare un messaggio dalla tastiera di un telefonino

7. **Rispetto alle affermazioni precedenti (righe 12-13), quale funzione viene espressa dalla frase: _Ecco allora che gli Sms sono per loro natura brevi, brachilogici, poco strutturati_ (righe 13-14)?**
   a. ☐ chiarisce la causa   c. ☐ propone una riformulazione
   b. ☐ ricava delle conseguenze   d. ☐ introduce un contrasto

8. **Con quale altra espressione si può rendere il significato del gerundio _escogitando_ nella frase _In positivo possono essere una provvidenziale scuola di sintesi e un'occasione per sviluppare la creatività, escogitando ogni mezzo possibile per dire di piú nel minor spazio_ (righe 14-16)?**
   a. ☐ poiché escogitano   c. ☐ pur di escogitare
   b. ☐ anche se escogitano   d. ☐ al punto da escogitare

Appendice

9. Da quale dei seguenti nomi può essere sostituito il termine *fatuità* nel contesto della frase *in negativo, possono essere il luogo in cui domina la fatuità, la comunicazione rapida e occasionale* (righe 16-17)?

a. ☐ instabilità   **c.** ☐ superficialità

b. ☐ ingenuità   **d.** ☐ casualità

10. Perché gli Sms si esprimono attraverso una *scrittura compendiata*?

a. ☐ per rendere piú preciso il messaggio   **c.** ☐ per sviluppare la creatività

b. ☐ per essere compresi dal destinatario   **d.** ☐ per esigenze di sintesi

11. Da quale vocabolo può essere sostituito il termine *mimesi* nell'espressione *La mimesi dell'oralità è esemplarmente evidenziata dall'uso di icone come :-) per «felice» o :-(per «triste»...* (righe 31-33)?

a. ☐ imitazione   **c.** ☐ vivacità

b. ☐ trasformazione   **d.** ☐ semplicità

12. Quale delle seguenti coppie di espressioni presenta le caratteristiche che gli Sms hanno ripreso dal linguaggio orale (righe 29-36)?

a. ☐ contenuti espliciti scontati; uso di icone   **c.** ☐ contenuti espliciti; trascuratezza

b. ☐ sintassi elementare; abbreviazioni di parole   **d.** ☐ sintassi complessa; contenuti impliciti

13. Perché secondo l'autore *la nuova tecnologia degli Sms ha attecchito soprattutto tra i giovani* (riga 35)?

a. ☐ è un mezzo che permette di tenere unito il gruppo

b. ☐ è semplice e non richiede particolari conoscenze

c. ☐ è veloce in una società dove tutto si consuma rapidamente

d. ☐ è uno strumento tecnologico innovativo

14. Quale tra le seguenti frasi sintetizza un contenuto centrale del testo?

a. ☐ *Ogni giorno in Italia vengono scambiati oltre dieci milioni di Sms* (riga 1)

b. ☐ *I maggiori utilizzatori degli Sms risultano essere i giovani sotto i 25 anni* (righe 5-6)

c. ☐ *lo sviluppo tecnologico (prima il fax, poi l'e-mail, adesso gli Sms) ridà valore alla scrittura* (righe 10-11)

d. ☐ *La scrittura dei messaggini mima prepotentemente l'oralità* (righe 23-24)

1.2   Prove di uscita dal biennio

Testo letterario (lirica) · **Tipologia: poetico**   ▪ ▪ ▪

Camillo Sbarbaro

Io che come un sonnambulo cammino

C. Sbarbaro, *Pianissimo* (1914), in *L'opera in versi e in prosa*, a cura di G. Lagorio, V. Scheiwiller, Garzanti, Milano, 1999 – (INVALSI 2005-2006)

Io che come un sonnambulo cammino
per le mie trite vie quotidiane,
vedendoti dinanzi a me trasalgo.

Tu mi cammini innanzi lenta come
5   una regina.

Prove INVALSI e OCSE-PISA

Regolo il mio passo
io subito destato dal mio sonno
sul tuo ch'è come una sapiente musica.
E possibilità d'amore e gloria
10 mi s'affacciano al cuore e me lo gonfiano.
Pei riccioletti folli d'una nuca
per l'ala d'un cappello io posso ancora
alleggerirmi della mia tristezza.
Io sono ancora giovane, inesperto
15 col cuore pronto a tutte le follie.

Una luce si fa nel dormiveglia.
Tutto è sospeso come in un'attesa.
Non penso piú. Sono contento e muto.
Batte il mio cuore al ritmo del tuo passo.

Questa poesia di Camillo Sbarbaro (1888-1967) fa parte della raccolta Pianissimo *pubblicata per la prima volta nel 1914. La figura del sonnambulo rappresenta un simbolo ricorrente nell'universo del poeta, che appartiene ad un'epoca in cui il disagio esistenziale è un tema dominante.*

---

1. Che cosa significa l'aggettivo nell'espressione *trite vie* al verso 2?
- **a.** ☐ frequentate da molti
- **b.** ☐ troppo spesso ripercorse
- **c.** ☐ tortuose e strette
- **d.** ☐ antiche, consumate dal tempo

2. Qual è il significato di *trasalire* al verso 3?
- **a.** ☐ sobbalzare
- **b.** ☐ fermarsi improvvisamente
- **c.** ☐ rallentare il passo
- **d.** ☐ svegliarsi

3. Quali fra le seguenti parole è un sinonimo di *regolare* al verso 6?
- **a.** ☐ ravvicinare
- **b.** ☐ confrontare
- **c.** ☐ variare
- **d.** ☐ accordare

4. Quale termine nel testo si può collegare a *tristezza* del verso 13?
- **a.** ☐ *inesperto* (verso 14)
- **b.** ☐ *follie* (verso 15)
- **c.** ☐ *sonno* (verso 7)
- **d.** ☐ *sospeso* (verso 17)

5. Quale significato si può attribuire al verso 16, *Una luce si fa nel dormiveglia*?
- **a.** ☐ nel sogno il poeta crede di vedere una luce
- **b.** ☐ nella monotonia dell'esistenza affiora una speranza
- **c.** ☐ la luce del giorno sta per riportare il poeta alla realtà
- **d.** ☐ il dormiveglia permette di uscire dal buio del sonno

6. Quale delle seguenti parole contribuisce nel testo ad esprimere l'attesa fiduciosa del poeta di conquistare la felicità?
- **a.** ☐ *ancora* (verso 12)
- **b.** ☐ *innanzi* (verso 4)
- **c.** ☐ *piú* (verso 18)
- **d.** ☐ *subito* (verso 7)

7. Rimanendo fedeli alle informazioni che offre il testo della poesia, come va descritta la situazione della donna nei confronti del poeta?
- **a.** ☐ la donna si è accorta della presenza del poeta ma non si sa se corrisponde al suo amore
- **b.** ☐ la donna si è accorta della presenza del poeta e gli fa capire di corrispondere al suo amore
- **c.** ☐ la donna non si è accorta della presenza del poeta
- **d.** ☐ non si sa se la donna si sia accorta della presenza del poeta

8. Nella poesia il confine tra realtà e irrealtà è tenue. Quale serie di parole del testo esprime questa particolare atmosfera?
- **a.** ☐ cammino – trasalgo – possibilità
- **b.** ☐ regina – cuore – musica
- **c.** ☐ sonnambulo – sonno – dormiveglia
- **d.** ☐ amore – gloria – follie

9. **Quale tra le seguenti affermazioni rispecchia il tema di fondo del componimento?**
   a. ☐ l'amore è la speranza che fa ancora battere il cuore del poeta e lo scuote dal suo abituale torpore
   b. ☐ la giovinezza e l'inesperienza del poeta lo rendono vittima della passione amorosa
   c. ☐ il poeta viene travolto dalla follia dell'amore, ma non dimentica il vuoto della propria esistenza
   d. ☐ il fascino della donna offre al poeta l'illusione di entrare in armonia con lei, nonostante la sua inesperienza

10. **Qual è il linguaggio dell'ultima strofa, caratteristico dello stile del poeta?**
   a. ☐ parlato   **c.** ☐ piano
   b. ☐ solenne   **d.** ☐ insolito

11. **Nel testo poetico il verso può coincidere con la struttura sintattica. In quale parte della poesia questo accade con maggior frequenza e evidenza?**
   a. ☐ nelle strofe iniziale e centrale   **c.** ☐ nella strofa iniziale
   b. ☐ nelle strofe centrale e finale   **d.** ☐ nella strofa finale

---

Testo letterario (racconto) • Tipologia : narrativo

Umberto Saba

Un colpo di pistola

Riduzione da U. Saba, *Tutte le prose*, Mondadori, Milano, 2001 – (INVALSI 2005-2006)

Trieste era famosa per i suoi caffè cittadini come per le sue osterie di campagna. I caffè, che venivano da Vienna, furono, piano piano, sopraffatti dai bar, cioè dall'America. I pochi che ancora rimangono hanno l'aria di vecchi signori ottocenteschi in un mondo ogni giorno, per essi, più incomprensivo. Le osterie invece sono, in gran parte, quelle di sempre. Il colpo di pistola fu, una di queste sere, sparato in una di queste osterie suburbane.   5

Si affacciò al locale un giovane soldato americano. Gli avventori, molto numerosi, discutevano di alta politica. Dopo di avere, per un attimo, sostato sulla soglia, il soldato entrò nell'osteria, si guardò attorno, cavò di tasca una pistola, sparò un colpo in aria... Povero! Lontano dalla patria, in una città e in un ambiente a lui stranieri, doveva pure, in qualche modo, affermare la propria esistenza; dire: a questo mondo ci sono anch'io!   10

Il giovane soldato (che forse non era quella sera alla sua prima sosta a uno spaccio di bevande alcoliche) parve rendersi subito conto di aver commesso un errore di tatto. Ma, come annullarlo non poteva, rimase bravamente ad attendere la reazione. «Se qualcuno» sembrava dire «ha qualcosa in contrario, si faccia avanti». Nessuno aveva nulla in contrario (o non mostrò), e nessuno si fece avanti. Scoppiarono invece applausi, grida   15
di bravo, bene, bis, accompagnati da risa e battimani. Sconcertato dalle inaspettate accoglienze, che parevano quasi incoraggiarlo a proseguire, il soldato si oscurò in volto, rimise l'arma in tasca, uscí confuso dall'osteria, senza dire altra parola.

I miei pensieri, indietreggiando nel tempo, mi richiamarono alla memoria, per analogia, un episodio della vita del cane Occo.   20

Il cane Occo era un fervente nemico dei gatti, che per lui rappresentavano, sulla faccia della terra, il male assoluto. Venti o trent'anni fa, quest'inimicizia era, per via, un divertimento quotidiano. Oggi, o per l'accresciuta pericolosità del traffico, che obbliga di condurre i cani al guinzaglio, o perché gli uomini che la tenevano viva hanno trovato, per sfogarsi, vie più dirette, lo spettacolo è diventato raro. Ma allora il cane Occo non sapeva vedere un   25
gatto senza avventarglisi contro. La povera bestia era tanto stupida da non capire che, impedita dalla museruola, poteva solo buscarle, in nessun caso darle. Per sua fortuna i gatti erano altrettanto stupidi, e, appena si vedevano arrivare addosso quella furia, si arrampicavano su per un albero, o correvano a nascondersi in qualche interno. Ci fu però una volta

Prove INVALSI e OCSE-PISA

215

– una sola – un gatto straordinario, un gatto da libro delle favole, che né fuggí, né si dispose ad affrontare il suo terribile nemico. Seduto tranquillo sulla porta di una bottega di generi alimentari, accolse la provocazione come, circa, gli avventori dell'osteria suburbana accolsero il colpo di pistola. Non inarcò la schiena, non gonfiò la coda, non gli soffiò contro. Lo guardava (non sapremo come dire altrimenti) con una specie di ineffabile sorriso. Il cane Occo – al quale non era mai accaduta, né mai piú doveva accadere una cosa simile – si comportò, a sua volta, come il giovane soldato del Far West. Anzi meglio, perché, invece di «uscire confuso dal locale», rese, scodinzolando, feste e carezze. Avevamo sotto gli occhi la dimostrazione vivente di quanto possa essere vera una sentenza del remoto Budda. «Non» diceva l'Illuminato «per l'inimicizia finisce l'inimicizia; per l'amicizia finisce l'inimicizia».

30

35

1. Alla riga 5, l'espressione verbale *fu sparato* è al...
- **a.** ☐ passato remoto attivo
- **b.** ☐ trapassato remoto attivo
- **c.** ☐ passato remoto passivo
- **d.** ☐ trapassato remoto passivo

2. Qual è il significato di *suburbane* alla riga 5?
- **a.** ☐ isolate
- **b.** ☐ malfamate
- **c.** ☐ antiche
- **d.** ☐ periferiche

3. Quale relazione intrattiene *come annullarlo non poteva* (riga 13) con la frase principale *rimase bravamente ad attendere la reazione* (riga 13)?
- **a.** ☐ conseguenza
- **b.** ☐ causa
- **c.** ☐ concessione
- **d.** ☐ modo

4. Qual è la conseguenza delle reazioni entusiaste degli avventori dell'osteria al colpo di pistola?
- **a.** ☐ dare importanza al gesto del soldato
- **b.** ☐ far divertire il soldato
- **c.** ☐ fare arrabbiare il soldato
- **d.** ☐ stravolgere il senso del gesto del soldato

5. Qual è il significato di *fervente* alla riga 21?
- **a.** ☐ infuriato
- **b.** ☐ appassionato
- **c.** ☐ maldestro
- **d.** ☐ pericoloso

6. Quale funzione ha il che contenuto nella frase *Il cane Occo era un fervente nemico dei gatti, che per lui rappresentavano, sulla faccia della terra, il male assoluto* (righe 21-22)?
- **a.** ☐ pronome soggetto
- **b.** ☐ pronome oggetto
- **c.** ☐ congiunzione coordinante
- **d.** ☐ congiunzione subordinante

7. A che cosa si riferisce il pronome *la* alla riga 24 ?
- **a.** ☐ passione per gli animali (sottinteso)
- **b.** ☐ *inimicizia* (riga 22)
- **c.** ☐ *pericolosità del traffico* (riga 23)
- **d.** ☐ *via* (riga 22)

8. A che cosa si riferisce l'espressione *lo spettacolo* alla riga 25?
- **a.** ☐ ai cani che vagabondavano senza guinzaglio per le strade
- **b.** ☐ alle lotte per le strade tra cani e gatti, frequenti nel passato
- **c.** ☐ all'episodio narrato nel seguito del testo
- **d.** ☐ alle sole lotte con i gatti del cane Occo

9. Che tipo di subordinata è *da non capire* alla riga 26?
- **a.** ☐ causale
- **b.** ☐ concessiva
- **c.** ☐ consecutiva
- **d.** ☐ finale

10. Quale dei seguenti connettivi può essere utilizzato per esprimere la relazione logica tra i due periodi della sequenza *Seduto tranquillo sulla porta di una bottega di generi alimentari, accolse la provocazione come, circa, gli avventori dell'osteria suburbana accolsero il colpo di pistola. Non inarcò la schiena, non gonfiò la coda, non gli soffiò contro* (righe 31-34)?
- **a.** ☐ Seduto tranquillo sulla porta di una bottega di generi alimentari, accolse la provocazione come, circa, gli avventori dell'osteria suburbana accolsero il colpo di pistola. *Poi* non inarcò la schiena, non gonfiò la coda, non gli soffiò contro

b. ☐ Seduto tranquillo sulla porta di una bottega di generi alimentari, accolse la provocazione come, circa, gli avventori dell'osteria suburbana accolsero il colpo di pistola. *Eppure* non inarcò la schiena, non gonfiò la coda, non gli soffiò contro

c. ☐ Seduto tranquillo sulla porta di una bottega di generi alimentari, accolse la provocazione come, circa, gli avventori dell'osteria suburbana accolsero il colpo di pistola. *Di conseguenza* non inarcò la schiena, non gonfiò la coda, non gli soffiò contro

d. ☐ Seduto tranquillo sulla porta di una bottega di generi alimentari, accolse la provocazione come, circa, gli avventori dell'osteria suburbana accolsero il colpo di pistola. *Cioè* non inarcò la schiena, non gonfiò la coda, non gli soffiò contro

11. Su che cosa si basa la dimostrazione della sentenza del Budda?
    a. ☐ sull'episodio del cane Occo
    b. ☐ sull'episodio del soldato
    c. ☐ sui comportamenti usuali di cani e gatti
    d. ☐ sul comportamento del soldato e del cane Occo

12. Quale di questi atteggiamenti è comune al gatto e agli avventori dell'osteria?
    a. ☐ evitare qualsiasi manifestazione di aggressività
    b. ☐ affascinare l'avversario
    c. ☐ rassicurare l'avversario
    d. ☐ rimanere impassibile davanti alla provocazione

Testo non letterario (saggio) • **Tipologia: espositivo-argomentativo** ■ ■ ■

Italo Calvino
Esattezza

I. Calvino, *Lezioni americane. Sei proposte per il prossimo millennio*, Garzanti, Milano, 1988 – (INVALSI 2004-2005)

Cercherò prima di tutto di definire il mio tema. Esattezza vuol dire per me soprattutto tre cose:

1) un disegno dell'opera ben definito e ben calcolato;
2) l'evocazione d'immagini visuali nitide, incisive, memorabili; in italiano abbiamo un aggettivo che non esiste in inglese, *icastico*, dal greco *eikastikos*;   5
3) un linguaggio il più preciso possibile come lessico e come resa delle sfumature del pensiero e dell'immaginazione.

Perché sento il bisogno di difendere dei valori che a molti potranno sembrare ovvii? Credo che la mia prima spinta venga da una mia ipersensibilità o allergia: mi sembra che il linguaggio venga sempre usato in modo approssimativo, casuale, sbadato, e   10
ne provo un fastidio intollerabile. Non si creda che questa mia reazione corrisponda a un'intolleranza per il prossimo: il fastidio peggiore lo provo sentendo parlare me stesso. Per questo cerco di parlare il meno possibile, e se preferisco scrivere è perché scrivendo posso correggere ogni frase tante volte quanto è necessario per arrivare non dico a essere soddisfatto delle mie parole, ma almeno a eliminare le ragioni d'insoddi-   15
sfazione di cui posso rendermi conto. La letteratura – dico la letteratura che risponde a queste esigenze – è la Terra Promessa in cui il linguaggio diventa quello che veramente dovrebbe essere.

Alle volte mi sembra che un'epidemia pestilenziale abbia colpito l'umanità nella facoltà che più la caratterizza, cioè l'uso della parola, una peste del linguaggio che si manifesta   20
come perdita di forza conoscitiva e di immediatezza, come automatismo che tende a livellare l'espressione sulle formule più generiche, anonime, astratte, a diluire i

Prove INVALSI e OCSE-PISA

significati, a smussare le punte espressive, a spegnere ogni scintilla che sprizzi dallo scontro delle parole con nuove circostanze.

Non m'interessa qui chiedermi se le origini di quest'epidemia siano da ricercare nella politica, nell'ideologia, nell'uniformità burocratica, nell'omogeneizzazione dei mass-media, nella diffusione scolastica della media cultura. Quel che mi interessa sono le possibilità di salute. La letteratura (e forse solo la letteratura) può creare degli anticorpi che contrastino l'espandersi della peste del linguaggio.

Vorrei aggiungere che non è soltanto il linguaggio che mi sembra colpito da questa peste. Anche le immagini, per esempio.

Viviamo sotto una pioggia ininterrotta d'immagini; i piú potenti media non fanno che trasformare il mondo in immagini e moltiplicarlo attraverso una fantasmagoria di giochi di specchi: immagini che in gran parte sono prive della necessità interna che dovrebbe caratterizzare ogni immagine, come forma e come significato, come forza di imporsi all'attenzione, come ricchezza di significati possibili. Gran parte di questa nuvola d'immagini si dissolve immediatamente come i sogni che non lasciano traccia nella memoria; ma non si dissolve una sensazione d'estraneità e di disagio.

Ma forse l'inconsistenza non è nelle immagini o nel linguaggio soltanto: è nel mondo. La peste colpisce anche la vita delle persone e la storia delle nazioni, rende tutte le storie informi, casuali, confuse, senza principio né fine. Il mio disagio è per la perdita di forma che constato nella vita, e a cui cerco d'opporre l'unica difesa che riesco a concepire: un'idea della letteratura.

25

30

35

40

---

1. Nella frase: *Perché sento il bisogno di difendere dei valori che a molti potranno sembrare ovvii?* **(righe 8-9), qual è la funzione sintattica svolta da** *ovvii*?

a. ☐ predicativo del soggetto   **c.** ☐ predicativo dell'oggetto

b. ☐ soggetto   **d.** ☐ oggetto

2. A che cosa si riferisce la particella pronominale *ne* **(riga 11)?**

a. ☐ *una mia ipersensibilità o allergia* (riga 9)

b. ☐ all'intera proposizione *credo che la mia prima spinta venga da una mia ipersensibilità o allergia* (riga 9)

c. ☐ *difendere dei valori ... ovvii* (righe 8-9)

d. ☐ all'intera proposizione *che il linguaggio venga sempre usato in modo approssimativo, casuale, sbadato* (riga 10)

3. Quale funzione assume la proposizione *il fastidio peggiore lo provo sentendo parlare me stesso* **rispetto alla proposizione precedente** *Non si creda che questa mia reazione corrisponda a un'intolleranza per il prossimo* **(righe 11-12)?**

a. ☐ riformulazione («Non si creda che questa mia reazione corrisponda a un intolleranza per il prossimo; *in altri termini* il fastidio peggiore lo provo sentendo parlare me stesso»)

b. ☐ argomento («Non si creda che questa mia reazione corrisponda a un intolleranza per il prossimo; *perché* il fastidio peggiore lo provo sentendo parlare me stesso»)

c. ☐ conseguenza («Non si creda che questa mia reazione corrisponda a un intolleranza per il prossimo; *di conseguenza* il fastidio peggiore lo provo sentendo parlare me stesso»)

d. ☐ contro-argomento («Non si creda che questa mia reazione corrisponda a un intolleranza per il prossimo; *anche se* il fastidio peggiore lo provo sentendo parlare me stesso»)

4. I due scopi della correzione dei propri scritti, *essere soddisfatto delle mie parole* **e** *eliminare le ragioni d'insoddisfazione di cui posso rendermi conto,* **vengono posti dall'autore sullo stesso piano (righe 15-16)?**

a. ☐ sí, entrambi sono facili da raggiungere   **c.** ☐ no, il primo è piú difficile

b. ☐ sí, sono altrettanto difficili da raggiungere   **d.** ☐ no, il secondo è piú difficile

5. Quale funzione hanno i due *che* **nella frase** *Alle volte mi sembra che un'epidemia pestilenziale abbia colpito l'umanità nella facoltà che piú la caratterizza* **(righe 19-20)?**

a. ☐ pronome, pronome   **c.** ☐ pronome, congiunzione

b. ☐ congiunzione, congiunzione   **d.** ☐ congiunzione, pronome

6. **Che cosa significa il termine *smussare* (riga 23)?**
   a. ☐ attenuare
   b. ☐ contrastare
   c. ☐ svalutare
   d. ☐ cancellare

7. **Qual è il soggetto della frase *Quel che mi interessa sono le possibilità di salute* (righe 27-28)?**
   a. ☐ salute
   b. ☐ quel che mi interessa
   c. ☐ le possibilità di salute
   d. ☐ quel

8. **Quali di questi termini fanno riferimento nel testo alla stessa area di significato (terzo e quarto capoverso)?**
   a. ☐ epidemia; diluire; anticorpi
   b. ☐ peste; salute; anticorpi
   c. ☐ epidemia; pestilenziale; sprizzi
   d. ☐ pestilenziale; omogeneizzazione; anticorpi

9. **Quale informazione si può ricavare da *non è soltanto il linguaggio che mi sembra colpito da questa peste. Anche le immagini, per esempio* (righe 30-31)?**
   a. ☐ soprattutto le immagini sono colpite da questa peste
   b. ☐ solamente il linguaggio e le immagini sono colpiti da questa peste
   c. ☐ soprattutto il linguaggio è colpito da questa peste
   d. ☐ non solamente il linguaggio e le immagini sono colpiti da questa peste

10. **Che cosa significa il termine *fantasmagoria* (riga 33)?**
   a. ☐ riflesso abbagliante di luci
   b. ☐ successione rapida di immagini vivide
   c. ☐ sovrapposizione di immagini inquietanti
   d. ☐ ripetizione monotona di immagini simili fra loro

11. **In quale fra i seguenti periodi non c'è nessuna frase subordinata?**
   a. ☐ *Gran parte di questa nuvola di immagini si dissolve immediatamente [...]; ma non si dissolve una sensazione d'estraneità e di disagio* (righe 36-38)
   b. ☐ *Credo che la mia prima spinta venga da una mia ipersensibilità o allergia* (riga 9)
   c. ☐ *in italiano abbiamo un aggettivo che non esiste in inglese* (righe 4-5)
   d. ☐ *Non mi interessa qui chiedermi se le origini di quest'epidemia siano da ricercare nella politica* (righe 25-26)

12. **Perché l'autore si sofferma anche sul mondo delle immagini?**
   a. ☐ gli interessa analizzare alcuni tipi di comunicazione rispetto ad altri
   b. ☐ gli permette di mettere in risalto alcune differenze rispetto al linguaggio verbale
   c. ☐ gli sembra di riscontrare la stessa tendenza alla vaghezza e all'approssimazione anche in questo ambito
   d. ☐ vede nella comunicazione mass-mediatica l'effetto di quest'utilizzo impoverito del linguaggio

---

Testo non letterario (articolo giornalistico) · **Tipologia: espositivo-argomentativo** ■ ☐ ☐

Umberto Eco
Ecco l'angolo retto

U. Eco, *La bustina di Minerva*, «L'Espresso» 16/02/2005 – (INVALSI 2006-2007)

Una stagionata credenza vuole che le cose si conoscano attraverso la loro definizione. In certi casi è vero, come per le formule chimiche, perché certamente il sapere che qualcosa è NaCl aiuta chi sa qualcosa di chimica a capire che deve essere un composto di cloro e sodio, e probabilmente – anche se la definizione non lo dice esplicitamente – a pen-

Prove INVALSI e OCSE-PISA

sare che si tratti di sale. Ma tutto quello che del sale dovremmo sapere (che serve a con- 5
servare e insaporire i cibi, che fa alzare la pressione, che si ricava dal mare o dalle saline,
e persino che nei tempi antichi era piú caro e prezioso di oggi) la definizione chimica non
ce lo dice. Per sapere tutto quello che del sale sappiamo, ovvero tutto quello che in fondo
ci serve (lasciando perdere chissà quali altri dettagli), noi abbiamo avuto bisogno non
tanto di udire delle definizioni, ma delle «storie». Storie che, per chi poi del sale volesse 10
sapere davvero tutto, diventano anche meravigliosi romanzi di avventura, con le carova-
ne che vanno lungo la via del sale per il deserto, tra l'Impero del Mali e il mare, o le vicende di medici primitivi che con acqua e sale lavavano le ferite. In altri termini, il nostro
sapere (anche quello scientifico, e non solo quello mitico) è intessuto di storie.

Il bambino, per imparare a conoscere il mondo, ha due vie: una è quella che si chia- 15
ma apprendimento per ostensione, nel senso che il piccolo chiede che cosa sia un cane
e la mamma gliene mostra uno (è poi un fatto miracoloso che al bambino sia stato mostrato un bassotto e il giorno dopo sappia definire come cane anche un levriero – magari esagerando per addizione e annoverando tra i cani anche la prima pecora che vede,
ma difficilmente per sottrazione, non riconoscendo un cane come un cane). 20

Il secondo modo non è la definizione, del tipo «il cane è un mammifero dei placen-
talia, carnivoro, fissipede e canide» (immaginiamoci cosa se ne fa il bambino di questa
definizione peraltro tassonomicamente* corretta), ma dovrebbe essere in qualche modo
una storia: «Ti ricordi quel giorno che siamo andati nel giardino della nonna e c'era una
bestia cosí e cosí». 25

In effetti il bambino non chiede cosa siano un cane o un albero. Di solito prima li vede e poi qualcuno gli spiega che si chiamano cosí e cosí. Ma è a quel punto che sorgono
i perché. Capire che sia un faggio che una quercia sono un albero non è un dramma, ma
la vera curiosità sorge quando si vuole sapere perché sono lí, da dove vengono, come
crescono, a che cosa servono, perché perdono le foglie. Ed è lí che intervengono le sto- 30
rie. Il sapere si propaga attraverso storie: si pianta un seme, poi il seme germoglia eccetera eccetera.

Anche la vera «cosa» che i bambini vogliono sapere, e cioè da dove vengano i bambini, non può essere detta che sotto forma di storia, vuoi che sia la storia del cavolo o
della cicogna, vuoi che sia quella del babbo che dà un semino alla mamma. Sono tra co- 35
loro che ritengono che anche il sapere scientifico debba prendere la forma di storie e ci-
to sempre ai miei studenti una bella pagina di Peirce in cui per definire il litio si descrive per una ventina di righe che cosa bisogna fare in laboratorio per ottenere del litio. La
giudico una pagina molto poetica, non avevo mai visto nascere il litio, ed ecco che un
giorno ho assistito a questa lieta vicenda, come se fossi nell'antro di un alchimista – ep- 40
pure era chimica vera.

Ora l'altro giorno l'amico Franco Lo Piparo, in una conferenza su Aristotele, ha atti-
rato la mia attenzione sul fatto che Euclide, padre della geometria, non definisce affatto
un angolo retto come un angolo che ha 90 gradi. A pensarci bene, ecco una definizione
certamente corretta ma inutile per chi o non sappia cos'è un angolo o non sappia cosa 45
sono i gradi – e spero bene che nessuna mamma rovini il proprio bambino dicendogli
che gli angoli sono retti se hanno 90 gradi.

Ecco come si esprime invece Euclide: «Quando una retta, innalzata su una retta, fa
gli angoli adiacenti uguali tra loro, ciascuno dei due angoli uguali è retto, e la retta innalzata è chiamata perpendicolare a quella su cui è innalzata». Capito? Vuoi sapere che 50
cosa è un angolo retto? E io ti dico come farlo, ovvero la storia dei passi che devi fare per
produrlo. Dopo lo avrai capito. Tra l'altro, la storia dei gradi puoi impararla dopo, e in
ogni caso solo dopo che avrai costruito quel mirabile incontro tra due rette.

Questa faccenda a me pare molto istruttiva e molto poetica e rende piú vicini l'universo della fantasia, dove per creare storie si immaginano mondi, e l'universo della re- 55
altà, dove per permetterci di capire il mondo si creano storie.

* **tassonomicamente**: da un punto di vista «tassonomico», cioè «classificatorio», «relativo alla classificazione».

Appendice

1. **Qual è il significato nel testo dell'espressione *stagionata credenza* (riga 1)?**
   a. ☐ convinzione consolidata
   b. ☐ opinione di uomini maturi
   c. ☐ principio superato
   d. ☐ abitudine remota

2. **Rileggi le righe 1-5. Perché, secondo l'autore, la definizione è utile?**
   a. ☐ favorisce la comprensione di un argomento in parte noto
   b. ☐ aiuta a memorizzare i concetti
   c. ☐ indica ciò che occorre sapere su un argomento
   d. ☐ amplia il campo del sapere

3. **L'autore afferma ripetutamente la necessità che anche il sapere scientifico assuma la forma di «storie». Quale fra le seguenti frasi spiega meglio tale affermazione?**
   a. ☐ il sapere storico, proprio per il fatto che consiste anche nella narrazione di fatti e personaggi reali, è da considerare superiore a quello scientifico
   b. ☐ le storie sono uno dei modi possibili e piú comuni per rispondere alle domande sulle cose e perciò anche la scienza può assumere forme narrative
   c. ☐ solo attraverso l'uso della narrazione si può capire e far capire un fenomeno nella sua evoluzione
   d. ☐ per conoscere le cose non importa tanto ricorrere alle risposte della scienza quanto conoscerne la storia

4. **Come è presentata nel testo la frase: *il nostro sapere (anche quello scientifico, e non solo quello mitico) è intessuto di storie* (righe 13-14), rispetto alle frasi che la precedono? Come...**
   a. ☐ un contrasto
   b. ☐ un esempio
   c. ☐ una riformulazione
   d. ☐ una conseguenza

5. **Con l'espressione *apprendimento per ostensione* alla riga 16 l'autore intende che il bambino impara quando...**
   a. ☐ gli si spiega come sono fatte le cose
   b. ☐ gli si racconta la storia delle cose
   c. ☐ gli si mostra come fare confronti
   d. ☐ gli si fanno vedere le cose

6. **Che cosa significa la parola *annoverando* alla riga 19?**
   a. ☐ mettendo in ordine
   b. ☐ scegliendo
   c. ☐ mettendo di nuovo
   d. ☐ includendo

7. **Quale tra le seguenti espressioni rende il significato della parola *definizione* alla riga 23?**
   a. ☐ spiegazione di una cosa attraverso i tratti che la caratterizzano e la distinguono dalle altre
   b. ☐ descrizione nei minimi dettagli di un oggetto
   c. ☐ sposizione ragionata di un fenomeno
   d. ☐ illustrazione di una cosa attraverso la dimostrazione delle sue applicazioni fondamentali

8. **In quale tra le seguenti frasi del testo è affermata l'idea centrale?**
   a. ☐ *è poi un fatto miracoloso che al bambino sia stato mostrato un bassotto e il giorno dopo sappia definire come cane anche un levriero* (righe 17-18)
   b. ☐ *il nostro sapere (anche quello scientifico, e non solo quello mitico) è intessuto di storie* (righe 13-14)
   c. ☐ *Una stagionata credenza vuole che le cose si conoscano attraverso la loro definizione* (riga 1)
   d. ☐ *tutto quello che del sale dovremmo sapere (che serve a conservare i cibi...) la definizione chimica non ce lo dice* (righe 5-8)

9. **La frase: *si vuole sapere...* alla riga 29 introduce nel testo una serie di subordinate...**
   a. ☐ modali
   b. ☐ causali
   c. ☐ interrogative indirette
   d. ☐ dichiarative

10. **Secondo l'autore, da dove nasce la necessità delle storie?**
    a. ☐ dai tanti perché suscitati dalla curiosità di conoscere il mondo
    b. ☐ dal desiderio di conoscere come le cose cambiano nel tempo
    c. ☐ dal bisogno di dare un nome alle cose che ci circondano
    d. ☐ dall'importanza di comprendere nei dettagli le definizioni

Prove INVALSI e OCSE-PISA

11. L'autore riporta alle righe 48-51 le parole con cui si esprime Euclide in quanto le ritiene esemplari. Perché?
   a. ☐ è l'inventore della geometria
   b. ☐ si esprime in modo poetico
   c. ☐ crea una storia per far capire
   d. ☐ usa un linguaggio comprensibile a tutti

12. Quale delle seguenti affermazioni è contraria a quanto l'autore sostiene?
   a. ☐ le storie favoriscono la costruzione e la diffusione del sapere
   b. ☐ alla base del sapere c'è la curiosità di conoscere il mondo
   c. ☐ anche il sapere scientifico deve essere traducibile in storie
   d. ☐ il sapere scientifico è l'unica forma di sapere

Testo letterario (lirica) • Tipologia: poetico ■ ☐ ☐

Eugenio Montale
Nel giardino

E. Montale, *Diario postumo*, Mondadori, Milano, 1996 – (INVALSI 2006-2007)

Scende in un giardino – descritto in pochi tratti (il viale, la panchina, il pino) – una persona, una donna, probabilmente. Il suo arrivo è come un'apparizione dall'alto, che dà avvio, sullo sfondo del paesaggio marino, ad un intenso incontro con il poeta.

Questa lirica di Eugenio Montale (1896-1981) appartiene alle cosiddette «poesie inedite», scritte tra il 1968 e il 1979 e pubblicate postume a partire dal 1986 grazie ad Annalisa Cima, poetessa amica di Montale e dedicataria di questo considerevole, una sessantina, gruppo di poesie.

    Discendi dal gran viale
    e ti sovrasta un cielo
    azzurro estivo. Una nuvola
    bianca di lini rinfresca
5   la canicola al tuo arrivo.
    Ci sediamo sulla solita panchina.
    Poi d'un tratto un soffio di vento
    e la tua paglia comincia a turbinare.
    L'afferri, ti risiedi.
10 L'ala del grande pino marino
    come vela spiegata ci trascina.
    Vorremmo bordeggiare
    da questo litorale tutta la costiera,
    giungere in un duetto di nomi, di ricordi
15 fino a Nervi[1].
    Ma il sole già declina,
    diffonde il suo lucore in raggi obliqui,
    dispare, torna, e la memoria di sere
    uguali raddoppia gli orizzonti,
20 traduce in altri giorni
    quel momento fugace che scompare.
    Ora anche il vento tace.

---

1. Nervi: Cittadina ligure, luogo d'origine della madre del poeta.

1. **In quale arco temporale si svolge la poesia?**
   a. ☐ durante il pomeriggio
   c. ☐ durante il tramonto
   b. ☐ dal pomeriggio al tramonto
   d. ☐ dal tramonto alla sera

2. **Stando alle informazioni fornite esplicitamente dal testo, come va considerato l'incontro descritto?**
   a. ☐ avvenuto altre volte in modo simile
   b. ☐ avvenuto una sola volta e ora ricordato
   c. ☐ mai avvenuto in precedenza, pieno del fascino della prima volta
   d. ☐ mai avvenuto in precedenza, frutto della fantasia del poeta

3. **Come si deve intendere l'espressione *Una nuvola / bianca di lini rinfresca / la canicola al tuo arrivo* (vv. 3-5)?**
   a. ☐ la persona porta con sé un telo di lino simile ad una nuvola bianca per riparare il poeta dal sole
   b. ☐ gli abiti di lino della persona che arriva appaiono al poeta come una nuvola bianca che porta sollievo
   c. ☐ alcune tende di lino riparano dal sole, come una nuvola bianca, il luogo dove si sta per svolgere l'incontro
   d. ☐ la persona è accompagnata da una nuvola bianca come il lino che la rinfresca riparandola dal sole

4. **La fine di un verso spesso interrompe un legame sintattico (ad esempio tra soggetto e verbo, tra verbo e complemento oggetto, tra attributo e sostantivo: si tratta del fenomeno detto *enjambement*). Quale tra le seguenti coppie di versi presenta tra primo e secondo verso il legame sintattico debole?**
   a. ☐ *Vorremmo bordeggiare / da questo litorale tutta la costiera* (vv. 12-13)
   b. ☐ *Poi d'un tratto un soffio di vento / e la tua paglia comincia a turbinare* (vv. 7-8)
   c. ☐ *traduce in altri giorni / quel momento fugace che scompare* (vv. 20-21)
   d. ☐ *L'ala del grande pino marino / come vela spiegata ci trascina* (vv. 10-11)

5. **Al verso 8 il termine *paglia* sta per *cappello di paglia*. Quale figura retorica permette di indicare un oggetto attraverso la materia di cui è fatto?**
   a. ☐ similitudine
   c. ☐ metonimia
   b. ☐ sineddoche
   d. ☐ metafora

6. **Quale figura retorica è realizzata nell'espressione *L'ala del grande pino marino* al verso 10?**
   a. ☐ metonimia
   c. ☐ similitudine
   b. ☐ sineddoche
   d. ☐ metafora

7. **Come si deve intendere l'espressione musicale *in un duetto* al verso 14?**
   a. ☐ i due personaggi continuano a ripetere le stesse cose
   b. ☐ un personaggio suggerisce una cosa e l'altro lo corregge
   c. ☐ i due personaggi dialogano alternandosi in brevi battute
   d. ☐ un personaggio dice una cosa e subito dopo l'altro la ripete

8. **Quale tipo di relazione logica è realizzato dal sintagma *in un duetto* al verso 14?**
   a. ☐ stato in luogo
   c. ☐ mezzo
   b. ☐ moto a luogo
   d. ☐ modo

9. **Qual è il significato di *fugace* al verso 21?**
   a. ☐ debole, fragile
   c. ☐ effimero, breve
   b. ☐ improvviso, inatteso
   d. ☐ confuso, sfumato

10. **A che cosa si riferisce l'espressione *quel momento fugace* al verso 21?**
    a. ☐ all'ultimo raggio di sole
    c. ☐ all'ultimo soffio di vento
    b. ☐ al ricordo di altre sere uguali
    d. ☐ all'addio ormai imminente

11. **Quale tra i seguenti campi semantici presenti nel testo è meno significativo per l'interpretazione?**
    a. ☐ declina, dispare, scompare
    c. ☐ canicola, sole, tramonto
    b. ☐ solita, ricordi, memoria
    d. ☐ bordeggiare, litorale, costiera

Prove INVALSI e OCSE-PISA

12. **Quale tra i seguenti predicati rappresenta un evento statico, non dinamico?**

a. ☐ *discendi* (v. 1)

b. ☐ *sovrasta* (v. 2)

c. ☐ *ti risiedi* (v. 9)

d. ☐ *declina* (v. 16)

Testo letterario (racconto) • **Tipologia: narrativo** ■ ■ ☐

Beppe Fenoglio

Il gorgo

Beppe Fenoglio, *Diciotto racconti*, Torino, Einaudi, 1995 – (INVALSI 2006-2007)

Il gorgo – un racconto di Beppe Fenoglio (1922-1963) apparso nel '54 sulla rivista letteraria «Il Caffè»
– presenta dal punto di vista di un bambino, con sobrietà e pudore, una dolorosa situazione familiare,
delineando con straordinaria efficacia l'intenso rapporto tra padre e figlio.

Nostro padre si decise per il gorgo, e in tutta la nostra grossa famiglia soltanto io lo capii, che avevo nove anni ed ero l'ultimo.

In quel tempo stavamo ancora tutti insieme, salvo Eugenio che era via a far la guerra d'Abissinia.

Quando nostra sorella penultima si ammala. Mandammo per il medico di Niella e 5
alla seconda visita disse che non ce ne capiva niente; chiamammo il medico di Murazzano ed anche lui non le conosceva il male; venne quello di Feisoglio e tutt'e tre dissero che la malattia era al di sopra della loro scienza.

Deperivamo anche noi accanto a lei, e la sua febbre ci scaldava come un braciere, quando ci chinavamo su di lei per cercar di capire a che punto era. Fra quello che soffri- 10
va e le spese, nostra madre arrivò a comandarci di pregare il Signore che ce la portasse via; ma lei durava, solo piú grossa un dito e lamentandosi sempre come un'agnella. [...].

Uno di quei giorni, nostro padre si leva da tavola e dice con la sua voce ordinaria: – Scendo fino al Belbo, a voltare quelle fascine che m'hanno preso la pioggia. Non so come, ma io capii a volo che andava a finirsi nell'acqua, e mi atterrí, guardando in giro, ve- 15
dere che nessun altro aveva avuto la mia ispirazione: nemmeno nostra madre fece il piú piccolo gesto, seguitò a pulire il paiolo, e sí che conosceva il suo uomo come se fosse il primo dei suoi figli.

Eppure non diedi l'allarme, come se sapessi che l'avrei salvato solo se facessi tutto da me. Gli uscii dietro che lui, pigliato il forcone, cominciava a scender dall'aia. Mi misi per 20
il suo sentiero, ma mi staccava a solo camminare, e cosí dovetti buttarmi a una mezza corsa. Mi sentí, mi riconobbe dal peso del passo, ma non si voltò e mi disse di tornarmene a casa, con una voce rauca ma di scarso comando. Non gli ubbidii. Allora, venti passi piú sotto, mi ripeté di tornarmene su, ma stavolta con la voce che metteva coi miei fratelli piú grandi, quando si azzardavano a contraddirlo in qualcosa. 25

Mi spaventò, ma non mi fermai. Lui si lasciò raggiungere e quando mi sentí al suo fianco con una mano mi fece girare come una trottola e poi mi sparò un calcio dietro che mi sbatté tre passi su. [...].

Eravamo quasi in piano, dove si sentiva già chiara l'acqua di Belbo correre tra le canne. A questo punto lui si voltò, si scese il forcone dalla spalla e cominciò a mostrarmelo 30
come si fa con le bestie feroci. Non posso dire che faccia avesse, perché guardavo solo i denti del forcone che mi ballavano a tre dita dal petto, e soprattutto perché non mi sentivo di alzargli gli occhi in faccia, per la vergogna di vederlo come nudo.

Ma arrivammo insieme alle nostre fascine. Il gorgo era subito lí, dietro un fitto di felci, e la sua acqua ferma sembrava la pelle di un serpente. Mio padre, la sua testa era pro- 35
tesa, i suoi occhi puntati al gorgo ed allora allargai il petto per urlare. In quell'attimo lui

ficcò il forcone nella prima fascina. E le voltò tutte, ma con una lentezza infinita, come se sognasse. E quando l'ebbe voltate tutte, tirò un sospiro tale che si allungò d'un palmo. Poi si girò. Stavolta lo guardai, e gli vidi la faccia che aveva tutte le volte che rincasava da in festa con una sbronza fina*.

Tornammo su, con lui che si sforzava di salire adagio per non perdermi d'un passo, e mi teneva sulla spalla la mano libera dal forcone ed ogni tanto mi grattava col pollice, ma leggero come una formica, tra i due nervi che abbiamo dietro il collo.

40

* **da in festa con una sbronza fina**: «da una festa con una bella sbronza».

1. **Quando si chiarisce il senso della frase iniziale *Nostro padre si decise per il gorgo* (riga 1)?**
   a. ☐ si chiarisce immediatamente
   b. ☐ si chiarisce alla righe 14-15: *Non so come, ma io capii a volo che andava a finirsi nell'acqua*
   c. ☐ si chiarisce alle righe 34-35: *Il gorgo era subito lí, dietro un fitto di felci*
   d. ☐ non si chiarisce: rimane oscuro fino alla fine

2. **Nella frase *Fra quello che soffriva e le spese, nostra madre arrivò a comandarci di pregare il Signore che ce la portasse via* (righe 10-12), quale valore assume l'espressione *Fra quello che soffriva e le spese*?**
   a. ☐ causale
   b. ☐ spaziale
   c. ☐ temporale
   d. ☐ concessivo

3. **Qual è il soggetto sintattico del verbo *atterrí* alla riga 15?**
   a. ☐ mio padre (sottinteso)
   b. ☐ *che andava a finirsi nell'acqua*
   c. ☐ *mi*
   d. ☐ *vedere che nessun altro aveva avuto la mia ispirazione*

4. **Qual è il significato dell'aggettivo *ordinaria* nell'espressione *con la sua voce ordinaria* alle riga 13?**
   a. ☐ monotona, triste
   b. ☐ brusca
   c. ☐ solita
   d. ☐ autoritaria, violenta

5. **Nella frase *e sí che conosceva il suo uomo come se fosse il primo dei suoi figli* (righe 17-18), come si potrebbe sostituire l'espressione *e sí che*?**
   a. ☐ e comunque conosceva il suo uomo...
   b. ☐ effettivamente conosceva il suo uomo...
   c. ☐ e d'altra parte conosceva il suo uomo...
   d. ☐ eppure conosceva il suo uomo...

6. **Perché il padre minaccia il bambino con il forcone (righe 30-31)?**
   a. ☐ gli ha disobbedito e vuole punirlo
   b. ☐ la sua presenza gli impedisce di portare a termine il suo progetto
   c. ☐ non può capire il dramma che sta vivendo
   d. ☐ teme che torni a casa a rivelare le sue intenzioni alla famiglia

7. **Qual è la funzione dell'aggettivo *ferma* nella frase *e la sua acqua ferma sembrava la pelle di un serpente* (riga 35)?**
   a. ☐ predicativo del complemento oggetto
   b. ☐ predicativo del soggetto
   c. ☐ attributo del complemento oggetto
   d. ☐ attributo del soggetto

8. **Che tipo di figura retorica è presente nella frase *Mio padre, la sua testa era protesa, i suoi occhi puntati al gorgo* (righe 37-38)?**
   a. ☐ anafora: ripetizione delle stesse parole all'inizio di piú unità sintattiche
   b. ☐ anacoluto: mancanza di legame sintattico tra l'elemento iniziale e il resto della frase
   c. ☐ chiasmo: struttura speculare degli elementi della frase (A–B–B–A)
   d. ☐ iperbato: inserzione di altre parole tra due elementi in stretto legame sintattico

9. **Nella frase** *tirò un sospiro tale che si allungò di un palmo* **(riga 30), la subordinata** *che si allungò di un palmo* **è una subordinata...**
   a. ☐ causale
   b. ☐ comparativa
   c. ☐ consecutiva
   d. ☐ relativa

10. **Il termine** *stavolta* **alla riga 39 introduce una relazione a distanza con le righe 41-43. Di che rapporto si tratta?**
    a. ☐ opposizione
    b. ☐ specificazione
    c. ☐ riformulazione
    d. ☐ conseguenza

11. **Come va interpretata l'immagine finale del racconto (righe 41-43)?**
    a. ☐ il padre riesce, nonostante tutto, a capire il comportamento del figlio
    b. ☐ il bambino manifesta il suo orgoglio per aver salvato il padre
    c. ☐ il padre riesce ad esprimere affetto e riconoscenza al bambino
    d. ☐ il bambino capisce, alla fine, le ragioni del comportamento del padre

12. **Quale fra le seguenti affermazioni descrive il punto di vista del narratore?**
    a. ☐ rappresenta le proprie azioni e i propri sentimenti senza esprimere giudizi sugli altri personaggi
    b. ☐ manifesta un giudizio complesso, negativo e positivo, verso il padre
    c. ☐ mostra comprensione verso il padre e cerca di trovare le giustificazioni del suo comportamento
    d. ☐ sottolinea il proprio coraggio rispetto agli altri membri della famiglia

2 Prove OCSE-PISA

Prova 1

Lago Ciad

(OCSE-PISA 2005-2006)

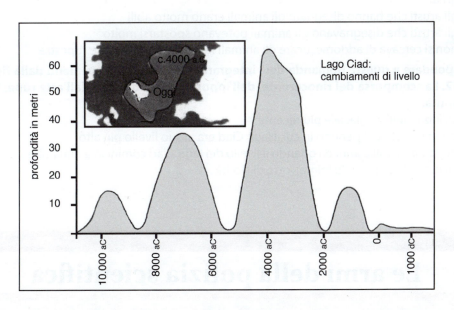

La figura 1 mostra i cambiamenti di livello del lago Ciad, nel Nord Africa sahariano. Il lago Ciad è scomparso completamente intorno al 20.000 a.C., durante l'ultima era glaciale. È ricomparso intorno all'11.000 a.C. Oggi, il suo livello corrisponde all'incirca a quello che aveva nel 1000 d.C.

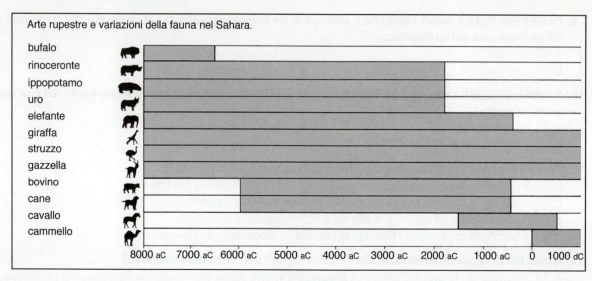

La figura 2 mostra l'arte rupestre nel Sahara (antichi disegni o pitture ritrovati sulle pareti delle caverne) e le variazioni della fauna.

Usa le informazioni relative al lago Ciad della pagina accanto per rispondere alle domande che seguono.

1. **Qual è la profondità del lago Ciad oggi?**
   a. ☐ circa due metri
   b. ☐ circa quindici metri
   c. ☐ circa cinquanta metri
   d. ☐ è scomparso completamente
   e. ☐ l'informazione non viene fornita

2. **In che anno, all'incirca, inizia il grafico della figura 1?**
   ....

3. **Perché l'autore ha scelto di iniziare il grafico da quell'anno?**
   ....
   ....

4. **La figura 2 si basa sull'ipotesi che:**
   a. ☐ gli animali raffigurati nell'arte rupestre esistevano in quella zona nell'epoca in cui sono stati disegnati
   b. ☐ gli artisti che hanno disegnato gli animali erano molto abili
   c. ☐ gli artisti che disegnavano gli animali potevano spostarsi molto
   d. ☐ non si cercava di addomesticare gli animali rappresentati nell'arte rupestre

5. **Per rispondere a questa domanda devi integrare informazioni provenienti dalla figura 1 e dalla figura 2. La scomparsa del rinoceronte, dell'ippopotamo e dell'uro dall'arte rupestre Sahariana è avvenuta:**
   a. ☐ all'inizio dell'era glaciale piú recente
   b. ☐ verso la metà del periodo in cui il lago Ciad era al suo livello piú alto
   c. ☐ dopo piú di mille anni da quando il livello del lago Ciad cominciò a diminuire
   d. ☐ all'inizio di un periodo ininterrotto di siccità

Prova 2

Le armi della polizia scientifica

(OCSE-PISA 2005-2006)

È stato commesso un omicidio, ma l'indiziato nega tutto. Afferma di non conoscere la vittima. Dice di

Prove INVALSI e OCSE-PISA

non averla mai vista, mai avvicinata, mai toccata. La polizia e il giudice sono convinti che non dica la verità. Ma come provarlo?

Sul luogo del delitto, gli investigatori hanno raccolto tutti i minimi indizi possibili e immaginabili: fibre di stoffa, capelli, impronte digitali, mozziconi di sigaretta... I pochi capelli ritrovati sulla giacca della vittima sono rossi. E assomigliano curiosamente a quelli dell'indiziato. Se si potesse dimostrare che questi capelli sono veramente i suoi, si proverebbe che egli ha effettivamente incontrato la vittima.

Ogni individuo è unico

Gli specialisti si mettono al lavoro. Esaminano alcune cellule della radice di questi capelli e alcune cellule del sangue dell'indiziato. Il nucleo di ogni cellula del nostro corpo contiene il DNA. Che cos'è?

Il DNA è come una collana composta da due fili intrecciati di perle. Immaginate che queste perle siano di quattro colori diversi e che le migliaia di perle colorate (che formano un gene) siano ordinate in una maniera molto precisa. In ogni individuo quest'ordine è esattamente lo stesso in tutte le cellule del corpo: quelle della radice dei capelli come quelle del pollice, del fegato, dello stomaco e del sangue. Ma l'ordine delle perle varia da una persona all'altra. Visto il numero di perle collegate in questo modo, ci sono pochissime possibilità che due persone abbiano lo stesso DNA, ad eccezione dei gemelli identici. Unico per ciascun individuo, il DNA è così una specie di carta d'identità genetica. I genetisti

sono in grado di confrontare la carta d'identità genetica dell'indiziato (rilevata dal sangue) con quella della persona dai capelli rossi. Se la carta genetica è la stessa, sapranno che l'indiziato si è realmente avvicinato alla vittima che sosteneva di non aver mai incontrato.

Solo una delle prove

Sempre più spesso, in caso di violenza sessuale, omicidio, furto o altri crimini, la polizia fa effettuare analisi genetiche. Perché? Per cercare di trovare prove del contatto tra due persone, due oggetti o una persona e un oggetto. Provare tali contatti è spesso molto utile alle indagini. Ma non prova necessariamente un crimine. È solo una prova tra tante altre.

Anna Versani

Siamo fatti di miliardi di cellule

Ogni essere vivente è composto di moltissime cellule. Una cellula è veramente molto piccola. Si può anche dire che è microscopica, dal momento che può essere vista solo con un microscopio che la ingrandisce di molte volte. Ogni cellula ha una membrana esterna e un nucleo in cui si trova il DNA.

Gene- cosa?

Il DNA è composto di un certo numero di geni, ognuno formato da migliaia di «perle». Questi geni, insieme, formano la carta d'identità genetica di una persona.

Come si rivela la carta d'identità genetica di una persona?

Il genetista preleva alcune cellule alla radice dei capelli trovati sulla vittima, o dalla saliva rimasta su un mozzicone di sigaretta. Le immerge in un prodotto che distrugge tutto ciò che circonda il DNA delle cellule. Quindi, fa la stessa operazione con alcune cellule del sangue dell'indiziato. Il DNA viene quindi preparato specificamente per l'analisi. Successivamente è messo in una gelatina attraverso cui viene fatta passare della corrente elettrica. Poche ore dopo, questa produce strisce simili a un codice a barre (come quello che si trova sui prodotti che acquistiamo), visibili sotto una lampada speciale. A questo punto il codice a barre del DNA dell'indiziato viene confrontato con quello dei capelli ritrovati sulla vittima.

Fai riferimento all'articolo di giornale [...] per rispondere alle seguenti domande.

1. **Per spiegare la struttura del DNA, l'autrice parla di una collana di perle. In che modo queste collane di perle variano da un individuo all'altro?**
   a. ☐ variano in lunghezza
   b. ☐ l'ordine delle perle è diverso
   c. ☐ il numero di collane è diverso
   d. ☐ il colore delle perle è diverso

2. **Qual è lo scopo del riquadro intitolato *Come si rivela la carta d'identità genetica*? Serve a spiegare:**
   a. ☐ che cos'è il DNA
   b. ☐ che cos'è un codice a barre
   c. ☐ come vengono analizzate le cellule per trovare la struttura del DNA
   d. ☐ come si può provare che è stato commesso un crimine

3. **Qual è lo scopo principale dell'autrice?**
   a. ☐ mettere in guardia
   b. ☐ divertire
   c. ☐ informare
   d. ☐ convincere

4. **L'ultima frase dell'introduzione [...] dice:** *Ma come provarlo?*
   Secondo il testo gli investigatori cercano di trovare la risposta a questa domanda:
   a. ☐ interrogando dei testimoni
   b. ☐ effettuando analisi genetiche
   c. ☐ interrogando a fondo l'indiziato
   d. ☐ rivedendo tutti i risultati delle indagini

Prova 3

Stare comodi nelle scarpe sportive

(OCSE-PISA 2005-2006)

Per 14 anni il Centro di Medicina Sportiva di Lione (Francia) ha condotto ricerche sugli infortuni sofferti da giovani atleti e professionisti. Lo studio ha stabilito che il miglior rimedio è prevenire e... usare buone scarpe.

Colpi, cadute, usura e strappi...

Il 18% dei giocatori dagli 8 ai 12 anni soffre già di lesioni al tallone. La cartilagine delle caviglie di un calciatore non sopporta bene i traumi e il 25% dei professionisti ha scoperto che questa costituisce un punto particolarmente debole. Anche la cartilagine della delicata articolazione del ginocchio può essere danneggiata in modo irreparabile e, se non si interviene correttamente fin dall'infanzia (10-12 anni), può portare ad una artrosi precoce. Perfino l'anca non è esente da danni e, soprattutto un giocatore stanco corre il rischio di fratture in seguito a cadute o scontri.

Secondo la ricerca, i calciatori che praticano questo sport da piú di dieci anni presentano escrescenze ossee sul tallone o sulla tibia.

Questo fenomeno è noto come il «piede del calciatore», una deformazione causata da scarpe con suole e collo troppo flessibili.

Proteggere, sostenere, stabilizzare, assorbire

Se una scarpa è troppo rigida, limita il movimento. Se è troppo flessibile, aumenta il rischio di lesioni e distorsioni. Una buona scarpa sportiva deve soddisfare quattro criteri.

In primo luogo, deve *fornire protezione esterna*: resistere agli urti con la palla o con un altro giocatore, adattarsi alle irregolarità del terreno e mantenere il piede caldo e asciutto anche in presenza di freddo intenso e pioggia.

Deve *sostenere i piedi*, in particolare l'articolazione della caviglia, per prevenire distorsioni, gonfiori e altri problemi che potrebbero avere conseguenze anche sul ginocchio.

Inoltre, deve garantire ai giocatori una buona *stabilità*, cosicché non scivolino su un terreno bagnato o slittino su una superficie troppo secca.

Infine, deve *assorbire gli urti*, in particolare quelli a cui vanno soggetti i giocatori di pallavolo e pallacanestro, che saltano in continuazione.

Piedi asciutti

Per evitare danni minori ma dolorosi, come le vesciche o anche le piccole lesioni o il piede d'atleta (un'infezione da funghi), la scarpa deve consentire l'evaporazione della traspirazione e deve impedire la penetrazione dell'umidità esterna. Il materiale ideale a questo scopo è il cuoio, che può essere impermeabilizzato per evitare che la scarpa si impregni alla prima pioggia.

Prove INVALSI e OCSE-PISA

Usa l'articolo [...] precedente per rispondere alle domande seguenti.

1. **Che cosa intende dimostrare l'autore del testo?**
   a. ☐ che la qualità di molte scarpe sportive è notevolmente migliorata
   b. ☐ che è meglio non giocare a calcio se si ha meno di 12 anni
   c. ☐ che i giovani subiscono sempre piú danni a causa delle loro cattive condizioni fisiche
   d. ☐ che è molto importante per i giovani atleti indossare scarpe sportive di buona qualità

2. **Secondo l'articolo, perché le scarpe sportive non devono essere troppo rigide?**
   ....
   ....

3. **In una parte dell'articolo si dice: «Una buona scarpa sportiva deve soddisfare quattro criteri».**
   Di quali criteri si tratta?
   ....
   ....

4. **Esamina la frase seguente che si trova verso la fine dell'articolo. Qui te la presentiamo divisa in due parti:**
   Per evitare danni minori ma dolorosi, come le vesciche o anche piccole lesioni o il piede d'atleta (un'infezione da funghi), ... (prima parte)
   ... la scarpa deve consentire l'evaporazione della traspirazione e deve impedire la penetrazione dell'umidità esterna. (seconda parte)

   Qual è il rapporto tra la prima e la seconda parte della frase? La seconda parte :
   a. ☐ contraddice la prima parte
   b. ☐ ripete la prima parte
   c. ☐ illustra il problema descritto nella prima parte
   d. ☐ fornisce la soluzione al problema descritto nella prima parte

Prova 4

Il dono

(OCSE-PISA 2005-2006)

Quanti giorni, si chiese, era rimasta seduta cosí, a osservare l'acqua scura e fredda salire poco a poco sulla scogliera che svaniva? A stento ricordava l'inizio della pioggia, che era arrivata attraverso la palude, da sud, battendo contro la casa. Poi il fiume aveva cominciato a crescere, dapprima lentamente, finché si era arrestato per cambiare direzione. Ora dopo ora si era insinuato nelle piccole insenature e nei rigagnoli per riversarsi 5
nei punti piú bassi. Durante la notte, mentre dormiva, il fiume aveva invaso la strada e l'aveva circondata, e cosí ora era lí seduta tutta sola. La sua barca era stata portata via e la casa era come aggrappata in cima alla scogliera. Adesso l'acqua arrivava addirittura alle tavole incatramate dei sostegni. E continuava a salire.

Fino a dove arrivava il suo sguardo, alla cima degli alberi dove prima c'era la riva opposta, la palude era un mare deserto, inondato da distese di pioggia, nella cui vastità si 10
perdeva il fiume. La casa con le fondamenta galleggianti era stata costruita proprio per far fronte ad alluvioni del genere, se mai se ne fosse verificata una, ma adesso era vecchia. Forse le assi sottostanti erano addirittura marcite. Forse il cavo che ormeggiava la casa alla grande quercia si sarebbe spezzato, lasciandola in balía della corrente, come era 15
accaduto alla barca.

Nessuno sarebbe potuto venire adesso. Poteva urlare ma non sarebbe servito a nulla, nessuno l'avrebbe sentita. Qua e là per la palude, altri stavano lottando per salvare quel poco che si poteva salvare, forse la loro stessa vita. Aveva visto passare una casa: galleggiava cosí in silenzio che sembrava di essere a un funerale. Vedendola, aveva pensato di sapere a chi appartenesse. Era stato doloroso vederla andare alla deriva, ma i proprietari dovevano essersi rifugiati altrove, in alto. Poi, mentre la pioggia e l'oscurità si stavano facendo largo, aveva udito un puma urlare piú a monte.

Ora la casa sembrava tremare attorno a lei come qualcosa di vivo. Allungò una mano per afferrare una lampada che stava per cadere dal tavolino accanto al letto e se la mise tra i piedi per tenerla ferma. Poi, scricchiolando e gemendo per lo sforzo, la casa si divincolò dal terreno argilloso, cominciò a galleggiare liberamente, ondeggiando come un tappo di sughero, e si mosse trascinata dal fiume. Si aggrappò al bordo del letto. Dondolando in qua e in là, la casa tese gli ormeggi. Ci fu un sobbalzo e un lamento di vecchie travi e poi un silenzio. Lentamente, la corrente liberò la casa e la riportò indietro, facendola urtare contro la scogliera. Trattenne il respiro e restò seduta un bel po', lasciandosi cullare dal lento dondolio. Il buio filtrava attraverso la pioggia incessante e lei si addormentò aggrappata al letto, la testa appoggiata sulle braccia.

A un certo punto, in piena notte, un urlo la svegliò, un suono cosí angosciato che la fece balzare dal letto prima ancora che si svegliasse. Nel buio, inciampò nel letto. Proveniva da là fuori, dal fiume. Sentiva qualcosa muoversi, qualcosa di grande, che produceva un rumore di raschiamento, di sfregamento. Poteva essere un'altra casa. Poi urtò la sua abitazione, non di fronte, ma di striscio, scivolando lungo la facciata. Era un albero. Sentiva i rami e le foglie staccarsi e allontanarsi, trascinati dalla corrente, lasciando solo la pioggia e lo sciabordio dell'acqua, suoni cosí costanti ormai da sembrare parte del silenzio. Rannicchiata sul letto, si era quasi riaddormentata quando ci fu un altro urlo, questa volta cosí vicino che avrebbe potuto provenire dalla stanza stessa. Fissando nel buio, si tese sul letto finché la sua mano sentí la canna fredda del fucile. Accovacciata sul cuscino, cullava l'arma tra le ginocchia. «Chi va là?» gridò.

La risposta fu un urlo ripetuto, ma meno stridulo, stanco, e poi il silenzio l'avvolse.

Si schiacciò contro il letto. Qualsiasi cosa fosse, lo sentiva muoversi sulla veranda. Alcune assi cigolarono e ci fu un rumore di oggetti rovesciati. Sentí graffiare alla parete come se qualcosa stesse per aprirsi un varco. Adesso sapeva che cosa era: un grosso felino, lasciato lí dall'albero sradicato che l'aveva superata. Era giunto con l'alluvione, come un dono.

Inconsciamente, premette la mano contro il volto e lungo il collo teso. Il fucile oscillava tra le sue ginocchia. Non aveva mai visto un puma in vita sua. Ne aveva sentito parlare da altri e aveva udito i loro lamenti, come di sofferenza, da lontano. Il felino graffiò ancora la parete, facendo vibrare la finestra vicino alla porta. Fino a quando avrebbe fatto la guardia alla finestra, mantenendolo intrappolato tra la parete e l'acqua, in gabbia, sarebbe stata al sicuro. Fuori, l'animale smise di graffiare con gli artigli la rete arrugginita davanti alla porta. Di tanto in tanto, guaiva e ringhiava.

Quando finalmente attraverso la pioggia cominciò a filtrare la luce, che sopraggiungeva come un altro tipo di buio, lei era ancora seduta sul letto, tesa e fredda. Le sue braccia, abituate a remare sul fiume, le facevano male per via della tensione con cui teneva il fucile. Aveva a malapena osato muoversi per paura che un qualsiasi rumore potesse aizzare il felino. Rigida, oscillava con il movimento della casa. La pioggia continuava a cadere, interminabile. Attraverso la luce grigia, finalmente, riuscí a vedere la superficie dell'acqua punteggiata dalla pioggia e piú lontano la sagoma annebbiata delle cime degli alberi sommersi. Il felino era immobile, adesso. Forse se ne era andato. Poggiando il fucile, scivolò fuori dal letto e si avvicinò alla finestra senza fare rumore. Era ancora lí, accovacciato sul bordo della veranda, intento a fissare la quercia, l'ormeggio della casa, come per valutare le possibilità di saltare su un ramo sporgente. Non faceva piú cosí paura adesso che riusciva a vederlo, il pelo ruvido arruffato, i fianchi tirati in cui si intravedevano le costole. Sarebbe stato facile spargli, lí accovacciato, con la lunga coda che si muoveva avanti e indietro. Stava indietreggiando per prendere il fucile quando il puma si voltò. Quindi, senza nessun avvertimento, nessun movimento né contrazione dei muscoli, si scagliò contro la finestra, mandando in frantumi un vetro. Lei cadde indietro reprimendo un urlo e, afferrando il fucile, sparò contro la finestra. Non riusciva a vede-

Prove INVALSI e OCSE-PISA

re il puma adesso, ma aveva mancato il colpo. Il felino ricominciò a passeggiare. Lei ri- 75
usciva a intravedere la sua testa e l'arco della schiena che passava davanti alla finestra.

Tremante, indietreggiò fino al letto e si stese. Il suono costante e cullante del fiume
e della pioggia, il freddo penetrante la distoglievano dal suo scopo. Osservava la finestra
e teneva pronta l'arma. Dopo aver atteso a lungo, andò di nuovo a vedere. Il puma si era
addormentato, con la testa sulle zampe, come un gatto. Per la prima volta da quando 80
aveva cominciato a piovere, aveva voglia di piangere, per se stessa, per tutti, per tutto ciò
che era stato allagato. Scivolò sul letto e si tirò la coperta attorno alle spalle. Sarebbe dovuta uscire quando ancora poteva farlo, quando le strade erano ancora libere o prima
che la barca fosse stata trascinata via. Oscillando avanti e indietro con il dondolio della
casa, una fitta allo stomaco le ricordò che non aveva mangiato. Non ricordava da quan- 85
do. Come il felino, anche lei stava morendo di fame. Andò in cucina e accese un fuoco
con i pochi legni rimasti. Se l'alluvione fosse durata, avrebbe dovuto bruciare la sedia,
forse persino il tavolo. Prese un resto di prosciutto affumicato appeso al soffitto, tagliò
alcune fette spesse della carne rossa ormai imbrunita e le mise in una casseruola. Il profumo della carne che friggeva le fece venire le vertigini. C'erano dei biscotti stantii rima- 90
sti dall'ultima volta che aveva cucinato e poteva farsi un caffè. L'acqua non mancava.

Mentre stava cucinando, si dimenticò quasi del felino finché questi non uggiolò. Anche lui era affamato. «Lasciami mangiare,» disse rivolta a lui, «e poi mi occuperò di te».
E rise tra sé e sé. Quando appese il resto di prosciutto al suo chiodo, il felino emise un
profondo brontolio che le fece tremare la mano. 95

Dopo mangiato, ritornò fino al letto e afferrò il fucile. La casa era salita cosí in alto
adesso che non sfiorava piú lo scoglio quando la corrente la trascinava indietro. Il cibo
l'aveva riscaldata. Poteva sbarazzarsi del felino fintanto che la luce penetrava tra la pioggia. Avanzò lentamente fino alla finestra. Era ancora lí e, miagolante, iniziava a girare
sulla veranda. Lo osservò a lungo, senza timore. Poi senza riflettere su ciò che stava fa- 100
cendo, pose l'arma da parte, girò rapidamente attorno al letto ed entrò in cucina. Dietro
a lei, il felino si muoveva, agitato. Prese il resto di prosciutto e, camminando sul pavimento ondeggiante, ritornò verso la finestra e lo buttò fuori attraverso il vetro rotto.
Dall'altro lato ci fu un ringhio affamato e qualcosa di simile a una scossa passò dall'animale a lei. Sbalordita per ciò che aveva fatto, ritornò a letto. Sentiva il puma azzannare 105
la carne. La casa ondeggiava attorno a lei.

Al successivo risveglio, capí subito che tutto era cambiato. La pioggia era cessata.
Cercò di riconoscere il movimento della casa, ma questa non ondeggiava piú sull'acqua.
Aprendo la porta, vide attraverso la rete lacera un mondo diverso. La casa era poggiata
sulla scogliera, com'era sempre stata. Pochi metri piú in basso, il fiume ancora scorreva 110
in piena, ma non copriva piú la breve distanza che separava la casa dalla quercia. E il felino se n'era andato. C'erano delle orme che si facevano strada dalla veranda alla quercia
e poi continuavano nella palude, dove scomparivano nel morbido fango. E lí sulla veranda, rosicchiato fino a risultare bianchissimo, stava ciò che rimaneva del prosciutto.

Utilizza la storia Il dono *presentata nelle pagine precedenti per rispondere alle domande che seguono
(ricorda che ai margini della pagina sono stati scritti i numeri di riga per aiutarti a trovare le parti del
testo a cui si riferiscono le domande).*

---

1. **Ecco parte di una conversazione tra due persone che hanno letto** *Il dono*:
   – **Secondo me, la donna del racconto è spietata e crudele.**
   – **Ma che cosa dici? Io penso che sia una persona molto compassionevole.**

   **Fornisci delle prove tratte dal racconto per dimostrare come ciascuna di queste due persone pos-
   sa giustificare il proprio punto di vista.**
   1ª persona ....
   ....
   ....

2ª persona ....
....
....

2. **In che situazione si trova la donna all'inizio del racconto?**
  a. ☐ è troppo debole per lasciare la casa dato che non mangia da alcuni giorni
  b. ☐ si sta difendendo da un animale feroce
  c. ☐ la sua casa è stata circondata da un'inondazione
  d. ☐ un fiume straripato ha spazzato via la sua casa

3. **Nel racconto ci sono alcuni riferimenti al puma ancora prima che entri in scena:**
  un urlo la svegliò, un suono cosí angosciato... (riga 34).
  La risposta fu un urlo ripetuto, ma meno stridulo, stanco... (riga 45).
  ... aveva udito i loro lamenti, come di sofferenza, da lontano. (riga 53).

  Considerando quello che succede nel resto della storia, perché pensi che l'autore abbia scelto di introdurre il puma con queste descrizioni?
  ....
  ....

4. *Poi, scricchiolando e gemendo per lo sforzo, la casa si divincolò...* (righe 26-27).
  Cosa succede alla casa in questo punto del racconto?
  a. ☐ si sfascia   **c.** ☐ si scontra contro la quercia
  b. ☐ comincia a galleggiare   **d.** ☐ cola a picco

5. **In base al racconto, per quale motivo la donna ha dato da mangiare al puma?**
  ....
  ....

6. **Dicendo** *e poi mi occuperò di te* **(riga 93), la donna vuol dire che:**
  a. ☐ è sicura che il puma non le farà del male   **c.** ☐ ha l'intenzione di sparare al puma
  b. ☐ cerca di spaventare il puma   **d.** ☐ poi darà da mangiare al puma

7. **Pensi che l'ultima frase di** *Il dono* **rappresenti un finale adatto?**
  Motiva la tua risposta, dimostrando che hai capito in che modo il finale è in relazione al resto del racconto.
  ....
  ....